부부·가족치료를 위한 체계이론

Michael D. Reiter 편저

김성은 · 민주홍 · 이규호 · 천연미 · 최연실 공역

SYSTEMS THEORIES FOR PSYCHOTHERAPISTS

From Theory to Practice

학지사

한국어판 서문

이 책이 한국어로 번역되어 매우 기쁩니다. 저는 미국에서 태어나고 자랐으며, 저의 가족 과정과 가족치료에 대한 이해는 서구적 관점에서 비롯되었습니다. 하지만 수년에 걸쳐 저는 점점 더 동양적인 관점을 접하게 되었습니다. 20년 전, 저는 일본계 아내 유카리Yukari를 만나 결혼했습니다. 저의 두 자녀인 마야Maya와 코지Koji는 혼혈이고 두 문화에서 성장하였습니다. 물론 아이들이 미국에서 태어나고 자라서 일본인의 뿌리보다 백인 쪽이 더 있기는 합니다.

저는 저의 경력 전반에 걸쳐 체계이론의 주요 모델(예: 사이버네틱스, 자연체계, 구성주의 및 사회구성주의)에 빠져들었습니다. 이는 저의 대학원 과정과 살바도르 미누친Salvador Minuchin 박사님과 10년 정도 여러 프로젝트를 같이하면서 이루어졌고, 『미누친의 숙련된 가족치료 기술The Craft of Family Therapy』(Minuchin et al., 2014)을 공동 집필하는 것으로도 이어졌습니다. 또한 저는 인수 김 버그Insoo Kim Berg, 스티브 드 세이저Steve de Shazer, 마이클 화이트Michael White와 개인적으로 대화를 나누었고, 이분들의 워크숍도 접했습니다. 제가 기술(『치료적 면접Therapeutic Interviewing』, 2022)과 모델(『가족치료의 길잡이Family Therapy: An Introduction to Process, Practice, and Theory』, 2018; 『가족치료 사례개념화Case Conceptualization in Family Therapy』, 2014)에 관한 책을 집필하는 동안, 학생들이 왜 모델(과 치료자들이 이 모델을 활용하는 데 사용하는 기술들)에 대한 고차원적 관점을 이해하기가 어려울 수 있는지를 깨달았습니다. 그래서 저는 가족치료자들이 자신이 작업하는 모델과 관련된 매우 중요한 이론들을 이해하는 것을 돕기 위해서 이 책을 집필하게 되었습니다.

가족치료 분야는 실무자의 수, 치료 서비스를 찾는 가족의 수, 가족치료를 인정하는 국가의 수에 기초해서 성장하고 있습니다. 현장의 아이디어에 따라 성장하기도 합니다. 가족치료는 주로 서방의 주문이었습니다. 운 좋게도 지난 30년 동안 현지 실무자들은 함께 작업하는 가족에 맞게 아이디어를 조정해 왔습니다. 여러분이 이 책을 읽을 때 저는 바로 이 점을 소망합니다. 여기에 제시된 아이디어가 어떻게 당신에게 출발점이 됩니까? 여러분이 체계이론의 아이디어를 어떻게 첨가하고 수정하면 당신이 작업하는 가족과 이들의 가치와 실천을 더 잘 다룰 수 있겠습니까? 우리 분야는 계속 성장해 왔습니다. 저는 이 책을 읽은 후 여러분이 가족치료 분야가 계속해서 확장되는 방식들을 볼 수 있기를 바랍니다.

제가 이 책을 집필하고 싶었던 이유 중 하나는 심리치료 분야를 처음 접하는 분들이 다양한 체계이론의 주요 원리를 활용하지 않거나, 읽기 자료들이 명확하게 이해될 수 있는 방식으로 작성되지 않았다는 점을 알게 되었기 때문입니다. 이 분야에 입문한 많은 이에게 손쉬운 것은 한두 가지 기술을 고수하는 것이지만, 이들은 해당 기술이 왜 개발되었고, 그것이 어떻게 치료를 좀 더 폭넓게 이해하는 데 적합한지를 알지 못합니다. 이러한 일이 발생하여 기술이 의도한 결과를 얻지 못할 때, 치료자는 제약을 받습니다. 중요한 이론적 기반에 대해 더 많이 이해할수록, 여러분은 이를 더 많이 수정하고 현재 상황에 맞게 조정할 수 있습니다. 예를 들어, 통합은 단순히 배운 기술을 시도한 다음 다른 기술과 또 다른 기술을 단편적으로 시도함을 통해서가 아니라 기술 간에 인식론적 유사성이 있을 때만 가능합니다. 이전 단락에서 권장했듯이 우리 분야는 성장해야 합니다. 이는 우리가 기술, 모델 및 인식론 사이의 이론적 연결성을 볼 수 있을 때 가능합니다. 이 책은 가장 영향력 있는 세 가지 체계이론의 여러 주요 아이디어를 필요에 따라 명확하고 유용하게 활용할 수 있도록 제시하려는 시도입니다. 따라서 이 책은 쌍으로 구성되어 있습니다. 쌍에서 첫 번째 장은 특정 체계이론 접근 방식의 이론적 토대에 초점을 둡니다. 두 번째 장은 실제, 즉 체계이론에 적합한 잠재적 기술에 초점을 둡니다. 이론은 여러분이 무엇을 하든, 치료 목표를 달성하기 위해 선택하는 기술의 기초가 되므로 먼저 제시됩니다.

저는 저희(저와 이 책의 다른 저자들)가 치료자라는 점을 분명히 하고 싶고, 그래서 저희는 체계이론의 다양한 아이디어에 대한 치료자의 관점에 특권을 부여하고 있습니다. 저희는 이 책에서 이야기할 많은 아이디어가 심리치료와는 거리가 먼 분야에서 발전되었다는 점을 이해합니다. 하지만 저희는 심리치료자와 대화를 시도하는 심리치료자라는 점을 고려하여, 치료자들이 이 아이디어를 사용하는 방식으로 이에 대해 제시할 것입니다. 또한 제시된 내용은 저희가 개념을 이해하고 사용하는 방식인

데, 아마도 다른 분들은 자신의 방식으로 이해할 수도 있습니다. 저희는 다른 분들이 체계이론의 아이디어를 다르게 개념화할 수 있다는 점을 인정합니다.

저희는 사람들에게 무슨 일이 일어나고 있는지를 보는 방식에 대한 다양한 체계이론의 개념을 제시하지만, 전체 그림을 제시하지는 않습니다. 각 이론은 훨씬 더 깊이 탐구될 수 있으므로 더 자세히 살펴보시기를 바랍니다. 더욱이 이러한 인식론에 기초하여 치료자가 하는 작업의 모든 수단과 방법을 이 책에서 나열할 수는 없습니다. 저희는 가장 유용하고 대표적인 기술을 선택했습니다. 이 책의 대부분에서 저희는 특정 체계이론과 연결해서 다양한 사고와 행동 방식을 논의합니다. 하지만 지면상 제약 때문에 해당 이론을 기초로 한 치료 모델에 대한 본격적인 설명을 제시할 수는 없습니다(자연체계 이론 제외). 치료실에서 다양한 체계이론을 서로 다르게 사용하고 있는 치료자들에게 사과드립니다. 다시 한번 말씀드리지만, 독자 여러분이 이러한 다양한 영역을 계속해서 탐구하시기를 바랍니다.

저희는 개념이 맥락화될 때 가장 잘 이해된다고 믿습니다. 그래서 저희는 여러분이 어떻게 아이디어와 기술이 치료실에서 사용되는지 볼 수 있도록 쌍으로 구성된 장에서 사례를 제시하기로 했습니다. 만약 내담자를 다루는 데 체계이론의 아이디어가 적용될 수 없다면, 그것은 여러분에게 유용하지 않고, 학술적인 활동에 더 가깝습니다. 치료는 사람들이 원하는 삶을 살 수 있도록 돕는 것이므로, 여러분이 이 책의 모든 내용을 활용하여 내담자들을 좀 더 효율적이고 효과적으로 이해하고 이들과 협력할 수 있기를 바랍니다. 또한 '그 사람'과 '그 자신'이라는 어색한 표현의 사용을 줄이기 위해 이 책 전체에서 성별 대명사의 사용을 변경하기로 했습니다. 모든 홀수 장에서 치료자 대명사는 '그'이고 내담자 대명사는 '그녀'입니다. 짝수 장에서 치료자 대명사는 '그녀'이고 내담자 대명사는 '그'입니다.

이전의 저의 책 대부분에서 그랬던 것처럼, 자연체계 이론에 관한 두 장과 책의 표지 그림을 기고한 크리스토퍼 버넷Christopher Burnett에게 감사를 전하고 싶습니다. 제 동료인 짐 히벨Jim Hibel은 이 책의 구성주의 장들이 우리의 아이디어를 잘 표현할 수 있도록 도움을 주었습니다. 클린턴 램버트Clinton Lambert는 초기에 이 책의 구조를 개념화하고, 저와 함께 사이버네틱스 장을 작업하는 데 도움을 주었습니다. 저의 대학원 조교인 에이프릴 브라운April Brown은 주요 인물 부분에서 많은 도움을 주었고, 중요한 피드백을 제공해서 각 장이 명확해질 수 있게 하였습니다. 제 대학원생 중 몇몇은 여러 장의 초안을 읽고 이 책이 작성된 이후 피드백을 제공했으며, 저는 아이디어가 소화 가능한 방식으로 전달되도록 하였습니다. 도움을 주었던 대학원생은 리타 세벅Rita Cebuc, 브리트니 다코타 섀벗Brittany Dakota Chabot, 다나 엔젤Dana Engel, 제시카 포팸Jessica Popham, 켈시 레일즈백Kelsey Railsback, 줄리 슈워츠버그Julie Schwartzberg, 조디 슐츠Jody Schulz, 데이비드 스테이브David Staves 및 보그라르카 바르가Boglarka Varga입니다.

이 책의 제작에 도움을 준 Routledge의 모든 분, 특히 클레어 애슈워스Clare Ashworth에게 감사를 전하고 싶습니다.

역자 서문

 부부·가족치료 전문가로 성장하려는 사람들이 증가하면서 체계이론에 관한 이해와 훈련에 대한 요구 또한 증가하고 있음을 교육과 임상 현장에서 피부로 느낍니다. 국내에서 지난 20년 넘게 다양한 부부·가족치료 모델, 기술과 기법, 사례 등을 다룬 역서나 집필서가 출판되어 훈련생들과 치료자들이 사례를 개념화하고, 치료 계획을 세워서 치료할 수 있도록 도움을 주었습니다. 하지만 체계론적 관점에서 부부·가족을 치료하는 것이 어떤 것인지를 인식론적으로 깊이 있게 다루고, 이론을 구체적으로 적용한 사례를 제시한 책은 아마도 이 책이 처음일 것입니다. 이 책은 체계이론의 인식론과 원리 및 개념, 부부·가족치료의 모델, 치료 기법과 기술 간의 연결성을 명확히 보여 줌으로써 체계이론이 임상 현장에서 유용하게 활용될 수 있도록 합니다.

 부부·가족치료의 중심에 자리 잡은 체계이론은 인간의 기능화에서 관계적인 삶이 핵심이라는 믿음에 기초한 관점으로, 체계이론에 기초한 부부·가족치료는 개인, 부부, 가족의 삶을 개선하기 위해 관계 체계의 변화에 중점을 둡니다. 체계론적 치료자는 치료실에 누가 오든 간에, 가족의 하위체계, 개별 가족원의 문제 어느 것에 초점을 두건 간에, 가족 상호작용의 변화를 목표로 합니다. 또한 체계론적 치료자는 체계한 부분에서의 변화가 체계 다른 부분의 변화에 지렛대 역할을 한다고 봅니다. 그러므로 체계론적 치료자는 치료실에서 누구를 만나도 전체 가족체계에 초점을 두고 치료실에 오지 않은 사람들도 늘 염두에 두며 이들의 상호작용과 관계를 고려하여 치료합니다. 이러한 가족체계에의 초점은 문제가 '개인'에게 있다고 보지 않고, '맥락 속에서의 개인'에게 있다고 여기는, 인간을 많은 층위와 상호작용하는 맥락 속에서 이해하고자 하는 체계이론의 기본 원리와 연결됩니다. 체계이론은 인간이 맥락과 무관하게 존재할 수 없는 그 자체로 체계임을 강조하고, 다른 체계와 어떻게 연결되어 있는지를 볼 수 있게 합니다.

하지만 무수한 어려움을 쏟아 놓는 내담자의 문제 해결을 위해 가족치료 훈련생이나 치료자가 사례를 어떻게 바라보고, 구체적으로 무엇에 초점을 두며, 어떻게 치료 계획과 전략을 세우고, 어떻게 치료를 진행할지를 결정하는 것은 쉽지 않습니다. 해결을 위해 이리저리 뛰어다니다가 종결되기도 하고, 내담자의 이야기에 압도되기도 하고, 치료 계획을 적절히 세우지 못하기도 하며, 기법을 잘 익혔다고 생각해도 의도한 결과를 얻지 못하기도 하는 등 예상치 못한 과정과 결과를 마주하기도 합니다. 체계이론은 매우 매력적이지만, 이를 깊이 있게 이해하고 적용하기 위해서는 시행착오와 장기간의 교육과 훈련이 요구되는 것 같습니다.

저자 마이클 라이터 교수는 부부 · 가족 치료자가 체계이론의 인식론과 원리, 치료모델의 개념과 치료 과정 및 기법 간의 연결성을 명확히 보고 이해할 수 있을 때, 치료자로서 더욱더 성장할 수 있고, 나아가 부부 · 가족치료 분야가 발전할 수 있다고 하였습니다. 저자는 치료자들이 기법을 습득하는 데 많은 시간을 할애해도 해당 기법이 어떤 인식론적 기반에서 왜 개발되었고, 그것이 어떻게 치료를 폭넓게 이해하는 데 적합한가에 대한 이해가 부족하다면 치료자의 성장은 제한적일 수 있음을 지적합니다.

이 책의 강점은 체계이론의 주요 원리와 개념을 임상 현장에서 필요에 따라 명확하고 유용하게 활용할 수 있도록 제시하였다는 점입니다. 저자는 각 장을 쌍으로 구성하여 작성하였는데, 쌍의 첫 장은 특정 체계이론의 인식론적, 이론적 토대를 다루어 독자들이 체계이론을 심층적으로 이해할 수 있도록 하였습니다. 또한 쌍의 두 번째 장은 특정 체계이론에 기초하여 구체적인 기법을 활용하여 진행한 사례로 이론이 어떻게 실제에 적용될 수 있는지를 상세히 보여 줍니다. 총 11장으로 구성된 이 책에서 제1장은 체계론적 사고 도입으로, 체계론적 관점에서의 사례 개념화, 비선형적 인식론, 체계이론, 생태체계 모델, 체계 개념을 소개하고, 체계이론과 실천 간 연결의 중요성을 제시합니다. 제2장에서 제11장은 쌍으로 구성된 장으로, 사이버네틱스 치료 이론과 실제(제2장, 제3장), 상호작용 치료 이론과 실제(제4장, 제5장), 자연체계 치료 이론과 실제(제6장, 제7장), 구성주의 치료 이론과 실제(제8장, 제9장), 사회구성주의 치료 이론과 실제(제10장, 제11장)입니다.

이 책은 부부 · 가족치료 교과목의 교재로 활용될 수 있고, 임상 현장에서 체계이론의 치료 과정과 기법을 깊이 있게 이해하고 실천하고자 하는 치료자들을 위한 책으로도 활용될 수 있습니다. 이 책이 부부·가족치료를 공부하는 사람들, 특히 체계론적 관점에서 가족치료를 하고자 하는 사람들과 치료자들에게 유익하고, 나아가 한국의 부부·가족치료 분야의 발전에 이바지할 수 있기를 바라는 마음이 큽니다.

    체계이론의 인식론적 기초와 원리 및 개념을 명확하게 설명하고, 사례를 통해 기법과 치료 과정을 상세히 구체적으로 제시한 책을 만나 기뻤습니다. 또한 번역을 하면서 부부·가족 치료자로서 좀 더 성장할 수 있어서 감사했고, 번역한 장을 서로 번갈아 가면서 읽고 피드백을 주는 과정에서 이 책이 점점 더 읽기에 편한 책이 되어서 좋았습니다. 이 과정에서 이 책의 번역과 출판을 응원해 주셨던 모든 분께 감사드립니다. 참고로 이 책의 1장, 10~11장은 김성은, 2~3장은 천연미, 4~5장은 이규호, 6~7장은 민주홍, 8~9장은 최연실이 번역했음을 밝힙니다.

    마지막으로, 이 책의 출판을 허락해 주신 학지사 김진환 사장님과 편집과 교정에 정성을 기울여 주신 박나리 선생님께 깊이 감사드립니다.

2024년
역자 일동

차례

제5장

상호작용 치료 실제
• 143

제6장

자연체계 치료 이론
• 179

제**1**장

체계론적 사고 도입

　우리는 우리에게 가장 중요한 내담자와의 만남과 연결해서 체계이론에 대한 탐구를 시작하고자 한다. 당신이 상담기관에서 근무 중이고, 자가 의뢰로 치료에 온 새 내담자를 만나고 있다고 상상해 보자. 내담자는 생물심리사회적 사정을 하는 접수면접자를 만났다. 언급한 가상의 기관에서처럼 대부분의 기관은 내담자에게 가장 적절한 서비스를 결정하기 위해 초기 사정을 활용한다. 가장 적절한 서비스는 개인, 부부, 가족 혹은 집단 치료일 수 있다. 사정의 결과에 기초해 접수면접자는 내담자에게 입원이나 외래 서비스를 추천할 것이고, 만약 내담자가 자해나 타해의 위험이 있다면 정신과로 추천할 것이다. 이 가상 사례의 경우, 접수면접자는 외래 개인치료를 추천했고, 기관은 치료자인 당신에게 이 사례를 배정하였다. 당신이 사무실에 도착했을 때 다음과 같은 생물심리사회 사정 보고서가 주어졌다.

* Michael D. Reiter

🫀 사례 설명

주 호소 문제

다니엘 마티네즈는 32세의 기혼 히스패닉 남성이다. 그는 자가 의뢰로 치료에 왔다. 다니엘은 지난 3~4개월 동안 우울했다고 한다. 또한 그는 지난 1년 동안 잘 지내기 어려운 아내로 인해 분노를 경험하고 있다. 우울감이 그를 힘들게 하지만, 우울감 때문에 지역 고등학교에서 일하는 것에 방해받지는 않는다.

주 호소 문제의 역사

다니엘은 낙천적인 유형의 사람은 아니지만, 그는 생에서 이 정도로 마음이 상하고 불만을 경험해 본 적이 없다고 했다. 그는 살면서 슬펐던 때가 있었지만, 어떤 것도 비정상이라고 생각해 본 적은 없었다. 다니엘의 아버지는 음주운전 사고로 4년 전에 사망하셨다. 다니엘은 아버지와 친밀한 적이 없었고, 아버지에 대해 슬픔보다는 분노를 더 느끼고 있다. 그가 살면서 가장 슬펐다고 느꼈던 때는 16세 때와 7년 전으로 두 마리 고양이가 죽었을 때였다.

내담자의 약물치료

다니엘은 현재 어떤 약물치료도 받고 있지 않고, 약물치료를 받은 적도 없었다. 약물 남용 이력도 없다.

다른 관련 역사

병력

다니엘은 어머니가 그를 정상적으로 출산했다고 알고 있다. 다니엘은 기어가기, 걷기, 말하기, 배변 훈련 등과 같은 모든 발달 이정표를 충족시켰다고 했다. 현재 정기검진을 하고 있고, 입원, 의료적 질병 및 수술 이력이 없다.

정신과 병력

다니엘은 자신과 가족 중에서 정신과 치료를 받은 사람이 없다고 하였다. 하지만 다니엘은 가족이 정신과를 너무 싫어했고, 가족 중 누구도 정신과 의사나 정신역동 치료자에게 가 본 적이 없다고 했다. 다니엘은 정신과 의사나 치료자에게 진료받는 것이 이번이 처음이라고 했다.

현재 가족사

다니엘은 11년 전에 조한나와 결혼했다. 둘은 고등학교 때 만났고, 다니엘이 본가에서 4시간 떨어진 대학으로 음악을 전공하기 위해 떠나면서 두 사람은 만남과 헤어짐을 반복하는 연애를 했다. 졸업 후 다니엘은 본가로 돌아왔고, 조한나와 결혼하였다. 2년 후 첫째를 낳았고, 이름을 조나단이라고 지었다. 2년 후 딸을 낳았고, 미란다로 이름을 지었다. 이들은 현재 경제적인 스트레스가 없다.

과거 가족사

다니엘은 부모 칼로스와 루시의 삼 남매 중 둘째이다. 다니엘에게 누나 칼라와 남동생 티코가 있다. 다니엘은 니카라과에서 출생하였고, 특별한 일 없이 유년기를 보냈다. 아버지는 가구 생산회사의 목수였고, 다니엘은 아버지가 옛날 사람이고 심하게 체벌했다고 하였다. 그는 아버지와 연결되거나 친밀하다고 느껴 본 적이 없다고 했다. 다니엘은 아버지가 항상 술에 취해 있었다고 기억한다. 아버지는 주로 맥주를 마셨으나, 독한 술이 있을 때는 그 술을 드셨다. 다니엘은 부모가 사랑이 많은 결혼생활을 했다고 생각하지 않는다.

다니엘이 11세 때 부모님은 자녀들에게 더 많은 기회를 주기 위해서 미국으로 이민을 왔다. 아버지는 공사 현장에서 일했고, 비록 가족이 넉넉한 형편은 아니었으나, 아버지는 가족을 부양할 수 있었다. 다니엘은 누나와는 잘 지냈지만, 남동생과는 경쟁적 관계에 있었던 것 같다. 지금 다니엘은 누구와도 잘 지내지 못한다. 누나 칼라는 결혼해서 니카라과의 마나과에서 두 자녀와 함께 살고 있다. 티코는 유럽에서 재무 관련 일을 하고 있고, 다니엘은 지난 2년 동안 남동생을 보지 못했다. 다니엘은 자녀들을 사랑하지만 어떻게 하면 좋은 아버지가 되는지 잘 모른다. 하지만 그는 부모가 자신을 양육한 것처럼 자녀를 키우고 싶지 않다는 것은 안다.

교육사

다니엘은 초·중·고에서 평범한 학생이었다. 다니엘이 11세 때 부모님은 니카라과에서 미국으로 이민을 왔다. 1년 후에 어머니가 그에게 생일선물로 기타를 사 주었다. 14세에 밴드를 결성해서 고등학교 때까지 밴드 활동을 하였다. 그는 동네 연주 장소에서 기타 연습을 하고 기타 치는 것을 즐겼다. 다니엘이 13세 때 부모님은 이혼하였다. 기억하는 한에서 다니엘은 부모님이 싸울 때 자신이 큰 영향을 받지 않았다고 하였다. 다니엘은 주립대학교에서 음악을 전공하였다. 평균 성적으로 졸업했고, 고등학교 때부터 연애했던 백인 여성인 조한나와 함께하기 위해서 본가로 돌아왔다. 다니엘은 자신이 전문 음악인이 될 만하지는 않다고 생각했지만, 음악가가 꿈인 다음 세대를 훈련하고 싶어 했다. 그는 커버송 혹은 원곡을 연주하는 그 지역의 밴드에 들어갔다. 밴드 활동은 다니엘이 즐기는 활동 중의 하나이다. 하지만 9개월 전 밴드는 해체되었고, 새로운 밴드를 찾고 있다.

사회생활력

다니엘은 사람들과 잘 지내지만, 내향적인 면이 있다고 했다. 그는 미국으로 이민을 온 후 영어를 잘 못할 때는 친구가 많지 않았다고 했다. 그는 지금은 영어를 잘하지만, 여전히 악센트가 있다. 고등학교 시절, 그는 몇 명의 급우와 연애했지만, 조한나를 만나기 전까지 누구와도 진지하게 사귀지 않았다. 다니엘은 자신이 음악을 중심으로 사람들과 연결될 수 있다는 것을 알게 되었다. 밴드 구성원과의 관계는 대부분 긍정적이었지만, 음악의 방향성 차이로 밴드 구성원들과 때때로 분쟁이 있었다. 이런 분쟁은 신체적이 아닌 언어적으로 이뤄졌다. 다니엘은 사람들과의 관계에서 폭력을 행사한 적이 없다.

직업사

다니엘은 음악 학사 학위를 받았고, 졸업하면서 개인 지도를 시작하였다. 23세에 그는 초등학교에서 음악 과목을 가르치기 시작했다. 거기서 5년 동안 음악 과목을 가르쳤고, 그 후에는 중학교 음악 선생님이 되었으며, 재즈 밴드를 맡았다.

법 생활사

다니엘은 어떤 법적 문제도 없다고 했다. 미국 영주권자이지만 여전히 미국 여권과 니카라과 여권을 가지고 있다.

영성과 문화적 문제 사정

다니엘은 어떤 영적, 문화적 문제도 없다고 했다. 그는 가톨릭 가정에서 태어나 자랐고 하나님을 믿는다. 하지만 그는 결혼이나 휴일과 같은 특별한 날에만 예배를 드리러 간다. 그의 어머니는 스페인어를 쓰는 것이 더 편하고 자녀들이 언어적 문화유산을 갖기를 원하기 때문에 자녀들과 스페인어를 쓰곤 하지만 그의 가족은 주로 영어를 쓴다.

정신건강 상태와 내담자의 강점

다니엘은 32세 기혼자, 히스패닉 남성이다. 그는 면담을 정시에 왔고, 간편한 복장을 하였으며, 옷을 잘 입었다. 영어로 면담이 진행되었다. 그는 악센트가 있지만, 말하는 내용을 보면 언어 문제가 없는 사람처럼 말을 잘한다. 그는 장소, 사람, 시간을 잘 알고 있었고, 소란을 피우고자 했던 증거도 없었다. 그는 환각과 망상을 경험하지 않았다고 했다. 다니엘은 자살 생각이나 살인 생각이 없었다고 하였다. 내담자는 붙임성이 있고, 일에 충실하고, 가족 중심적이라는 강점이 있다.

🐷 당신의 내담자를 이해하기

당신이 내담자와 상담실에 들어가기 전에 이미 당신은 내담자에게 일어났었던 것에 대해 예상한다. 당신의 예상은 치료 훈련과정을 통해 형성되었고, 주로 당신의 이론적 지향과 연결되어 있다. 이런 이유로 사회복지사, 정신건강 상담가, 부부·가족 치료자, 임상심리사는 내담자와의 첫 번째 만남에서 중요시하는 것과 치료를 통해 일어날 것에 관해 서로 다르게 이해한다. 우리는 대학원 과정을 통해 치료 과정에서 탐색해야 하는 것과 우선순위에 두어야 하는 것을 훈련받는다. 이러한 훈련은 우리가 하는 예상의 기초가 된다. 이러한 이유로 치료자가 이론적 기반을 확장시키기 위해서 훈련 범위 밖의 접근을 알고 새로운 아이디어를 가지고 오는 것은 중요하다.

사람들은 치료실 안에서 벌어지는 것뿐만 아니라 치료실 밖에서 일어나는 것들을 예상한다. 모든 이는 사람들이 왜 그렇게 행동하는지에 대한 관점과 아이디어가 있다. 그리고 이러한 관점과 아이디어를 모든 상황에 적용한다. 이러한 관점은 수업, 종교적 훈련 혹은 나름의 조합된 생각을 통해 알게 된 인간 기능에 대한 이해를 통해 형성된다. 잠깐 시간을 갖고 당신이 제삼자의 행동에 대해서 친구나 가족에게 말했던 때를 기억해 보라. 당신과 말하고 있는 사람은 제삼자가 왜 그렇게 행동했는지를 설명할 것이다. 또한 그 사람은 제삼자의 행동, 말, 비언어적 행동에 주의를 기울이고 그에 관한 설명을 할 것이다. 예를 들어, 그 사람은 "아만다는 분명히 직장에서 힘들어서 나에게 소리를 질렀을 것이고, 내가 그녀 스스로가 자신을 보호하도록 북돋운 것을 좋아하지 않았어."라고 말할 것이다. 또 어떤 사람은 "아만다는 나를 질투하기 때문에 소리를 질렀어."라고 할 수 있다. 여기서, 사람들이 자신과 타인에 대한 나름의 이해의 틀을 사용하는 것을 볼 수 있다. 이 책에서 우리는 내담자가 문제 경험에서 벗어나 선호하는 삶을 살아가도록 도울 수 있는 인간 이해를 위한 몇 가지 개념 틀을 제시할 것이다.

우리의 내담자 다니엘로 다시 돌아가서 당신이 했던 생물심리사회 사정에 대해 생각해 보자. 치료자가 문제를 이해하는 방식뿐만 아니라 생물심리사회 사정에도 내담자에게 일어났던 일에 대한 예상이 포함되어 있다. 생물학적, 심리적, 사회적 요소들이 있고, 이 요소들은 연결되어 있으며, 같지 않다는 가정이 내재해 있다. 요소 각각과 요소의 상호연결성에 주목하는 것은 임상가가 내담자가 왜 어려움을 겪게 되었고, 상담 목표에 도달하기 위해 어떤 도움을 제공해야 하는지를 포함하는 사례 개념화를 하는 데 도움을 준다.

사람들이 왜 그렇게 기능하는지와 관련해서 하는 추정은 나쁘지도 좋지도 않지만 중립적이지도 않다. 이러한 출발선상에서의 전제는 결과를 초래한다. 이는 회기 경험과 내담자, 치료자 및 상담기관에 영향을 미친다. 출발선상에서의 전제는 치료자가 어떻게 내담자와의 관계에 들어가는지, 치료자가 자신, 내담자 및 치료 방향에 대해 어떤 기대를 하는지 등에 영향을 미친다. 그러므로 치료자의 관점과 이론적 가정은 치료자가 내담자를 치료할 때 매우 중요하다.

우리는 일반 사람들에 대해 말하지만, 치료자인 당신이 앞에 제시한 내용에 대해 경험하기를 원하기에 이 책 전체에서 자기성찰과 자기인식을 할 수 있는 질문을 할 것이다. 사람들처럼 당신은 세상을 바라보고 타인과의 상호작용에 영향을 미치는 전제를 갖고 예상하거나 추정한다. 당신은 세상을 접할 때 얼마나 자주 당신이 활용하는 프레임워크를 탐색하는가? 잠깐 시간을 갖고 당신이 세상을 어떻게 바라보는가에 관해 생각해 보라. 인간의 기능을 탐색할 때 당신은 무엇이 중요하다고 생각하는가? 당신의 시작 전제는 무엇인가? 이는 지금 답하기 어려운 매우 큰 질문들이지만, 당신이 이 책을 다 읽은 후에는 답할 수 있기를 바란다. 여러분을 돕기 위해 먼저 우리는 우리의 관점을 제시하고, 내담자 다니엘의 예시를 통해 여러분이 가지고 있는 전제나 가정을 인식하는 것을 시작하고자 한다.

💡 지식 적용하기

우리의 내담자 다니엘에 대해서 다음의 질문에 답하시오.

1. 다니엘이 직면한 가장 큰 어려움은 무엇이라고 할 수 있는가?

2. 당신은 왜 다니엘이 현재의 문제를 갖게 되었다고 생각하는가?

3. 당신은 약물이 다니엘에게 어떤 역할을 했다고 생각하는가?

4. 당신은 문제 해결을 위해 다니엘이 얼마나 동기화되어 있다고 생각하는가?

5. 다니엘은 이 이슈를 극복하는 데 있어 얼마나 희망적인가?

6. 당신은 치료가 얼마 동안 지속될 것이라고 예상하는가?

7. 누가 내담자인가? 내담자를 타인 혹은 다니엘과 다른 사람이라고 개념화하는가? 그렇다면 누구인가?

8. 누가 문제/해결, 치료에 관여하는가?

9. 만약 있다면, 다니엘이 처한 맥락이 문제에 의미하는 바는 무엇인가?

10. 문제와 관련해서, 다니엘의 삶에서 어떤 패턴을 눈치챘는가?

앞의 '지식 적용하기'에 나온 질문들에 대한 답은 매우 진중한 결과를 초래한다. 당신이 한 답변은 치료실에서 당신과 내담자 사이에 일어나는 것뿐만 아니라 당신이 내담자를 어떻게 바라보고 이들과 어떻게 상호작용하는지를 드러낸다. 예를 들어, 만약 당신이 다니엘이 낮은 자존감 때문에 우울하다고 본다면 당신은 다니엘의 자존감 향상에 초점을 두고 그를 만날 것이다. 만약 당신이 다니엘이 뇌의 생물화학적 불균형 때문에 우울하다고 믿는다면, 당신은 항정신성 약물 복용과 정신과 대화치료를 병행하는 정신과 상담을 의뢰할 것이다. 반대로 당신이 다니엘이 가지고 있는 결혼생활에 대한 기대가 조한나와의 관계에서 충족되지 않아서 그가 우울하다고 믿는다면 조한나를 상담에 초대하여 그들의 관계에 관해 이야기하게 할 것이다. 당신은 그들의 결혼생활이 결혼에 대한 기대와 소망에 맞도록 변화시키는 작업을 할 것이다.

당신이 상담기관에서 일한다면, 이 질문들에 대한 기관의 답변 또한 진중한 결과를 낳는다. 상담기관은 보험회사와 같은 제삼자에게 제공했던 서비스를 정당화해야 하므로, 어떤 치료적 모델이 사용될 수 있고, 정신과 진단이 필요한지, 서류에 어떤 내용이 기재되어야 하는지 등과 같은 기대와 요구사항을 가지고 있다. 이러한 서류작업은 당신이 어떤 사고와 질문을 하는지, 잠재적으로 치료가 어떻게 진행되는지에 영향을 미친다. 만약 내담자에게 일어난 일에 대한 당신의 답변과 상담기관의 답변에서 차이가 있다면 어떻게 될까? 만약 당신의 답변과 내담자의 답변이 다르면? 만약 당신, 내담자, 상담기관의 답변이 모두 다르다면? 당신은 어떻게 이러한 다양한 관점과 기대를 연결할 것인가?

생물심리사회적 관점에서 수집한 정보를 사용하여 우리는 내담자가 어떤 사람인지에 대한 그림을 그리기 시작한다. 이 그림으로부터 우리는 치료적 선택을 한다. 상담기관에서 일하는 치료자 대부분은 임상 결과, 진단에 관한 인상 및 가능한 치료 계획으로 생물심리사회적 사정을 마무리한다. 임상적 결과와 진단에 관한 인상은 내담자에게 일어났던 것에 대한 공백을 메우고, 내담자에게 일어났던 것에 대한 하나의 '진리' 관점을 형성한다. 이 과정은 사례 개념화라고 알려져 있다. 모든 치료자가 생물심리사회적 사정을 하지 않지만, 모든 치료자는 사례 개념화를 한다. 이 책에서 우리는 다양한 사례 개념화 방식을 제시할 것인데, 각각의 방식은 당신이 내담자에게 일어났을 것에 대해 어떻게 이해하고 치료 방향을 어떻게 설정할지에 영향을 미친다.

🩺 사례 개념화

치료자가 내담자에게 일어나는 일을 이해하는 것은 정말이지 매우 중요하다. 내담자가 현재 겪고 있는 문제는 왜 생겼는가? 어떤 치료자들은 문제의 원인을 찾는 것이 매우 중요하다고 믿는다. 어떻게 문제가 발달하였는가? 치료자는 문제의 원인을 탐색해서 내담자가 상황을 교정하도록 도울 것이다. 만약 다니엘의 우울증이 잘못된 생각 때문이라고 믿는다면, 치료자는 그가 그의 생각을 어떻게 반박할 수 있는지를 배우도록 도울 것이다. 만약 원인이 화학물질과 관련되었다고 여기면, 항정신성 약물이 사용될 것이다. 어떤 치료자들은 문제의 원인이 아닌 어떻게 문제가 지속되는지에 초점을 둔다. 이는 문제가 지속되게 하는 내담자의 행동을 중단하게 할 것이다.

왜, 어떻게 문제가 일어나는지를 이해하는 것은 **사례 개념화**case conceptualization로 알려져 있다. 사례 개념화는 심리치료에 있어 가장 핵심적인 능력이다(Sperry & Sperry, 2012). 사례 개념화는 치료자가 치료의 방향을 설정하고 내담자의 어려움을 이해하기 위한 기초가 된다. 사례 개념화는 매우 중요하다. 사례 개념화를 하지 않으면 치료는 두서없이 진행되고 내담자는 방향이 없는 여행을 하게 된다. 혹은 특정 방향으로 여행하는 것은 일시적일 것이고, 한 회기 정도만 지속된다. 사례 개념화는 심리치료 영역에서 지도가 된다. 사례 개념화는 치료자가 보고 있는 것이 무엇이고 그들이 해야만 하는 것을 알게 한다.

사례 개념화에 대해 두 가지 주된 관점이 있다. 첫째는 사례 개념화는 내담자가 겪고 있는 어려움이 어떻게 왔는지를 설명하는 데 사용된다(Berman, 2010). 이러한 유형의 사례 개념화는 왜 내담자가 문제를 갖게 되었는지를 탐색한다. 이를 통해 치료

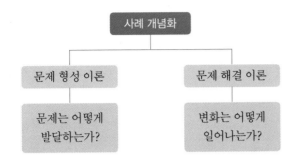

그림 1-1   사례 개념화의 두 가지 요소: 문제 형성 이론과 문제 해결 이론

자는 변화에 초점을 둔 **치료 계획**treatment plan을 설정한다. 사례 개념화에 대한 두 번째 관점은 왜 무엇을 하는가의 조합이다(개념화와 치료 계획). 라이터(Reiter, 2014)는 사례 개념화가 두 가지 영역의 조합이라고 하였다. 문제 형성에 대한 이론과 문제 해결에 대한 이론이다([그림 1-1] 참조). 이 두 가지는 상호 밀접히 연결되어 있다. 왜 문제가 형성되고 유지되는지를 아는 것은 어떻게 문제가 해결될 수 있는가에 관해 안내한다. 예를 들어, 치료자가 다니엘의 우울증이 현재 가족 조직을 대처하는 시도에서 나왔다고 본다면, 다니엘과 다른 가족 구성원들이 좀 더 만족스러운 방향으로 가족을 재조직하도록 하는 데 초점을 둘 것이다. 다니엘은 자아개념이 발달하지 않았기 때문에—아직 자기분화가 일어나지 않았다—문제가 발생했다고 개념화한다면 치료자는 가족 구성원으로부터 자기의 생각과 과정을 분리할 수 있는 자기 위치를 발달시키도록 다니엘을 도울 것이다.

심리치료자가 사용할 수 있는 가장 중요한 기술 중의 하나는 사례 개념화의 사용이다. 이것이 치료자와 친구를 구분하는 주된 방법 중의 하나이다. 친구들은 왜 사람들에게 문제가 있고 그들이 무엇을 해야 하는가에 대해 자신만의 이해 방식이 있지만, 이는 대부분 제한적이다. 치료자들의 개념화는 인간 발달, 성, 개인, 가족, 집단 과정, 정신건강 이슈, 체계에 대한 이해 등 많은 영역에서의 수준 높은 교육과 학습을 통해 오랜 기간에 걸쳐 발달한다. 친구들은 의도는 좋지만, 바로 고통을 멈추게 하려 하므로 그 사람이 변화하도록 도움을 주는 데 있어서는 비효과적이다. 당신이나 친구가 연인과 심각한 이별을 했던 때를 기억해 보라. 대부분 당신과 친한 사람들은 "걱정하지 마. 괜찮아질 거야. 너는 더 좋은 사람을 만날 자격이 있어. 더 좋은 사람을 만날 거야."라고 말했을 것이다. 이런 표현이나 감성은 지지적이지만 고통을 겪는 사람이 고통의 경험이 가치 있다는 것을 느끼게 하지는 못한다. 그 사람은 그런 경험을 갖는 것이 안전하고 타당하다고 느끼지 않는다. 즉, 그들은 현재 경험하는 것을 생각하고 느끼는 것을 멈추라고 하고 있다. 문제 형성에 대한 이론과 문제 해결에 대한 이론을 포함하는 사례 개념화를 사용하는 치료자들은 아주 다르게 문제를 다룰 것이다. 치료자라는 위치가 더욱더 유용하고, 내담자가 자신을 위해 설정한 목표를 성취할 수 있도록 이끌기를 바란다.

우리는 이 내용을 좀 다른 언어로 볼 수 있다. 사례 개념화는 인지와 행동의 조합이다. 키니(Keeney, 1983)는 인지와 행동의 조합이 치료자의 인식론을 설명한다고 하였다([그림 1-2] 참조). 인식론epistemology은 어떻게 유기체가 생각하고, 알고, 결정하는가에 대한 것으로 정의될 수 있다(Bateson, 1979). 많은 이는 자신의 인식론을 인지하지 못하고, 그들의 행동과 인지에 대한 근거 없이 행동한다. 치료자들은 그들의 사고와 행동을 연결하도록 훈련받는다. 치료자가 받는 훈련과 수업은 자기, 타인, 자기와 타인의 상호작용에 무엇이 일어나는가에 대해서 어떻게 생각하고, 치료자들이 무엇을 해야 하는지를 결정하기 위해서 어떻게 지식을 사용할 수 있는지에 초점이 둔다. 또한 치료자들의 사례 개념화는 아마도 치료자의 인식론을 이해하게 하는 주요 방식이다. 인식론은 한 인간/치료자가 어떻게 세계와 접촉하고 정보를 조직하는지에 대한 중요한 단서이다. 이러한 조직은 치료자가 어떤 행동을 취해야 하는지를 결정하는 데 도움을 준다.

💡 지식 적용하기

잠시 시간을 갖고 당신의 치료적 인식론에 대해 생각해 보시오. 한 문단으로 당신의 문제 형성 이론을 어떻게 서술할 수 있겠는가? 당신의 문제 해결 이론을 어떻게 서술하겠는가? 문제 해결 이론에 기초해서, 당신이 사용할 것 같은 치료적 전략은 무엇인가? 이러한 탐색은 임상가로서 당신을 더 잘 이해하는 데 어떻게 도움을 주는가?

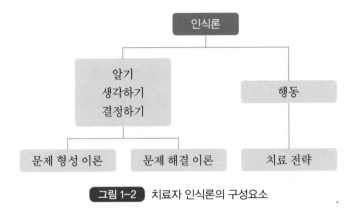

그림 1-2   치료자 인식론의 구성요소

치료자의 사례 개념화는 이론을 실천으로 가져가도록 한다. 사례 개념화가 없다면 치료자는 이리저리로 마구 뛸 수 있고 내담자에게 끌려갈 것이다. 이론적으로 내담자를 따라가는 것은 문제가 없지만, 왜 내담자를 따라가는 것이 유용한지에 대한 이해가 수반되지 않으면 골칫거리가 된다. 하지만 왜 내담자를 따라가야 하는지를 이해하지 못할 때도 그것이 유용할 수 있다. 하지만 이는 기술보다 운이 좋을 때 일어난다.

이는 우리를 인식론의 영역으로 다시 돌아가게 한다. 치료자는 자신만의 이해 과정을 이해하는 방식이 필요하다. 그렇지 않으면 내담자가 새로운 주제를 가지고 올 때마다 치료자는 그 주제에 대해 내담자와 대화하고 내담자는 또 새로운 주제를 가지고 오고 치료자는 계속 그것에 따라가는 등 치료자와 내담자는 끝도 없는 대화를 나누게 된다([그림 1-3] 참조).

이 과정은 대부분의 사람이 하는 일상 대화에서 일어나는 것으로 이에는 아무 문제

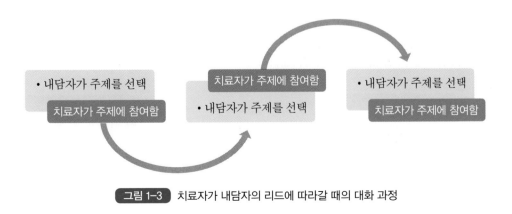

그림 1-3   치료자가 내담자의 리드에 따라갈 때의 대화 과정

가 없다. 이를 우리는 최근 축구, 영화, 날씨와 같은 다양한 주제에 대해 수다를 떠는 사람들 사이에서 하는 한담이라고 한다. 하지만 치료적 대화의 맥락에서, 내담자를 따라가는 것은 문제가 된다. 이는 변화를 이끄는 치료적 요소가 없는 대화이다. 치료적 요소가 없다면, 치료자는 치료 목적에 대한 자신의 관점을 활용하지 않고 내담자 생각의 흐름을 그저 따르게 된다. 그러므로 사례 개념화는 매우 유용하다.

치료자의 사례 개념화는 치료자가 어떤 아이디어나 행동에 주의를 기울여야 하는지를 알게 한다. 이러한 훈련되고 집중된 주의는 치료적 대화가 일어날 변화를 무르익을 수 있도록 안내한다. 키니(Keeney, 1983)는 치료적 상황에서 무엇을 봐야 하는지를 아는 것이 중요하다고 하였는데, "인식론 이해의 기초는 한 사람이 무엇을 인지하고 아는가는 그 사람이 구별 짓는 것에 기인한다는 발상이다"(p. 24). 사례 개념화는 치료자가 어떤 구별을 해야 하는지를 알게 한다. 이는 개인의 사고, 행동, 정서에 주의를 기울이는 것으로 나타날 것이다. 또한 사례 개념화는 치료자가 내담자를 개인, 커플 혹은 가족으로 볼 것인지를 구별할 수 있게 한다.

키니(Keeney, 1983)는 우리는 우리가 아는 것과 어떻게 아는지를 떼어놓을 수 없다고 하였다. 이는 내용과 과정 간의 차이이다. 우리에게는 회상할 수 있는 다양한 사실이 있다. 하지만 우리가 어떻게 이러한 사실을 수집하고 이를 조합하는가에 있어서 우리에게는 고유의 방식이 있다. 우리가 구별 짓는 것은 내담자, 치료자, 치료적 상황에 무엇이 일어나는지를 보는 데 영향을 미치고 과거에 무슨 일이 일어났고, 현재와 미래에 무슨 일이 일어나는지를 보는 데 영향을 미친다. 우리가 무엇을 알고 어떻게 아는지를 설명하는 방식은 세계를 보는 방식을 보여 준다.

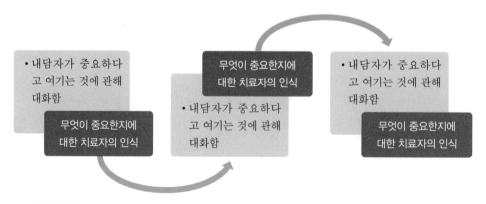

그림 1-4 치료자가 어떤 대화가 중요한지에 대해 인식하고 내담자를 따라갈 때의 대화 과정

구별하는 수단을 가지는 것은 치료자가 내담자, 치료자, 치료적 상황에 일어나는 것을 볼 수 있는 시각을 준다. 키니(Keeney, 1983)에 따르면 "인식론의 가장 기본적인 측면은 차이를 만드는 것이다"(p. 18). 치료자는 어떤 차이가 중요한지에 대한 전제에 기초하여 특정 방식으로 치료적 대화를 안내한다([그림 1-4] 참조).

내담자는 일반적으로 자신이 생각하기에 중요한 것, 즉 자신이 생각하기에 치료자가 반드시 알아야만 하는 것을 이야기한다. 치료자는 구체적인 사례 개념화를 활용하여 특정한 방식으로 정보에 반응한다. 만약 치료자가 유용하다고 믿는 틀 내에서 정보가 적합하지 않다고 여기면, 그 정보를 인지하거나 더 많은 질문을 하거나 그 정보를 무시한다. 키니와 로스(Keeney & Ross, 1983)는 치료자는 이야기되어야 하는 것과 강조되지 않아야 하는 정보를 결정하는 '정보 문지기' 기능을 해야 한다고 하였다. 이러한 문지기 기능은 사례 개념화에 기초하여 정보를 걸러내는 것을 통해서 가능하다. 내담자가 말하는 어떤 정보는 사례 개념화에 적합할 것이고, 치료자는 그 대화에 머무를 것이다. 하지만 어떤 정보는 사례 개념화에 적합하지 않을 것이고, 치료자는 그에 관한 대화를 지속하지 않을 것이다. 마찬가지로 내담자도 자신이 생각하기에 치료 회기에서 이야기되어야 하는 중요한 것들과 관련해서 치료자가 말하는 것을 인정하거나 무시하거나 질문할 것이다.

다시 우리 내담자 다니엘에게 돌아가 보자. 다니엘과 작업하게 되는 치료자는 사례 개념화를 통해서 자신의 인식론을 드러낸다는 것을 우리는 알고 있다. 어떤 치료자들은 그들의 사고 과정, 사고 이면에 있는 철학, 사람들이 기능하는 것에 대한 의미, 한 인간/치료자로서 자신이 어떤 사람인지를 면밀하게 살피는 데 많은 시간을 보낼 것이다. 다니엘과 작업하는 다른 치료자들은 그에게 무슨 일이 일어났는지를 생각하는 데 많은 시간을 할애하지 않고 바로 행동할 것이다. 이 두 양극단은 각 치료자의 인식론을 보여 준다. 한쪽 극단의 전자는 개입하려고 하지 않기 때문에 어떤 유익한 것도 치료에서 일어나지 않을 것이다. 다른 한쪽 극단의 후자는 내담자에게 좋지 않을 수 있는 것을 급히 말하거나 행할 것이다. 또한 이해한 바에 대해 생각하고 이를 치료실에서의 사려 깊은 개입을 위해 활용하는 중간 지점도 있다. 우리는 지금 치료에 대해 생각하고 치료를 하는 것이 어떻게 연결되는지에 대한 예를 제시하였다.

인간중심 모델을 사용하는 치료자는 다니엘이 현재 삶을 일치적으로 살지 못한다고 보고 사례 개념화를 할 것이다. 이는 유년 시절 아버지에게 수용되기 위해서 어떤 유형의 아이가 되어야 한다는 조건적 가치하에서 성장했기 때문일 것이다. 그는 아내와도 이런 경험을 할 것이다. 인간중심 관점에서 치료자의 행동은 명확히 정의된다. 치료자는 내담자에게 무조건적인 긍정적 존중, 정확한 공감적 이해, 투명성(Rogers & Truax, 1967)이라는 세 가지 핵심적인 조건을 제공하려는 목적으로 치료적 대화를 하게 된다. 이는 다니엘이 그의 행동과 자신의 자아개념이 일치하는 방식으로 삶을 사는 소망을 품게 한다.

인지행동 모델을 사용하는 치료자는 다니엘이 삶에서 무슨 일이 일어나건 자신에 대해 말하는 것에 차이가 나게 할 것이다. 그와 아내가 논쟁할 때 치료자는 무엇이 다니엘의 생각이고, 이런 생각 중에서 비합리적인 신념과 인지적 오류가 어떤 것인지를 알려고 할 것이다. 이러한 방식의 앎을 사용할 때, 치료자는 다니엘이 그의 생각을 알고, 무엇이 유용하고 그렇지 않은지를 평가하고, 또한 좀 더 합리적이고 효과적인 사고를 할 수 있도록 도우려 행동할 것이다.

정신분석 치료자는 다니엘이 경험하는 무의식적인 갈등을 알기 위해서 어린 시절의 삶을 탐색할 것이다. 어떤 특정 심리성적 발달단계에서 해결되지 않는 것 때문일 수 있다. 이런 사고방식에 기초하여 치료자는 해석, 꿈 분석, 전이 탐색과 같은 변화를 위한 전략을 활용할 것이다.

우리는 이 도입 장에서 사례 개념화에 초점을 두었는데 이는 내담자에게 유용할 수 있는 치료자 인식론의 전달자이기 때문이다. 우리는 단지 내담자만을 볼 수 없다. 우리는 치료자만을 볼 수도 없다. 우리는 치료자와 내담자의 상호작용을 포함해야만 한다. 가족, 학교, 직장, 종교 등을 포함하는 내담자의 맥락도 이해해야만 한다. 또한 치료의 사회적 위치, 다양성 측면 및 치료자의 치료적 지향 등을 포함하는 치료자의 맥락도 이해해야 한다. 아울러 우리는 치료가 일어나는 맥락도 이해해야 하는데 이는 어떤 문화와 사회에서는 다른 문화 및 사회와 달리 치료라는 개념에 특권이 부여되기 때문이다. 당신이 이 책에서 설명될 한 개 혹은 그 이상의 체계이론 아이디어를 활용하여 사례 개념화를 향상할 수 있도록 돕는 것이 이 책의 목적이다.

💿 선형적, 비선형적 인식론

약 400개의 서로 다른 심리치료 모델이 있다(Kazdin, 1986). 중복되기도 하지만, 각각은 문제 형성과 문제 해결 이론을 구성하는 고유의 방식이 있다. 그러므로 치료자에게 400개 이상의 고유한 인식론적 모델이 있는 것이다. 정신분석 모델, 인간중심 모델, 인지행동 모델은 우리가 예로 사용할 수 있는 모델 중 세 가지일 뿐이다. 400개 중 대부분은 선형적 인식론을 활용한다. 선형적 인식론lineal epistemology은 환원주의적, 원자론적, 반맥락적이다(Keeney, 1983). 기하학에서 선분처럼 묘사된다는 점에서 '선형적 인식론'으로 불린다. 간단한 예로 항상 A가 B를 이끌고, B는 C를 이끄는 순서로 돌아가는 것을 들 수 있다. 하지만 치료자들은 수학적인 것과는 거리가 있기에 '선형적' 묘사를 변화시키고 싶어 한다. 선형적 인식론을 사용하는 치료자들은 의학 모델을 따르고, 정신병리학을 전통적 관점에서 보며, 정신과적 명명법을 믿는 경향이 있다[예: 사람들에게 뭐가 잘못되었는지를 안내하기 위해서『정신질환의 진단 및 통계 편람Diagnostic and Statistical Manual(DSM)』이나 질병 및 관련 건강문제의 국제통계분류International Statistical Classification of Disease and Related Health Problems(ICD)를 믿고 사용하는 것]. 우리는 이 책에서 특정 이론적 모델을 배제하지는 않지만, 기준을 중요시하는 인식론과는 다른 인식론을 도모하고자 한다.

내담자 다니엘을 위해 우리가 선형적인 인식론을 사용한다면, 우리는 진단적 이름을 붙여 그에게 일어난 일을 축소할 것이다. 그가 우울증을 겪고 있다고 할 것이다. 그가 이런 질병이 있다고 여기고 우리는 아마도 약물을 사용하여 질병을 치료하려 하거나 인지치료와 같은 이론적 모델을 통해 그가 우울증을 극복할 수 있도록 도울 것이다.

이 책에서 우리는 비선형적 인식론에 초점을 둘 것이다. 비선형적 인식론nonlineal epistemology을 활용하는 치료자들은 복잡성, 상호연결성, 맥락을 고려한다(Keeney,

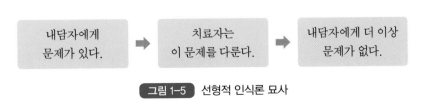

그림 1-5 선형적 인식론 묘사

1983). 대부분의 치료 모델은 비선형적 관점에서 바라볼 수 있다. 예를 들어, 인간중심 치료에서 비일치성 개념은 관계의 맥락에 자리하고 있다. 다니엘은 단지 비일치적인 것만이 아니다. 그가 그의 감정, 신념 및 자아개념에서 경험하는 바는 그가 행동하는 바와 일치하지 않는다. 그는 그를 강하다고 여기는 것 같지만, 그는 현재 상황을 잘 다루지 못한다는 점에서 자신을 약한 존재로서 경험하고 있다. 지금 다니엘이 경험하는 비일치성은 아내 조한나와의 관계에서도 나타난다. 다니엘은 조한나가 그를 사랑하기 위해서 어떤 유형의 남편이 되어야 한다는 메시지를 받고 있다. 두 경우 모두 다니엘의 기능은 상호관계적이다. 우리는 복잡성 관점을 확장하여 다니엘이 성장과정에서 경험했던 조건부 가치와 가족사를 탐색할 수 있다. 이러한 조건들은 어떻게 그가 자아개념을 형성했는지와 분리되지 않는다. 우리는 다니엘이 이민자이고 말할 때 악센트가 있다는 것으로 인해서 어떻게 자신이 탐탁하지 않다고 느끼는지를 탐색할 수 있다. 이는 더 큰 사회와 그를 연결한다.

우리는 심리치료 모델과 상관없이 모든 치료자가 사람들을 돕기 위해서 비선형적인 인식론을 사용할 수 있거나 사용해야만 한다는 것을 보여 주기를 원한다. 비선형적 인식론의 형태 중 하나는 체계이론이다. 이 책의 목적은 세 개의 서로 다른 체계이론의 아이디어와 원칙을 가지고 와서 당신이 그것을 이해하고 앎의 방식에 통합하여, 치료자로서의 행동을 안내하는 데 사용할 수 있게 하는 것이다.

❤ 체계이론

우리가 체계이론의 탐구를 시작할 수 있는 첫 번째 지점은 문제가 어디에 자리 잡고 있는지를 논의하는 것이다. 많은 치료자에게 문제는 개인 안에 존재한다([그림 1-6] 참조). 단순하게 설명하면 정신분석 치료자들은 문제가 인간의 무의식 과정 내에서 갈등으로 존재한다고 바라본다. 인지치료자들은 문제를 인간이 비합리적이고 비논리적 신념을 갖는 것으로 본다. 인간중심 치료자들은 문제를 사람들이 비일치적으로 존재하는 것으로 바라본다.

체계적 인식론은 문제의 위치를 '개인'에서 '맥락 속에서의 개인'으로 이동시킨다. 이는 사람들의 행동이 맥락의 체계 내에서 이해될 수 있다는 관점을 갖는데 어떻게

그림 1-6 문제가 사람 내에 있다는 것의 시각적 표현

자아, 관계, 문화, 일 등과 같은 다양한 요소가 함께 작동하는가가 그것이다. 만약 우리가 사람에게만 초점을 두면, 우리는 어떻게 문제가 주어진 상황 속에서 이해되는지 알 수 없다. 맥락은 그 사람의 관계, 조직 혹은 문화적 집단과 관련된다. 하지만 맥락이라는 단어는 오해를 불러일으킬 수 있는데, 이는 복수가 아닌 단수처럼 보이기 때문이다. 이 책에서 우리는 '맥락' 내를 다양한 맥락으로 이해하고 논의할 것이다. 이것이 비선형적 인식론의 복잡성이 작동하는 지점이다. 이 책의 각 장에서 설명하겠지만, 개인은 항상 수도 없이 많은 층위와 상호작용하는 맥락 내에 관련되어 있다.

이러한 관점을 가지고 우리는 맥락, 인간, 문제 간의 관계를 볼 수 있다. 맥락contexts은 상황적이거나 관계적이다. **상황적 맥락**situational contexts은 무슨 행동 혹은 행동의 장소를 포함한다. 예를 들어, 다니엘의 상황적 맥락은 집, 직장, 밴드 활동 장소, 문화, 이민자 지위 등을 포함한다. **관계적 맥락**relational contexts은 행동을 하는 사람이 누구인가를 의미한다. 다니엘에게 있어서 관계적 맥락은 조한나, 자녀, 밴드부 동료 혹은 그의 학생들을 포함한다.

다음으로 우리는 사람과 사람의 자아와 타인에 대한 관점을 볼 수 있다. 다니엘은 자아존중감, 자아가치, 자기효능감 등을 포함하는 자아감을 가지고 있다. 또한 그는 타인이 어떤 사람인지, 그들이 다니엘에게 어떤 의미인지, 그의 삶에서 그들의 중요

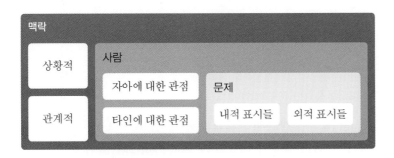

그림 1-7 문제, 사람 및 맥락 간의 관계

성은 어떠한지 등과 같은 타인에 대한 관점을 가지고 있다.

마지막으로, 우리는 문제를 볼 수 있고 어떻게 문제가 내적, 외적으로 표시되는지를 볼 수 있다. 문제의 내적 표시internal displays of problems는 자기를 향한 부정적 행동을 통해 드러난다. 다니엘에게는 우울감이 될 수 있다. 다른 가능한 내적 표시는 사랑받지 못하거나, 외롭거나, 걱정되거나 두려운 감정들일 수 있다. 문제의 외적 표시external displays of problems는 자기 외부의 타인이나 사물을 향한 부정적인 행동으로 구성된다. 증거를 보지 못했지만, 다니엘의 경우 그가 신체적으로 조한나를 괴롭히거나 밴드 동료의 악기를 부수거나 그의 학생들을 향해 언어적으로 폭력을 행사하는 것이 될 수 있다.

체계 치료자들은 문제가 내적, 외적 혹은 내외적이건 어떻게 그 문제가 특정 맥락(상황적, 관계적 맥락의 조합)에서 그 사람의 자기와 타인에 대한 관점에 합하는지를 이해하려고 한다.

💡 지식 적용하기

잠시 시간을 갖고 당신 자신과 당신이 현재 경험하고 있는 문제에 대해 생각해 보시오. 당신은 이 문제를 개인적 혹은 관계적으로 여길 것이다. 이 문제에 대한 내적 표시에 대해 생각해 보시오. 당신이 이 문제를 생각할 때, 어떤 감정을 인식하게 되는가? 이 문제는 당신의 인지에 어떤 영향을 미치는가? 외적 표시에 대해 생각해 보시오. 당신은 이 문제에 대해 어떻게 행동하는가? 사람들은 당신이 경험하는 이 문제를 어떻게 바라보는가? 이제 한 단계 높여 이 문제와 관련해서 당신의 존재에 대한 인식을 생각해 보시오. 이 문제를 다루는 데 있어 당신은 자신을 어떻게 바라보는가? 당신은 타인을 어떻게 바라보는가? 한 단계 높여 맥락을 생각해 보시오. 이 문제의 상황적 맥락은 무엇인가? 언제 일어났는가? 어디서? 마지막으로 관계적 맥락을 생각해 보시오. 문제에 영향을 미치는 관계적 상호작용은 무엇인가? 문제를 지속하는 데 누가 관여하고 있는가? 문제를 맥락 속에 놓는 것은 당신이 문제를 이해하는 데 변화를 가져다주는가? 이는 당신의 문제와의 관계를 변화시키는가?

체계적 사고는 당신이 개인과 문제에 대한 내적, 외적 표시에 관해 이해하지 말라고 하지 않는다. 그보다 체계적 사고는 각 층위 간의 관계에 대한 이해 없이 이해가 불완전함을 제시한다. 체계적으로 사고한다는 것은 어떻게 이것들이 상호작용하는

가에 관한 관계를 묘사하는 것이다. 그러므로 개인이 체계적으로 묘사될 수 있는 방식은 정말로 다양하다. 관계와 상호작용을 체계적으로 기술하는 방식 중의 하나가 인간 발달에 대한 생태체계 모델이다.

💿 인간 발달의 생태체계 모델

지금까지 복잡성, 상호관련성, 맥락에 기초한 비선형적 인식론을 논의했다. 맥락 내에서의 복잡성과 상호관련성을 탐색하기 위해서, 우리는 어떻게 맥락이 더 큰 맥락 내에 자리 잡고 있는지에 초점을 두어야 한다. 브론펜브레너의 인간 발달에 대한 생태체계 모델Bronfenbrenner's bioecological model of human development(Bronfenbrenner & Morris, 2006)이 일례이다. 이 모델은 어떻게 인간이 상호작용하는 다양한 맥락 속에서 발달하는가를 설명한다. 맥락은 미시체계, 중간체계, 외체계, 거시체계를 포함한다. 미시체계microsystem는 개인이 실제로 상호작용하는 모델의 가장 안쪽 부분이다. 가족 구성원, 친구, 이웃, 선생님 등이 포함된다. 중간체계mesosystem는 미시체계의 서로 다른 부분들 간의 상호작용을 포함한다. 가족이 친구와 상호작용하는 것이 일례이다. 외체계exosystem는 개인에게 직접적인 영향을 미치지는 않지만, 미시체계에 영향을 미치는 것이다. 예를 들어, 배우자의 직장 스케줄 변경은 집에 있는 파트너의 책임을 변화시킨다. 거시체계macrosystem는 법, 신념, 문화 등 미시체계에 가장 광범위하게 영향을 미치는 구성요소이다.

다니엘의 예를 보면, 그는 이 모델의 중앙에 존재한다. 그는 세상을 바라보는 고유한 방식이 있는데 이는 다니엘이 특정한 방식으로 행동하게 한다. 우리는 이를 성격이라고 부른다. 그의 미시체계는 아내, 아이들, 학생들, 어머니, 밴드부 동료, 지인 등을 포함한다. 다니엘의 중간체계는 아내와 어머니의 상호작용, 어머니와 자녀의 상호작용, 밴드부 동료와 아내의 상호작용 등을 포함한다. 외체계는 학교체계, 현재 정치체계, 경제 등을 포함한다. 다니엘의 거시체계는 또한 다니엘에게 그가 누구인지를 알려 주는 문화 규범과 가치관을 포함할 것이다. 이것들은 종교, 미국의 가치와 니카라과의 가치, 문화적 관점 등에 뿌리가 있을 것이다. 만약 다니엘을 특정한 성격 특성이 있는 사람으로만 보면, 그에게 영향을 미치는 많은 요인을 빠뜨릴 것이다. 우리

거시체계	• 문화 • 경제 • 사회
외체계	• 확대가족 • 이웃 주민들
중간체계	• 가족-친구들 • 가족-일 • 일-친구들
미시체계	• 가족 • 친구들 • 일
개인	

그림 1-8   브론펜브레너의 생태체계 이론

는 어떻게 그의 성격이 다니엘이 경험하는 상황적 맥락과 관계적 맥락에 기초하여 다양하게 나타나는가에 대해 이해하지 못할 것이다. 우리는 어떻게 그의 가족 구성원과의 상호작용이 그에게 영향을 미치는지(그리고 어떻게 그가 그들에게 영향을 미치는지), 그와 가까운 사람들 간의 상호작용에서 그의 역할은 어떤 것인지(어머니와 아내와의 삼각관계에 존재하는 것), 어떻게 그의 직업이 그는 물론 학교체계에 영향을 미치는지, 그리고 어떻게 그의 가치가 그와 관련된 문화, 니카라과, 미국, 가톨릭에 영향받는지를 봐야 한다.

브론펜브레너는 시간과 역사가 인간 및 체계와의 상호작용에 갖는 영향인 시간체계chronosystem를 논의했다. 사람들은 학교를 졸업하거나 직장에 들어가거나 결혼하거나 이혼을 하는 것과 같이 맥락이 변화하면서 미시체계 안이나 밖으로 이동한다. 중간체계는 미국 대통령과 의회의 정당이 변화할 때처럼 정부가 바뀌면 변화된다. 중간체계는 새로운 사상, 정치, 혹은 사람들로 인해 외체계와 미시체계 사이의 관련성에 변화가 생길 때 바뀐다. 다니엘에게 있어, 자신에 대한 관점은 그가 니카라과에서 자라 미국으로 처음 이주하였을 때, 언어 장벽 때문에 적응이 힘들었을 때 변화하였다. 이후에 자신에 대한 관점은 또래의 역할이 중요한 사춘기에, 그가 성인으로 연애

할 때, 오늘날 남편, 아버지, 선생님, 아들, 친구로서 그 자신을 이해하려고 할 때 달라진다. 시간체계를 이해함으로써 우리는 인간의 세계관, 행동, 성격 등이 다양한 체계의 상호작용에 기초하여 어떻게 변화하는지를 볼 수 있다.

우리는 브론펜브레너의 인간 발달에 대한 생태체계 모델에 대해 다시 논하지 않을 것이지만, 이 모델은 개인을 고립된 실체 이상으로 볼 수 있게 해 준다. 즉, 어떻게 인간이 그들 자체로 체계이고 다른 다양한 체계와 연결되어 있는가이다. 어떤 기능도 고립되어 존재하지 않는다. 우리는 모두 연결되어 있다. 사람, 조직, 아이디어는 연결되어 있다. 이 책의 대부분에서 우리는 개인의 미시체계 내에 있는 사람들, 즉 주로 가족과의 연결에 초점을 둘 것이지만, 우리가 보고 이해할 수 있는 것 이상으로 맥락에는 더 많은 것이 있다.

주요 인물

그레고리 베이트슨Gregory Bateson

그레고리 베이트슨은 영국 케임브리지의 외곽 그랜체스터에서 1904년 5월 9일에 출생하였다. 그의 삶과 일은 생물학, 인류학, 사회과학, 사이버네틱스 전반에 두루 걸쳐 있다. 베이트슨의 아버지는 세인트존스 대학교의 유전학 연구위원이었고, 존 인스 원예 연구소John Innes Horticultural Institute의 1호 소장이었다. 유년 시절 베이트슨은 나비, 딱정벌레, 잠자리, 꽃식물 등을 연구하는 자연사에 노출되었다.

베이트슨은 1925년에 케임브리지 대학교를 졸업하였고, 주로 분류학을 공부한 생물학 전공생이었다. 1927~1929년에 대학원을 다녔고, 자연사에 대한 지식을 응용할 수 있는 갈라파고스 군도에 여행할 기회가 있었다. 1936년 그는 유명한 인류학자인 마거릿 미드Margaret Mead와 결혼하였다. 그들의 딸은 문화 인류학의 뛰어난 학자인 메리 캐서린 베이트슨Mary Catherine Bateson이다. 베이트슨과 미드는 1950년에 이혼하였다. 1951년 베이트슨은 엘리자베스 섬너Elizabeth Sumner와 결혼하였고, 아들 존 섬너 베이트슨John Sumner Bateson을 두었다. 그레고리와 엘리자베스는 1957년 이혼하였고, 베이트슨은 로이 캄맥Lois Cammack과 1961년에 세 번째 결혼을 하였다. 그들은 한 명의 자녀 노라 베이트슨Nora Bateson을 두었다.

베이트슨은 많은 인류학적 탐험을 하였다. 뉴기니로의 여행에서 그는 라트뮬 종족에 관해 연구하였다. 이 연구를 통해 그의 책 『네이븐Naven』(1936/1958)이 탄생하였다. 베이트슨은 발리에서 시간을 보내면서 원주민들의 관계를 연구하였고, 『발리인의 특징Balinese Character』을 출판하였다. 미국에 돌아온 후 베이트슨은 발리 춤에 대한 영화를 분석하고 어떻게 댄서들이 무아지경 상태에 있게 되는지를 분석하기 위해서 아내 마거릿 미드와 그 시대에 가장 탁월한 최면치료자였던 밀튼 에릭슨Milton Erickson에게 도움을 간청하였다.

제2차 세계대전 후 베이트슨은 메이시 회의에 참석하였다. 다학제적 회의에는 다양한 영역의 지도자들이 상호작용하고 과학적 지식을 확장하기 위해 모였다. 베이트슨은 사이버네틱스에 초점을 둔 메이시 회의와 연결된 것으로 매우 유명하다. 베이트슨은 체계이론과 사이버네틱스의 원리들을 취해서 인간에게 적용하였다. 이 사상들과 밀튼 에릭슨의 실용적인 치료는 MRI 및 전략적 가족치료와 같은 많은 심리치료 모델의 기초가 되었다.

베이트슨은 1952년에 의사소통을 연구하기 위해서 락펠러 재단에서 연구비를 받았다. 이 연구 프로젝트는 10년 동안 진행되었고, 가족치료 역사에서 매우 중요하다. 베이트슨은 초기에 제이 헤일리Jay Haley, 존 위클랜드John Weakland, 윌리엄 프라이William Fry를 뽑아서 의사소통에서의 역설을 탐구하였다. 1954년에 연구비 지원이 종료되었고, 메이시 재단으로부터 2년간 지원하는 연구비를 받았다. 조현병 환자를 치료해 온 돈 잭슨Don Jackson은 조현병 환자의 의사소통 역설 탐구를 돕기 위해 같은 해에 임상 자문가로 이 연구에 참여하였다. 1956년에 베이트슨과 동료들은 상호작용 과정에 관한 가장 중요한 논문인 「조현병 이론을 향하여Towards a Theory of Schizophrenia」를 출판하였는데, 여기에서 이중구속 개념이 소개되었다. 이 논문은 가족치료 분야가 시작되는 데 도움을 주었다.

베이트슨의 가장 영향력 있는 저서는 1972년에 출판된 『마음의 생태학Steps to an Ecology of Mind』이다. 이 책은 베이트슨의 인류학, 생물학, 인식론, 생태학을 포함한 다양한 영역에서의 저서를 통합한 것이다. 1979년 베이트슨은 체계이론을 진보시킨 『마음과 자연Mind and Nature』을 출판하였다. 베이트슨은 1980년 7월 4일 사망하였다.

💗 체계

이 책의 나머지에서는 일반체계 치료 이론, 자연체계 치료 이론, 언어체계 이론이라는 서로 다른 체계이론에 초점을 둘 것이다. 우리는 세 개의 주된 체계이론을 소개할 것이다. 제2장과 제3장에서 사이버네틱스와 연결해서 일반체계 이론에 대한 탐구를 시작하고, 다음으로 상호작용에 관한 제4장과 제5장으로 넘어갈 것인데, 많은 심리치료 모델 특히 가족치료 모델에서 이 내용들이 모델의 기초로 활용되었다. 다음으로 우리는 제6장과 제7장에서 자연체계 아이디어를 소개할 것이고, 구성주의(제8장과

제9장)와 사회 구성주의 이론(제10장과 제11장)에 뿌리가 있는 언어체계를 탐구함으로 써 이 책을 마칠 것인데, 이것들은 문제를 이해하는 시각을 확장할 것이다.

우리가 계속 사용할 개념인 체계가 무엇인지 잠시 살펴보자. 베이트슨(Bateson, 1991)은 "체계_{system}는 환류 구조로 되어 있어 정보를 처리할 능력이 있는 단위라고 하였다"(p. 260). 이 정의는 체계는 크기에 따라서 다양할 수 있음을 보여 준다. 한쪽에 한 개인(혹은 세포와 같은 더 작은, 하지만 이 책에서 우리는 주로 인간에 대해 이야기한다) 이 있다. 각 개인은 감각을 통해 환경으로부터 피드백을 취하고, 어떻게 기능해야 하 는지 결정하기 위해서 정보를 처리한다. 체계는 여러 사람, 국가의 집단이나 나라와 같이 더 클 수 있다. 또한 체계는 학교, 생태학적 혹은 사회체계와 같이 더 클 수도 있 다. 이는 일반적으로 학교**체계**, 생태**체계**, 태양**계**, 신경**체계** 혹은 부분 간의 관계 등 을 묘사하는 것에서 표현된다. 가장 상징적인 작은 단위는 가족이고, 우리는 이 책에 서 내담자와 가족의 관련성에 관해 이야기할 것이다.

체계는 우리 삶의 일부로 존재해 왔기 때문에 이 책에서 제시하는 내용은 당신에게 생소한 현상이 아니다. 우리는 태어난 시점부터 많은 체계에 노출되었다. 첫째, 우리 대부분은 병원에서 출생하였다. 당신이 태어난 병원은 체계이다. 병원은 많은 단위 (예: 간호사, 의사, 직원, 환자)로 구성되어 있고 기능하기 위해 함께 작동하는데, 더 잘 작동하기 위해서 안팎에서 정보를 취한다. 이 병원은 더 큰 집단인 건강 돌봄 체계 내 에 존재한다. 건강 돌봄 체계 이외에도 우리는 출생국가에 있는 여러 다른 체계 내에 서 출생한다. 하지만 출생 시 우리가 만나는 가장 영향력 있는 체계는 가족체계이다. 우리는 또한 우리 이름의 유형을 결정하는 데 도움을 주고, 사람들이 어떻게 서로를 대하는지, 어떻게 우리가 가족이나 사람들에게 의미를 부여하게 되는지와 관련된 문 화적 체계에서 태어난다.

체계의 가장 큰 특징 중 하나는 체계의 모든 부분이 서로 연결되어 있고, 상호 영향 을 미친다는 것이다. 우리는 이것이 어떻게 일어나는지를 이후의 장에서 다룰 것이지 만, 지금 우리는 어떻게 체계의 부분들이 함께 기능하는지를 전반적으로 이해할 수 있 게 할 것이다. 앞 문단에서 우리는 태어났을 때 아이가 만나게 되는 몇몇 체계에 대해 논의하였다. 아이를 데리고 와서 침대에 뉘일 때, 많은 부모는 아이가 쳐다볼 수 있는 모빌을 걸어 놓는다. 모빌은 체계가 어떻게 기능하는지를 이해하기 위한 좋은 은유이 다. 매달려 있는 모든 요소가 제자리에 있을 때, 모빌은 어떤 모양을 띠면서 달려 있다.

당신이 한 부분을 제거하면, 모빌은 이동하고 다른 방식으로 안정화된다. 그러므로 한 부분을 제거하거나 첨가하면 다른 부분들은 새로운 상호의존적 배열로 변화한다.

> **💡 지식 적용하기**
>
> 당신의 가족체계에 대해서 생각해 보시오. (당신의 가족에 따라) 부모님, 자매, 배우자, 아이들을 포함하시오. 아마도 다른 사람들에게는 조부모, 이모, 삼촌, 사촌 등이 중요한 역할을 할 수 있다. 출생이나 결혼을 통해서 새로운 구성원이 체계에 들어오면 가족체계는 어떻게 변화하는가? 어떤 새로운 방식의 상호작용이 나타나는가? 어떤 구성원이 사망이나 이혼을 통해 가족에서 나가면 가족체계는 어떻게 적응하는가? 당신은 강아지나 고양이 같은 반려동물도 포함할 수 있다. 동물이 가족에 들어오면서 어떻게 가족이 구성되고 상호작용하는지 생각해 보시오.

구성원이 들어오고 나가면서 가족은 변화하고 적응한다. 다니엘 가족은 다니엘 형제와 자매가 출생했을 때처럼 다니엘이 태어나면서 가족이 재조직되었다. 다니엘이 대학에 가려고 집을 떠났을 때, 가족은 그가 없는 일상에 적응하기 위해서 매일 가족을 재조직하였다. 현재 핵가족에서 가족 구조와 기능은 자녀가 태어나면서 변화한다. 하지만 체계로 들어오거나 나가는 사람의 수뿐만 아니라 체계 내에서 각 사람의 기능 수준에 의해서도 체계는 변화한다. 한 사람이 과소기능을 하게 되면, 그 체계의 한 명 혹은 여러 명은 상쇄하기 위해서 적응해야만 하고 과대기능을 하게 된다.

[그림 1-9]에서 다니엘과 조한나는 아마도 배우자와 부모의 의무를 수행하기 위해 서로 지지하는 방식으로 기능하면서 불평등하게 혹은 평등하게 함께 작업할 것이다. 아마도 조한나는 일차적으로 돌봄의 책임이 있고, 다니엘은 가족의 생계를 위해 밖에서 일할 것이다. 그가 집에 오면 그는 저녁을 준비하고, 자녀의 숙제를 도와주고, 목

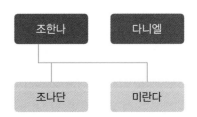

그림 1-9 다니엘과 조한나가 평등하게 기능할 때의 마티네즈 가족의 구조

그림 1-10 다니엘이 우울증으로 과소기능을 하고, 조한나가 과대기능을 할 때의 마티네즈 가족의 구조

욕 시간을 감독하고, 저녁에 하는 가족 의식에 참여한다. 조한나는 다니엘이 하기로 협상한 일을 하므로 부모로서 더 일해야 할 필요가 없고 조한나는 이전에 협상했던 것을 한다. 조나단과 미란다의 행동은 이러한 가족 조직을 유지하게 한다.

하지만 다니엘의 우울증이 악화되어서 부모 역할 참여가 줄어들기 시작할 때, 조나단과 미란다는 다니엘에게 받았던 지지를 조한나에게 받으려고 한다. 조한나는 자녀에게 시간과 신경을 더 써야 하고, 다니엘이 더 힘들어지면 다니엘도 챙겨야 한다(예: 다니엘이 더 시무룩하고, 뒷정리하지 않고, 집안일에 관한 책임을 인식하지 못함). 다니엘을 챙기는 것은 음식을 만들고 집을 청소하는 등 육체적인 형태로 나타나지만, 정서적이고 심리적이기도 하다. 조한나는 다니엘을 챙기는 데 더 신경을 써야 한다. 다니엘의 과소기능과 조한나의 과대기능을 통해서 마티네즈 가족은 현재의 위기에서 기능하도록 재구조화해야 한다.

한 사람의 행동이 변할 때, 그것은 그 사람 이상으로 영향을 미친다. 사람들은 체계로 연결되었기 때문에 한 사람의 변화는 다른 사람의 변화를 초래한다. 마티네즈 가족에게 있어 한 사람에게 나타난 변화는 네 명에게 영향을 미친다. 다니엘이 가족에 관여하는 것이 줄어들면 조한나는 가족에 더 많이 관여하게 되고, 조나단과 미란다는 다니엘과 관여했던 것을 조한나와 관여하게 된다. 하지만 한 구성원에게 일어난 변화는 가족 기능을 재조직하게 한다. 예를 들어, 조나단이 가족으로부터 좀 더 독립하고자 하면 나머지 세 구성원은 이에 적응해야 한다. 아마도 이는 개인 영역을 더 허락함으로써 가능할 것이다. 이는 조나단과의 근접성을 느슨하게 하고, 나머지 사람들이 근접성을 높일 때 일어날 것이다. 혹은 그들은 현재의 기능을 유지하려고 시도할 수도 있다. 다니엘과 조한나가 조나단이 독립하려는 시도를 감소시킬 수 있는 행동을 더 하게 되면 그들의 상호작용은 변화할 것이다.

변화가 있을 때 한 체계에 속한 사람들은 상호작용과 조직을 변화시킬 뿐만 아니라, 체계의 다른 체계와의 상호작용도 변화한다. 다니엘이 가족에서 과소기능을 하기 시작하면 원가족과 직업에서 덜 관여하게 된다. 이는 다른 가족원들이 그의 변화된 행동에 대해 보상해야 함을 의미한다. 다니엘의 어머니는 손자녀와 연결되기 위해서 다니엘보다 조한나를 더 생각할 것이다. 직장에서 다른 선생님들은 직장이 잘 돌아가게 하기 위해서 다니엘과 상호작용할 때 에너지를 더 쓰거나 그의 일을 대신해야 할 것이다.

🖤 이론과 실천

당신은 자신에게 왜 체계이론(혹은 심리치료를 위한 어떤 틀)을 이해하는 것이 중요한지를 물을 것이다. 이는 이론과 실천이 밀접하게 연결되었기 때문이다. 우리가 사례 개념화 절에서 논의한 것처럼, 당신이 알건 모르건 간에 당신이 치료실에서 하는 것(문제 해결 이론)은 왜 사람들이 문제가 있는지에 대해서 당신이 어떻게 바라보는지(문제 형성 이론)와 연결되어 있다. 문제 형성 이론과 문제 해결 이론이 어떻게 연결되고 당신의 문제 형성 이론과 문제 해결 이론이 무엇인지를 아는 것은 치료에서 좀 더 나은 결정을 할 수 있는 기회를 제공한다.

이 땅의 모든 사람은 문제를 가지고 있다. 당신의 내담자, 친구, 의사, 파트너, 당신 그리고 나도 그렇다. 대부분의 사람이 당황하거나, 슬프거나, 실망할 때 혹은 그들이 있는 상황에서 무엇을 느끼건 간에 일반적으로 누군가에게 말을 한다. 대부분의 사람은 파트너, 부모, 혹은 좋은 친구와 같은 자신과 가까운 사람들에게 말을 한다. 상대방은 당신을 돌보려고 하고, 돕기 위해 어떤 종류의 말을 할 것이다. 그것은 그 사람에게 확신을 주는 형태로 표현된다. "너무 걱정하지 마. 너는 너무 좋은 사람이고, 이 고통을 잘 통과할 거야." 이런 말은 너무 좋고 지지적이지만, 변화로 연결되지는 않는다. 변화를 이해하는 것은 아주 다르다.

친구, 가족 구성원 및 심리치료자 간에는 차이가 있다. 친구들이나 가족처럼 우리도 그 사람이 현재 경험하는 고통을 더는 느끼지 않기를 바란다. 하지만 우리가 돕는 방법은 매우 다르다. 차이는 우리가 어떻게 사람들이 문제를 발전시키고, 유지하고,

그림 1-11   이론theory/이론aesthetics과 실천practice/실제pragmatics 간의 연관성

변화하는지를 이해하는 방식에서 온다. 대체로 이런 이론은 우리가 대학원에서 배운 치료 모델 중 하나이다(혹은 모델의 통합). 우리는 이 책에서 구체적인 치료 모델보다 한 단계 높은 서로 다른 이론을 아우르는 몇 개의 이론을 제시할 것이다.

이론theory에 기초할 때, 치료에서 무엇을 기대하고 무엇을 할지에 대한 세부사항들이 나온다. 그러므로 이론은 치료의 근간이 된다. 키니(Keeney, 1983)는 이론aesthetics과 실제pragmatics[1]로 이 연결성에 대해 논의하였다([그림 1-11] 참조). 이론aesthetics은 맥락적인 틀이다. 본질적으로 그것은 전체를 아우르는 이론이다. 이론aesthetics이라는 단어의 정의는 본질적으로 '특히 예술에서 아름다움에 대한 감상과 아름다움에 관련된 것'이다. 이러한 설명은 치료의 예술, 치료의 평가 등과 관련된다. 이론aesthetics은 연결되는 방식이라고도 설명될 수 있다(Bateson, 1979). 실제pragmatics는 실용적인 측면이다. 실제는 치료의 기술과 실용적 측면을 포함한다. 실제가 없는 이론은 변화를 끌어낼 수 없다. 치료는 어디로 향해야 하고, 어떻게 목표에 도달해야 하는지에 대한 감각이 없이 무엇이 일어나고 왜 일어나는지를 탐색하는 것이 될 것이다. 이론이 없는 실제는 문제와 문제가 놓여 있는 맥락을 연결하지 않는 것이다. 변화를 이끌지만, 그것은 내담자나 치료자가 선호하는 변화는 아닐 것이다.

♥ 이 책의 구성

이 책은 문제 형성 이론과 문제 해결 이론을 연결하여 쌍으로 장을 구성하였다. 쌍

---

1 역자 주: 이 책의 저자는 'theory'와 'practice' 및 그것의 연결성을 명확히 설명하기 위해 키니의 'Aesthetics'와 'pragmatics' 개념을 활용하였다. 'Aesthetics'는 '미학'이지만, 이렇게 번역하면 저자의 논점(이론과 실천의 연결성)이 명확히 전달되지 않을 수 있어 '이론'으로 번역하였다.

의 첫 장은 체계이론이 유래된 특정 영역에 초점을 두고 체계이론의 이론적 측면을 탐구하는 것을 포함한다. 이 두 장에서 우리는 사례를 제공하고, 사람들이 어떻게 기능하는지를 개념화할 수 있도록 여러 체계이론의 아이디어를 소개할 것이다. 쌍의 첫 장은 심리치료의 사고 측면이다. 쌍의 두 번째 장은 치료자들이 어떻게 임상 실천에서 이 아이디어들을 활용하는지를 제시하면서 실제를 다룰 것이다. 이론 부분에 나온 사례를 제시하고, 내담자를 도울 수 있는 다양한 기술을 제공할 것이다. 변화를 시도하지 않고 사람들에게 일어난 것을 이해하려는 치료자는 내담자가 문제적 맥락에서 빠져나오는 데 도움을 주지 못하기 때문에 우리는 당신이 심리치료의 이론과 실제 간의 관련성을 볼 수 있기를 바란다. 반대로 내담자의 맥락을 이해하지 않고 변화를 시도하는 것은 문제적 맥락을 더 나빠지게 할 것이다. 우리는 이론과 실제 사이의 연결성을 이해하는 것은 당신을 좀 더 영향력 있고, 효과적인 치료자로 만들 것이라고 믿는다.

♥ 성찰을 위한 질문

1. 당신은 내담자에 대해서 어떤 것을 아는 것이 가장 중요하다고 생각하는가? 만약 내담자에 대해서 그 외의 다른 것들이 더 중요하다는 것을 알게 된다면 무엇이 달라질 것 같은가?

2. 당신의 치료적 인식론을 어떻게 설명할 수 있는가? 당신의 인식론과 반대되는 인식론은 무엇인가?

3. 당신은 심리치료 이론에 대해서 좀 더 알고 싶은가? 혹은 당신이 사용할 수 있는 구체적인 질문이나 기술에 대해서 알고 싶은가? 이 두 가지 모두를 알고 싶은가?

4. 사례 개념화를 하는 것의 중요성은 무엇인가? 문제 형성 이론 혹은 문제 해결 이론 중 어떤 것에 초점을 두는 것이 더 중요한가?

5. 만약 치료자가 내담자를 좀 더 큰 맥락 혹은 작은 맥락에서 생각한다면 어떤 차이점이 있을 것 같은가? 각각의 사고방식에서 어떤 종류의 질문이 중요할 것 같은가?

제2장

사이버네틱스 치료 이론

제1장에서는 모든 사람이 그 자체로 체계이며 다양한 다른 체계들의 일부라는 개념을 소개했다. 이제 체계가 어떻게 기능하는지 탐색해 보자. 앞서 설명한 바와 같이 일반체계, 자연체계, 언어체계 등 체계가 어떻게 작동하는지에 대한 다양한 이론이 있다. 이 장에서는 일반체계 이론과 관련된 사이버네틱스의 개념과 이 모델을 통해 시스템이 어떻게 스스로를 조절하는지 살펴볼 것이다. 이를 위하여 제1장에서 만났던 우리의 내담자 다니엘을 다시 만날 것이다. 치료자와 내담자 사이에 이루어진 다음 대화는 첫 회기의 치료적 대화 중 일부이다.

💟 사례 설명

치료자: 오늘 어떤 일로 오셨을까요?

다니엘: 글쎄요. 요즘 일이 다 잘 풀리지 않네요.

* Michael D. Reiter, Clinton Lambert

치료자: 특히 가장 걱정되는 것은 무엇일까요?

다니엘: 아마도 결혼생활인 것 같아요.

치료자: 그렇군요. 결혼생활이 가장 걱정되시는군요. 결혼생활에 대해 조금 이야기해 주시겠어요?

다니엘: 결혼한 지는 11년 되었어요. 초반에는 대부분 괜찮았어요. 저흰 두 아이가 있어요. 아들 하나 딸 하나요. 우리 아이들은 좋은 아이들이에요. 가끔 통제가 어렵지만 이건 정상적이라고 생각해요.

치료자: 아이들은 걱정되지 않지만, 결혼생활은 걱정되시는군요.

다니엘: 네, 저는 아내를 기쁘게 해 줄 수 없는 것 같아요. 전 항상 아내를 실망하게만 해요.

치료자: 어떻게 아내를 실망시키는지 아시죠?

다니엘: 음, 가끔은 그녀의 표정을 보면 알 수 있어요. 그리고 그녀는 이전만큼 다정하고 장난스럽지 않아요.

치료자: 아내가 당신에게 실망했다는 말을 한 적이 있나요?

다니엘: 네, 아내는, 예를 들어 이런 말들을 해요. "오늘은 침대를 정리할 거예요?", "강아지 산책시키는 것을 잊어버렸군요.", "당신은 애들하고 충분한 시간을 보내고 있지 않아요."

치료자: 이런 말들이 당신에게 어떤 영향을 주나요?

다니엘: 저는 요즘 우울해졌어요. 사람이 감당할 수 있는 분량이 있잖아요. 제가 이렇게 말하면 아내는 화를 내겠지만, 조한나는 잔소리를 멈출 수 없는 것 같아요.

　이전 장에서 우리는 체계의 개념을 소개했다. 이 관점은 한 개인의 내면, 개인과 다른 사람 사이, 그리고 개인과 다른 사람 및 사회적 맥락 사이에 어떤 일들이 일어나는지 주목한다. 이 책의 나머지 부분에서는 체계이론의 인식론에서 작업하는 것이 내담자를 어떻게 도울 수 있는지 설명하고자 한다. 이 장에서 우리는 이를 이해하기 위한 첫 단계로 사이버네틱스 개념을 다루고자 한다.

　체계이론은 가끔 사이버네틱스라고도 불리는 **일반체계 이론**general systems theory의 개념들을 적용하여 심리치료 분야에 처음 소개되었다. 그러나 일반체계 이론은 사이버네틱스보다는 그 범위가 더 넓다. 버탈란피(Bertalanffy, 1968, pp. 17, 21)는 "사이버네틱스는… 일반체계 이론의 일부에 불과하며" 또한 "일반적인 '체계이론'으로 식별되어서는 안 된다"고 하였다. 베이트슨(Bateson, 1972)은 버탈란피의 일반체계 작업을 사이버네틱스와 의사소통이 일어나는 지점에 대한 탐색의 맥락으로 설명하였다. 일반체계 이론과 사이버네틱스는 구별되어야 하지만, 둘의 공통점은 차이점보다 중요하다.

♥ 사이버네틱스의 간략한 역사

사이버네틱스는 노버트 위너(Norbert Wiener, 1948)가 만든 용어인데, 그는 사이버네틱스를 '동물과 기계의 통제와 의사소통에 대한 과학'이라고 정의하였다. 버탈란피(Bertalanffy, 1968)는 사이버네틱스를 "체계와 환경 간, 그리고 체계 내의 의사소통(정보 전달)과 환경에 대한 체계 기능의 통제(피드백)에 기반을 둔 통제체계의 이론"이라고 정의했다(p. 21). 키니(Keeney, 1983)는 더 광범위하게 "패턴과 조직을 다루는 일반 과학의 일부"라고 정의했다(p. 6). 일반적으로 사이버네틱스는 하나의 체계가 가능한 적응 또는 현재 기능 수준의 유지를 위한 정보를 받아들이며 자기조절 하는 방식을 설명한다. 사이버네틱스는 간단히 자기교정 체계로 정의될 수 있다.

위너를 포함하여 그와 비슷한 생각을 공유한 이들은 사회과학자들과 초기 심리치료 이론가들이 인간관계를 설명할 때 기계 은유를 사용하는 데 영향을 주었다. 아마도 가장 보편적으로 활용된 은유는 증기엔진과 보온장치일 것이다. 증기엔진은 아날로그 피드백의 은유를 제공하며, 보온장치는 디지털 피드백의 은유를 제공한다. 여러분은 일반적으로 사용하는 시계를 떠올리며 '아날로그'와 '디지털'의 개념을 이미 친숙하게 여기고 있을 수 있다. 아날로그식 의사소통analogic communication은 '무엇'과 그 무엇이 표현하는 것 사이에 직접적인 소통이 있음을 의미한다. 아날로그 시계는 우리가 시간을 알기 위해 해석하는 바늘이 있다. 치료자들에게 이 개념은 대략 비언어적 의사소통 정도로 해석될 수 있다. 가끔 초기 부부가족치료자들은 '비언어적'이라는 표현보다 '아날로그식' 은유를 선호하는데, 그 이유는 아날로그식은 말의 속도나 리듬 및 순서까지도 포함하기 때문이다(Watzlawick, Bavelas, & Jackson, 1967). 디지털식 의사소통digital communication은 표현하는 '무엇'이 없다는 의미이다. 디지털 시계에는 바늘 자체가 없기 때문에 바늘 자체를 해석하지 않는다. 디지털 시계와 같이 디지털 의사소통은 '말'에 있다. 말은 그 말이 설명하는 것과 직접적인 대응이 되지 않는다. 예를 들어, '긴long'이라는 단어는 '짧은short'이라는 단어보다 선천적으로 더 길지 않다. 디지털 의사소통은 대략 '언어적' 의사소통 정도로 해석될 수 있다. 초기 이론가들은 '디지털식' 은유를 '언어적'이라는 표현보다 선호했는데, 이는 디지털식 은유가 글을 통한 의사소통(즉, 편지, 문자, 이메일 등)과 같은 개념들을 포함하기 때문이다. 아날로그식과 디지털식 의사소통이 치료와 어떤 관련이 있는지는 제5장에서 다룰 것이다.

이제 우리는 주의를 돌려 체계의 자기조절에 대해 논의할 때 사용되는 두 번째 주요 은유인 보온장치에 대해 다루어 보겠다. 에어컨 시스템은 제1장에서 다룬 체계의 개념과 잘 들어맞는데, 이는 사이버네틱스의 몇 가지 기본 개념도 설명한다. 온도가 올라가면 코일 또는 스트립이 팽창된다. 사용자가 설정한 한계치(즉, 원하는 온도)에 다다르면 회로를 완료하고 에어컨이 켜진다. 공기가 시원해지면, 코일과 스트립이 수축되어 회로가 끊기는데, 이에 따라 에어컨이 꺼진다. 간단히 말하면, 에어컨은 정해진 온도를 유지하기 위해 방의 온도로부터 언제 켜질지 또는 꺼질지에 대한 정보를 받는다는 것이다. 이것이 자기조절을 하는 기본적인 사이버네틱 체계에 대한 설명이다.

주요 인물

노버트 위너Norbert Wiener

노버트 위너는 '사이버네틱스'라는 개념을 만든 것으로 가장 잘 알려져 있다. 수학과 공학을 융합하는 그의 능력은 현대 자동화의 기초를 다졌으며, 그의 아이디어는 지속적으로 과학과 예술 영역 모두에 영향을 미치고 있다. 그는 생물학과 기계의 보편적 언어로 '정보'라는 개념을 처음으로 설명한 사람 중 하나이다. 그레고리 베이트슨은 "나는 지난 2,000년간 인류가 지혜 나무의 열매[1]를 가장 크게 베어 먹은 일은 사이버네틱스라고 생각한다"고 하였다 (Bateson, 2000, p. 484).

---

1 역자 주: 성경의 선악과

노버트 위너는 1894년 11월 26일 미주리주 컬럼비아에서 태어났다. 그의 아버지는 슬라브 언어 교수였고 위너를 신동으로 만들고자 했다. 어린 시절부터 아버지의 엄격한 지도는 위너의 학교 적응을 어렵게 하였는데, 그 이유는 그가 어떤 과목에서는 너무 뛰어났지만 다른 과목들에서는 부족했기 때문이다. 위너가 초등학교 때 산수로 어려움을 겪고 있을 때 아버지는 그에게 더 어려운 도전을 주기 위해 그를 대수학algebra반에 넣기로 결정했다. 시력과 협응이 좋지 않은 위너에게 의사는 6개월 동안 책을 읽지 말라는 처방을 내렸다. 그래서 그는 수학을 머리로 풀어야 했다. 9세에 그는 고등학교 3학년 학생들과 수업을 듣고 있었다.

11세에 졸업한 후 위너는 터프츠 대학교에 진학하였다. 어린이로서 그의 대학 생활은 고되었다. 그는 신동으로 널리 칭송받기도 했지만 자주 놀림을 당하기도 했다. 1909년 그의 나이 14세에 그는 수학 학위를 받고 졸업한 후 대학원 공부를 위해 하버드에 진학했다. 그는 18세에 하버드에서 버트런드 러셀Bertrand Russell의 개념에 부분적으로 기반을 둔 수학 논리에 대한 논문으로 박사 학위를 받고 졸업했다. 그리고 그는 영국 케임브리지로 떠나 직접 러셀의 제자로 수학하였는데, 러셀은 수학과 함께 철학을 가르쳤다. 제1차 세계대전이 발발하기 직전인 21세에 그는 미국으로 돌아와 하버드에서 철학 과목을 가르쳤다.

23세에 MIT로 가게 되었는데 그곳에서 그는 별난 교수였다. 그는 강의 도중 열정적으로 코를 후볐으며, 교수회의 때 크게 코를 골거나 동료의 분필통에 자신의 시가cigar 재를 털기도 했다. 그는 정신 팔린 괴상하고 천재적인 교수에 대한 고정 관념을 만드는 데 기여했다.

위너의 사이버네틱스에 대한 아이디어는 그가 대공포anti-aircraft guns의 정확도를 향상하기 위한 시스템을 만드는 정부 계약 과제를 수행하던 중 떠올랐다. 그는 비행기의 위치 측정치와 바로 직전 위치의 측정치 간 상관관계를 살펴봄으로써 비행기의 위치를 예측했다. 그는 측정치가 비행기의 현재 위치와 아무 상관이 없어질 때까지 가장 최신 정보에 오래된 정보보다 더욱 큰 가중치를 부여했다. 하나하나의 작은 정보가 실시간으로 다음의 작은 정보에 정보를 주었다. 이것이 피드백의 기초이다. 그가 개발한 것은 대공포에만 유용한 것이 아니라 오늘날에도 여전히 컴퓨터 비전, 차량 내비게이션 등 여러 곳에 사용되고 있다.

커리어의 최정점을 찍은 뒤 그의 기여는 희미해졌는데 그 이유는 그의 아이디어를 이익과 전쟁을 위해 악용하려는 군의 계약을 윤리적인 이유로 수락하지 않고 거절하였기 때문이다. 그는 핵무기보다 자동화의 결과를 더 두려워했으며 기업들이 이익을 최대화하기 위해 인류를 희생시키면서 사용할까 봐 두려워했다. 노버트 위너는 1964년 69세의 나이에 심장마비로 사망했다.

💜 피드백

아마도 사이버네틱스 체계에서 가장 중요한 요소는 피드백feedback일 것이다. 위너(Wiener, 1954)는 피드백을 "과거 실적의 결과를 다시 투입하여 체계를 통제하는 방법"이라고 정의했다(p. 61). '통제'의 개념을 제외하고, 피드백이란 단순히 정보가 다시 체계 속으로 돌아가 그에 따라 조정할 수 있도록 하는 것이다.

만약 마이크와 스피커 근처에 가 본 적이 있다면 통제 밖으로 벗어나 상승하는 피드백의 끔찍한 결과물을 들은 적이 있을 것이다. 이러한 피드백 소리는 정적 피드백의 한 예이다([그림 2-1] 참조). 마이크는 확대할 소리를 받아들이고 그 소리를 스피커를 통해 내보낸다. 만약 마이크가 스피커에 너무 가까이 있다면 마이크는 스피커의 소리를 받아 확대될 것인데, 그 소리는 다시 더욱 크게 마이크로 되돌아갈 것이다. 이러한 피드백은 불안정하며 그 상태 그대로 지속해서 존재할 수 없다. 어떤 조치라도 취해질 것이다. 이 경우 마이크를 잡은 사람이 아마도 소음을 들은 후 스피커로부터 떨어질 것이다.

우리는 우리의 내담자 다니엘과 관련해 정적 피드백에 대해 다루어 볼 수 있다. 매우 간단하게, 다니엘이 받은 그가 변화하게 되는 모든 피드백은 정적 피드백이라고 할 수 있다. 조한나가 개입을 시도하여 가족과 친구들이 다니엘의 현재 행동에 대한 우려 사항들을 논의한다고 상상해 보자. 만약 다니엘이 정보를 받아들이고 변화한다면 정적 피드백이 발생한 것이다. 보다 미묘한 방법으로, 다니엘은 조한나가 그가 기분이 좋지 않을 때 자신에게 덜 다정하고, 그가 기분이 좋을 때 더 주의를 기울인다는 점을 관찰할 수 있다. 이는 그로 하여금 더 자주 행동으로 표현act out하도록 할 수 있다. 다시 말해 그는 더 기분 좋은 척을 할 것이라는 말이다. 대안적으로 조한나는 다니엘이 가족생활에 더 적극적이게끔 노력할 수 있다. 그녀의 시도는 가족과의 거리를 두는 현재보다 다니엘을 더 우울하게 만들 수 있다. 이러한 변화도 정적 피드백이라고 볼 수 있는데, 그 이유는 이 또한 체계에 변화를 가져올 것이기 때문이다(체계 내 대부분의 사람이 변화를 '더 나빠진 것'으로 볼 것임에도 불구하고 말이다). 이러한 예시는 우리가 그 순간에는 어떠한 피드백이 정적일지 부적일지 알기 어려움을 보여 준다. 체계가 동일하게 유지되는지(부적 피드백), 또는 변화하는지(정적 피드백) 여부를 결정

그림 2-1　체계의 변화를 일으키는 정적 피드백 과정의 시각적 묘사

하게 하는 것은 피드백의 결과이다.

　부적 피드백은 정적 피드백과 반대로 안정화하는 것이다. 에어컨 유닛은 부적 피드백의 예이다. 방이 더워질수록 에어컨은 더 시원한 바람을 내보낸다. 방이 추워지면 더 뜨거운 온풍기가 켜진다. 이러한 피드백은 어느 정도 일관된 온도, 즉 체계 치료자들이 항상성이라고 부르는 것을 유지하는 데 도움이 된다. 다니엘의 경우, 그의 행동에 대해 받는 피드백이 그를 변화시키지 않는다면 우리는 그것을 부적 피드백이라고 간주할 수 있다. 이 피드백은 조한나로 하여금 그가 무엇을 잘못하고 있는지 이야기해 주는 형식으로 돌아올 수 있는데, 다니엘이 중요함을 인식하지 못하는 방식으로 이야기하게 된다면 그의 행동은 변화되지 않는다.

　'정적'과 '부적'이라는 개념은 공식 끝에 붙는 수학적 기호와 관련 있는 것이며, 좋은지 나쁜지에 대한 것이 아니다. 만약 어떤 공식이 정적 기호로 끝난다면 공식에 무언가를 더하는 것이라고 할 수 있으며, 이는 더욱 큰 수로 다시 되돌려줄 것이다. 매우 단순한 의미에서 정적 피드백은 변화의 과정을 강조한다.

　만약 부호가 부적이라면, 공식은 그 제한된 수 밖으로 넘어갈 수 없다([그림 2-2] 참조). 부적 피드백은 변화 없음의 과정을 설명한다. 부적 피드백은 체계의 안정성에 대한 설명이다. 부적 피드백 고리가 안정적이고 해 왔던 방식대로 지속적으로 기능한다면, 정적 피드백 고리는 어떤 방식으로든 결국 변화를 일으키는 것이다.

　치료자들은 종종 변화를 지지하기 때문에 그들이 오로지 정적 피드백에만 관심이 있다고 언뜻 생각할 수 있다. 하지만 피드백은 패턴에 대한 설명이지 개입에 대한 것

그림 2-2　체계의 변화를 일으키지 않는 부적 피드백 과정의 시각적 묘사

이 아니다. 사람들의 삶과 치료적 관계에는 치료자들이 유지하고자 하는, 다른 말로 부적 피드백에 집중하고자 하는 여러 측면이 있다. 많은 경우, 치료자들은 정적 피드백보다 부적 피드백을 더 존중한다. 이것은 보통 치료자의 '내담자가 있는 그 자리에서 내담자를 만나라'는 신념에서 관찰된다. 이것은 내담자의 현재 상태가 맥락 속에서 이해된다는 생각을 보여 준다. 보통 사람들은 단순히 떠밀려서 변화되지 않는다. 그들은 먼저 안정되고 연결된 느낌을 가지길 원하며, 그런 다음에 변화에 마음이 열릴 가능성이 커진다.

당신은 전생애에 걸쳐 피드백을 경험해 왔다. 이러한 피드백 중 일부는 당신이 의식하지 못했을 수 있지만, 여전히 당신의 기능에 영향을 미친다. 어떤 피드백은 더 명확하다. 예를 들어, 당신은 아마도 학교에서 수많은 보고서를 작성했을 것이다. 당신의 선생님들은 이에 대한 피드백을 제공했을 것이다. 이 피드백은 해당 분야의 글쓰기 양식(즉, APA 또는 MLA 양식), 문법, 보고서의 흐름이나 구조, 그리고 내용의 정확도를 얼마나 잘 사용하는지에 대한 것이었을 수 있다. 이러한 피드백의 일부에는 당신이 수업을 잘 따라오고 있고, 각 영역에서 잘하고 있다고 적혀 있었을 수 있다. 만약 이러한 피드백을 받았다면 당신은 아마도 이전에 하던 방식과 같이 보고서를 작성하고 기능하던 방식을 바꾸지 않을 가능성이 크다. 사이버네틱스에서 우리는 이것을 '부적 피드백'이라고 한다. 만약 당신이 받은 피드백에 당신이 보고서를 구성한 방식을 개선할 수 있는 부분에 대한 설명이 있고, 만약 당신이 그 피드백을 활용하여 다음 보고서를 작성하는 방식을 바꾸게 된다면 우리는 이것을 '정적 피드백'이라고 한다. 만약 각각의 보고서를 작성한 후에 지도자의 피드백을 받아 다음 보고서에 활용하게 된다면 학교를 마칠 때쯤 각각의 정적 피드백이 변화(당신의 글쓰기 과정을 '개선'하여 결국 최종 결과물을 '개선'하는)를 일으켜 당신은 글을 잘 쓰는 사람이 되어 있을 가능성이 높다.

사이버네틱스/체계이론에서 '정적' 그리고 '부적'이라는 용어의 사용이 일반적인 대화에서 사용되는 방식과는 매우 다르다는 것을 볼 수 있었길 바란다. 만약 선생님이 당신의 글쓰기가 잘 진행되고 있다고 했다면, 당신은 아마도 선생님이 당신의 보고서에 대해 '정적(긍정적) 피드백'을 주었다고 말할 것이다. 그러나 이러한 피드백은 변화로 이어지지 않기 때문에 엄밀히 말하면 부적 피드백이다. 만약 선생님의 코멘트가 당신의 실수를 지적했다면, 당신은 보통 이를 '부적(부정적 피드백)'이라고 할 수 있다. 그러나 이러한 피드백이 당신이 다음 보고서를 작성하는 방식을 바꾸게 된다면 이는 엄밀히 말해 정적 피드백인 것이다. 이러한 설명을 통하여 우리가 공통적으로 '정적' 그리고 '부적'이라고 보는 것이 사이버네틱스의 세계와 같지 않음을 알았기 바란다.

💡 지식 적용하기

여러분 삶의 몇몇 영역, 예를 들어 학생, 아들/딸, 고용인, 파트너/배우자 등의 역할에 대하여 생각해 보라. 정적 피드백의 한 예(누군가의 피드백 또는 서로의 피드백이 둘 사이의 역동을 변화시킴)와 부적 피드백의 한 예(누군가의 피드백 또는 서로의 피드백이 둘 사이의 역동을 유지하도록 함)를 한 가지씩 설명해 보라. 이것은 언어적 피드백이어야 하는 것은 아니며, 둘의 상호작용이 관계를 변화시켰는지(정적 피드백) 또는 관계를 유지시켰는지(부적 피드백)에 대한 것이다.

학생의 역할

정적 피드백:

부적 피드백:

아들/딸의 역할

정적 피드백:

부적 피드백:

직원의 역할

정적 피드백:

부적 피드백:

파트너/배우자의 역할

정적 피드백:

부적 피드백:

♥ 제약

피드백은 체계가 자기조절을 하는 방식 중 하나이다. 베이트슨(Bateson, 1972)에 의하면 사이버네틱스는 무언가가 발생하는 방식이 '제약'에 의해 예측된다는 개념에 기반을 두고 있기도 하다. 만약 체계에 제약이 없다면, 모든 행동은 같은 확률을 갖게 된다. 그렇다면 왜 어떤 체계들은 다른 체계들과 다르게 작동하는가? 그 이유는 각각의 체계가 일련의 제약을 가지고 있는데, 이러한 제약들로 인해 행동의 확률이 다르게(행동 확률의 불평등inequality of probability of actions) 결정되기 때문이다. 이러한 방식으로 제약은 피드백과 함께 작동한다.

제약이 없었다면 모든 행동은 동일한 가능성을 가질 것이다. 그러나 우리가 봤던 것과 같이 사람들의 행동을 살펴보면 어떤 상황 속 어떤 행동은 다른 행동보다 더 높은 확률을 가지고 있다. 그러므로 제약은 다른 행동의 발생으로 연결된다. 사람들에게는 그들이 누구인지, 그리고 그들이 어떻게 행동해야 하는지에 대한 그들의 생물학, 사회생태학 그리고 신화를 포함한 제약이 주어진다. 제약은 사람들의 선입견, 전제, 기대(White, 1986)를 포함한 맥락에서의 규칙이다. 다시 말해 사람들이 어떻게 생각하고, 무엇에 가치를 두며, 무엇을 기대하는지에 따라 그들에게 가능한 선택지가 제약된다.

우리는 다니엘과 조한나의 관계(그들과 그들의 자녀들 사이를 포함한)가 다양한 제약에 의해 조절된 것이라고 볼 수 있다. 이러한 다양한 제약은 특정한 행동의 발생 확률을 높이기도 하고 또 다른 행동의 발생 확률을 낮추기도 한다. 예를 들어, 이들의 관계는 남편과 아내가 서로를 어떻게 대해야 하는지에 대한 제약이 존재하는 미국의 문화적 맥락에서 발생한다. 이는 다양한 형태로 나타날 수 있지만, 우리는 혼인관계에서 각자가 자신과 상대방의 역할에 대해 어떻게 바라보고 있는지를 유추해 볼 수 있다. 이러한 제약은 성별에 따른 역할 분배가 훨씬 더 뚜렷한 다양한 문화권에서 매우 다르게 나타날 수 있다. 이들 관계에서 또 하나의 제약은 종교가 될 수 있다. 만약 이들이 이혼을 용납하지 않는 종교를 믿는다면 이들은 특정한 행동을 하지 않게 될 것이다. 세 번째 제약은 그들의 원가족의 물리적 근접성이다. 그들의 가족이 더 가까울수록 부부는 그들과 더 관여되고 그들을 아이돌봄 등의 활동에 자원으로 활용하게 되며, 그

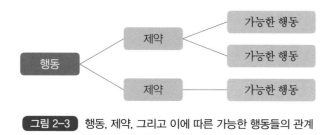

그림 2-3   행동, 제약, 그리고 이에 따른 가능한 행동들의 관계

들에게 정서적으로 의지하거나 갈등이 있을 때는 편들어 주기를 바라기도 한다. [그림 2-3]은 개인의 행동이 제약에 따라 어떻게 예측되는지를 보여 준다.

모든 상호작용은 어느 정도의 제약 사항이 수반된다. 만약 친구가 울면서 최근에 발생한 가족의 사망을 이야기하며 다가온다면, 이러한 의사소통은 하이파이브나 웃음 등의 반응을 제약할 가능성이 크다. 내담자들은 특정 제약이 있는 의사소통 방식을 보이며 등장하기도 한다. 치료자의 반응 또한 특정한 제약을 가지고 있다. 이들의 질문이나 진술은 대화를 좁히거나 조정하는 등 더 많은 제약을 가진다. "다니엘을 향한 당신의 잔소리는 효과가 있었나요?" 또는 "그런 방식으로 다니엘을 격려하는 것은 효과적이었나요?"와 같이 비슷한 질문들조차도 대화를 제약하는 방식에 의미 있는 차이를 보인다. "문제가 발생하지 않았던 때가 있었습니까?"와 "이러한 문제가 발생하지 않는 때는 언제입니까?" 등의 질문 간 제약의 미묘한 차이는 일부 치료자들에 의해 해결에 대한 제약을 최소화하기 위해 신중하게 활용되고 있다(즉, 해결중심 또는 강점기반). 전자의 질문은 폐쇄형으로 '예' 또는 '아니요'로 응답할 수 있는데 이는 내담자로 하여금 "아니요. 문제는 항상 발생합니다."라는 대답으로 이어질 수 있다. 후자는 '아니요'라는 답변에 제약을 두는데 이는 문제가 발생하지 않은 상황이 있었을 것이라고 가정한 상태에서 치료자가 그저 그 상황이 언제인지 알고자 하는 것이다.

여기서 우리는 다니엘의 행동을 자세히 살펴볼 수 있는데, 이러한 행동이 다양한 제약 속에서 더 잘 이해되는 것을 볼 수 있다. 그리고 이러한 제약은 특정한 상황에서 특정한 행동으로 이어지게 된다. 즉, 아내가 있다는 사실은 그의 행동에 특정한 제약을 두게 한다. 예를 들어, 밖에 나가 여성들과 즐거운 시간을 보내는 대신 퇴근 후 집에 돌아온다든가 혼자 또는 친구들과 주말에 나가서 시간을 보내지 않게 되는 것이다. 자녀를 갖게 되는 것 또한 제약이 생기는 일인데, 예를 들어 그는 특정 프로그램(자녀들이 잠자리에 든 후 밤늦게 시청할 수 있는 청소년관람불가 프로그램) 대신 다른 프로

그램(디즈니 영화 등)을 시청하게 될 것이다. 따라서 우리는 그의 우울과 분노 증상을 사이버네틱스의 관점에서 살펴볼 수 있는데, 그의 행동에 대한 무수한 제약은 발생 가능성이 큰 행동의 경로와 그의 행동이 어떻게 제약되고 맥락에 연결되는지 이해할 수 있도록 돕는다.

우리는 이제 일부 사람들이 계속해서 문제를 유지하는 행동에 대하여 적극적으로 변화하려고 시도하지만 왜 지속하게 되는지 더 잘 이해할 수 있게 되었다. 사람들이 문제를 해결하려고 사용하는 해결책은 여러 면에서 제약이 없는 상황에서 발생하지 않는다. 이는 상황의 제약 속에 존재한다. 이러한 제약 속에서 작동할 때 사람들은 문제를 처리하는 대안적 방법에서 제약을 경험하게 된다. 따라서 그들은 같은 행동을 계속해서 반복하게 된다. 이러한 같은 행동들은 문제를 해결하지 못할 뿐만 아니라 문제를 더욱 증가시킨다(Watzlawick, Weakland, & Fisch, 1974).

[그림 2-3]에 묘사된 바와 같이, 다른 제약 속 같은 행동은 다른 결과로 이어질 수 있다. 이것을 다중결과성multifinality이라고 부른다. 이 개념의 반복적 보완적 개념은 등결과성equifinality인데, 이는 다른 행동이 같은 결과로 이어질 때를 말한다. 등결과성은 종종 알코올 중독자가 다양한 방법을 통해 알코올을 끊으려는 노력을 하지만 아무런 효과가 없을 때 관찰된다. 그가 알코올 중독자의 모임Alcoholics Anonymous: AA을 시도하여 가정에서 자신의 역할과 행동을 바꾸고, 일정을 조정하며, 서로 책임 있게 의지할 만한 파트너를 활용하지만 여전히 음주를 하게 된다면 이는 등결과성으로 설명될 수 있다. 만약한 가지 방법이 효과가 없거나 적절하지 않다면 항상 또 다른 방법이 있기 마련이다.

> ### 💡 지식 적용하기
>
> 모든 상호작용에는 어느 정도의 수용되는 것들invitation과 제약이 있다. 치료자가 고개를 끄덕이거나 '음'이라고 말할 때 이는 무엇을 제약하게 되는가? 내담자의 말 중 질문으로 제약하기에 유용한 것은 어떤 것인가? 이러한 말과 질문의 예는 무엇인가? 내담자의 어떠한 측면(예: 나이, 인종, 성별, 성격적 특성, 이력 등)이 당신으로 하여금 명시적 제약을 갖도록 하여, 고의적으로 특정 영역에 대해 탐색하지 않도록 하는가? 당신의 작업 환경은 치료자로서 당신에게 어떤 제약을 갖게 하는가? 당신이 치료를 진행하는 곳, 치료 모델, 그리고 작업하는 곳의 윤리적 지침으로 인해 치료자로서 하지 않는 행동의 유형에는 어떤 것들이 있는가?

💟 경향

우리는 대다수의 사람이 심리치료에 대해 생각할 때 떠올리는 변화에 대해 이야기
했다. 이는 당연한 것인데, 그 이유는 사람들이 그들의 삶에서 뜻대로 일이 흘러가지
않고 무언가 달라지고 싶을 때(즉, 스스로 다르게 느끼거나, 생각하거나 행동하고 싶을 때,
또는 가까운 관계에 있는 사람이 다르게 생각하고, 느끼고, 행동하고 싶을 때) 치료자를 찾
기 때문이다. 그러나 많은 치료자는 치료를 받으러 찾아와서 치료자의 몇 가지 변화
를 위한 개입 후에 변화되지 않는 내담자들을 경험하게 된다. 대부분의 사람, 그리고
많은 심리치료자조차 내담자가 변화에 저항한다고 생각할 수 있다. 저항하는 내담자
는 대부분 자신의 의지에 반하여 절실한 배우자 또는 법률적인 이유로 치료에 온 경
우가 많다.

'저항resistance'이라는 단어는 모든 배경의 치료자들 사이에 여러 가지 혼합된 감정과
생각을 불러일으킨다. 사이버네틱스에서 저항을 뜻하는 단어는 항상성homeostasis이다.
물론 저항과 항상성은 같은 것을 의미하지는 않는다. 항상성은 체계로 하여금 변화
하지 않고 안정적으로 의지하도록 하는 경향이다. 항상성의 'homeo'는 단순히 '같은'
또는 '동일한'을 의미하고 'stasis'는 그리스어에서 유래되었는데, 그 의미는 '참다' 또
는 '멈추다'이다. 체계가 동일하게 유지하려는 경향이 있어 보일 때 어떤 제약들이 다
른 가능한 결과를 막고 있는지 살펴보는 것은 유용할 수 있다. 아마도 같은 행동도 다
른 제약들 속에 존재한다면 다른 결과로 이어지게 되거나(다중결과성), 원하는 동일한
목표가 다양한 시작점에서 얻어지는 것일 수 있다(등결과성). 다음에서 항상성에 대
하여 더 자세히 설명하도록 하겠다.

💟 엔트로피와 네겐트로피

체계가 연속성을 유지하는 방법 중 하나는 함께 머물려는 경향인 네겐트로피negentropy
이다. 네겐트로피는 열역학(열의 운동에 대한 학문)에서 온 개념이다. 엔트로피entropy는
체계가 열로 인해 효율성을 잃게 되는 경향이다. 모든 문이 열린 냉장고로 가득 찬 단

열이 잘된 방을 상상해 보자. 엔트로피의 반대 또는 부정이 네겐트로피이다. 이는 체계가 함께 머무르는 경향 또는 질서와 효율의 경향이다. 네겐트로피는 기계적 체계에서는 보편적이지 않지만 생물학적 체계에서는 매우 보편적인 개념이다. 충분한 스트레스와 고난으로 가족은 함께 모일 수 있으며 거의 분리할 수 없게 될 수도 있다(네겐트로피). 같은 가족이 과도한 양의 스트레스를 받게 되면 무너지고 서로 최대한 멀리 떨어져 있게 되기도 한다(엔트로피).

우리가 본 것처럼 체계는 전체적으로 함께 기능하는 부분으로 구성되어 있다. 이러한 부분들은 다양한 양의 정보가 구성원 사이 및 체계와 환경(체계를 둘러싼 생태) 사이를 오가도록 한다. 가족과 환경 사이에 적은 정보가 교환될 때, 우리는 이것을 닫힌 체계라고 부른다. 많은 정보가 교환될 때, 이는 열린 체계라고 한다. 체계의 개방성 또는 폐쇄성은 체계가 체계의 적응력을 통해 얼마나 잘 작동하는지 결정하는 데 도움이 된다.

체계이론에서 우리는 체계가 닫혔을 때 적은 정보가 들어오고 체계가 시간이 지남에 따라 잘 작동하지 않음을 볼 수 있다. 이에 따라 체계는 불균형 상태로 이동하는데, 이것을 엔트로피라고 부른다. 체계는 진화하는 환경에 적응하기 위해 어느 정도의 다양성이 필요하다. 엔트로피는 체계가 속한 생태계와 조화를 이루지 못할 때 종종 발생한다. 마티네즈 가족의 경우, 가족 구성원들이 서로에게 또는 가족 이외의 다른 사람들의 말을 듣지 않을 때 엔트로피로 이동할 수 있다. 이것은 아마도 다니엘의 우울이 더욱 심해지지만 아무도 발생하고 있는 일에 대하여 말하지 않을 때 나타날 수 있다. 가족기능은 마티네즈 구성원들이 한 가족으로서의 정체성을 이해하는 방식으로부터 점점 더 멀어질 것이다.

보다 적응력이 뛰어나고 따라서 더욱 기능적인 열린 체계는 균형을 이루는 방향으로 변화하는 경향이 있다. 이러한 과정을 부적 엔트로피 또는 네겐트로피라고 한다([그림 2-4] 참조). 여기서 체계는 패턴과 구조의 제약이 있다(Hoffman, 1981). 마티네즈 가족의 경우 친구들이 그들에게 다가와 우울의 문제가 있을 수도 있겠다고 제안해 줄 때 네겐트로피가 발생할 수 있다. 이에 따라 다니엘과 조한나는 정상적인 상호작용을 유지하도록 그들의 행동을 조정할 수 있다.

이러한 경향은 규범적이지 않다. 즉, 이러한 경향이 가족들의 행동을 결정짓지는 않는다. 오히려 이는 체계 내에서 일어나는 일을 설명하는 데 사용되는 표현들일 뿐

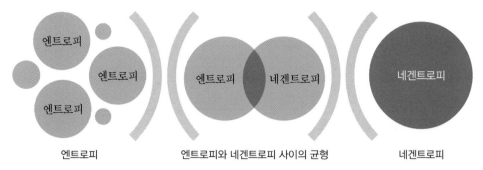

그림 2-4 엔트로피와 네겐트로피 사이의 역동. 체계가 엔트로피를 경험할 때 무너지는 경향이 있음. 체계가 네겐트로피를 경험할 때 안정적으로 유지되는 경향이 있음

이다. 사이버네틱스는 전체적으로 설명의 과학이다. 무언가를 설명하는 방식은 큰 차이를 만들 수 있는데 그 이유는 이러한 설명이 체계에 대한 생각을 나타내기 때문이다. 내담자가 자신의 슬픈 기분을 자신을 괴롭히는 '악마'로 설명한다면 이는 그가 이 현상을 그를 괴롭히는 '우울'이라고 설명하는 것과 매우 다르다. 악마로 설명하는 것은 더욱 큰 종교적 체계를 포함할 가능성이 높고, 우울이라고 설명하는 것은 더욱 큰 치료의 체계로 이어질 것이다.

💡 지식 적용하기

- 어느 진단명이든 한 가지를 선택하라. 이러한 진단명을 다른 방식으로 설명한다면 어떻게 할 수 있을 것인가?
- 이와 같이 설명하는 것은 당신에게 어떤 차이를 만들게 되는가? 내담자에게는 어떠한가?
- 내담자의 진단을 그의 가족이 함께 머물도록 하는 방식(네겐트로피)으로 이해할 수 있는가? 그들 사이에 거리가 멀어지도록(엔트로피) 하는 방식으로 이해할 수 있는가?
- 내담자가 '저항'할 때 체계가 동일한 상태(항상성)를 유지하려는 경향을 이해하는 것이 어떻게 유용할 수 있는가? 만약 가족이 함께하기 원하고 안정적이기를 원한다는 것을 관찰했을 때 무엇을 다르게 하거나 질문하겠는가?
- 같은 현상을 다양한 방식으로 설명할 수 있는가? 예를 들어, 알코올 중독을 엔트로피 또는 네겐트로피의 수단이라고 설명한다면 어떠한가?

♥ 항상성

설명한 바와 같이 체계는 안정성(네겐트로피) 또는 변화(엔트로피)를 향하여 움직이는 경향이 있다. 엔트로피가 발생할 경우 체계는 분해될 수 있다. 가족들에게 이것은 이혼이나 낭만적 관계의 해체로 나타날 수 있다. 마티네즈 가족 안에서의 엔트로피는 서로 그들이 원래 하던 '정상적인' 방법으로 상호작용하지 않는 형태로 시작될 수 있다. 대신, 가족 구성원들은 혼란을 경험할 것인데, 여기서 그들은 어떻게 서로와 함께하는지 잘 모를 수 있다. 높은 확률로 이 가족은 불안정화되고 그 결과는 이혼으로 이어질 것이다. 반대로, 네겐트로피는 체계를 균형 있게 유지한다. 체계가 유지하는 이러한 균형을 항상성이라고 한다. 항상성은 안정적으로 기능하는 상태를 말한다.

'가족 항상성family homeostasis'이라는 용어는 돈 잭슨(Don Jackson, 1957)이 소개한 개념이다. 이는 가족의 상호작용을 닫힌 정보 체계라고 보는데 이 체계는 피드백에 의해 스스로 수정하는 체계이다. 따라서 스스로를 가족으로 유지하기 위해서, 이 가족은 지속적으로 특정한 가족의 모습이 유지되도록 노력한다. 마티네즈 4인 핵가족에서 그들은 그들만의 특정한 존재의 방식이 있다. 이러한 방식은 여러 구성원이 증상을 일으키고 그들을 행복하지 않게 할 수 있지만, 이것이 현재 그들에게 형성된 방식이다. 다니엘은 우울과 분노를 느낄 수 있으며, 조한나는 답답할 수 있다. 그리고 조나단과 미란다는 가정 내에 불화를 경험할 수 있다. 외부 사람들은 쉽게 "변하면 되잖아요. 당신들은 행복하지 않아요."라고 말할 수 있지만 체계는 현재 기능하고 있는 방식을 유지하려는 경향이 있기 때문에—안정성의 경향이 있어서—단순하지 않다. 마티네즈 구성원들은 현재 가족이 기능하는 방식이 행복하든 그렇지 않든 각각 현상을 유지하는 방식으로 행동한다.

체계는 안정성과 변화라는 두 개의 맞물리고 반대되는 힘을 통해 현재 상태를 유

그림 2-5 동전의 양면과 같은 안정성과 변화의 관계

지한다([그림 2-5] 참조). 안정성을 위하여 변화의 요소가 필요하고, 변화를 위하여 어떤 종류의 안정성이 필요하다. 표면적으로 이는 역설적으로 보일 수 있지만, 변화가 없는 안정성은 경직으로 이어진다. 만약 체계가 너무 경직되어 있다면 유연해지거나 적응할 수가 없다. 결과적으로 가족의 맥락은 항상 변화하기 때문에 그러한 체계는 기능하지 못할 것이다. 예를 들어, 마티네즈 가족은 발달적 변화를 포함하는 맥락 안에서 기능하고 있다. 조나단과 미란다는 성장하고 있고 이제 청소년이다. 만약 이 가족이 계속해서 두 자녀가 여전히 6세 정도로 어린 것처럼 기능한다면 이 가족은 청소년기의 요구를 맞출 수 없어서 심각한 문제가 발생할 가능성이 높다. 반대로, 가족이 변화하기만 한다면 가족 구성원들은 서로와 함께하는 방식에 있어 어떠한 기반도 가지지 못하게 된다. 어느 날 조나단은 책임을 지려고 노력하다가 가족을 떠날 수도 있다. 지속성은 존재하는 다른 방식들을 탐색하는 데 필요한 안전함을 제공한다.

안정성에 변화가 필요하다는 개념은 역설적이다. 그렇다면 이를 보여 주는 몇 가지 예시를 살펴보도록 하자. 외줄타기를 하는 사람을 상상해 보라. 이 사람은 어떻게 줄 위에 머물 수 있는가(이는 안정성을 의미할 것이다)? 그들은 그들이 잡고 있는 막대기를 움직여서 이를 가능하게 한다(이는 변화를 의미할 것이다). 두 번째 예시는 물 위에 떠 있는 카누 위에 서 있을 때를 생각해 볼 수 있다. 어떻게 서 있는 상태를 유지하고 물에 빠지지 않는가(이는 안정성을 의미할 것이다)? 이는 흔드는 동작—즉, 변화—을 통하여 가능하다.

이제 우리는 항상성이 안정성과 변화의 조합이라는 것을 알게 되었으니, 가장 보편적인 항상성 과정에 대한 설명, 즉 에어컨 시스템(우리는 이 개념에 대하여 이 장의 초반에 소개한 바 있다)에 대한 설명으로 돌아갈 수 있다. 에어컨을 특정 온도, 예를 들어 화씨 72도[2]에 맞추었다고 하자. 이 에어컨은 어떻게 이 온도를 유지하는가? 이는 피드백 과정을 통해 가능하다. 공기가 돌아와 목표 온도의 작은 범위 안에 해당할 때 에어컨은 안정성을 유지하기 위해 작동하지 않는다(앞서 소개한 내용을 기억한다면 이것을 부적 피드백이라고 한다). 그러나 하루 중 창문을 통해 햇빛이 들어와 공기 온도가 뜨거워질 때도 있을 수 있다. 공기 조화 시스템HVAC이 열의 상승을 감지하면 이때 에어컨은 공기 온도가 기존 목표 온도의 작은 범위 안으로 돌아올 때까지 작동하게 된다(변화).

---

2 역자 주: 섭씨 약 22.2도

가족들은 같은 방식으로 기능하는 경우가 많다. 가족들은 독특한 존재의 방식이 있다. 즉, 체계이론은 가족들을 비규범적인 관점에서 바라보는데, 이는 가족이 따라야 하는 특정한 방식은 없다고 보는 것이다. 어떤 가족들은 시끄럽지만, 그들에게는 잘 맞을 수 있다. 또 다른 가족들은 조용한 경향이 있을 수 있다. 어떤 가족들은 과도하게 사랑을 표현하는가 하면, 어떤 가족들은 애정 표현을 잘하지 않을 수도 있다. 어떤 가족들은 서로의 삶에 아주 많이 관여하는 구성원들이 있는가 하면, 다른 가족들은 그렇게까지 밀착되어 있지 않다. 이러한 존재의 방식들은 문화, 종교, 사회경제적 지위 또는 다른 어떠한 요인에 영향을 받는다. 이 중 어떤 존재의 방식도 좋거나, 나쁘거나, 옳거나, 틀린 것은 아니다. 이들은 그저 존재하는 방식일 뿐이며, 이러한 방식으로 작동하는 가족들은 그 안에서 지속적으로 기능하는 경향이 있다. 마티네즈 가족의 경우, 양쪽 부모가 아닌, 둘 중 한 명의 부모와 자녀들의 관계가 더욱 친밀한 방식으로 기능한다. 그들은 이 방식을 보다 전통적인 성역할에 의해 구조화하였고, 다양한 구성원이 이러한 구조에 대해 행복하지 않을지라도 이 방식을 유지하는 형태로 행동한다.

우리는 하나의 새로운 가족이 형성될 때 보통 변화의 어려움과 안정성을 추구하는 경향을 보게 된다. 각각의 파트너는 나름의 독특한 존재 방식을 가졌던 원가족으로부터 온다. 파트너들은 잠정적으로 다르게 기능하는 방식에 적응해야 한다. 예를 들어, 애정을 잘 표현하지 않는 가정에서 자란 사람은 애정을 많이 표현하는 가정에서 자란 사람과의 관계에서 어려움을 경험할 수 있고, 이는 반대의 경우에도 그렇다. 애정 표현이 적은 가정에서 온 사람(이러한 상태가 항상성 상태였던 사람)은 그의 파트너에게(또는 애정 표현을 많이 하는 것에 익숙한 그의 파트너의 가족들에게) 그렇게 많은 애정 표현을 하지 않을 가능성이 높다. 그 파트너(그리고 그 파트너의 가족)는 애정 표현이 충분하지 않아 속상할 수 있다. 이에 따라 그녀는 정적 피드백으로 이어지는 방식으로 행동하려 할 수 있다. 예를 들어, 그녀의 파트너에게 더욱 애정을 표현하면 좋겠다고 말하거나, 자신을 따라해 주길 원하는 마음에서 과도하게 애정 표현을 할 수도 있다. 시간이 지남에 따라 두 파트너는 각자 원가족에서의 항상성에서 변화하여 둘만의 존재 방식을 발달시키게 되었을 것이다(우리는 이를 제3의 문화라고 부를 수 있다). 그리고 이것은 새로운 가족의 항상성(항상성은 자녀와 같은 새로운 가족의 등장과 이혼 또는 사망 등으로 구성원들이 떠나게 되는 등의 가족의 생애 과정에서 변화하는 것이기는 하

그림 2-6 부적 피드백이 현재의 항상성 수준을 유지시키는 방식에 대한 시각적 표현

지만)이 된다.

우리는 부적 피드백은 안정성을 유지한다고 설명한 바 있다([그림 2-6] 참조). 그러나 우리는 아마도 여기서 부적, 피드백, 안정성 등의 용어를 가지고 너무 기술적으로만 다루고 있는지도 모른다. 이제 이 개념을 단순화해 보자. 사람들은 원래 상태를 유지하는 방식으로 행동하는 경향이 있다. 우리는 생각하고, 말하고, 행동하는(그리고 행동하지 않는) 방식으로 이를 유지한다. 나의MR 가족은 차분한 가족이다. 이에 따라 나의 13세 딸이 나와 아내에게 까칠한 태도를 보이기 시작할 때, 아내와 나는 딸에게 다시 차분한 방식으로 말하라고 하거나 가서 감정을 조금 식히고 오라고 한다. 우리가 하지 않을 행동은 똑같이 까칠하게 대응하여 소리 지르기 시합으로 번지게 하는 것이다. 패턴으로 고려해 볼 수 있는 이러한 행동은 우리 가족 안에 차분한 분위기를 유지시킨다. 만약 딸이 차분해지면, 우리 가족은 일상적인 기능으로 돌아가게 되며, 부적 피드백이 작동하게 된다.

마티네즈 가족 안에서 부적 피드백은 다니엘, 조한나, 조나단, 미란다가 항상 해 왔던 것과 같이 기능할 때 발생한다. 이러한 행동은 의식적이고 무의식적이다(명시적이고 암묵적이다). 다니엘과 조한나가 서로 거리두기/잔소리하기를 계속한다면 그들은 부적 피드백을 실행하고 있는 것이다. 조나단과 미란다가 다니엘 대신 조한나에게 정서적 지지를 받으러 간다면 그들은 부적 피드백을 실행하는 것이다.

따라서 부적 피드백은 안정성으로 이어진다. 반대로 정적 피드백은 변화로 이어진다. 이러한 변화는 가족이 구성되고 기능하는 방식에 있다. 정적 피드백은 새로운 항상성으로 이어지는데, 이는 어느 정도 시간 동안 추가적인 정적 피드백이 더욱 새로운 항상성으로 이어질 때까지 유지된다([그림 2-7] 참조). 많은 가족의 경우, 정적 피드백은 출생, 결혼, 사망 등 가족 구조의 의미 있는 전환기에 발생한다.

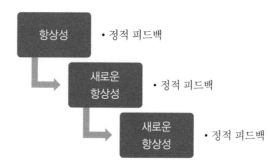

그림 2-7   정적 피드백이 새로운 항상성 수준으로 이어지는 방식에 대한 시각적 표현

마티네즈 가족 내에서 정적 피드백은 다니엘과 조한나가 결혼했을 때 발생했을 것이다. 이때 그들은 이전의 항상성을 추구하는 기능 방식(그들의 원가족으로부터 발달했을 가능성이 높은)으로부터 적응해야 했을 것이다. 그들이 자녀를 출산하기 이전에 존재하던 방식은 조나단이 출생했을 때와는 매우 달랐을 것이다. 미란다의 출생은 가족에 더해지는 정보로 이어지게 되었을 것인데, 그들은 네 번째 구성원이 포함된 상태에 더욱 애써 적응해야 했을 것이다.

항상성에 대한 개념은 정상과 비정상에 대한 관점과 연관된 것이 아니다. 여기에는 옳거나, 좋거나, 정상적인 항상성 수준은 없다. 체계이론가들은 가족의 평가보다는 가족의 기능을 살펴본다. 그러나 체계 외에 있는 이들은 특정 체계가 작동하는 방식이 좋은지 나쁜지에 대한 의견이 있을 가능성이 크다. 이는 체계가 '기능적' 또는 '역기능적'인지에 대한 것으로 나타날 수 있다. 체계가 더 큰 집단의 기대에 부합하지 않는 방식으로 작동할 경우, 체계가 존재하는 방식은 보통 역기능적이라고 할 수 있다. 반대로 체계가 더욱 큰 체계(사회)의 규율에 맞춰 작동한다면 이는 기능적이라고 할 수 있다. 우리는 당신이 기능적/역기능적 평가보다 더 중요한 것은 체계가 특정한 맥락 안에서 그들에게 부여된 제약에 따라 작동한다는 것을 깨닫게 되길 바란다. 예를 들어, 마티네즈 가족이 개방된 애정표현이 익숙하지 않은 다니엘 어머니의 집에 갔을 때, 이는 다니엘과 조한나가 사람들 앞에서 애정표현 하는 정도를 제약할 것이다. 비꼬기와 논쟁을 통해 상호작용하는 조한나 가족의 집에서는 다니엘과 조한나가 더욱 비꼬게 하고 대화 중에 반박하고자 하는 의지가 보다 높아지도록 하는 제약이 있을 것이다.

잭슨(Jackson, 1977a)은 "인간은 다양한 잠재력을 가지고 있는데, 특정한 잠재력들을 성취하는 것은 특정한 제약을 수반하며, 성취와 제약은 상황에 따라 달라진다"
고 하였다(p. 161). 가족의 항상성은 여러 가지 제약에 근거한다. 이러한 제약은 가
족 구성원이 존재하는 방식을 축소시키며 다른 행동을 독려한다. 한 가족의 항상성
은 가족의 생애주기에 따라 여러 차례 변화를 거치게 된다. 따라서 체계에 대한 제약
은 변화하게 될 것이며, 사람들의 잠재력과 제약도 변화할 것이다. 이는 사람들이 새
로운 체계의 제약에 적응하는 방식과 어떻게 이들이 변화하는지에 주목할 수 있도록
한다.

♥ 형태 안정성/형태 형성

　우리가 방금 설명한 바와 같이 체계는 체계가 존재하는 동안 계속 같은 항상성을
유지하지 않는다. 안정적인 상태에는 다수의 작은 변화가 있으며, 이혼, 사망 또는
재혼 등 중요한 변화가 발생할 때도 있다. 마티네즈 가족에서 다니엘과 조한나는 처
음 커플이 되었을 때 서로에게 적응해야 했다. 그러다가 그들의 자녀들이 출생함에
따라 두 사람으로 이루어진 핵가족에서 시작하여 세 사람, 그리고 네 사람으로 이루
어진 가족에 적응하기 위해 상호작용의 규칙을 바꿔야 했다. 그러나 이러한 전환이
발생하고 나면 가족은 안정적인 기능 수준을 찾게 되는데 이것을 항상성 수준이라고
한다.

　체계가 안정성을 유지하거나 변화하려고 하는 것을 일컫는 기술적인 용어는 형태
안정성과 형태 형성이다. 형태 안정성은 체계가 같은 상태를 유지하려고 하는 경향이
다. 다시 말해 변화의 맥락 속에서 안정성을 붙들고 있는 상태이다([그림 2-8] 참조).
이는 부적 피드백을 통하여 발생한다. 환경에서 무슨 일이 발생하든 형태 안정성은
체계가 현재 구조와 기능을 유지하도록 이끈다. 반대로, 형태 형성은 체계의 변화할

그림 2-8　형태 안정성이란 변화의 맥락 안에서 체계가 안정성을 유지하는 능력인데, 이 과정은
항상성이라고 할 수 있다.

그림 2-9 형태 형성은 안정성이라는 맥락 내에서 변화를 만드는 체계의 능력이다.

수 있는 능력이다. 다시 말해 형태 형성은 안정성의 맥락에서 적응할 수 있는 능력이다([그림 2-9] 참조). 이는 정적 피드백을 통하여 발생하는데, 이때 체계는 편차를 증폭시키는 방식으로 작용하며, 이는 곧 변화를 뜻한다.

> 💡 **지식 적용하기**
>
> 잠깐 몇 분 동안 당신의 가족과 당신의 가족 항상성이 시간의 흐름에 따라 어떻게 변화해 왔는지 살펴보라. 체계가 변화되었던 결정적인 지점들은 어디인가? 아마도 이는 출생, 사망, 대학 진학, 이혼 등 가족생활주기 변화의 지점이었을 가능성이 크다. 시간 속에서 이처럼 중요한 각각의 지점에서 가족 항상성을 어떻게 설명할 수 있는가?

💗 논리적 유형의 이론

화이트헤드와 러셀(Whitehead & Russell, 1910)은 그들의 기념비적인 작업인 수학적 원리Principia Mathematica에서 역설을 피하기 위해 수학적 개념을 명료화하였다. 그들은 역설을 피하는 데 성공하지 못했지만, 세상에 대하여 생각하는 몇 가지 특별한 방식을 발견했다. 그들의 가장 유용한 특별함은 그들의 논리적 유형의 이론이다. 논리적 유형은 범주와 범주의 구성요인들members과 관련이 있다. 가끔 이러한 범주들을 집단groups이나 유목class이라고 부른다. 예를 들어, '책'이라는 범주는 책과 코드북, 수학책, 성경, 닥터수스[3]의 책들을 포함한다. 사실, 이는 모든 책을 그 구성요인으로 포함하

---

3 역자 주: 닥터수스Dr. Seuss는 미국의 동화책 작가이자 만화가이다. 동화책 및 만화 60편 이상을 집필하였으며, 대표 저서로는 『모자 쓴 고양이The Cat in the Hat』와 『그린치가 크리스마스를 훔친 방법How the Grinch Stole Christmas』 등이 있다.

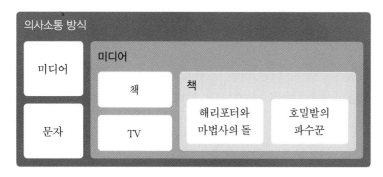

그림 2-10 구성요인과 유목의 관계. 이 그림에서 책의 유목에 두 구성요인이 있고, 책은 미디어라는 유목의 두 구성요인 중 하나이며, 미디어는 의사소통 방식이라는 유목의 두 구성요인 중 하나이다.

고 있다. 맥락은 특정 요인이 유목인지 구성요인인지 결정짓는다. '책'은 앞의 예시와 같이 유목이 될 수 있고, 또는 더 큰 범주의 구성요인이 될 수도 있다. '미디어' 범주는 책은 물론 TV, 인터넷, 라디오, 잡지 등을 구성요인으로 포함하고 있다. 책의 한 페이지는 책보다 더 작은 논리적 유형이며, 한 권의 책은 책들의 범주보다 더 작은 논리적 유형이고, 그리고 책들의 범주는 미디어보다는 더 작은 논리의 유형이다. 무엇이 논의되는지에 따라 잠재적으로 무한한 수준의 논리적 유형이 존재한다. [그림 2-10]은 유목과 구성요인의 관계를 나타내며, 유목의 한 구성요인이 동시에 유목이 될 수 있는지를 보여 준다.

화이트헤드와 러셀은 해당 구성요인이 속해 있는 범주에 대해 혼란을 겪게 될 때마다 역설이 발생한다고 주장하였다. 즉, 발생할 수 없는 상황이 발생하게 되는 것이다. 가끔 이는 어리석고 뻔한 것처럼 들리는데, 예를 들어 닥터수스의 『모자 쓴 고양이The Cat in the Hat』책이 '책의 범주'와 동일한 것이 아니라는 점이다. 다른 때는 덜 명확한데, 이빨을 드러내고 빠르게 달려오며 짖는 개는 '분노' 또는 '놀이'의 범주로 해석될 수 있다. 잘못된 추측의 결과는 상당한 타격을 가져올 수 있다. 그러나 개가 이빨을 드러내고 달려오며 짖는 것을 '노는 것'이라고 한다면 이는 오류로 설명될 수 있다. '놀이'와 '공격성'은 유형의 물리적인 것이 아니며, 항상 똑같아 보이는 특정한 행동도 아니다. 이들은 일반적으로 함께 발생하는 행동들을 체계화하는 데 도움이 되는 일반적인 설명이다. 누군가가 이러한 행동을 범주화하지 않는다면 '놀이'는 본질적으로 존재하지 않는다. 마티네즈 가족의 경우, 다니엘의 관점에서 조한나는 '계속 잔소리를 한다.' 조한나의 행동은 다양한 범주로 보일 수 있는데 그중 두 가지는 '관심'과 '잔 소리'이다. 조한나의 실제 행동은 다니엘이 생각하는 범주화와는 다른 논리적 유형이 다. 예를 들어, 조한나가 다니엘에게 "오늘 밤에 어디에 갔었어요?"라고 묻는 것은 한 유목의 구성요인이라고 할 수 있다. 이는 그녀가 어떻게 말하는지에 따라 어디서, 언 제, 그리고 다른 누가 옆에 있는지에 따라 '관심' 또는 '잔소리'의 범주에 속할 수 있다. 둘의 상호작용은 다니엘이 그러한 행동을 어느 범주로 분류하느냐에 따라 영향을 받 을 것이다.

또 다른 예를 들어 보자. 내담자가 대부분의 시간 동안 우울한 감정이며 흥미를 상 실하고, 잠을 잘 자지 못하고, 무기력하거나 집중하기 어렵다고 호소한다면 어떤 치 료자는 재빨리 이 내담자를 '우울증'의 범주로 분류할 수 있다. 또 다른 치료자는 '잃 어버린 관계에 대한 애도'의 범주 또는 내담자의 삶에 다른 측면에 대한 범주로 설명 할 수도 있다. 어떤 범주로 분류하느냐는 치료자, 내담자, 주체성, 그리고 치료 과정 이 작동하는 방식에 커다란 차이를 만들어 낼 수 있다. 만약 치료자가 내담자가 우울 하기 때문에 우울한 행동을 보인다고 주장한다면 이 치료자는 논리적 유형의 오류를 범한 것이다. 이는 최면적 원칙dormitive principle이라고 볼 수 있다. 최면적 원칙은 어떠한 범주가 그 범주를 만들어 낸 행동의 원인이라고 잘못 주장하는 것이다.

논리적 유형을 생각하며 우리의 내담자 다니엘과 그의 아내 조한나의 사례를 더 자 세히 살펴보자.

치료자: 조한나가 당신이 자신을 실망하게 했다고 말한 적이 있나요?

다니엘: 네. 그녀는 "오늘은 침대를 정리할 거예요?", "강아지 산책시키는 것을 잊 어버렸군요.", "당신은 애들하고 충분한 시간을 보내고 있지 않아요." 등 의 말을 해요.

치료자: 이런 말들이 당신에게 어떤 영향을 미치나요?

다니엘: 저는 요즘 우울해졌어요. 아시다시피 사람이 참을 수 있는 한계가 있잖 아요. 제가 이렇게 말하면 아내는 화를 내겠지만, 조한나는 잔소리를 멈 출 수 없는 것 같아요.

치료자는 '실망하다'라는 범주에 대한 질문으로 시작하였는데, 다니엘은 이에 대해 그의 관점에서 이 범주 안에 속하는 특정한 구성요인으로 응답한다. 그는 '조한나를 실망시킴'의 범주 안에 있는 구성요인을 설명하며 응답하였다. 그러고 나서 그는 이러한 구성요인에 또 하나의 범주를 부여했는데, 그것은 '잔소리'이다. 조한나는 이러한 행동 유목에 '유도하다'라는 대안적인 이름을 붙일 수 있다. 치료자도 그 의미를 내담자들에게 재정의하며 또 다른 대안적 이름을 붙일 수 있다. 이러한 기술을 **재구조화** reframing라고 한다. 문자 그대로 하나의 유목은 하나의 틀로 이해될 수 있으며, 그 유목의 구성요인은 틀 안에 있는 그림으로 이해될 수 있다. 만약 틀이 변화한다면 그 안에 있는 그림이 다르게 이해된다. 거실 탁자 위에 놓인 사진 틀 안에서 미소 짓고 있는 젊은 남성의 사진은 나름의 의미가 있을 것이며, 완벽히 같은 사진이지만 경찰서 수배를 위한 사진 틀에 있을 때는 다른 의미가 된다. 관 앞에 놓인 리스를 두른 틀 안의 사진은 제3의 의미가 있을 것이다. 앞서 언급된 조한나의 질문들은 '잔소리'의 틀로 구성된다거나, '지나친 관심'으로 관계를 좋게 하려는 시도가 실패했다는 틀로 구성될 수 있으며, 또 다른 묘사의 틀로도 구성될 수 있다.

> 💡 **지식 적용하기**
>
> '우울'을 어떻게 다르게 구조화할 수 있는가? 이러한 새로운 틀은 치료자에게 어떤 변화를 만들 것인가? 내담자에게는 어떠한가? '저항'은 어떻게 다르게 구조화할 수 있는가? 이러한 과정이 어떤 변화를 만들 것인가? 틀은 재구조화될 수 있는가? 이는 더 포괄적이고 더 넓은 의미의 유목으로 옮겨질 수 있는가? 더 작은 의미의 유목으로 옮겨질 수 있는가?

♥ 순환성과 재귀

제1장에서 우리는 선형과 비선형 인식론을 구분하기 시작했다. 선형 인식론은 인과관계의 전제하에 기능한다([그림 2-11] 참조). 베이트슨(Bateson, 1979)이 설명했듯이 행동의 선형적 순서는 시작점으로 돌아가지 않는다. 대부분의 사람은 자신도 모르는 사이 선형적 관점을 믿고 이에 따라 기능한다. 이는 다양한 형태를 나타낸다.

그림 2-11 원인과 결과의 관계에 대한 시각적 표현

- 만약 내 자녀가 올바로 행동하지 않으면 나는 그녀를 벌하고, 그녀는 그 행동을 다시 하지 않을 것이다.
- 나는 내 파트너가 나에게 못되게 말해서 화가 났다.
- 내가 열심히 공부한다면 시험을 잘 볼 것이다.
- 나는 얼마 전에 아버지가 돌아가셔서 슬프다.

이러한 신념은 우리가 세상을 보는 관점에 의해 제약되며, 우리가 삶을 살면서 반복적으로 들어 온 것들이다. 과학적 방법론은 원인/결과 모형에 기반을 두고 있다. 기초적인 실험은 독립변인(연구자가 조종하는)의 수준에 따라 종속변인(연구자가 측정하는)에 영향을 미치는지 살펴보기 위해 고안되었다. 이에 대한 예를 들어 보겠다.

체육관에 갔을 때 개인 트레이너가 있는 경우 사람들이 운동요법을 더 잘 실천하는지 알고 싶다고 상상해 보자. 우리는 두 개의 동일한 집단(무작위 할당을 활용하여)이 필요할 것인데, 한 집단은 개인 트레이너와 함께 운동을 하고, 다른 한 집단은 트레이너 없이 같은 운동을 동일한 시간과 횟수로 반복하게 될 것이다. 시간이 조금 흐른 후(예: 2주), 참여자들을 특정한 기준(예: 체력 테스트)으로 측정하여 어떤 집단이 더 잘했는지를 살펴볼 것이다. 본질적으로, 우리는 개인 트레이너와 함께 운동하는 것이 건강을 개선하는지 확인하고자 한다.

이와 같은 실험은 정량적 관점에서 오는 경험적 모델에 기반을 둔다. 양적 과학은 과학 분야에서 연구 탐색의 기본적인 방식이다. 이는 과학적 방법론의 기초라고 할 수 있다. 그러나 비선형적 관점에서 작동하는 또 다른 연구 방법론이 있는데 그것은 질적 연구이다. 정량적 연구는 무엇을, 언제, 어디서, 그리고 누가에 초점을 맞추는 경향이 있지만, 질적 연구는 '왜'와 '어떻게'에 대한 탐구를 한다. 또한 질적 연구는 연구자가 연구에 미치는 영향에 대하여 고려하려고 하지만, 양적 연구는 연구자가 연구에 미칠 수 있는 모든 영향을 통제하려 한다. 개인 트레이너 연구의 경우, 질적 연구자들은 개인 트레이너나 트레이닝을 받는 사람들이 개인 트레이너의 유용성과 중요성을 어떻게 이해하고 있는지 탐색할 수 있다. 이는 사실을 확인하려는 노력보다 사람들이 그 사건에 부여하는 의미를 탐색하는 것이라고 할 수 있다.

질적 연구자의 영향력은 사람들이 서로에게 갖는 동시적 상호 간의 영향인 재귀 recursion 형식으로 나타날 수 있다. 많은 질적 연구 방법론은 면접법을 사용하는데, 여기서 면접자는 자신의 질문과 그 질문들을 제시하는 방식이 응답자에게 영향을 미친다는 사실을 이해하며, 응답자들의 응답과 이들이 응답하는 방식 또한 면접자에게 영향을 미치는 과정을 무한 반복한다는 사실을 이해한다. 이러한 이해를 치료환경에 일반화할 때, 치료자들은 치료자와 내담자 사이에 발생하는 반복에 집중하는데, 각 사람은 서로에게 상호 영향을 미치게 된다는 것이다.

이러한 개념을 이해하는 데 도움이 되도록 우리의 내담자 다니엘에게 돌아가 보자. 선형적 관점에서 다니엘의 아내는 그에게 잔소리하고 이는 다니엘이 우울해지도록 한다. 다니엘은 이 과정에서 수동적 수신자이며, 잔소리와는 관계가 없다. 이를 바탕으로 우리는 조한나가 잔소리하지 않도록 하여 다니엘이 우울해지지 않도록 하거나, 다니엘이 잔소리에 더 잘 대처하도록 할 수 있다.

그러나 여기에 문제가 있음을 알아차리기 바란다. 우리는 이 현상에 대한 다니엘의 관점만 보고 있다는 것이다. 만약 조한나가 치료실에 등장했다면, 대화는 아마도 이렇게 진행되었을 것이다.

치료자: 어떤 고민으로 치료실을 찾게 되셨나요?

조한나: 제 남편, 다니엘은 저에게 거리를 두고 관여하지 않아요.

치료자: 남편의 행동을 설명해 주실 수 있을까요?

조한나: 퇴근하고 바로 집에 안 오기도 하고, 집에 있을 때 자기 음악실에 들어가서 기타를 쳐요.

치료자: 남편이 관여하지 않을 때 당신은 어떤가요?

조한나: 아주 답답해요. 전 그가 가족에게 관여하길 바라고, 아이들과 연결되길 바라고, 저와 연결되길 바라요.

다니엘의 경험을 살펴보면, 조한나의 경험과는 사뭇 다른 이야기로 이어진다. 다니엘의 입장에서 **원인**은 그가 관여하게 하려는 조한나의 노력이었고, **결과**는 뒤로 물

그림 2-12 하나의 행동이 다음 행동을 발생시킴을 나타내는 원인과 결과의 선형적 관점

러나 거리를 두는 것이었다. 우리가 조한나의 행동의 이유를 '좋은'(그녀는 한 아버지를 그의 자녀들에게, 한 남편을 그의 아내에게 연결하려고 노력하는 것이다) 것이라고 볼 수 있지만, 다니엘은 그녀의 행동을 자신은 틀렸고 무언가 나쁜 짓을 하고 있다는 비난으로 경험하는 것이다: 본질적으로, 그에게 잔소리로 다가오는 것이다. 조한나의 입장에서, **원인**은 다니엘의 무관심이며, **결과**는 그가 관심을 가지게 하려는 그녀의 노력이다. 다니엘의 행동은 무관심으로 보인다. [그림 2-12]는 조한나와 다니엘의 선형적 관점의 경험을 나타낸다. 다니엘도 조한나도 선형적 관점에서는 둘 다 연결된, 계속해서 반복되는(순환성과 반복이라고 불리는) 악순환을 보지 못하고 있다. 그들은 그들 사이에 보이지 않는 연결이 있다는 것을 깨닫지 못하고 있다. 그 연결은 다니엘이 거리를 둘수록 조한나는 더욱 열심히 그가 관여하도록 노력하는 것이며, 다니엘이 관여하도록 조한나가 열심히 노력할수록 다니엘은 더욱 거리를 두게 된다.

만약 우리가 사람이 단순한 원인과 결과 과정으로 행동한다고 가정하는 선형적 관점을 사용한다면, 한 사람을 문제로 지목하기가 쉽다. 다니엘에게는 조한나가(최소한 그녀의 행동이) 문제라는 것이 명백하다. 조한나에게는 다니엘이 문제라는 것이 명백하다. 이것이 바로 가족들이 치료실을 찾을 때 보통 지목된 환자를 정해서 오는 이유이다. **지목된 환자**identified patient(IP)는 가족이 현재 겪는 어려움에 대한 원인으로 지목되는 사람이다. 우리는 이 사람을 희생양 또는 검은 양이라고도 부를 수 있다. 대부분의 가족은 검은 양을 한 마리씩 가지고 있다. 당신의 가족을 생각해 보라. 가족 안에서 누구든 가장 문제라고 여겨지는 사람으로 동의할 사람이 누구인가? 가족 안에 감옥이나 재활센터(아마도 어떤 종류의 물질 남용)에 간 적이 있는 사람이 있을 수 있고, 또는 잘살고 있더라도 가족 내의 다른 사람들만큼은 잘살지 못하는 사람이 있을 수 있다. 그렇다면 우리는 왜 이 사람이 '문제'인지 생각해 볼 필요가 있다. 대부분의 사람

그림 2-13　사람들이 서로에게 영향을 미치는 비선형적 관점

은 문제가 그들의 성격에서 기인한 무언가로부터 비롯된다고 가정한다. 그들은 항상 반항적이었고, 머리가 좋지 않았거나 그저 '나쁜 소식'이 되는 사람들이다. 그러나 이러한 모든 설명에서 빠진 것은 이 사람이 자라 온 또는 현재 경험하고 있는 맥락이 그들의 행동에 미치는 영향이다.

비선형적 인식론은 반복이라는 개념으로부터 작동한다. 재귀recursion는 모든 관계에 상호적인 영향이 있음을 의미한다([그림 2-13] 참조). 그러므로 우리는 지목된 환자의 개념을 버리고 상호작용에서 발생하고 있는 증상 또는 호소문제가 지속되도록 하는 일이 무엇인지를 살펴본다. 조한나가 다니엘에게 미치는 영향을 탐색할 때, 우리는 다니엘이 조한나에게 미치는 영향에도 주의를 기울여야 한다. 그녀의 행동은 진공상태에서 발생하지 않는다. 그 행동은 다니엘이 그녀에게 하는 행동을 포함한 흐름의 일부이다. 그리고 다니엘의 행동은 동일한 시퀀스의 일부로 발생한다.

우리가 반복에 주의를 기울일 때, 우리는 사람 B와의 관계 밖에서의 사람 A의 행동을 이해할 수 없다. 결론적으로 우리는 사람 A와의 관계 밖에서의 사람 B의 행동을 이해할 수 없다. 그러므로 우리는 조한나의 잔소리와 연결해서 다니엘의 행동을 이해할 필요가 있다. 그래서 치료에 여러 사람이 참여하는 것이 유용하다. 양쪽 모두가 그들의 경험을 설명할 때 이러한 상호연결성을 이해하기가 쉬울뿐더러 치료실에 여러 사람이 함께 있을 때 치료자는 이러한 상호작용이 발생하는 장면을 실제로 목격할 기회를 얻게 된다.

그러나 체계 내 하나의 변화는 체계 전체의 변화로 이어질 것이기 때문에 우리는 치료실에 오는 한 명의 내담자만으로도 여전히 이러한 개념들을 적용해 볼 수 있다. 그 이유는 사람들은 패턴에 의해 상호작용하기 때문이다. 만약 한 사람이 그의 행동 패턴을 변화하면 체계에 새로운 패턴이 생겨날 가능성이 높다. 동시에 우리는 한 구성원의 행동 변화가 쉽지 않다는 것 또한 알고 있다. 바츨라빅Watzlawick과 동료들 (1974)에 따르면 "한 구성원은 변화를 일으키지 않으면서 행동할 수 있다"(p. 5). 다니엘과 조한나는 의도했든 하지 않았든 서로를 변화시키려고 행동했으나 그 행동은 변화를 일으키기에는 효과적이지 않았을 수 있다.

재귀는 순환성의 개념으로 살펴볼 수도 있다. 우리는 이러한 용어들을 상호 대체하여 사용할 수 있다. 우리는 원점으로 돌아가지 않는 반복 또는 순환성의 개념으로 생각함으로써 선형 방향성의 개념을 뛰어넘는다. 그러나 누군가 원점이라고 주장하는 것이 임의적 구분점이라는 것을 기억하는 것이 좋다. 이에 대하여 우리는 제4장에서 끊어 읽기punctuation[4]의 관점에서 더 논의할 것이다. [그림 2-14]는 다니엘과 조한나에게 발생하고 있는 일을 순환적 관점에서 제시하고 있다. 이 그림에서 보는 바와 같이 여기에는 원점이나 끝나는 지점이 없다. 우리는 다니엘이 먼저 거리를 두어 조한나가 잔소리하게 했는지, 조한나가 잔소리해서 다니엘이 거리를 두게 되었는지 알 수 없다. 우리가 아는 것은 다니엘과 조한나가 서로에게 영향을 주고받는 패턴을 형성하고 있다는 것이다.

여기서 거리두기와 잔소리하기는 불가분하게 서로 연결되어 있다. 다니엘의 거리두기는 조한나의 잔소리와 연결되지 않고는 발생하지 않는다. 그리고 조한나의 잔소리는 다니엘의 거리두기와 연결되지 않고는 발생하지 않는다. 각 사람은 그 또는 그녀 자신의 행동에 따라 다른 사람에게 영향을 준다. 이러한 과정의 순환성을 볼 때 단일한 원인 또는 결과는 없다. 우리는 잔소리든 거리두기든 무엇이 먼저 발생했는지

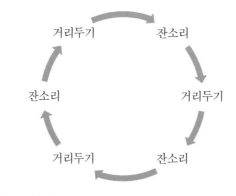

그림 2-14 시작점이 없는 상호 영향의 순환적 과정

---

4 역자 주: 원문에서 'punctuation'이라는 표현을 사용했는데 이는 일반적으로 '구두법'으로 번역되나, 가족치료에서는 '끊어 읽기'의 개념으로 사용된다. 끊어 읽기는 일련의 사건을 서로 연관된 선형 관계(한 사건이 다른 하나의 사건을 발생시키는 관계)로 재개념화하여 결국 서로가 서로에게 순환적으로 연결되어 영향을 미치는 관계임을 나타내는 방식이다.

모른다. 우리가 아는 것은 둘이 이 과정 가운데 서로 연결되어 있다는 것이다. 이 경우 다니엘과 조한나가 상호작용의 시퀀스를 문제적으로 여김에 따라 우리는 이것을 악순환이라고 부른다.

♥ 이중 설명

우리가 본 바와 같이, 두 사람은 세상을 매우 다르게 볼 수 있다. 우리는 '그의 관점, 그녀의 관점, 그리고 진실이 있다'는 오래된 격언을 알고 있다. 그러나 사이버네틱스 지지자들cyberneticians은 이를 약간 다르게 본다. 그들은 오히려 두 관점이 합쳐졌을 때 더욱 풍성한 깊이를 더해 줄 것이라고 보는데, 이를 **이중 설명**double description(Bateson, 1979)이라고 한다. 또는 양안적 시각binocular vision이라고도 한다([그림 2-15] 참조).

이중 설명은 관계를 볼 수 있도록 돕는다. 키니(Keeney, 1983)가 설명한 것과 같이, "관찰자에게 이는 끊어 읽기의 동시적 결합이 모든 관계의 단면을 나타내는 것을 의미한다"(p. 37). 다니엘과 조한나의 사례로 돌아가서, 만약 우리가 현 상황에 대하여 다니엘의 말만 듣는다면 단안적monocular 관점만 갖게 된다. 이와 같은 제약적 관점은 조한나가 잔소리하고 다니엘이 거리를 둔다는 의미이다. 이러한 관점의 문제는 우리가 잔소리를 조한나의 내면적 특성, 즉 조한나는 잔소리꾼이라고 여기게 한다는 것이다. 그러나 잔소리/거리두기와 거리두기/잔소리의 양안적 시각은 관계의 상호보완성을 볼 수 있도록 한다. 체계 내 두 번째 구성원이 치료실에 등장하지 않을 경우, 순환적 사고로 단안적 관점에서만 제시된 이야기에도 더 깊은 이야기가 있을 수 있다는 사실을 알아채는 것은 치료자의 책임이 될 것이다.

이중 설명은 내담자들에게 무슨 일이 발생하고 있는지를 이해하는 데 유용할 뿐만

그림 2-15 이중 설명은 관계와 패턴에 대한 이해로 이어진다. 두 개의 다른 관점은 상호연결성을 볼 수 있는 가능성을 제공한다.

아니라 내담자와 치료자 사이에 무슨 일이 발생하고 있는지를 이해하는 데에도 도움이 된다. 이는 이중 설명이 패턴과 관계를 볼 수 있게 돕기 때문이다(Keeney, 1983). 만약 우리가 치료자의 관점만 활용한다면 불완전한 관점을 갖게 될 가능성이 높고, 우리는 내담자를 '그는 저항하고 있다' 또는 '그는 우울해서 나에게 반응하지 않고 있다' 등으로 간주해 버릴 수 있다. 치료적 과정을 더 잘 이해하는 것은 양안적 시각, 즉 이중 설명을 할 수 있는 것이다.

🎗 성찰을 위한 질문

1. 한 가지 물건의 이름을 말해 보라. 그 물건은 어떤 범주에 속하는가? 그 범주는 또 어떤 범주에 속하는가?(예: 이 책의 페이지, 책, 미디어 예시)

2. 함께 작업했던 내담자 한 명을 떠올려 보라. 그 내담자는 어떻게 하나의 범주에 속하는 구성원이 될 수 있는가? 그 범주는 어떻게 더 큰 범주의 구성원이 되는가?

3. 가족을 항상성에 기반을 두고 기능한다고 보는 것의 중요성은 무엇인가? 이러한 사실이 당신이 치료실에서 무엇을 하는지에 어떤 영향을 미치는가? 당신이 사용하는 개입에는 어떤 영향을 미치는가?

4. 잔소리와 거리두기를 하는 배우자들은 재귀의 대표적인 예시이다. 서로가 서로에게 영향을 미치는 다른 몇 가지 일반적인 예를 떠올릴 수 있는가?

5. 정적 및 부적 피드백의 다른 예로는 어떤 것들이 있는가?

제3장

사이버네틱스 치료 실제

💟 사례 설명

이 장에서도 여러분이 제1장과 제2장에서 만났던 우리의 내담자 다니엘과 함께할 것이다. 다니엘은 우울과 분노의 기분을 느껴 치료실에 왔다. 앞서 논의한 바와 같이 다니엘의 기분은 단독적으로 발생한 것이 아니라, 주로 그의 아내 조한나와 같은 대인관계와 그가 위치한 곳에 존재하는 지배적인 문화적 이념(즉, 젠더와 결혼에 대한 서구의 이상향) 등 그가 속한 다양한 맥락과 긴밀하게 연결되어 있다. 제1장과 제2장에서 우리는 체계이론의 몇 가지 초기 개념들을 소개한 바 있는데, 더 구체적으로 다니엘의 행동이 어떻게 조한나의 행동과 연결되어 있는지를 보여 주는 사이버네틱스를 소개하였다. 그러나 한 사람을 그가 속한 여러 상호연결성으로부터 분리해 내는 것은 매우 어렵다는 것을 명심하기 바란다. 다니엘의 경우, 그의 행동이 조한나와의 관계에만 근거한다고 이해하기는 어렵다. 더 가능성이 큰 것은 그의 행동이 그의 아내, 자녀, 부모, 직장, 친구, 문화, 젠더 등과의 연결 가운데 존재하여 서로 겹치는 맥락이

* Michael D. Reiter, Clinton Lambert

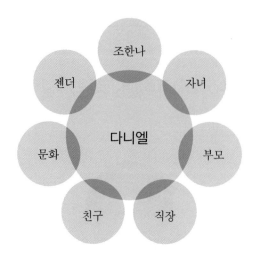

그림 3-1 다니엘과 그의 삶에서 다양한 영향력이 있는 몇 가지 맥락과의 상호연결성

있다는 것이다([그림 3-1] 참조).

이 장에서 우리는 이해의 폭을 계속해서 확장하여 치료자는 이러한 사이버네틱스 기반 개념을 활용하여 변화를 실행할 수 있다.

♥ 안정성과 변화

우리는 사람들 사이에 발생하는 역동에 초점을 맞추며 사이버네틱스에 대한 지속적인 탐색을 시작한다. 이전 장에서 우리는 어떻게 두 명(또는 그 이상)의 사람들이 상호 연결되어 있고 어떻게 순환성과 재귀 과정을 통해 서로에게 영향을 미치는지 탐색해 보았다([그림 3-2] 참조). 이러한 순환성은 항상성 수준을 확립하도록 유도한다. 이러한 항상성에는 안정성과 변화 사이의 상보성이 있다. 사이버네틱 치료자들은 변화

그림 3-2 치료적 변화는 하나의 역동에서 다른 하나의 역동으로 가는 안정성/변화의 움직임이며, 두 가지 작업 모두 포함한다.

가 안정성을 포함하며, 안정성도 변화를 포함한다는 것을 이해한다. 그러므로 치료자가 하는 모든 개입은 오직 변화에만 초점을 맞추거나 오직 안정성에만 초점을 맞추는 것이 아니다. 오히려 치료적 변화는 안정성/변화 역동의 변화라고 할 수 있다(Keeney & Ross, 1985).

사이버네틱 치료자들은 체계를 한 수준의 항상성(안정성과 변화를 포함한)에서 두 번째 수준의 항상성으로 변화하는 개입을 한다. 이 두 번째 항상성 수준은 체계의 구성원들이 원하는 방식의 삶에 더 근접한 것이라고 할 수 있다. 이러한 치료적 변화 과정을 살펴보면 개입은 의미 있는 소음meaningful noise의 개념으로 논의될 수 있다(Keeney & Ross, 1985). 이 '소음'은 체계에 새롭거나 다른 것이며, 동시에 구성원들에게 의미를 지니는 것이다.

이러한 사고방식으로 마티네즈 가족과 작업을 하면, 치료자는 그들의 현재 기능에서 다양한 측면의 유지를 염두에 둘 것이다. 치료는 현재 상태를 점검하는 것이라기보다 특정 영역에서의 변화일 수 있다. 그들의 삶 중 어느 영역에서 안정성을 원하고 어느 영역에서 변화를 원하는지는 치료자가 정해 주는 것이 아니라 가족이 정해야 하는 것이다.

우리는 이 장에서 상보성의 한 측면, 주로 변화에 초점을 맞추게 될 수도 있는데 이러한 상보성의 다른 한 측면이 여전히 작동하고 있다는 것을 기억해 주기 바란다. 이제 우리는 어떻게 대인관계가 서로 연결되어 있고 안정적인 과정을 형성하도록 기능하는지에 초점을 맞추어 탐색하고자 한다.

♥ 행동

사이버네틱스 렌즈를 사용하면 사람들의 내부 작동을 보는 것에서 대인관계를 보는 것으로 전환된다. 이러한 변화는 정신 내면과 무의식적 과정을 이해하려는 정신역동적 접근 등으로부터 훨씬 더 관찰이 쉬운 행동, 주로 사람들 사이에 일어나는 행동으로 옮겨 간다고 볼 수 있다. 또한 사이버네틱스 관점에서 작업하는 치료자들은 일반적으로 과거보다는 현재에 더 초점을 둔다. 이는 내담자(그리고 내담자들)의 현재 행동 또는 이러한 행동에 대한 언어적 명명이 바로 문제를 유지하도록 하는 것이기 때문이다(Weakland, Fisch, Watzlawich, & Bodin, 1974). 그러므로 여기에는 '무엇'과 '어떻게'에 초점이 더 맞추어져 있고 '왜'는 덜 강조된다. 이는 치료를 통찰보다는 행동에 집중하도록 한다.

증상으로 간주되는 행동은 체계의 구성에서 중요한 역할을 한다. 즉, 증상이 있다는 것에는 단점도 있지만 장점도 있다. 이것은 모순적으로 보일 수 있지만 더욱 자세히 살펴보면 증상 행동에는 일반적으로 약간의 보상이 있는데, 이는 보통 관계를 통제하고 유지하는 영역에서 나타난다(Weakland et al., 1974). 그러므로 증상을 나타내는 지목된 환자IP는 여러 면에서 체계가 기능하는 방식에 많은 영향을 미치는 것으로 볼 수 있다(Reiter, 2016a). 이는 특히 체계의 한 구성원이 과소기능을 할 때 해당되는데, 이러한 현상은 체계 내의 다른 한 명 또는 그 이상의 구성원들이 과대기능을 하도록 요구하게 된다. 그러면 증상은 병리학적인 것이 아니라, 증상의 순서에 포함된 이들의 행동을 유지시키는 의사소통의 수단으로 볼 수 있다(Ray & Simms, 2016).

마티네즈 가족을 보면, 다니엘의 우울증과 분노는 가족의 기능을 변화시키는데, 이는 다른 가족 구성원들이 그의 '문제' 행동에 적응하면서 발생하게 된다. 그는 일방적인 통제권을 가지고 있지는 않지만, 그의 행동은 영향력이 있다. 그리고 이러한 영향력은 조한나와 그들의 두 자녀에게도 존재한다. 각 사람은 자신에게 논리적이며 상황에 대한 올바른 대응이라고 여겨지는 방식으로 행동하고 있다. 따라서 그들에게 무언가 다르게 하라고 말하는 것은 가장 효과적인 치료 전략이 아닐 수도 있다. 대신, 치료자는 보다 간접적인 행동 변화에 대한 지침을 제공할 수 있다(Weakland et al., 1974). 마티네즈 가족의 치료자는 다른 행동을 요구하기보다는 제안할 수 있다. 예를 들어,

이게 여러분 모두에게 이해가 될지 또는 유용할지 모르겠지만, 다음번에 당신이 우울함을 느끼기 시작할 때 집을 떠나기보다 그 사실을 알리면 어떤 일이 벌어질지 살펴보는 것도 흥미로울 것 같습니다.

💡 지식 적용하기

방금 읽었던 바와 같이 증상/문제는 맥락 안에서 이해될 수 있고, 장점과 단점을 모두 가지고 있다. 당신이 최근 겪은 문제 한 가지를 떠올려 보라. 당신은 아마도 그 문제를 경험하면서 겪게 된 많은 단점을 나열할 수 있을 것이다. 그러나 장점은 어떠한가? 하나의 증상/문제에 대하여 각각 세 가지 장점과 단점을 나열해 보자. 이러한 장점/단점들이 대인관계에 기반을 두었는지 확인하도록 하자.

문제 1

장점 1:

장점 2:

장점 3:

단점 1:

단점 2:

단점 3:

문제 2

장점 1:

장점 2:

장점 3:

단점 1:

단점 2:

단점 3:

문제 3

장점 1:

장점 2:

장점 3:

단점 1:

단점 2:

단점 3:

사이버네틱스 기반 치료자는 내담자가 변화에 대한 요구가 이루어졌다는 사실을 미처 인식하지 못한 상태에서 행동적인 개입을 할 수 있다([그림 3-3] 참조). 예를 들어, 내담자에게 계속해서 그 문제를 경험하도록 하되, 그때 어디에 있었는지, 무엇을 하고 있었는지 그리고/또는 그 문제 행동이 발생했을 때 무슨 생각을 하고 있었는지를 기록하도록 하는 것은 안정성과 변화를 모두 존중하는 방식이다. 이러한 개입으로 아무런 변화도 요구되지 않는 것처럼 보일 수 있지만(즉, '문제를 멈추거나 줄이기 위해 어떤 다른 것도 하지 않을 것'), 언제, 어디서, 어떻게 또는 누구와 있을 때 문제가 발생했는지를 기록하는 것은 무언가 다르게 하는 것이다(이것은 변화라 할 수 있음). 본질적으로 이러한 개입은 안정성에 초점을 두는 것처럼 보이는 동시에 문제 패턴을 방해한다. 다니엘의 경우, 이러한 개입을 다음과 같이 제시할 수 있다.

> 다니엘, 당신이 우울함을 느낄 때 어떤 일이 일어나고 있는지 더 잘 이해할 수 있도록 다른 일을 하려고 하지 않으면 좋겠어요. 기분을 더 나아지게 하려고 하지 마세요. 대신 우울한 느낌이 들 때마다 그냥 일기장에 기록하세요. 어디에 계셨나요? 몇 시였나요? 누구와 함께 있었나요? 그 느낌은 얼마나 지속되었나요? 이렇게 하면 우리가 다음에 만날 때 더 명확한 정보를 가지고 작업할 수 있습니다.

그러나 치료자가 이러한 정보를 수집하는 과정에서, 기록하는 작업을 통해 다니엘은 문제의 시퀀스에 한 단계를 더 추가하게 된다. 이는 그가 증상을 다르게 경험하게 할 수 있다.

💡 지식 적용하기

이전 '지식 적용하기'에 적었던 문제 중 한 가지를 떠올려 보라. 문제에 대해 아무것도 다르게 하지 않고, 그저 문제가 발생했을 때 언제, 어디서, 얼마 동안, 그리고 누구와 함께 있었는지를 기록해 보라. 이러한 활동을 일주일 동안 해 본 후 문제에 대한 경험에 변화가 있는지 살펴보라. 기록하는 작업이 당신의 문제에 대한 반응을 어떻게 변화시켰는가? 이전에 이해하던 것과 비교하여 현재 발견하게 된 다른 점은 무엇인가?

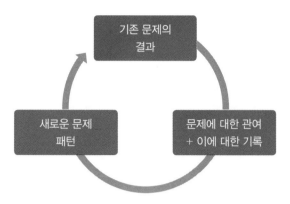

그림 3-3 내담자에게 계속해서 문제를 경험하도록 하여 안정성이 유지되고, 문제 발생에 대해 기록하는 것을 통해 변화가 소개된다.

대부분의 치료자는 내담자들이 변화를 원한다고 말하면서 치료실에 찾아온다는 것을 알고 있다. 아마도 이 변화는 다른 사람에게 있거나(즉, '조한나가 나를 놓아주면 좋겠다' 또는 '다니엘은 이 가족에 더 관여해야 해'), 상황(즉, '돈만 더 있었다면 이 일을 더 잘 처리할 수 있었을 텐데') 또는 자신(즉, '난 더 이상 우울해하고 싶지 않아' 또는 '나는 더 행복해지고 싶어')에게 있다. 그러나 사이버네틱스 기반 치료자들은 변화에 관한 이야기가 변화가 아니라는 것을 알고 있다([그림 3-4] 참조). 이 두 가지는 다른 논리적 수준에 있다. 하나('나는 변화하고 싶다')는 다른 하나(변화하는 것)의 하위 집합이다. 따라서 치료자는 내담자가 변화를 원한다고 말하게 하는 것 이상의 일을 해야 한다. 그들은 반드시 변화를 일으켜야 한다.

변화를 살펴볼 때 가장 먼저 시작할 수 있는 것은 대인관계 규칙을 살펴보는 것이다.

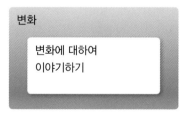

그림 3-4 '변화'는 '변화에 대하여 이야기하기'보다 논리적 수준에서 상위에 있다.

♥ 규칙

규칙은 제약을 이해하는 실용적인 방법이다. 사이버네틱스 사고는 어떤 일이 왜 일어났는지보다는 왜 다른 일이 일어나지 않았는지 살펴보기를 선호한다. '왜 그 대신 다른 일을 하지 않았을까?'라는 질문에 답하는 한 가지 방법은 가족의 규칙에서 찾을 수 있다. 이러한 규칙은 왜 일련의 행동이 특정 맥락에서 발생하고 또 다른 일련의 행동은 다른 맥락에서 발생하는지를 설명할 수 있다. 각 맥락에는 행동을 제약하는 고유한 방식이 있다.

여러분이 살면서 여러 번 경험했을 법한 몇 가지 상황을 살펴보자. 먼저 가족 저녁 식사부터 시작해 보도록 하겠다. 몇 가지 질문은 가족 저녁 식사의 제약을 이해하는 데 도움이 될 수 있다. 누가 저녁 식사의 요리, 상 차리기, 설거지 등의 영역에 참여할 수 있는지 없는지에 대한 젠더와 관련된 문화적 규칙은 무엇인가? 저녁 식사 자리에서 어떤 대화 주제가 허용되고 허용되지 않는가? 누가 먼저 식사를 할 수 있는가? 누군가 음식에 접근할 다른 수준의 권한을 가진 사람이 있는가?

제약이 있는 또 다른 상황의 예로는 학교를 들 수 있다. 누가 언제 누구에게 무엇을 말할 수 있는지에 대한 젠더와 관련된 문화적 규칙은 무엇인가? 학생이 교사에게 해도 되는 말과 하면 안 되는 말은 무엇인가? 교사는 학생에게 어떠한가? 교사가 학부모에게는 어떠한가? 교사와 학생 사이에 허용되지 않는 신체적 접촉은 무엇인가? 교사와 학생 사이의 접촉에 있어 연령과 젠더는 어떤 역할을 하는가? 학생과 학생 사이에는 어떠한가?

우리는 또한 식당에서의 규칙도 살펴볼 수 있다. 복장은 어떻게 해야 하는가? 식당 직원과 고객 사이에 허용되거나 허용되지 않는 의사소통 유형은 무엇인가? 고객은 식사에 대한 만족감이나 불만족감을 어떻게 표현할 수 있는가? 고객이 식사를 맞춤화하는 데 얼마만큼의 영향력을 미칠 수 있는가? 고객이 특별한 요청을 할 수 있는가? 이 모든 질문에 대한 답은 상황에 따라 다르다. 어떤 식당은 특별한 요청을 허용하는 반면, 다른 식당은 모든 요리는 지정된 대로만 제공된다고 메뉴에 명시하기도 한다.

방금 설명한 바와 같이, 사람들은 상호작용 규칙과 해당 상호작용이 발생하는 맥락에 따라 행동한다. 우리는 때때로 규칙이 우리의 행동에 영향을 미친다는 것을 이해할 수 있지만(예: 도서관에서는 조용히 이야기해야 한다는 것), 다른 사람의 행동 원인을 상황의 규칙보다는 그 사람의 타고난 성격으로 인식하는 경향이 있다. 자신의 행동과 다른 사람의 행동에 대해 잠시 생각해 보자. 우리는 우리가 행위자actor이든 인식하는 자perceiver이든 같은 행동에 대해 다른 원인을 제공하는 경향이 있다. 이는 사회심리학에서 기본적 귀인 오류fundamental attribution error(FAE)라고 부르는 것에 기반을 두고 있다. 사람들은 행동의 원인을 상황(외적 속성)이 아닌 상대방의 성격(내적 속성)으로 잘못 설명할 때 이와 같은 오류를 범한다. 우리는 자신의 행동을 바라볼 때 내부보다는 외부의 조건에 집중한다. 예를 들어, 어떤 사람이 연설을 하는데 매우 긴장한 상태라면 우리는 그 사람을 불안한 사람이라고 설명할 수 있다. 그러나 우리가 연설을 할 때 불안을 느끼게 된다면 우리는 많은 청중이 쳐다보고 있는 상황이 불안을 느끼게 한다고 이해한다.

그렇다면 기본적 귀인 오류는 규칙과 어떤 연관이 있는가? 우리가 원인을 사람의 내적 속성으로 잘못 돌린다면 그것은 우리가 상황과 사람들의 행동에 영향을 미치는 규칙을 놓치고 있기 때문이다. 우리 자신을 행위자로 볼 때, 우리는 상황과 우리가 따르고 있는 규칙의 역동성을 더욱 명확히 인식하게 된다. 이에 대해 조금 더 자세히 살펴보자. 다음의 두 가지 상황, 즉 도서관에 있을 때와 술집에 있을 때 당신의 행동에 대해 생각해 보자. 행동이 어떻게 달라지는가? 아마도 도서관에 있을 때 당신은 더 내성적인 태도로 행동하고 목소리를 낮추고, 웃지 않고, 매우 침착하며, 옆에 앉은 사람에게 시시덕거리지 않을 가능성이 높다. 반대로, 술집에서 당신은 아마도 큰 소리로 말하고(흘러나오는 음악과 다른 대화들과 경쟁하며), 옆자리에 앉은 사람과 시시덕거리며 사적인 대화를 나눌 것이다. 같은 사람인데 왜 그렇게 다르게 행동할까? 그것은 상황의 규칙이 당신에게 다른 행동을 요구하기 때문이다. 다시 말해 당신의 행동에는 각 상황 속에서 다른 행동들보다 특정 행동을 더 쉽게 하는 각기 다른 상황에 따른 제약이 있다는 것이다([그림 3-5] 참조).

자신이 처한 아무 상황이나 떠올려 보고, 그 상황의 규칙이 무엇인지 생각해 보자. 거기에는 행동 규칙(즉, 줄을 서거나 초록 불이 켜질 때까지 기다리기)과 상호작용 규칙(즉, 허용되는 소리의 크기, 허용되는 대화 내용)이 있다. 우리는 일반적으로 자신의 행동이 얼마나 규칙에 기반을 두고 있는지 다른 상황에 처해 볼 때까지는 잘 알지 못한다.

예를 들어, 증인과 판사 사이에는 뚜렷한 상호작용 규칙이 있다. 만약 당신이 법정에 증인으로 출석했다면, 판사의 지시가 있을 때까지 발언해서는 안 되고, 사적인 질문을 해서도 안 되며, '네, 재판장님'과 같은 대답으로 존중을 표시해야 한다는 것을 알고 있을 것이다. 이러한 행동이 당신의 일반적인 행동 방식이 아니라면, 당신은 법정 상황의 규칙 때문에 판사에게 이러한 방식으로 관여하고 있는 것이다.

　가족 또한 서로 어떻게 상호작용할 수 있고 어떻게 상호작용해야 하는지에 대한 규칙을 가지고 있다. 많은 경우 우리는 이러한 규칙에 대해 생각하지 않는데, 이는 가족 내에 너무 뿌리 깊게 자리 잡고 있어서 그 상태가 자연스러운 것처럼 느껴지기 때문이다. 그러나 이러한 규칙은 오랜 기간 동안 발생해 왔으며 한 가족을 다른 가족과 구분한다. 잭슨(Jackson, 1965)은 "가족 간 상호작용의 관찰은 가족을 초개인적 실체로서 특징짓는 특정한 중복성, 전형적이고 반복적인 상호작용 패턴을 명백하게 한다"(p. 590)고 하였다. 이러한 패턴은 사람들이 어떻게 행동해야 하는지에 대한 규칙이 없고 가족 구성원이 이러한 규칙을 준수하지 않으면 존재할 수 없다. 규칙 중 일부는 우리에게 매우 명확하지만(명시적 규칙) 다른 규칙은 우리가 인식하지 못한 채로 영향을 미친다(암묵적 규칙). 우리는 이러한 각 형태의 규칙에 대하여 조금 더 자세히 살펴볼 것이다.

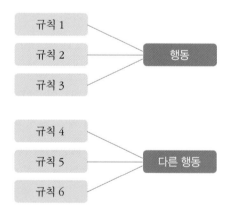

그림 3-5 다양한 규칙은 특정 행동을 제약하고 다른 행동의 가능성을 증가시킨다.

💡 지식 적용하기

여러분의 행동은 상황의 규칙과 불가분의 관계에 있다. 세 가지 다른 상황적 맥락을 떠올려 보고 내 행동을 이끄는 규칙이 무엇인지 생각해 보라. 이러한 세 가지 상황에서 어떻게 행동하는지에 따라 당신의 내면을 어떻게 다르게 볼 것인가? 어떻게 당신이 아닌, 다른 사람들이 기본적 귀인 오류를 범하고 있을 수 있는가?

상황 1

규칙 1:

규칙 2:

규칙 3:

기타 기본적 귀인 오류:

상황 2

규칙 1:

규칙 2:

규칙 3:

기타 기본적 귀인 오류:

상황 3

규칙 1:

규칙 2:

규칙 3:

기타 기본적 귀인 오류:

💗 명시적 규칙

모든 사람은 자신의 행동을 제약하는 수천 가지의 규칙을 경험한다. 거기에는 명시적 규칙overt rules이 많이 있는데 이는 알려져 있고 직접적인 것들이다. 운전할 때 마주치는 모든 표지판은 명시적 규칙이다. 특정 구역에 주차할 수 없는 규칙, 운전 속도,

특정 차선에서 운전하려면 차에 몇 명이 타야 하는지, 또는 어느 방향으로 갈 수 있는 지 알려 주는 표지판 등이 있다. 가족 중에 누구도 욕을 해서는 안 된다는 규칙이 있 을 수 있고, 연장자에게 '네, 선생님yes, sir' 또는 '네, 부인yes, ma'am'으로 대답해야 하며 저녁 식사 시간에는 반드시 집에 돌아와 다른 가족들과 함께 식탁에 앉아 식사를 해 야 한다는 규칙이 있을 수 있다. 명시적 규칙은 드러나게 제시되기 때문에 따르기가 매우 쉽다.

마티네즈 가족의 명시적 규칙 중 일부는 조한나가 아이들의 주 양육자라는 것, 다 니엘이 가족 중 그의 어머니와 주로 소통하는 사람이라는 것, 그리고 남편과 아내는 집안의 권위자라는 것이다. 이러한 명시적 규칙이 있으면 각 구성원이 마티네즈 가 족의 일원이 되는 방식에 있어 자신과 타인의 기대에 부합하는 방식으로 기능하는 데 도움이 되며, 이는 그들의 항상성을 유지한다. 많은 치료자는 내담자가 자신의 명시 적 규칙이 무엇이며 사람들이 그 규칙을 어떻게 준수할 수 있는지를 명확히 하도록 돕는다(그들이 여전히 그 규칙을 원한다면 말이다). 이는 가족의 발달 단계에 따라 일부 규칙은 오래된 것이 되어 버리기 때문이다. 예를 들어, 명시적 규칙은 자녀가 집을 나 가려면 반드시 허락받아야 한다는 것일 수 있다. 이 규칙은 자녀가 아주 어렸을 때는 매우 유용했을 수 있지만 자녀가 성인이 되었을 때는 개인의 기능을 방해할 수 있다. 가족생활주기에 대한 자세한 내용은 제4장에서 더 다루도록 하겠다.

또한 우리는 사람들이 상호작용할 때 명시적 규칙을 만들도록 돕기도 하는데, 특 히 사람들이 서로 문제가 있다고 생각하는 방식으로 싸우고 갈등을 겪을 때 그렇다. 다니엘, 조한나와 작업하는 치료자는 싸움의 규칙에 초점을 맞추어 그들을 도울 수도 있다. 현재 그들은 서로 명시적 갈등을 피하고 있는 것으로 보인다. 더불어 그들의 의 견 차이는 해결되지 않은 채 계속 발생하는 것으로 보인다. 한 가지 가능성은 드세이 저de Shazer가 개발한 **구조화된 싸움 과제**structured fight task를 사용하는 것일 수 있다(1985, p. 122). 이 기법은 다음과 같다.

① 동전을 던져 누가 먼저 할지 결정한다.
② 이긴 사람은 10분 동안 쉬지 않고 욕을 할 수 있다.
③ 다음 사람이 10분간 욕하는 시간을 갖는다.
④ 다음에 동전을 던져 한 번 더 시작하기 전에 10분의 침묵 시간을 가져야 한다.

이 기술은 부부가 명시적 규칙에 따라 논쟁을 하도록 도와준다. 그러면 명시적 규칙이 없는 현재 싸움의 패턴을 방해할 수 있다. 이러한 방해는 새로운 방식으로 서로를 대하는 패턴이 되도록 할 수 있다. 모든 상호작용 파트너와 가족에게는 명시적 규칙이 있지만 상호작용의 기능에 더 큰 영향을 미치는 것은 암묵적 규칙covert rules일 수 있다.

🎖️ 주요 인물

돈 잭슨Don D, Jackson

돈 잭슨은 1920년 1월 28일에 태어났다. 잭슨은 스탠퍼드 대학교에서 의학 학위를 받았고 정신과 의사가 되었다. 1947년부터 1951년까지 그는 가장 영향력 있는 정신과 의사 중 한 명인 해리 스택 설리번Harry Stack Sullivan과 함께 공부했다.

1953년에 그레고리 베이트슨은 잭슨을 자신의 의사소통 연구 프로젝트에 영입했다. 이 그룹은 조현병의 역설적 의사소통에 대하여 연구하고 있었다. 기존 팀원 중 임상 훈련을 받은 사람이 없었기 때문에 잭슨은 정신과 의사로서 조현병 환자들과 작업했던 경험을 공유했다. 이 그룹은 1956년 가족치료 역사상 가장 영향력 있는 논문인 「조현병 이론을 향하여」를 집필하였는데, 여기서 이중구속이라는 개념을 소개하게 된다.

1958년 잭슨은 교육, 연구, 외래환자 시설을 위한 기관으로 설계된 정신연구소Mental Research Institute(MRI)의 설립자이자 초대 소장이었다. MRI 내에서 단기치료센터는 딕 피쉬Dick Fisch, 존 위클랜드John Weakland 그리고 폴 바츨라빅Paul Watzlawick에 의해 개발되었다. 단기치료센터에서 활용된 모델은 심리치료의 단기모델 중 최초의 모델 중 하나인데, 이는 전략적 가족치료, 밀란 체계적 가족치료, 그리고 해결중심단기치료 등 다른 치료 모델의 기초가 되었다.

잭슨은 제이 헤일리Jay Haley와 나단 애커먼Nathan Ackerman과 함께 『가족과정Family Process』이라는 학술지를 창간했다. 잭슨은 단기치료, 상호작용 치료 및 부부가족치료의 개발에서 가장 중요한 인물 중 한 명이다. 그의 1957년 논문 「가족 항상성의 질문The Question of Family Homeostasis」은 가족치료의 기초 논문 중 하나로 여겨져 왔다. 그는 짧은 커리어 기간 동안 상당수의 논문과 책을 저술했다. 그의 가장 영향력 있는 저서 중 하나는 『인간 의사소통의 실용학Prgamatics of Human Communication』인데(Watzlawick et al., 1967), 이는 원래 베이트슨 프로젝트Bateson project에서 개발된 많은 의사소통 아이디어를 강조했다.

돈 잭슨은 1968년 1월 29일 48세의 나이로 사망했다.

💡 암묵적 규칙

암묵적 규칙covert rules은 공식적으로 명시되지 않은 행동에 영향을 미치는 규칙이다 ([그림 3-6] 참조). 이러한 암묵적 규칙은 상호작용 관찰을 통하여 발견된다. 운전과 관련된 규칙을 다시 살펴보면, 운전할 때 다른 운전자들과 어떻게 상호작용해야 하는지에 대한 암묵적 규칙이 있다. 예를 들어, 누군가 차선을 양보하면 손을 들거나 흔드는 것, 밤에 누군가의 전조등이 켜져 있지 않을 때 나의 전조등을 깜박이는 것 등이다.

암묵적 규칙은 가족의 위계와 구조에 영향을 미칠 수 있다. 알코올 중독과 싸우고 있는 가족의 경우, 알코올 중독자가 취했을 때 피한다거나, 음주에 대한 이야기는 곧 싸움으로 번지기 때문에 이에 대한 언급을 하지 않는 법을 배우게 된다. 그러나 그들은 이렇게 반응해야 한다는 내용의 대화를 나눈 적은 없다.

우리의 사례에 나온 가족의 경우, 무언가 원하는 것이 있을 때 아빠는 더 엄격하니까 아빠보다는 엄마에게 가는 것이 낫다는 것을 자녀들인 미란다와 조나단에게 아무도 말해 줄 필요가 없었다. 이러한 암묵적 규칙들은 시행착오를 통해 배우게 되는 것이다. 마티네즈 가족 중 누구도 이러한 규칙을 가족기능 방식에 대한 지침서에 기록해 두지 않았을 것이다. 그러나 이러한 암묵적 규칙은 구성원들이 서로 행동하고 반응하는 방식에 중요한 역할을 한다. 다니엘은 조한나가 아이들에게 소리를 지르기 시작하면 멀리 떨어져 있어야 한다는 것을 알고 있는데, 이는 과거에 그녀가 아이들에게 소리를 지를 때 다가갔더니 자신에게도 소리를 지른 적이 있었기 때문이다.

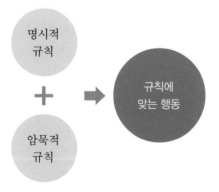

그림 3-6 명시적 규칙과 암묵적 규칙 모두 행동을 제한한다.

가족 규칙을 변경하는 한 가지 전술은 암묵적 규칙을 명시적 규칙으로 만드는 것이다(Watzlawick et al., 1974). 치료자들은 종종 규칙을 명시적으로 만들기 위해 역설적이고 때로는 환상적인 개입과 전술을 생각해 냈다. 예를 들어, 마티네즈 가족의 경우 치료자는 자녀들이 질문이 있거나 요청할 것이 있을 때 언제든 다니엘 대신 조한나에게 가야 한다는 행동 처방을 내릴 수 있다. 그들의 암묵적 규칙을 명시적으로 함으로써 가족 구성원은 이 규칙을 변경하기로 결정할 수 있다.

그러나 암묵적 가족 규칙을 설명하고 질문하는 것만으로도 가족 규칙이 드러날 수 있다. 바츨라빅와 동료들(Watzlawick et al., 1974)은 '게임'이 명백해지면, 맹목적으로 게임을 지속하는 것이 불가능해진다(p. 123)고 하였다. 치료자들은 종종 '암묵적인 것을 명시적으로 만들기' 전술과 재구조화를 결합하는데 이는 치료자들이 종종 규칙을 명시적 방식으로 처음 설명하는 사람이기 때문이다. 치료자가 이전에 암묵적이었던 규칙을 설명하는 방식은 중립적이지 않다. 이는 가족이 이후에 규칙을 설명하고 이해하는 방식에 큰 차이를 만들 수 있다. 그들은 부드럽고 심미적인 방식으로 재구조화할 것을 제안한다.

예를 들어, 치료자로서 부모가 다툴 때마다 아이가 울음을 터뜨리는 것을 발견할 수 있다. 부모 중 한 사람이 아이를 돌보기 위해 배우자를 꾸짖으면서 논쟁을 중단할 수 있다. 여기서 어떤 규칙이 보이는가? 아이가 울면 다툼을 멈춘다는 것인가? '이기는' 배우자는 아이를 진정시키는 사람인가? 부모의 다툼을 멈추기 위해 아이는 울어야 한다는 것인가? 아이가 당신의 '편'에 있다면 배우자를 꾸짖어도 괜찮다는 것인가? 이 가족의 경우 하나 또는 그 이상의 규칙이 사실일 수 있다. 이 규칙들은 암묵적인데 이는 배우자 중 누구도 배우자 및 아이와 함께 앉아서 "우리는 아이가 울 때까지/울지 않는 한 다툴 거야……. 동의해?"라고 말한 적이 없기 때문이다. 이 규칙들은 '자연스럽게' 이전의 행동 제약, 과거 상호작용 규칙과 맥락적 의미에 따라 발생한 것이다. 그러나 그들에게 현재의 규칙들은 암묵적인 것이다. 이러한 규칙이 명시적으로 된다면 어떤 변화가 생길 것인가? 다툼이 끝나지는 않겠지만 거의 확실하게 '지고 있는' 배우자는 '아 잠깐, 당신이 뭘 했는지 알겠어.'라는 생각이 떠오를 것이다. 때때로 아이들은 암묵적 규칙들이 명시적으로 될 때 마치 이미 '알고' 있었다는 듯 웃기도 한다. 예를 들어, 만약 조한나가 미란다에게 다니엘의 규칙들을 따를 필요가 없다고 말했다면 미란다는 웃으면서 "물론이죠."라고 말했을 수 있다. 이러한 규칙들이 알려진 후에 부모들은 최소한 동일한 규칙으로 상호작용을 지속하기 어려울 것이다.

> ### 💡 지식 적용하기
>
> 남편이 집에 와서 텔레비전을 본다. 그의 아내는 집안일을 돕지 않는다며 그에게 소리를 지른다. 그는 늦게까지 술 마시러 나갔다가 취해서 돌아와 소파에 쓰러져 있다. 이런 일은 친구들이 스포츠 시합을 시청하러 집에 놀러 오거나, 명절이거나, 가족들이 방문하는 등 특별한 이벤트가 있어서 남편이 스스로도 집이 깨끗해야 한다고 생각하는 날. 그리고 아내가 물건을 사러 나가면서 남편에게 집을 반짝반짝하게 해 두라고 당부하는 날이 오지 않는 한 계속된다.
>
> 이 시나리오에서 어떤 규칙을 설명할 수 있는가? 어떤 규칙이 더 명시적인가? 생각해 낸 규칙 중 다른 이름이나 설명을 붙일 방법이 있는가? 암묵적 규칙을 명명하는 방식에 있어 활용할 수 있는 강점이나 자원이 있는가?

💗 결혼관계의 퀴드 프로 쿠오[1]

상호작용 규칙은 사람들이 주로 규정된 방식으로 행동하도록 유도한다.

잭슨(Jackson, 1965)은 배우자 사이에서 발생하는 특정 유형의 가족 규칙을 설명했는데 이를 **결혼관계의 퀴드 프로 쿠오**라고 하였다. 퀴드 프로 쿠오는 '무언가를 위한 무언가something for something'라는 뜻인데 두 당사자 간 주고받기라고 할 수 있다. 관계에 있는 각 사람은 상대방에게 무언가를 제공하며, 이는 관계를 정의하는 데 도움이 된다. 잘 알려진 퀴드 프로 쿠오는 직장 상사와 직원 사이의 성희롱 상황에서 발생한다. 상사는 직원으로부터(성적인 행동일 수도 있는) 무언가를 받으면 승진, 급여 인상, 또는 더 좋은 근무 조건을 제공하겠다고 할 수 있다. 잘 알려진 또 하나의 퀴드 프로 쿠오는 〈양들의 침묵〉이라는 영화에 묘사된 바 있다. 한니발 렉터와 클라리스 스털링은 퀴드 프로 쿠오를 체결하는데, 렉터는 스털링이 조사하고 있는 연쇄 살인범 케이스에

---

1 역자 주: 퀴드 프로 쿠오(Quid Pro Quo)는 라틴어 구절로 '무언가의 대가로 주어지거나 받게 되는 무언가'라고 번역되어 물건이나 서비스의 교환을 의미한다. 받는 것이 있으면 주는 것이 있고, 주는 것이 있으면 받는 것이 있다는 의미이다.

대한 통찰을 제공하고, 스털링은 렉터에게 자신의 어린 시절에 대한 자세한 정보를 제공한다. 앞선 예시에서 퀴드 프로 쿠오는 명시적일 수도 있고 암묵적일 수도 있다. 후자의 예시에서는 매우 명시적이었다. 그러나 사랑하는 사이에서 보통 퀴드 프로 쿠오는 암묵적 규칙에 기반을 두고 있는데, 파트너들은 그들의 역동에 대해 공식적으로 협상하지 않은 채 비서면 계약unwritten contract을 맺는다.

이 거래에는 여러 가지 형태가 있다. 마티네즈 가족에서 조한나는 주 양육자가 되는 데 동의했고, 다니엘은 재정 관리를 맡는 데 동의하였다. 만약 이것이 이들이 자녀를 갖는 것에 대해 이야기할 때 협상되었던 부분이었다면 이는 명시적 퀴드 프로 쿠오일 것이다. 그러나 많은 부부는 역할 분담에 대해 충분히 이야기하지 않는다. 그런 다음 그들은 현재 이러한 상황에 처한 자신들을 발견하고는 자신이 협정의 공모자라는 것을 이해하기보다는 상대방이 자신에게 무언가를 잘못했다고 생각한다. 우리는 퀴드 프로 쿠오를 파트너들이 서로 대안적인 행동을 하는 **상호보완성**complementarity의 한 형태로 볼 수 있다.

치료에서 결혼생활의 퀴드 프로 쿠오를 바꾸는 것은 어려울 수 있다. 바츨라빅과 동료들(Watzlawick et al., 1974)이 설명하기를 "일반적으로 부부치료에서 발생하는 문제는 종종 기존에 관계의 기반이 된 **퀴드 프로 쿠오**를 변화시키는, 거의 극복하지 못할 것 같은 어려움과 관련이 있다"(p. 73, 원문에서 강조)고 하였다. 치료에서 필요한 것은 기존 체계의 규칙 안에서 발생하는 변화인 1단계 변화가 아닌 체계의 규칙을 바꾸는 2단계 변화이다. 가장 영향력 있는 가족치료자 중 한 명인 살바도르 미누친Salvador Minuchin은 이를 실제로 이해하는 데 도움을 줄 수 있다(Minuchin, Reiter, & Borda, 2014, pp. 91-93).

> 미누친: 친애하는 내담자님, 이것이 당신의 가족에서 당신의 기능입니다. 당신은 보안관이고, 감독자이며, 도움을 줘야 하는 사람입니다. 당신은 과로하고 있는 여성입니다.
>
> 모: 그럼 어떻게 거기서 빠져나올 수 있나요?
>
> 미누친: 그건 제가 아닌 벤자민에게 물어보셔야 할 겁니다.
>
> 모: [남편에게 돌아서며] 내가 여기서 어떻게 빠져나가죠? 전 과로 상태예요.
>
> 부: 일부 추가적인 일들을 줄여야죠.

모: 더 설명해 줘요. 이해를 못 하겠어요.

부: 무언가 아이들에게 이야기할 때 한 번만 말하고 잠시 떨어져 있다가 아이들이 할 시간을 주는 거요.

모: 만약에 그게 즉시 해야 하는 일인데 안 하고 있으면 어떡해요?

부: 그럼 그에 따른 결과가 따르겠죠.

미누친: 보세요. 남편분이 당신의 감독이에요. 그건 당신이 일을 덜 하게 되는 방법은 아닙니다. 그는 당신에게 다르게 일하는 방법에 대한 지침을 주고 있어요.

모: 그렇지만 전 똑같이 일해야 해요.

미누친: 맞아요. 정확해요. 그건 변화가 아니었어요. 그건 하던 것을 계속하되 제가 말씀드리는 방식대로 하는 거예요. 남편분이 당신의 감독이 된 거예요.

이 부부의 경우, 아내는 주 양육자, 남편은 주 생계 부양자의 포지션을 지정한 결혼생활의 퀴드 프로 쿠오를 가지고 있었다. 남편이 제안한 변화는 그들이 기존에 가지고 있던 퀴드 프로 쿠오 계약에 맞춰 아내가 여전히 주로 아이들을 돌보는 일을 하는 역할을 맡는 것이었다. 미누친은 이러한 암묵적 계약을 명시적으로 만들었고 부부에게 이러한 계약을 변화해 보도록 했다. 이처럼 암묵적 규칙을 명시적으로 만드는 개입은 규칙에 대한 규칙을 변화시키는 2단계 변화로 이어질 수 있다.

💡 지식 적용하기

다니엘과 조한나에 대해 알고 있는 것을 바탕으로(제시된 내용을 바탕으로 추정해야 할 수도 있지만), 이들의 결혼의 퀴드 프로 쿠오들을 설명해 보시오. 이들은 이러한 계약을 어떻게 맺게 되었는가? 이들의 퀴드 프로 쿠오에서 치료적 변화는 어떤 모습일 것인가?

❤ 가족 신화

가족 안에서 만들어진 규칙들에 따라 명시적이든 은밀하든 가족은 그들이 누구인지 그리고 가족 내에서의 역할에 대한 신념을 만든다. 이러한 신념을 가족 신화family myths라고 한다. 페레이라(Ferreira, 1977)는 "가족 신화라는 개념은 잘 체계화된 여러 가지 신념을 의미하는데 이는 모든 가족 구성원이 공유하고 가족 안에서 그들의 상호 적인 역할에 대한 것이며, 그들의 관계의 본질에 관한 것이다"라고 설명했다(p. 51). 가족 신화는 시간이 지남에 따라 발전해 온 규칙에 기반을 두고 있으며, 이는 개인이 반응할 수 있는 선택지를 제약한다.

제2장에서 행동은 제약에 기반을 둔다고 설명했다. 이러한 제약은 어떤 규칙이 개발되었는지, 사람들이 택하는 역할, 그리고 자신의 가족이 누구/무엇인지에 대한 관점을 결정한다. 가족은 스스로를 유지하기 위해 신화를 개발한다. 본질적으로 신화는 항상성을 조절한다(Palazzoli, Boscolo, Cecchin, & Prata, 1981).

가족 신화는 시간이 지남에 따라 어쩌면 여러 세대에 걸쳐 발전한다. 신화는 가족의 반복되는 패턴과 관련이 있으므로 순환성과 연관된다(Celcer, McCabe, & Smith-Resnick, 1990). 많은 경우 신화는 재귀적으로 제약된다. 일부 가족에서는 자녀가 이전 세대의 누군가와 비슷하다고 여겨질 때 신화가 만들어진다. 예를 들어, '조나단은 할아버지를 꼭 닮았다'라는 말과 함께 아이는 할아버지의 특성에 젖어들게 되고 그러한 관점은 가족에서 평생 동안 이 아이를 따라다니게 된다. 이러한 상호작용은 명시적이고 암묵적 상호작용의 규칙으로 통합되며 가족의 항상성에 의해 습관화된다.

우리는 또한 가족의 제약에 따라 이러한 신화가 발전하는 것을 볼 수 있다(White, 1986). 각 가족 구성원 사이에는 전제의 네트워크network of presuppositions가 있다. 이러한 전제는 제약으로 작용하여 일부 정보는 다르지 않은 것으로 간주하고 다른 정보는 새로운 소식news(다름의 정보)으로 간주한다. 정보가 체계 구성원들의 전제의 연결에 기반을 둔 가족 신화에 맞지 않을 때 이는 새로운 소식이 되지 않고 잊힐 수 있다. 따라서 가족의 신화는 구성원들이 특정 정보에 주의를 기울이게 하거나 다른 정보를 무시하도록 하는 데 도움이 된다. 이러한 신화는 사람들이 자신과 그들의 관계, 그리고 특정 맥락에서 어떤 행동이 적절한지 정의하는 방식에서 제약이 된다.

마티네즈 가족의 경우, 갈등은 공개적이고 공적으로 표현해서는 안 된다는 신화를 만들었을 수 있다. 이러한 근본적인 명령에 따라 자녀는 부모 사이의 긴장을 경험하고 이를 이야기하는 것에 대해 불편하게 느낄 수 있다. 이는 그들과 시간을 더 많이 보내는 어머니를 달래려는 시도로 이어질 수 있다. 아버지를 상대로 한 어머니와 자녀들의 세대 간 연합이 발생할 수 있지만 어느 누구도 노골적으로 심각한 갈등을 일으키지 않는다. 대신 조한나는 자신의 행동을 감시가 아닌 다니엘을 격려하는 것으로 받아들일 수 있다. 그러면 다니엘은 아내와의 관계에 대한 좌절과 분노를 내면화할 수 있다. 갈등이 잘못되었다고 생각하면서 이야기하기보다는 자신의 감정을 내면화하여 우울과 불안으로 나타날 수 있다. 다니엘과 조한나의 원가족에 대해 더 알았다면, 이 신화가 한쪽 또는 양쪽 모두의 원가족에서 '서로 사랑하기만 하고 갈등이 없는 가족'으로 보여야 하는 신화의 경험이 세대 간 전수된 것인지 알 수 있을 것이다.

암묵적 규칙과 마찬가지로, 치료자는 가족 신화를 드러내도록 도울 수 있다. 이는 가족 운영 방식에 대해 질문하고 다른 가족들과 비교하는 방식으로 이루어질 수 있다.

- 당신의 가족도 다른 가족들과 같이 갈등을 다루고 있는가?
- 이렇게 서로 소통하는 법을 어디서 배웠는가?
- 당신의 가족은 어떻게 '갈등은 공개적으로 표현되어서는 안 된다'고 배우게 되었는가?
- 조나단이 할아버지와 비슷하게 여겨지는 이유는 무엇인가? 그는 어떤 면에서 할아버지와 다른가?

일단 신화가 명백해지면 치료자는 가족이 현재 기능에 더 정확한 신화를 개발하도록 도울 수 있다. 신화의 변화는 체계의 규칙 변화로 이어질 수 있다. 이러한 규칙 변화는 가족에 새로운 항상성을 만들어 낼 것이다.

💡 지식 적용하기

당신의 가족에는 어떤 가족 신화가 있는가? 그러한 신화들에 의한 상호작용의 명시적 규칙과 암묵적 규칙은 무엇인가? 만약 당신이 그 신화들 가운데 한 가지를 변화시킨다면 어떤 규칙이 변화될 것인가?

🖤 가설

모든 치료자는 내담자들에게 어떤 일이 일어나고 있는지에 대한 가설을 세운다. 이러한 가설은 우리가 선호하는 치료 방향/치료 모델에서 비롯된다. 많은 가설이 개발될 수 있는데 이러한 가설들을 종합하면 사례 개념화가 형성된다. 그러나 체계적 가설은 맥락과의 연결 없이는 생겨날 수 없다. 체계적 가설은 두 가지 가정에 기초한다. 첫째, 치료자는 내담자의 행동이 맥락에 상호 연결되어 있으며 이는 내담자가 관계를 맺고 있는 사람들과 더욱 큰 체계를 포함한다는 것을 이해한다. 두 번째 가정은 치료자의 가설이 내담자에 대한 연속적인 정보의 소개와 상호 연결되어 있다는 것이다. 즉, 체계적인 가설은 개발되고 지속적으로 피드백에 의해 변경된다.

밀란 학파는 체계적 가설의 중요성을 강조한 가장 영향력 있는 치료자 중 하나이다(Palazzoli, Boscolo, Cecchin, & Prata, 1980). 체계적 가설은 세 가지 구성요소를 가지고 있다(Boscolo, Cecchin, Hoffman, & Penn, 1987). 첫째, 치료자는 가족이 문제라고 생각하는 것과 그 문제가 가족 내 여러 사람과 관련되어 있음을 이해하려고 한다. 둘째, 치료자는 가족이 어떻게 대가족 또는 문화와 같은 더 큰 사회 체계와 연결되어 있는지 탐구한다. 셋째, 치료자는 가족이 어떻게 치료 체계와 연결되어 있는지 개념화한다. 이 모든 것을 종합하면 체계적 가설이 도출된다.

설명한 바와 같이 치료자의 가설은 치료실에서 발생하는 일과 얽혀 있으며 치료적 거래에서 얻은 정보의 피드백을 기반으로 수정된다. 이러한 순환적이고 반복적인 과정을 통해 가설은 계속 업데이트되며 이는 치료적 교환에서 다음에 일어날 일을 알려준다. 키니와 로스(Keeney & Ross, 1985)는 이러한 방식으로 가설을 활용하는 것은 치료를 사이버네틱스 방식으로 구성하는 것이라고 설명한다. 즉, 치료자의 가설이 그의 질문에 정보를 제공하고, 이는 내담자의 반응에 영향을 주며, 내담자의 반응은 다시 가설의 조정 등에 사용된다.

마티네즈 가족과 함께 작업하면서 치료자는 어머니와 자녀들이 아버지에게 대항한 세대 간 연합을 이루고 있다는 가설을 세울 수 있다. 이는 조나단과 미란다가 누구와 더 가깝냐는 질문으로 이어질 수 있다. 하나 또는 그 이상의 가족 구성원 응답에서 조나단이 다니엘과 가장 가깝다고 한다면 치료자는 그의 가설을 이에 따라 조정해야

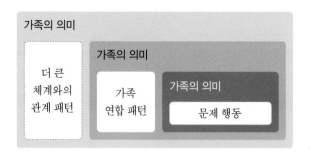

그림 3-7   가족의 의미는 더 큰 수준의 이해 속에 담겨 있다.

한다. 치료자의 가설은 또한 각 가족 구성원이 자신의 가족에 대해, 그리고 그들 사이에서 일어나고 있는 일에 대해 갖는 의미에도 영향을 미친다(그림 3-7] 참조).

💙 역할

사람들은 가족 내에서 다양한 기능을 수행하는데, 이를 역할이라고 부를 수 있다. 이러한 역할은 무엇을 하느냐에 따라 결정된다. 어떤 이들에게는 부모 중 한 명, 또는 둘 모두에게 주어지는 돌봄의 역할이 있다. 그러나 이 역할은 조부모, 이모 또는 나이가 더 많은 형제가 맡게 될 수도 있다. 또 하나의 역할은 도전자이다. 이 사람은 지정된 환자일 가능성이 높다. 다른 이들은 백기사, 성실한 남편, 이타적인 아내일 수도 있다. 가족 역할은 일관성 있는 편인데 이는 사람들이 명시적이고 암묵적인 상호작용 규칙을 개발하여 이러한 역할을 유지하기 때문이다. 역할은 가족 항상성의 일부가 된다.

역할은 논리적 유형에 대한 실용적인 설명으로 이해할 수 있다. 역할은 역할 내 행동에 의하여 결정되는 유목이다. '검은 양'으로 식별되는 사람은 나머지 가족 구성원들의 유목과는 다른 구성요인들이 포함된 유목이다. 예를 들어, 자신을 '남부 침례교 기독교인'이라고 정의하는 가족은 큰 맥락에서 아마도 특정 역할이 있을 수 있다. 만약 이 가족의 자녀가 다른 종교를 믿거나 가족의 규칙에 반하는 집단에 참여하거나 그러한 행동을 한다면 그들은 이 자녀를 '검은 양'으로 분류할 수 있다. 모든 논리적 유형과 마찬가지로 이 유형은 단순히 설명적이며 규범적이지 않다. 누군가가 특정 역할을 맡고 있다고 해서 반드시 그 역할을 수행해야 한다는 의미는 아니다. 역할은 단순히 다른 행동이 아닌 특정한 일련의 행동이 어떻게 발생했는지를 이해하도록 하는 방식이 되는 제약일 뿐이다. 이를 이해하는 또 다른 방법은 '역할이 행동을 정의하는가, 또는 행동이 역할을 정의하는가?', '다른 사람이 변화하지 않고도 한 사람이 변화할 수 있는가? 그렇다면 누가 먼저 변화해야 하는가?'라는 질문을 하는 것이다. '그는 검은 양이기 때문에 마약만 사용한다'고 말하는 것은 이러한 논리적 유형을 혼동하는 것이며 당연한 말을 하는 것이다.

> ### 💡 지식 적용하기
>
> 당신은 가족 안에서 어떤 역할을 하는가? 언제 그리고 어떻게 이 역할이 생겼는가? 또 누가 이 역할을 지지했는가? 그들의 어떤 행동이 당신의 역할을 유지하도록 도왔는가? 다른 역할을 맡으려고 시도한 적이 있는가? 그렇다면 당신의 역할을 유지하려는 사람들은 어떤 반응을 보였는가?

역할은 가족의 규칙을 기반으로 하므로, 규칙을 변경하는 한 가지 방법은 사람들이 명시적으로 또는 암묵적으로 동의한 역할을 바꾸는 것이다. 역할은 항상 대인관계적이고 상호적인 것이다. 누군가가 통제당하는 것에 동의해야 다른 한 사람이 통제적으로 될 수 있다. 누군가가 갈등을 중재하는 데 동의해야 다른 한 사람이 평화주의자가 될 수 있다. 가족 규칙과 같이 이러한 가족 역할은 명시적일 수도 있고 암묵적일 수도 있다. 이는 사람들이 상호 의존적인 방식으로 연결된 상보성이라는 체계적 개념과 관련이 있다. 따라서 연결의 규칙이 바뀌면 역할도 바뀌게 된다. 그러면 가족의 항상성도 바뀌어 있을 것이다.

치료자는 사람들이 상호 발전시켜 온 역할에 도전할 수 있다. 휘터커는 가족을 역할 혼란에 빠뜨리는 경향이 있었다(Whitaker & Bumberry, 1988). 그는 부모화된 자녀에게 "이건 흥미로운데, 만약 네가 엄마를 키우고 있다면 너는 네 자신의 할머니이기도 하다는 뜻이야."라고 말할지도 모른다. 우리의 사례에 나오는 가족의 경우 다니엘이 기능을 하지 못할 정도로 우울을 겪고 있고 조한나가 과대기능을 해야 했다면 치료자는 "조한나, 당신은 당신이 다니엘의 엄마가 아닌 아내라는 것을 어떻게 알지요?"라고 말할 수 있다. 이러한 역할 혼란 놀이는 치료 회기에서 우스꽝스럽고 재미 있을 수 있지만 가족 구성원이 그들이 맡게 된 하나의 (또는 그 이상의) 역할에서 빠져나가고 싶을 때 매우 강력한 것이 된다. 역할에서 벗어나려면 두 명 또는 그 이상의 사람들을 묶는 규칙을 바꿔야 한다. 가족 규칙처럼 또 다른 전략은 암묵적인 가족 역할에 대해 물어봄으로써 이를 명시적으로 만드는 것이다. 가족 역할이 명시적으로 논의되고 나면 가족은 다시는 가족 규칙이 암묵적이기만 했던 때로 돌아가기 어렵다.

역할은 **정체성**identity으로도 볼 수 있다. 미누친은 가족들이 구성원의 정체성을 독특하고 바뀔 수 없는 것이라고 믿는다고 하였다(Minuchin et al., 2014). 그러나 이는 신화이다. 가족들은 그들의 정체성을 유지하게 한 상호작용 규칙이 여러 해 동안 발생해 왔기 때문에 이러한 신화를 믿는다. 치료자가 해야 할 일 중 하나는 가족에게 정체성은 대인관계적이며 다중적이라는 것을 모두 보여 주는 것이다. 이는 **가족 구성원의 정체성을 벗기는 과정**unwrapping family member identities을 통해 이루어진다. 가족 내 누군가는 평화주의자, 계획자, 알람 시계, 사운딩 보드sounding board[2] 역할을 할 수 있다. 치료자가 각 가족 구성원이 다양한 정체성을 가지고 있다는 사실을 소개할 때 새로운 상호작용 패턴이 나타날 가능성이 높다.

마티네즈 가족과 함께 작업하는 치료자는 각 사람의 정체성을 다양한 방식으로 확장하는 데 도움을 줄 수 있다. 다음은 가상의 치료적 상호작용을 통해 어떻게 이런 일이 일어날 수 있는지 설명한다.

> 치료자: 다니엘, 당신은 어떻게 이 가족에서 소외된 것인가요?
>
> 다니엘: 모르겠어요. 조한나는 저를 끼워 주지 않아요. 이건 불공평해요.
>
> 치료자: 조한나, 다니엘이 하는 말이 참 이상하네요. 그는 마치 당신은 교도관이고 자신은 죄수인 것처럼 말하잖아요. 그는 자유가 없고 모든 것이 그에게 제한되어 있는 것처럼 말해요. 어떻게 그런 일이 일어났나요?
>
> 조한나: 그가 자초한 일이에요. 나가서 술을 마시고 집에 오면 곧장 텔레비전으로 가서 비디오 게임을 해요.
>
> 치료자: 그래서 그는 자신을 독방에 가뒀다고 하는 건가요?
>
> 조한나: 맞아요.

---

2 역자 주: 아이디어나 결정 등에 대한 반응 테스트의 대상이 되는 사람(옥스퍼드 영한사전)

치료자: 그럼 그는 자기의 감옥에 갇혀 있는 거군요. 그럼 왜 그를 풀어 주지 않으

세요?

조한나: 노력은 해 봤어요.

치료자: 다니엘, 그녀는 당신의 교도관인가요, 아니면 가석방 위원인가요?

여기서, 치료자는 가족 구성원이 서로에게 맡긴 역할을 중심으로 상호작용 패턴을 탐색한다. 서로를 대하는 암묵적인 방식이 표면으로 드러난다. 또한 치료자는 새로운 역할과 그에 따른 새로운 규칙으로 이어질 수 있는 대체적 정체성을 풀어낸다.

♥ 등결과성

우리는 제2장에서 다중결과성와 등결과성 개념을 소개했다. 다중결과성은 동일한 출발점에서 다양한 결과가 나올 수 있다는 주장이다. 마티네즈 가족은 현재 서로 함께하는 방식에서 다양한 미래의 모습을 구성할 수 있다. 다니엘과 조한나는 이혼하기로 결정할 수도 있고, 다니엘이 바람을 피울 수도 있고, 부부가 자녀를 한 명 더 갖기로 할 수도 있으며, 더욱 가까워질 수도 있다. 가족은 현재의 구성에 따라 특정한 방식으로 구성될 운명이 아니다.

등결과성은 다중결과성의 개념과 관련이 있다([그림 3-8] 참조). 등결과성 개념에 의하면 다양한 방식을 통해 동일한 종점(결과)에 도달할 수 있다. 많은 경우, 내담자들은 치료를 받으러 오면서 "난 모든 방법을 시도해 봤어요."라고 말한다. 좋은 표현이

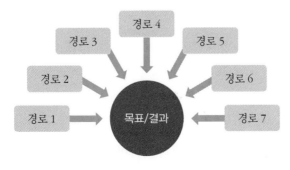

그림 3-8 등결과성이란 다양한 경로가 같은 결과로 이어질 수 있다는 개념이다.

기는 하지만 우리는 그것이 옳지 않다는 것을 알고 있다. 누구든 해 볼 수 있었던 다른 무언가는 항상 있기 마련이다. 가족들이 할 수 있는 더 정확한 표현은 "난 우리 가족의 규칙과 맥락 내에 맞는 모든 것을 시도해 봤어요."일 것이다. 하지만 그건 그들이 실제로 말하기에는 너무 노골적일 수 있다. 이러한 원칙을 이해하면 치료자는 단순히 내담자가 말하는 내용보다 더 많은 것을 보고, 듣고, 배우는 데 도움이 된다.

다니엘은 자신이 조한나가 자기를 더 친절하게 대할 수 있도록 하는 모든 노력을 시도해 봤다고 믿고 있을 수 있다. 그는 무시하려고 생각해 보거나, 이미 해 보았을 수 있고, 조한나에게 자기를 존중하지 않는 점이 마음에 들지 않는다고 말하거나, 싸우지 않기 위해 술집에서 머물렀을 수 있다(문제를 해결해 보려는 여러 시도와 함께). 그러나 그는 아직 치료(개인, 부부 또는 가족)를 시도해 보지 않았고, 말을 사용하는 대신 하고 싶은 말을 그림으로 그려 보지 않았으며, 둘 다 알몸인 채로 그는 욕조에, 조한나는 변기에 앉아 있는 상태에서 그들 관계에 대한 진지한 대화를 나누어 보지 않았다. 라이터(Reiter, 2018)는 야구에서 공격수가 1루에 도달할 수 있는 다양한 방법으로 등결과성을 설명했다. 1루에 도달하는 것이 동일한 결과라면 선수가 어떻게 거기에 도달했는지는 방법이다. 공격수가 1루에 도달할 수 있는 여섯 가지 방법이 무엇인지 알고 있는가?(계속해서 읽기 전에 잠시 시간을 내어 생각해 보자.)

공격수가 1루에 도달하는 여섯 가지 방법은 다음과 같다.

- 타자가 공을 쳤을 때(1루타, 수비 실책, 야수의 선택 또는 야수의 방해)
- 볼넷
- 몸에 맞은 공
- 포수가 세 번째 스트라이크를 놓쳤을 때
- 대주자
- 포수의 방해

등결과성 개념을 믿는 것은 치료자가 내담자의 목표에 도달하기 위한 다양한 선택지를 시도하도록 한다. 이는 내담자가 가진 '내가 상황을 극복할 수 있는 유일한 방법은 ×이다'라는 믿음에 반박하는 방법의 하나이다. 내담자를 현재 상태에서 더욱 기분 좋고 원하는 상태로 움직이게 하는 가능한 경로는 수백만 개가 있다. 이 모든 방법

잠시 당신이 가지고 있는 한 가지 목표에 대해 생각해 보는 시간을 가져 보라. 그 목표를 성취하도록 도울 수 있는 다섯 가지 가능한 경로는 무엇인가?

목표:
경로 1:
경로 2:
경로 3:
경로 4:
경로 5:

의 공통점은 내담자들이 이미 시도했던 해결책과는 다르다는 것이다. 이러한 차이는 그 사람이 무엇을 하는지 또는 그 사람이 상황을 어떻게 받아들이는지에 따라 달라질 수 있다(O'Hanlon, 1999). 물론 무언가가 다르다고 해서 꼭 내담자를 그가 원하는 곳에 다다르게 할 수는 없지만, 이는 그렇게 될 가능성을 높인다.

드 세이저(de Shazer, 1985)는 '무언가 다르게 하기 과제do something different task'를 개발했을 때 다중경로의 개념을 이해하고 있었다. "한 사람이 다른 사람의 행동에 대해 불평하는 상황에서, '모든 것'을 다 시도해 보았지만 같은 방식으로 반응하는 굴레에 갇혀 있는데 문제 행동은 지속되고 있는" 사례에 활용되었다(pp. 122-123). 이는 모든 치료의 기반이 되는 패턴 끊기의 한 형태이지만 '무언가 다르게 하기 과제'는 등결과성을 기반으로 작동한다. 치료자는 내담자에게 무엇을 다르게 해야 하는지 말하지 않는다. 이는 내담자가 결정하도록 모호하게 남겨 둔다. 마티네즈 가족의 경우 '무언가 다르게 하기 과제'는 다음과 같이 제시될 수 있다.

지금부터 다음에 만날 때까지 다니엘과 조한나 여러분 둘 사이에 갈등이 생겼을 때, 이상해도 상관없으니 무언가 다르게 해 보세요. 뭐든 괜찮습니다. 아무리 미친 것처럼 보이는 것일지라도 여러분이 해 보지 않은 것이면 무엇이든 좋습니다. 중요한 것은 과거에 해 왔던 것과는 다른 것을 하는 것입니다.

다니엘은 (조한나에게 분노하고 떠나 버리거나, 술집에 가거나 음악실에 고립되는 대신) 조한나의 뺨에 입을 맞추고 사과하기로 선택할 수 있다. 또 다른 선택지는 주방에 가서 입에 땅콩을 몇 개 집어넣고 땅콩을 씹으면서 대화를 계속하는 것이다. 또는 벽에 기대어 물구나무서기를 하고 조한나에게 하고 싶은 이야기를 해 달라고 요청할 수도 있다. 조한나도 이 중 어느 것이든 할 수 있고, 다니엘과 등을 마주한 채로 대화하기로 결정할 수도 있다. 논쟁이 시작되면 세 글자 단어로만 대답할 수도 있다. 혹은 그들이 좋아하는 노래 가사로 다니엘에게 대답할 수도 있다. 이런 선택지들은 다소 우스꽝스러운 쪽에 속하는데, 더 진지한 것들을 할 수도 있다. 다니엘은 조한나가 자신을 비난하는 말을 할 때 자신을 방어하려고 하는 대신 조한나의 말에 동의하는 부분을 찾을 수 있다. 조한나는 다니엘에게 하고 싶은 말은 무엇이든 할 수 있지만, 다니엘 앞에 앉거나 서서 그의 손을 잡고 할 수 있다.

아마도 이러한 새로운 대응 옵션 가운데 어느 것도 부부의 역학 관계를 바꾸기에 충분하지 않을 수 있다. 그러나 부부가 계속해서 지금까지와 같은 비효과적인 방식으로 관계를 맺는다면 변화는 없을 것이다. 즉, 부부는 현재의 항상성을 유지할 것이다. '무언가 다르게 하기 과제'는 내담자에게 목표를 달성할 수 있는 추가적인 옵션을 제공한다.

앞서 설명한 것처럼, 치료는 패턴 중단에 관한 것이다. 무언가 다른 일을 하면 잠재적으로 현재의 상호작용 패턴을 변화시키게 된다. 등결과성에 대한 이해를 바탕으로 치료자는 치료실에서 또는 내담자가 문제를 경험하는 모든 곳에서 어떤 방식으로든 새로운 현상이 일어나도록 노력한다.

💗 순환 질문

이중 설명double description이라는 개념을 바탕으로 치료자는 같은 문제에 대해 여러 사람에게 각자의 관점을 물어볼 수 있다. 이는 순환 질문circular questions을 사용함으로써 이루어진다([그림 3-9] 참조). 순환 질문은 생명체가 선형적 순서가 아닌 순환적 구조를 통해 기능한다는 개념에 기반한다(Boscolo et al., 1987; Palazzoli et al., 1980). 따라서 우리는 원인과 결과 관계를 탐구하는 대신 상호성, 순환성, 재귀성을 살펴본다. 처

그림 3-9 순환 질문은 체계에 정보를 가져올 잠재력이 있는 차이에 초점을 두고 있다.

음에 순환 질문은 삼원적 질문으로 간주되었다. **삼원적 질문**triadic questions이란 한 가족 구성원에게 두 명 이상의 다른 가족 구성원 간의 관계에 대해 묻는 질문이다.

- 다니엘, 조나단은 미란다와 조한나 중 누구와 더 가까운가요?
- 조한나, 다니엘의 기분이 안 좋을 때 누가 더 불안한 모습을 보이나요? 조나단인 가요, 아니면 미란다인가요?
- 조나단, 미란다는 엄마와 아빠 중 누구와 더 가까운가요?

　순환 질문은 차이의 개념을 전제로 한다(제4장 참조). 펜(Penn, 1982)은 "순환 질문이 추구하는 정보는 가족이 문제가 시작되기 전과 후에 경험한 관계에서의 차이"(p. 272)라고 설명한다. 이러한 차이는 관계, 정도, 시간성, 가설적/미래에 대한 인식과 관련될 수 있다(Boscolo et al., 1987). 치료자는 차이를 탐색함으로써 가족 구성원에게 새로운 정보를 치료실에 가져오도록 시도하며, 사람들이 자신의 삶에서 일어나는 일을 이해하는 방식의 변화로 연결될 수 있고, 이는 행동의 변화로도 이어질 수 있다. 이제 속도를 조금 늦추고 각 범주를 살펴보도록 하자.

관계에 대한 인식의 차이

　이 범주는 보통 한 사람에게 두 명 이상의 다른 사람 사이의 차이점에 대한 인식을 묻는 것이다. 인식의 차이에 대한 질문은 삼원적 질문이라고도 부를 수 있다.

- 할머니와 가장 가까운 사람은 누구인가요? 조한나인가요, 미란다인가요?
- 다니엘의 기분이 안 좋다는 것을 먼저 알아차릴 사람은 누구인가요? 조나단인가요, 미란다인가요?
- 미란다가 누군가와 이야기하고 싶을 때 찾아가는 사람은 누구인가요? 조한나인가요, 다니엘인가요?

정도의 차이

정도의 차이 범주의 순환 질문은 상황에 점수를 매기도록 한다. 정도의 차이 질문의 한 형태는 척도 질문scaling questions인데, 이는 내담자에게 추상적인 개념을 보다 구체적인 기준으로 고려할 수 있도록 한다. 응급실에 가 본 사람이라면 누구나 간호사가 "1부터 10까지 중 지금 얼마나 아프십니까?"라고 묻는 척도 질문을 경험해 본 적이 있을 것이다.

척도 질문은 관계형 질문으로, 논의되고 있는 내용에 대해 사람들이 부여하는 점수의 차이를 탐색하기 위한 것이다. 버그와 드 세이저(Berg & de Shazer, 1993)는 "척도 질문은 개별 내담자의 관점, 내담자의 타인에 대한 관점, 그리고 내담자가 인식하는 타인이 자신에 대해 갖는 관점"(p. 10)을 논의하는 데 사용된다고 하였다. 척도 질문은 두 명 이상의 인식 차이를 정도의 차이로 물어보는 순환적 방식으로 사용될 수 있다(Reiter & Shilts, 1998).

- 1점에서 10점 척도로 현재 변화에 대한 동기는 어느 정도입니까?
- 1점이 가장 낮고 10점이 가장 높을 때, 당신의 결혼에 대한 헌신을 척도로 매긴다면 몇 점을 주시겠습니까? 당신의 파트너는 몇 점일까요?
- 행복 수준을 1부터 10까지로 봤을 때 당신의 행복 수준은 어느 정도인가요?
- 7점이라고 말씀하셨는데, 당신의 아내는 이 척도에서 당신을 몇 점으로 매길까요? 당신 아내 스스로에 대해서는 어떻게 점수를 매길까요?

시간성의 차이

시간성은 시간에 대한 것으로, 생각, 행동, 증상이 과거에서 현재로 어떻게 변화했는지 탐색하는 데 사용할 수 있다. 이러한 유형의 질문은 내담자에게 문제가 항상 존재했던 것은 아니라는 점과 문제가 현재 경험하는 것만큼 심각하지 않았다는 점을 알려 주기 때문에 매우 중요하다.

- 미란다가 대학으로 떠나기 전이나 후에 싸움이 더 심각해졌나요?
- 이런 감정을 처음 경험했을 때를 떠올려 보면 당신의 삶에서 무엇이 달랐었나요?
- 당신의 부모님이 이혼했을 때, 지금과 비교해서 각각의 부모님과의 관계가 어땠나요?

시간성 질문의 차이점 중 한 가지 형태를 예외 질문이라고 한다([그림 3-10] 참조). 예외exceptions란 내담자가 경험하고 있는 문제가 발생하지 않았거나 현재 경험하고 있는 것과는 다른 정도로 경험했을 때를 말한다(Berg, 1994). 예외 질문exception questions은 내담자에게 누가, 무엇을, 어디서, 언제, 어떻게, 또는 그 문제가 내담자에게 지금처럼 문제가 되지 않았을 때의 차이점에 대하여 묻는다.

- 두 분이 더 잘 지내셨을 때, 뭐가 달랐을까요?
- 당신이 더 동기부여가 되었을 때, 누구와 가깝게 지냈었나요?
- 과거에 더 행복했다고 말씀하셨는데, 더 행복했을 때 어디에 갔었나요?

그림 3-10 문제와 예외의 차이

예외 질문은 종종 질문에 가정이 들어 있는 채로 활용된다. '두 사람이 더 잘 지냈을 때'는 부부가 어느 시점에는 더 잘 지냈었다는 가정을 전제로 한다. 질문은 단순히 '(그 당시에는) 무엇이 달랐는가'에 대한 것이다. 예외 질문을 사용하는 치료자는 종종 항상 발생하는 문제는 없다는 가정에서 시작하며, 이러한 가정에서 질문을 만들어 낼 수 있다.

> **💡 지식 적용하기**
>
> 여러분 혹은 다른 치료자들이 가지고 있는 가정에는 또 어떤 것들이 있는가? 이러한 가정을 가지고 물을 수 있는 질문에는 어떤 것들이 있는가? 그것은 유용한 가정인가? 문제가 항상 발생하는 것은 아니라는 가정으로 다른 어떤 질문들을 던질 수 있는가? 이와 같이 이 장에서 제시하는 질문을 하면서 치료자는 어떤 가정을 가지고 있으며, 이러한 가정을 가지고 있는 것이 어떤 차이를 만들어 낼 수 있는가?

가설적 그리고 미래의 차이

가설적 차이는 내담자가 실제로 일어난 특정 사건이 실제로 일어나지 않았거나 반대로 일어나지 않은 사건이 일어났을 경우 삶을 어떻게 인식하는지에 대해 탐색하는 것이다.

- 만약 두 사람이 한 번도 만나지 않았다면 당신의 인생은 어떻게 되었을 것이라고 생각하시나요?
- 만약 지금 당장 이혼한다면, 자녀와의 관계는 어떻게 될 것이라고 생각하시나요?
- 다니엘에게 중상이 없었다면 가족은 어떻게 될 것이라고 생각하시나요?

미래의 차이는 내담자가 미래의 삶에 대해 어떻게 인식하는지에 초점을 맞추고 있는데, 특히 그들의 삶에서 무언가가 바뀌었을 때를 살펴본다. 펜(Penn, 1985)은 미래 질문을 '피드포워드feed-forward'의 개념으로 설명했는데, 이는 가족들이 관계의 패턴이 미래에는 어떠할지 상상해 보도록 한다. 피드포워드 질문의 이점 중 하나는 가족이

고정된 것이 아니라는 점과, 변화가 일어날 수 있고, 일어날 것이라는 점을 암시한다는 것이다.

💡 지식 적용하기

다음의 시나리오를 읽고 순환 질문의 각 범주마다 최소 두 개의 질문을 만들라.

크루즈와 애나벨은 5년째 연애 중이다. 크루즈는 이전 혼인 관계에서 낳은 두 자녀가 있고 이들과 주말에 함께 살고 있다. 애나벨은 이전 혼인 관계에서 낳은 자녀가 한 명 있는데 이 자녀는 함께 거주하고 있다. 모든 자녀가 함께 집에 있을 때, 크루즈와 애나벨은 혼돈에 빠진다. 애나벨은 크루즈가 그의 자녀들을 충분히 훈육하지 않고 아이들이 하고 싶은 대로 내버려 둔다고 생각한다. 특히 크루즈는 그의 전처와 사이가 좋지 않기 때문에, 자녀들이 집에 오는 것과 그와 시간을 보내는 것을 즐기기를 바란다.

삼원적 질문:

1.

2.

관계에 대한 인식의 차이:

1.

2.

정도의 차이:

1.

2.

시간성의 차이:

1.

2.

가설적/미래의 차이:

1.

2.

여러 가지 가족 역할과 규칙을 한 번에 밝히는 삼원적 질문을 만들 수 있겠는가?

- 엄마와 아빠가 이혼을 하게 되었다고 가정해 봅시다. 어디에 가서 살고 싶은가요?
- 잠시 미란다와 조나단이 고등학교를 졸업하고 대학을 위해 떠났다고 상상해 보겠습니다. 결혼생활이 어떨 것 같은가요?
- 이러한 다툼이 없었다면 두 분의 미래가 어땠을 것 같은가요?

♥ 성찰을 위한 질문

1. 사이버네틱스의 기본 개념은 '피드백'이라는 개념이다. 피드백은 규칙에 대한 여러분의 이해와 어떤 연관성이 있는가? 역할에 대한 이해와는 어떠한가? 가설에 대한 이해와는 어떠한가? 순환적 질문에 대한 이해와는 어떠한가?
2. 등결과성과 제약을 어떻게 이해하고 있는가?
3. 순환 질문을 하는 것은 재귀의 개념과 어떤 관련이 있는가?
4. 척도의 중요성이 무엇이라고 생각하는가? 이는 시간성의 세 가지 측면(과거, 현재, 미래)과 어떤 관련이 있는가?
5. 가족 구성원의 정체성을 풀어내는 것은 가족이 현재의 항상성을 변화시키는 데 어떤 역할을 하는가?

제**4**장

상호작용 치료 이론

💟 사례 설명

호로위츠 핵가족은 조셉(37), 베키(35), 마라(14), 블레이크(8), 데이먼(6), 이렇게 모두 다섯 명이며 도시의 중하류층 백인 유대인 가족이다. 조셉과 베키는 어릴 적 친구였고, 결혼한 지 2년째 되던 21세와 19세에 마라를 낳았다. 감흥이 없던 조셉과 달리, 베키는 아이를 갖게 되어 매우 행복했다. 조셉은 베키에게 양육의 대부분을 맡겼다. 그는 집을 떠나 친구들과 어울리고 경마장에 가는 데 더 많은 시간을 보내기 시작했다. 베키는 남편이 도박으로 수입을 날리고 있다는 것을 알았지만, 그가 가계 소득의 대부분을 벌어 오기 때문에 아무 말도 해서는 안 된다고 생각했다. 그녀는 월세를 못 내거나 식료품을 살 수 없는 지경은 아니므로 굳이 다툴 필요는 없다고 생각했다.

조셉은 아버지가 창업한 직물 회사를 물려받아 운영하고 있다. 그는 대학 졸업 후 의대 진학을 고민했지만, 결혼을 하게 되면서 보류했다. 베키는 학교를 좋아하지 않았다. 고등학교를 졸업하자마자 변호사 사무실의 직원으로 취직했다. 마라는 학교를

* Michael D. Reiter

잘 다니고 있다. 남자 친구들과의 데이트에 관심이 있지만, 부모는 16세가 되기 전에는 데이트할 수 없다고 한다. 조셉과 베키 둘 다 오후 5시까지 일하고 5시 30분이 되어야 집에 도착하기 때문에, 마라가 남동생들을 돌보곤 한다. 블레이크와 데이먼은 대부분을 함께 보낸다. 블레이크도 학교를 잘 다니고 있다. 데이먼은 꽤 활동적이고 학교에서 가끔 산만하다고 혼난다. 학교 심리전문가는 데이먼을 주의력 결핍 장애 ADD로 진단했다. 조셉은 데이먼의 난폭한 행동으로 인해 압도되곤 하는데, 자신의 아이들을 자랑스러워하면서도 베키가 원하는 만큼 아이들과 시간을 보내지는 않는다. 하지만 베키는 남편과 싸우고 싶지 않아 이러한 걱정스러운 마음을 남편에게 말하지 않는다.

7개월 전, 조셉은 베키에게 자신만의 시간이 필요하다고 말했다. 그는 5일 동안 집을 떠났고, 그가 다시 돌아왔을 때 부부는 그가 왜 떠났는지, 어디로 갔는지, 관계에 대해 기대하는 바가 무엇인지 이야기하지 않았다. 그들은 연애 초기에는 일주일에도 몇 번씩 활발하게 성적인 관계를 갖곤 했다. 마라가 태어난 후에는 2주에 한 번으로 줄어들었다. 지난 1년 동안은 딱 두 번 성적 친밀감을 나눴다.

베키는 마라와 가장 가까운데, 마라가 집 청소와 남동생 돌보기를 매우 성실하게 하기 때문이다. 베키는 마라 또래의 딸이 있는 옆집 이웃에게도 양육에 도움을 받고 있다. 베키의 친정은 옆 동네에 있다. 친정아버지는 데이먼이 태어난 해에 세상을 떠났다. 어머니는 은퇴했고, 건강에 문제가 생기기 시작했다. 베키는 한 달에 두어 번 아이들을 데리고 어머니 집을 방문한다.

조셉의 아버지는 3년 전에 사망했다. 어머니 에델은 아들과 함께 직물 회사에서 일한다. 그녀는 매우 엄격한 어머니였고, 조셉과 어머니는 직장에서 어울리기는 하지만 친밀하지 않다. 에델은 한 달에 한두 번 손자들을 만난다. 데이먼의 과잉행동을 언급하면서 베키에게 아이들을 지금처럼 키우면 안 된다고 한다. 베키는 시어머니 에델에게 표현하지는 않지만, 이 말이 너무 모욕적이고 거슬린다고 생각한다. 에델은 아들 조셉에게 베키보다 나은 여자와 만날 수 있었다고 말한다. 조셉은 어머니가 이런 말을 하면 그냥 무시한다.

이 장에서는 호로위츠 가족이 안내자가 되어 상호작용의 뿌리를 가진 체계이론 개념을 탐색할 것이다. 이러한 개념들은 그레고리 베이트슨Gregory Bateson의 인류학적 이해와 의사소통의 역설에 대한 그의 프로젝트 결과에서 주로 나온 것이다. 그 프로젝트는 정신건강연구소Mental Research Institute: MRI의 설립으로 이어졌고, 그곳에서 심리치료의 상호작용 모델이 개발되었다. 상호작용과 관련된 이러한 개념은 제2장과 제3장에 제시된 사이버네틱스의 개념과 밀접하게 관련되어 있다.

❤ 차이

이 책에서 우리는 전체로서 기능하기 위해 모인 부분이 어떻게 체계를 구성하는지, 그리고 이 전체가 연결되어 있지만 다른 체계들과 분리되어 있음을 다뤄 왔다. 한 체계를 다른 체계와 구별하기 위해서는 차이를 살펴야 한다. 차이는 두 사물을 구분하는 정보의 단위이기 때문이다(Bateson, 1972).

우리의 인식에는 차이를 기반으로 하는 것이 얼마나 많은지 모른다. 부엌에서 오랜 시간을 보냈을 때를 잠시 생각해 보자. 아마도 냉장고가 켜져 있다는 것을 깨달은 순간이 있었을 것이다. 냉장고가 조용하다가 어느 순간 모터의 일부 장치가 소음을 냈기 때문이다. 소리의 차이가 있던 그 순간이 냉장고를 인식하게 했다. 하지만 냉장고가 계속 같은 소리를 내는(또는 아무 소리도 나지 않는) 방에 잠시 있어 보자. 그러면 아무런 차이가 없으므로 여러분의 인식은 사라지게 된다.

관계의 차이라는 것으로 관점을 옮겨서, 우리는 '어떤 관계'를 '다른 관계가 아닌 것'으로 이해함을 알게 된다. 나와 아내의 관계는 나와 아이의 관계와 차이가 있어 두 관계는 상당히 뚜렷이 구분된다. 호로위츠 가족에서 조셉은 블레이크와 데이먼의 행동에 따라 차이를 발견한다(물론 이것이 블레이크와 데이먼의 유일한 차이는 아닐 것이다. 한 아이는 금발이고 다른 아이는 갈색 머리라든가, 키가 크고 작음, 말이 많고 적은 것도 가능하다).

우리는 분리를 통해 차이를 찾곤 하지만, 거기에는 여전히 연관성이 있다(Flemons, 1991). 차이는 경계를 나타낸다. 당신과 나 사이에는 차이가 있고, 따라서 우리 사이에는 경계선이 있다. 우리 가족과 당신 가족 사이에 차이가 있고, 따라서 경계선이 있다. 이 경계를 볼 때 분리와 연결이라는 두 가지 상호보완적인 개념을 보게 된다([그림 4-1] 참조). 그 경계는 우리를 나와 당신으로 갈라놓는다. 하지만 그 경계는 우리를 나와 당신으로 연결하기도 한다.

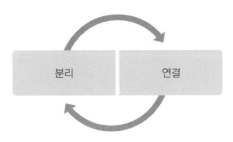

그림 4-1   분리와 연결의 관계. 이 둘은 구별되지만, 상호 연관되어 있기도 하다.

호로위츠 집안 같은 가족에서는 셀 수 없이 많은 차이가 있다. 남편/아내, 어머니/아버지, 부모/자녀, 조부모/부모, 소년/소녀, 남자/여자, 나이 듦/젊음, 근로자/비근로자 등의 차이가 있다. 이러한 차이는 그 관계가 어떠한지 맥락을 파악하는 데 도움이 된다. 상호작용 규칙은 이러한 차이에 기초한다. 마라는 부모와 친구의 차이를 알아차리고 누구와 만나는가에 따라 다르게 행동한다. 친구에게라면 "넌 정말 나쁜 년이야."라는 농담을 던질지도 모르지만, 엄마에게 이런 말을 하지는 않을 것이다. 부모와 친구 사이에는 차이가 있을 뿐만 아니라 그 차이는 의미를 지닌다. 마라는 자신과 어머니 사이의 차이를 구분할 때 자율성을 보장받지만, 자신이 어머니와 연결되어 있다는 것도 알고 있다.

💙 구별

차이를 경험하기 위해서는 구별할 필요가 있다. 구별distinctions은 우리가 두 개의 것을 달리 알아차릴 수 있을 때 발생한다. 1미터도 안 되는 거리에 두 사람이 나란히 서 있다면 쉽게 사람 1과 사람 2를 구별할 수 있다. 그러나 키, 몸무게, 체격 등이 정확히 같은 두 사람이 있고, 한 사람이 정확히 다른 사람 뒤에 서 있다면 그 둘을 구별하지 못할 수도 있다.

파랑/주황, 초록/빨강, 보라/노랑처럼 색상환에서 색상이 서로 멀리 떨어져 있을 때는 색을 쉽게 구별할 수 있다. 하지만 두 색이 매우 가까울 때, 그 둘을 구별하는 것은 훨씬 더 어려워진다. 구별할 수 없을 때 차이를 볼 수 없다. 예를 들어, 사람들 대부분은 로열블루royal blue와 트루블루true blue를 구별하지 못할 것이다.

구별의 마지막 예를 살펴보자. 당신이 35도의 날씨에 잠시 밖에 있다가 에어컨이 19도로 설정된 집으로 들어갔을 때를 생각해 보자. 당신은 야외의 더운 날씨와 대조적으로 차가운 집 안의 온도 차이를 현관에서 알아챘을 가능성이 크다. 차이로 알아차린 것이다. 하지만 당신이 19도의 방 안에서 몇 시간 동안 머문 후에 온도를 20도로 바꿨다고 가정하자. 두 온도를 구별할 수 있을까? 아마 아닐 것이다. 이 개념은 삶은 개구리의 우화가 어떻게 시작되었는가를 보여 준다. 개구리는 물이 끓을 정도까지 온도가 천천히 상승하는 냄비에 가만히 머물러 있을 텐데, 물이 점점 뜨거워지는 것을 구별하지 못하기 때문이다.

사람들은 자신이 항상성을 유지하고 있는지, 아니면 무언가가 바뀌었는지 알기 위해 구별한다. 기능상의 변화가 매우 작으면 구별되지 않고 눈에 띄지 않는다. 그리고 그 작은 변화는 항상성의 일부가 된다. 시간이 흐르면서 이러한 아주 작은 행동의 조정은 존재로부터 용인되는 방식이 된다. 그 사람/가족이 한때 어떻게 살았는지 보여 줄 때, 그 두 가지 존재 방식이 구별된다. 이러한 점을 고려할 때, 치료가 사람의 행동을 변화시키는 데 도움을 주는 방식은 구별하게끔 돕는 것이다.

💡 지식 적용하기

당신은 당신이 맺고 있는 여러 관계에서 어떤 구별을 하는가? 이러한 구별이 어떻게 당신에게 차이에 대해 알려 주는가? 어떻게 해서 그 차이는 당신이 구별하지 않을 때와 다르게 행동하도록 하는가?

호로위츠 가족의 경우, 조셉과 베키는 블레이크의 행동과 데이먼의 행동을 구별하며, 이 구별은 차이이다(그림 4-2] 참조). 그런 다음 그들은 블레이크의 행동은 좋고 받아들일 만한 것이고 데이먼의 활동적인 행동은 문제라며 이 구별에 판단을 더한다. 이것은 호로위츠 가족의 다양한 구성원에게 있는 수백만 개의 구별 중 하나일 뿐이다. 다른 중요한 구별로는, 베키(그리고 가족의 친구들)가 조셉을 도박을 하거나 하지 않음, 성관계에 적극적이거나 적극적이지 않음으로 보는 것과 에델이 베키를 아들의 아내로, 다른 누군가를 아들의 잠재적 아내로 구별하는 것 등이 있다.

그림 4-2 사람들은 오래된 행동과 새로운 행동을 구별한다.

💟 정보

체계는 정보를 이용하면서 작동한다. 베이트슨(Bateson, 1972)은 "정보는 차이를 만드는 차이이다"라는 유명한 말을 남겼다. 어떤 차이가 체계를 변화시킬 만큼 유의미한지는 알 수 없다. 만약 우리가 체계를 평가하고 특정한 결과를 가져올 수 있는 특정한 개입을 할 수 있다고 생각한다면, 우리는 선형 인식론을 하는 것이다. 그러나 체계이론은 상호성과 순환성에 기반을 둔 비선형 인식론에 기반을 두고 있어서 반드시 일어나는 원인과 결과란 없다고 본다.

원인과 결과에 대한 관점 대신, 체계이론가들은 가능성의 영역에서 더 많이 활동한다. 이제 체계를 교란하면서 자신이 원하는 변화를 꾀하는 어떤 사람의 행동을 이야기해 보자(제8장에서 교란에 대해 더 이야기할 것이다). 이를 위해서는 체계가 정보를 가져오려고 해야 한다. 차이가 차이를 만들 수 있을 정도로 유의하면 체계는 자동으로 수정되고 변경된다.

호로위츠 가족의 경우, 학교 심리학자가 ADD라고 진단했을 때 구별을 했다. 이러한 구별은 호로위츠 가족이 데이먼의 행동을 규정했던 것과는 다르다. 아마도 이 새로운 구분은 조셉과 베키가 정신적·언어적 측면에서 데이먼을 분류하는 방식을 더 변화시킬 수 있을 것이다. 그렇게 되면 부부는 그들의 양육방식이 아닌 뇌의 화학작용 문제 때문에 데이먼이 흥분한다고 안심할 수 있다. 이 새로운 구별은 데이먼에게 과잉행동 약물을 처방하기 위해서 정신과 의사에게 데려가야 한다고 부부에게 알려 줄지도 모른다. 그리고 데이먼에게 급하게 화를 내지 않게 되면서 관계의 방식이 바뀔 수 있다. 그러면 데이먼은 부모에게 다른 방식으로 반응할 수 있다. 이것은 단지 가능성을 말하는 것이다. 그러나 ADD 진단이 부모의 구별이나 데이먼의 행동을 바라보는 시각을 바꾸지 않을 수도 있다. 차이가 지속되지 않으면 정보는 '변화'가 되지 않을 것이다.

♥ 끊어 읽기[1]

우리는 정보와 구별을 이야기했다. 만약 우리가 이러한 개념을 가지고 사람들 사이의 의사소통 흐름을 가져간다면, 우리는 각각의 사람들이 상호작용을 어떻게 끊어 읽을지 알아볼 수 있다. 끊어 읽기punctuation는 상호작용의 시작과 끝을 구별하는 방법이다([그림 4-3] 참조). 두 명의 어린 자매가 싸우는데 부모가 와서 "어떻게 된 거야?"라고 물어본다고 가정해 보자. 아이 중 한 명 또는 둘 다, "쟤(언니)가 시작했어!"라고 말할 것이다. 아이들은 상대가 무언가를 한 것처럼(즉, 장난감을 빼앗거나, 놀리는 표정을 짓거나, 욕을 했다거나) 상호작용에 끊어 읽기를 했다. 그러고서 상대방의 개막전에 대응한 것이다.

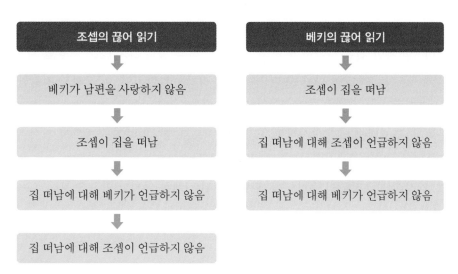

[그림 4-3] 두 사람의 끊어 읽기 차이. 조셉과 베키는 각각 같은 상황을 묘사하고 있지만 누가 그 상황을 일으켰는가에 대해서는 다른 견해를 가지고 있다.

---

1 역자 주: punctuation은 구두점이라고도 번역되기도 한다. 이 책에서는 가족상담의 맥락에서 내담자 가족의 이야기를 어떻게 나누는가에 따라 인과관계를 다르게 볼 수 있다는 의미로 '끊어 읽기'로 표현한다.

그러나 교류의 흐름은 보통 사람들이 끊어 읽는 것보다 훨씬 길다(Watzlawick et al., 1967). 자매에 대한 예를 다시 살펴보면, 그들은 꽤 오랫동안 왔다 갔다 하며 서로에게 관여했다. 누가/무엇이 싸움을 시작하게 했는지에 대한 각자의 설명은 긴 교류의 임의적 시작점에 불과하다. 실상 이러한 교류는 둘 사이에 있었던 과거의 교류와 분리될 수 없다.

이 상호작용의 순서는 다음과 같이 설명될 수 있다. 1 2 1 2 1 2 1 2 1 2 1 2 1 2 1 2 1 2 1 2 1……. 여기서 자매 1은 자매 2가 시작했다고 말하고 자매 2는 자매 1이 시작했다고 말한다. 상호작용의 역사는 종종 추적할 수 없게 되며, 패턴만이 남는다. 상호작용 원리를 따르는 가족치료자들은 이러한 패턴에 더 관심을 두고 흐름에 차이를 발생시킨다.

호로위츠 가족에서 조셉이 떠나 있던 5일의 기간만 본다면, 조셉과 베키(다른 가족원들도 마찬가지이다)가 서로 다르게 끊어 읽고 있지 않을까 하는 의심이 든다. 조셉에게 끊어 읽기는 베키가 결혼생활에 그다지 신경 쓴다고 느끼지 않았고, 자신을 진실로 사랑하지 않는 것처럼 보이기 때문에 집을 떠나 5일을 보냈다는 것일 수 있다. 그러고서 집에 돌아왔을 때 베키가 그 이야기를 꺼내지 않아서 자신도 언급하지 않았다고 말할 것이다. 베키의 끊어 읽기는 이와는 상당히 다를 것이다. 그녀에게 그 순서는 조셉이 5일 동안 집을 나갔다가 집에 돌아와서 아무 말도 하지 않는 것으로 시작할 것 같다. 두 사람의 끊어 읽기 중 어느 쪽도 틀리지는 않았지만, 어느 쪽도 정확한 것은 아니다. 또한 순서도의 맨 처음 항목보다 먼저 일어난 항목을 계속 추가할 수 있기 때문이다. 조셉에게 베키가 사랑하지 않는 방식으로 행동한다고 구별하기 전에 무슨 일이 있었는지 물어보면 말이다. 이 과정을 계속한다면 순서도의 앞뒤를 추가할 수 있고, 각각이 상호작용의 순서도에 대해 제한된 견해를 가지고 있음을 보여 주는 데 도움이 될 것이다.

💡 지식 적용하기

당신은 두 사람이 같은 사건에 대해 다르게 끊어 읽는 것을 일평생 수없이 경험했다. 세 가지 상황을 들어 당신과 상대의 끊어 읽기를 나열해 보라. 그런 다음 제2장에서 제시된 이중 설명의 개념에 대해 생각해 보고 끊어 읽기로 관계를 더 이해하게 하는 바를 설명해 보자.

상황 1

당신의 끊어 읽기:

상대의 끊어 읽기:

관계에 대한 이해:

상황 2

당신의 끊어 읽기:

상대의 끊어 읽기:

관계에 대한 이해:

상황 3

당신의 끊어 읽기:

상대의 끊어 읽기:

관계에 대한 이해:

♥ 중복/패턴

　관계에서 사람들 사이의 상호작용은 분리된 것이 아니라 같은 모양인 여러 개의 순서도로 서로 연결된다. 즉, 상호작용은 중복되는redundant 경향이 있으며, 존재 패턴과 방식이 유지된다. 이러한 패턴은 가족규칙에 따라 형성되며, 가족규칙을 형성하기도 한다([그림 4-4] 참조). 여기서 우리는 규칙과 패턴이 서로 물고 물리는 재귀성recursiveness이 있음을 살펴볼 수 있다.

　패턴을 기반으로 하는 관계는 꽤 유용하고 위안이 된다. 여러분이 집에 갈 때마다 배우자(혹은 동거인)가 여러분에게 어떻게 반응할지 모른다고 상상해 보자. 집에 들어갈 때 키스, 식사, 욕설, 폭행 등 무엇이 기다릴지 알 수 없다면 매우 혼란스러울 것이다. 하지만 당신은(혹은 당신의 배우자는) 오늘 집에 도착할 때 무슨 일이 일어날지 꽤 정확하게 예측할 수 있을 것이다. 그것은 여러분이 함께 있는 패턴을 발전시켰기 때

그림 4-4 규칙과 패턴의 재귀성. 체계의 규칙은 어떤 패턴이 확립되었는지 알려 주고, 확립된 패턴은 체계의 규칙이 무엇인지 알려 준다.

문이다. 여기서 분명히 할 것은, 우리는 지금 패턴을 단순화하고 있다는 것이다. 분명히 같은 사람과 여러 패턴이 있다. 하지만 대개는 다른 상황에서 발생하는 것이다. 예를 들어, 당신이 집에 돌아왔을 때의 패턴(즉, 서로에게 "어서 와요."라고 말하고 키스함), 휴가 때 무엇을 할지 결정할 때의 패턴(한 사람이 계획을 세우고 다른 사람은 그것에 따름), 그리고 침실에서 성관계하는 패턴(누가 어떻게 시작하는지, 어떤 동작을 하는지)이 있다.

　패턴은 좋은 것도 나쁜 것도 아니다. 그저 패턴일 뿐이다. 관계는 패턴화된 상호작용이기 때문에, 우리는 한 관계를 다른 관계와 구별할 수 있다. 그러면 우리는 관계가 잘 유지되고 있는지 그렇지 않은지 구별할 수 있다. 패턴에 차이가 있을 때 이 패턴과 다른 행동을 구별하고, 이것은 곧 정보가 된다. 호로위츠 가족의 베키가 집에 돌아오면 블레이크와 데이먼이 엄마에게 안기려고 문으로 달려오고 마라도 똑같이 달려오는 전형적인 패턴이 있다고 가정해 보자. 어느 날 그녀가 집에 돌아왔을 때 아무도 반기지 않고, 구석에 혼자 앉아 있는 데이먼을 본다면, 뭔가 차이가 있는 것이다. 그녀는 아마도 이 차이가 다른 것과 유사하다고 가정할 수 있을 것이다. 그리고 뭔가 잘못되고 있다는 판단을 내리는 데 그 정보를 사용할 것이다.

💡 지식 적용하기

패턴을 따르지 않을 때 발생하는 이 개념을 테스트에 반영하려면 다음을 수행한다. 당신과 애정관계에 있는 파트너와(이런 상대가 없다면, 당신과 가까운 사람과 이 연습을 해 볼 수 있다) 함께 집에서 좋아하는 텔레비전 쇼나 영화를 보는 패턴이 있을 것이다. 아마 두 사람 모두 같은 소파에 가까이 앉을 것이다. 이것은 두 사람 다 가치 있다고 여기며 즐거워하는 패턴일 것이다. 다음에 두 사람이 텔레비전을 볼 때, 파트너를 먼저 앉도록 하고 같은 소파가 아닌 다른 자리에 앉은 다음, 무슨 일이 일어나는지 관찰해 보라. 반응이 일어나는 데 얼마나 걸리는가? 파트너는 현재의 방식과 과거의 방식(패턴이 있는 관계)을 구별했다고 당신에게 알리기 위해 어떻게 하는가?

뭔가 잘못되었는지 파트너가 눈빛으로 또는 말로 묻기까지는 그리 오래 걸리지 않을 것이며, 어쩌면 몇 초도 채 되지 않을 것이다. 파트너는 이번에 텔레비전을 함께 보는 것과 과거에 TV를 보는 것을 구별했고 정보가 된 차이를 감지했다. 이 상황은 이 관계에서의 전형적인 항상성을 벗어났고, 파트너가 질문하는 것은 흐트러진 것을 다시 정렬시키는 방법이다.

♥ 대칭 및 보완 패턴

우리가 방금 이야기했듯, 사람들은 함께 모이고, 또 함께 있기 위한 '정상적인' 방식을 발전시킨다. 이 방식은 두 명 이상의 사람들이 상호작용하는 주요 방식인 규범이 되기 때문에 정상이다. 그 방식들이 옳기 때문이 아니라 사람들 사이에서 익숙해졌기 때문에 정상인 것이다. 이러한 반복적인 방식은 패턴patterns으로 알려져 있다. 베이트슨(Bateson, 1958)은 두 가지 주요 패턴, 즉 대칭적 패턴과 상보적 패턴에 대해 논의한 바 있다.

대칭적 패턴symmetrical patterns은 두 당사자가 유사한 행동을 할 때 발생한다. 대칭적 패턴에는 두 가지 하위 유형이 있다. 첫 번째는 경쟁적competitive 대칭 패턴이다. A가 어떤 행동을 많이 할수록, B도 그 행동을 많이 한다. 두 번째 하위 유형은 순응적submissive 대칭 패턴이다. A가 어떤 행동을 덜 할수록 B도 그 행동을 덜 할 때 발생한다. 조금 과하게 단순화하면, 대칭적인 패턴은 '많이/많이'(경쟁적) 또는 '적게/적게'(순응적)라 할 수 있다.

속도를 늦추고 이 두 가지 하위 유형을 실제로 살펴보자. 경쟁적인 대칭 패턴은 '한 발 앞서기'의 대결로 볼 수 있다. 미국과 소련은 핵 군비 경쟁에 있어서 경쟁적인 대칭 관계였다. 미국이 핵무기를 많이 만들수록 소련도 더 많이 만들었다. 반대로, 소련

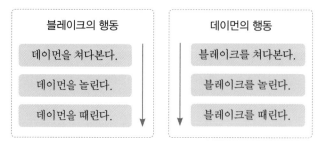

그림 4-5 블레이크와 데이먼이 각각 상대방과 같은 행동을 하거나 한발 앞서기를 하는 경쟁적이고 대칭적인 고조

이 많이 만들수록, 미국도 더 많이 만들었다(끊어 읽기에 대한 우리의 논의를 떠올려 보라). 대부분의 무력 충돌 상황에서는 경쟁적인 대칭관계를 보게 된다.

호로위츠 가족에서, 블레이크와 데이먼이 서로 다투는 방식을 살펴보면 경쟁적 대칭관계('경쟁적이고 대칭적인 고조'라고도 함)로 볼 수 있다([그림 4-5] 참조). 블레이크는 화가 나서 블레이크를 노려보는 데이먼을 놀리듯 쳐다볼지도 모른다. 블레이크는 "넌 돌대가리야."라고 부르면서 이 도전을 이어 가고, 데이먼은 "형은 똥대가리야."라고 말한다. 어느 시점에서 주먹다짐으로 끝날 때까지 서로를 조금이라도 더 이기려고 할 것이다.

순응적인 대칭 패턴은 한발 물러서는 정신으로 볼 수 있다([그림 4-6] 참조). 여기서 각자는 상대방의 뜻에 따르려고 한다. 이 패턴의 일반적인 현상은 두 사람이 토요일 밤의 계획을 세울 때 발생한다.

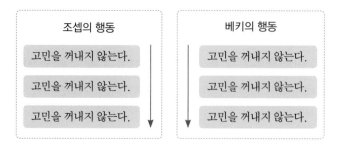

그림 4-6 한쪽에서 고민을 꺼내지 않으면 상대방도 더 고민을 꺼내지 않는 조셉과 베키 사이의 순응적 대칭 패턴

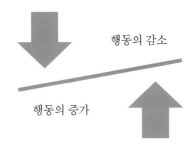

행동의 감소

행동의 증가

그림 4-7 보완적 관계는 두 사람이 상반되지만 연결된 행동으로 상호작용에 참여한다.

A: 당신은 뭘 하고 싶어?

B: 나는 모르겠어. 당신이 정해.

A: 아니야. 당신이 정해.

B: 잘 모르겠네, 뭘 하고 싶어?

이 과정은 끝나지 않을 수도 있고, 어느 한쪽 또는 양쪽이 모두 아무것도 안 하고 집에 있자고 할 때까지 계속될 수도 있다!

조셉과 베키는 그들의 관계를 이야기할 때 순응적인 대칭 패턴을 갖기로 암묵적인 동의를 했다. 조셉이 부부관계에 대한 고민을 털어놓지 않을수록 베키도 털어놓지 않는다. 거꾸로, 베키가 고민을 털어놓지 않을수록 조셉도 털어놓지 않게 된다.

보완적 패턴complementary patterns은 A가 행동을 많이 할수록 B가 행동을 덜 할 때 발생한다. 예를 들어, 한 사람이 더 많이 말할수록, 파트너는 더 적게 말한다(그 반대도 마찬가지이다). 또는 한 사람이 육아에 더 많이 참여할수록, 다른 한 사람은 더 적게 참여할 수밖에 없다. 일반적인 예는 추적자-도망자 관계이다(그림 4-7 참조). 우리는 관계의 상호보완성을 각자가 상대방을 조성하는 것으로 볼 수 있다. 조셉이 육아에 신경을 쓰지 않기 때문에 베키는 더 많은 신경을 써야 한다. 반대로, 베키가 육아에 신경을 많이 쓰기 때문에 조셉은 육아에 많이 참여하지 않을 수 있다. 각각은 상대방을 조성하는 것이다.

대칭적이고 보완적인 관계는 좋지도 나쁘지도 않다. 좋고 나쁘다는 판단을 내리기 위해서는, 어떤 맥락에서 그 패턴이 발생하는지 볼 필요가 있다. 그러나 관계 패턴의 맥락을 이해하더라도 그 패턴을 좋고 나쁘다고 분류하는 것은 상당히 주관적이라는 점을 유의해야 한다. 왜냐하면 상호작용적인 관점의 치료자들은 패턴을 볼 때 비규범적 입장을 취하는 경향이 있기 때문이다.

이러한 관계 패턴들이 '좋은' 경우가 있다.

- 경쟁적 대칭: 조셉이 베키에게 더 많은 관심을 쏟을수록 베키가 조셉에게 더 많은 관심을 쏟는다.
- 순응적 대칭: 베키가 조셉을 자극하지 않으려 할수록, 조셉은 베키를 자극하지 않으려고 한다.
- 보완적: 조셉이 베키와 문제가 있는 에델을 상대할수록 베키는 그럴 필요가 없어진다.

또한 이러한 관계 패턴들이 '나쁜' 경우가 있다.

- 경쟁적 대칭: 조셉이 베키에게 분노를 많이 표출할수록, 베키가 조셉에게 분노를 더 많이 표출한다.
- 순응적 대칭: 조셉이 집안일을 적게 할수록 베키가 집안일을 적게 한다.
- 보완적: 베키가 청소를 많이 할수록 조셉은 청소를 덜 하게 된다(결국 한 사람은 원망하게 될 것이다).

하지만 우리가 그냥 이렇게 놔둔다면 매우 제한된 그림을 보여 주는 것이 될 것이다. 사람들은 상황에 따라 다양한 패턴의 관계에 관여한다. 예를 들어, 육아에서 한쪽 배우자는 1차 양육자와 보완적인 관계를 맺을 수 있다. 여기서 베키가 아이들을 더 많이 감독할수록 조셉은 덜 감독한다. 같은 부부에서 조셉은 집안의 주요 재정 관리자가 될 수 있다. 즉, 조셉이 재정을 관리하고 청구서를 처리할수록 베키는 그렇게 하지 않는다. 이 부부는 또한 다양한 대칭관계에 관여할 것이다. 휴가 때 무엇을 해야 할지 논쟁할 때, 그들은 각자 주도권을 가지려고 할 것이다. 조셉이 휴가 계획을 세우려고 할수록 베키도 그렇게 하게 된다(경쟁적 대칭관계). 또는 실내 장식을 결정할 때, 그들은 각각 상대방에게 미루려고 할 수 있다(순응적 대칭관계).

패턴은 두 사람이 서로 함께 있는 방식이 확립되어 나타난 결과일 뿐이다. 비록 패턴은 사람들이 상호작용하는 주요하고 일관된 방식이지만, 고정불변의 것은 아니다. 따라서 치료자들은 그 패턴이 무엇인지 확인하고 그것을 바꾸게 해 줄 수 있다. 우리는 체계가 부분들의 상호 연결임을 전제로 하고, 체계 내 한 부분의 변화는 체계 전체를 변화시킨다고 본다. 그러므로 우리는 그 패턴에서 자신의 부분을 바꿀 수 있는 한 사람만 있으면 되며, 그러면 패턴은 바뀔 가능성이 크다.

❤ 지도/영토

알프레드 코지프스키의 가장 유명한 격언은 "지도는 영토가 아니다"이다(Korzybski, 1933, p. 58). 그가 무엇을 의미했는지, 그리고 이 격언이 체계이론을 더 이해하는 데 우리에게 어떤 영향을 미치는지 잠시 알아보자. 우리는 이 책에서 체계이론에 대한 설명을 제시하고, 이 이론을 사용하여 직업 현장에서 내담자를 어떻게 도울 것인가를 제시한다. 체계이론을 비롯해 인간 기능에 대한 이론들은 지도라고 볼 수 있다. 지도는 그곳에 무엇이 있는지에 대한 개요를 담고 있다. 하지만 지도는 실제로 그곳(영토)이 아니며, 실제보다 추상화 수준이 더 높다.

모든 심리치료 모델은 지도이다. 영토는 내담자의 삶(치료자와 내담자의 상호작용도 포함해서)인데, 각 모델은 구별되며 지도가 보여 주는 다양한 차이에 대해 서로 다른 규칙을 사용한다. 예를 들어, 엄격한 인지모델은 사람들의 생각을 구별한다. 엄격한 행동모델은 사람들의 생각을 구별하지 않는 대신 행동을 구별한다. 따라서 행동심리치료자의 지도에는 다른 치료자와 달리 우발적 강화의 상황이 포함되어 있다. 구조적 가족치료자의 지도에는 연합, 동맹, 위계에 관한 영토가 포함되어 있다. 체계이론가들의 지도, 적어도 일반체계 이론으로 바라보는 지도에는 패턴, 항상성, 대인관계 규칙에 초점을 맞춘 영토가 포함되어 있다.

♥ 생태학

생태학에 초점을 두고 체계이론을 계속 살펴보자. 사람들이 생태학을 생각할 때 보통 자연을 떠올린다. 에콜로지Ecology, 즉 생태학이라는 단어를 분해하면, '에코eco-'

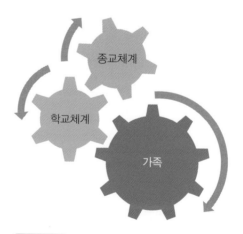

그림 4-8 더 큰 생태계에서 가족의 상호작용

는 환경을 의미하고 '로지-logy'는 학문을 의미한다. 즉, 생태학은 유기체와 환경의 상호작용에 대한 학문이다.

우리의 목적을 위해 생태학을 두 가지 방법으로 볼 수 있다([그림 4-8] 참조). 첫 번째는 사람과 환경이 서로 연결되어 있다는 것이다. 여기서 호로위츠 가족을 생태학적 관점에서 바라보자. 이들은 역동적으로 상호작용하면서 함께 기능하는 부분(즉, 각 가족원)의 집합이다. 시야를 조금 넓혀서 호로위츠 가족의 생태계를 살펴보면, 그들이 학교, 법률, 정치, 종교 등과 같이 더 큰 체계와 상호작용하고 있음을 알 수 있다.

가족생태학은 가족뿐만 아니라, 가족 내 개인과 학교, 종교, 의료시설, 문화와 같은 다수의 더 큰 체계 사이를 연결한다. 호로위츠 가족이 하위 중산층이라는 점을 고려하면, 그들은 조셉이 직물 회사를 총괄하는 것을 포함해 경제체계와 얽혀 있다. 세 아이 모두 현재 공립학교에 다니기 때문에 학교체계는 가족의 생태계에 중요한 역할을 한다. 데이먼이 ADD 진단을 받았기 때문에 엄마 베키는 다양한 개별교육 프로그램에 참석해야 한다. 확대가족도 생태계에 영향을 미치는데, 베키의 어머니는 심각한 건강 문제를 겪고 있어서 베키가 심리 · 정서적으로 힘들게 된 것이다. 조셉의 어머니가 지닌 거침없는 태도는 가족의 역동에 영향을 미친다. 우리는 또한 그 가족이 사는 지역, 도시 생활이 미치는 영향, 유대교적 신념, 문화가 가족의 기능에 미치는 영향, 그리고 그 외에도 많은 더 큰 체계들을 살펴볼 수 있다.

생태학을 보는 두 번째 방법은 그것이 관념의 상호작용이라는 것이다. 베이트슨(Bateson, 1991)은 "생태학은 근본적으로 관념idea이 상호의존적이고, 상호작용하며, 생성하고 소멸한다는 데 바탕을 두고 있는 관념이다"(p. 265)라고 설명한다. 여기서, 호로위츠 가족이 자신들에 대해 발견한 주요 주제 몇 가지를 살펴보자. 이러한 주제/관념은 상호작용에 대한 규칙을 형성해서 호로위츠 가족으로 구별되는 수단이 된다. 이 주제 가운데는 가까운 가족, 좋은 가족, 유대인 가족, 또는 교육이 중요한 가족 등이 포함될 수 있다.

생태학을 관념의 상호작용으로 정의하는 주제를 살피기 위해 줌렌즈나 광각렌즈를 사용할 수 있다. 매우 확대해 보면 관념은 개인 내에서 발생한다. 그 사람의 다양한 관념은 일관성 있는 이야기로 모여든다. 이야기에 맞지 않는 관념들은 죽고 우리의 인식 밖으로 떠난다. 다른 관념들과 연결되는 관념들은 이해라는 태피스트리tapestry의 부분이 된다.

줌 아웃을 하면서 조금 넓게 보면, 가족의 생태계를 볼 수 있다. 이것은 우리에게 개별 구성원의 관념이 서로 연결되어 있다는 견해를 갖게끔 한다. 제3장에서 가족신화의 개념을 다룬 바 있다. 이러한 신화들은 가족생태계에 기반을 두고 있으며, 각각의 구성원은 자신이 누구인지 그리고 어떻게 서로 결합하는지에 대한 관념을 가지고 있다. 예를 들어, 조셉이 집을 나가서 소통을 단절한 기간이 있었다. 그가 돌아왔을 때, 가족들은 이 기간을 무시하기로 결정했고, 아무 일도 없었던 것처럼 행동했다. 가족 생태계가 대립보다는 응집에 집중한 것이다.

광각렌즈를 통해 보면 관념이 어떻게 함께 모여 지배적인 담론을 형성하는지 볼 수 있다([그림 4-9] 참조). 지배적인 담론dominant discourses은 적어도 암묵적으로라도 한 집단의 대다수가 동의한 이해의 방법이다. 이러한 관념들은 '고유한 진실truth'로 받아들여지지만 '보편적 진실Truth'은 아니다(제8장~제11장에서 '진실'의 개념notion에 대해 더 다룰 것이다). 어떤 지배적인 담론이 고정된 것은 아니기에 시간이 지남에 따라 변한다. 예를 들어, 미국에서는 동성애에 대한 지배적인 담론이 바뀌었다. 초기『정신질환의 진단 및 통계 편람DSM』은 동성애를 정신장애로 명시했다. 이 항목이 사라진 것은 1973년에 사회적 저항 운동(즉, 시민권, 여성, 동성애자 권리운동)과 미국의 문화 변화가 동시에 일어나면서 비로소 이뤄진 일이다. 20세기 중반, 동성애를 정신장애로 여겼을 뿐 아니라 많은 종교 단체가 죄로 여겼다. 동성애자들은 일탈자이자 변태라고 인식되었다. 이 때문에 동성에게 매력을 느낀 많은 사람이 지배적 담론을 내면화하고 자신에게 심각한 문제가 있다고 생각하며 자신을 부정적으로 여겼다. 현재 동성애에 대한 지배적인 담론은 바뀌었다(모든 사람이 바뀐 것은 아니지만). 동성애는 이제 선택하는 것이 아니라 정체성의 자연적인 상태로 여겨진다. 미디어에서도 동성애 캐릭터를 보여 주지 않다가 TV 프로그램과 영화에서 한 명 또는 여러 명의 동성애 인물이 나오게

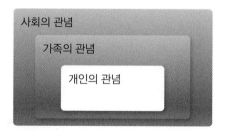

그림 4-9 관념은 여러 수준에서 발생하며 상호의존적이다.

되었다. 동성결혼이 합법화되면서 지배적인 담론이 여전히 변화하고 있지만, 미국의 다양한 하위집단(우리가 하위문화 또는 하위체계라고 부를 수 있는)에서는 서로 다른 지배적인 담론이 존재한다.

호로위츠 핵가족은 다섯 명의 구성원으로 이루어져 있으며, 각 구성원은 각자의 관념을 가지고 있다. 따라서 다섯 개의 개별 생태계가 작용하고 있다. 하지만 상호작용을 통해, 각 가족원의 관념은 다른 가족원의 영향을 받고 반대로 영향을 주기도 한다. 여기서 가족 생태계는 다양한 가족신화와 이야기를 발전시키며 자리를 잡는다. 그리고 호로위츠 가족은 고립된 채 살지 않고 지배적인 담론을 가진 문화 속에 산다. 남자, 여자, 아이, 기혼자, 가족, 유대인, 백인이 된다는 것이 무엇을 의미하는지 이해하는 이러한 방법은 그들이 자신을 보는 방식에 영향을 미친다.

💟 전체/부분

가족의 생태계를 이해하려고 할 때, 우리는 항상 가족의 일부만을 보고 있다는 것을 깨닫게 된다. 한 번에 모두 이해하기에는 너무 많은 구성요소가 있다. 그러나 여러 부분을 이해하고 그것들이 어떻게 결합하는지 이해하려고 노력하면 유용한 그림을 얻을 수 있는데, 이 그림을 얻게 되면 일부의 행동이 전체와 어떻게 조화를 이루는지 파악 가능하다.

체계는 **전체**로서 기능한다([그림 4-10] 참조). 이 개념은 부분들 사이의 상호관계라는 것으로 귀결된다. 바츨라빅과 동료들(Watzlawick et al., 1967)이 설명한 바와 같이, "체계의 모든 부분은 다른 부분과 매우 연관되어 있어서 한 부분의 변화는 부분 전체

그림 4-10 전체를 구성하는 부분 사이의 관계

와 전체 체계에 변화를 일으킨다"(p. 123). 이것이 한 사람만 참석해도 부부나 가족치료가 가능한 이유이다. 사람들이 대인관계 패턴을 통해 연결된다는 점을 고려하면, 한 사람이 그 패턴 안에서 행동을 바꾼다면 관계의 역학이 바뀔 가능성이 크다.

이러한 전체성의 개념은 비합산성의 개념으로 반박된다(Watzlawick et al., 1967). 비합산성nonsummativity이란, 전체는 부분의 합보다 크다는 개념이다. 체계의 부분을 단순히 합쳐서는 전체 체계를 얻을 수 없다. 가장 중요한 요소, 즉 부분들이 연결되는 방식인 부분의 관계를 놓칠 것이기 때문이다.

체계이론에서 가장 유명한 등식인 '1+1=3'은 사실 상당히 기초적이다. 처음에는 1+1=2가 5세 아이도 아는 것이기 때문에 혼란스러울 수 있다. 다섯 살짜리 아이들은 합산summativity의 원리를 이용하고 있는데, 각 숫자는 다른 숫자를 바꾸지 않고 함께 뭉쳐지는 별개의 단위이다. 예를 들어, 만약 당신이 사과 하나를 가지고 있고 또 한 개의 사과를 더하면 두 개의 사과를 갖게 된다. 사과가 함께 있어도 사과끼리 변화를 주지 않는다.

그러나 인간에게 이를 똑같이 적용할 수는 없다. 우리가 어떻게 있는가는 우리가 어떤 맥락에서 누구와 함께 있는지에 달려 있다. 따라서 1+1=3의 등식에서 '+'는 두 사람 사이에 발생하는 역동적 관계를 의미한다. 사고 실험을 통해 이 개념을 이해할 수 있다. 관계가 끝난 과거의 연인 관계를 생각해 보자. 왜 그 관계가 끝났는지 묻는다면, 당신은 다음 중 하나(또는 그 이상)의 대답을 내놓을 것이다. 상대가 너무 집착했거나, 지나치게 통제적이었거나, 바람피웠거나, 게을렀거나, 의욕이 없었거나 하는 이유 말이다. 만약 우리가 당신 말만 믿는다면, 우리의 등식은 1+1=2로 되돌아갈 것이다. 왜냐하면 그 사람과 당신은 서로 분리된 것으로 간주하기 때문이다. 하지만 실제로 그렇지 않기 때문에, 사고 실험을 계속해 보자. 그 상대와의 관계가 끝난 후 그 사람이 다른 사람과 사귀었는가? 아마도 '그렇다'란 대답을 할 것이다. 연애가 끝날 무렵, '이렇게 끔찍한 사람과 연애할 바보가 또 어디 있겠어?'라고 생각했을 것이다. 글쎄, 누군가는 그 사람과 사귀는 짓을 한 것이다. 그리고 이런 사람 중 다수는 좋은 연애를 다시 하게 된다. 그럼 전 애인—당신의 관계와 전 애인—과 다른 사람의 관계에는 어떤 차이가 있었는가?

그 관계는 전 애인이 너무 집착해서 끝난 것이 아니다. 단지 누군가에게 집착하는 사람과 집착받는 것을 싫어하는 사람이 만났기 때문에 끝난 것이다. 한쪽은 통제하고 다른 쪽은 통제받고 싶지 않았기 때문에 끝난 것이다. 한쪽이 바람을 피웠고, 바람을 피우는 상대와 만나고 싶지 않은 사람이 만났기 때문에 끝난 것이다. 한쪽은 의욕이 없는 반면, 상대는 의욕 넘치는 파트너를 원했기 때문에 끝난 것이다. 관계가 끝난 이유를 지나치게 단순화한다는 것은 알고 있지만, 이는 개념 설명을 위한 것이다.

체계이론은 관계에 초점을 맞추고 있으며, '1+1=3'이라는 등식은 관계에 특별한 주의를 기울이게끔 한다. 각각의 사람은 독특하지만, 두 사람이 함께 지내는 독특한 방식도 있다. 그 방식은 다른 두 사람이 함께 지내는 방식과 다르다. 호로위츠 가족과 이 등식을 연결해서 더 살펴보자. 이 핵가족에 다섯 명의 사람이 있다는 정도로 이해할 수 있지만, 실제 여기서는 많은 일이 일어나고 있다. 부모인 조셉과 베키를 예로 들면, 이 둘 사이에 하나의 관계가 있기에 '조셉+베키=3'이 된다. 조셉이 하나(1)이고, 베키도 하나(1)이며, 그들의 독특한 상호작용 방식(그들의 관계)이 세 번째 하나(1)이다. 이를 모두 합쳐서 3으로 생각할 수 있다.

마라가 태어났을 때, 그 체계는 더 복잡해졌다. 그리고 이 등식은 '1+1+1=7'이 되었다. 어떻게 이 숫자가 나왔을까? 이제는 개인, 2인 관계, 3인 관계를 다음과 같이 보는 것이다.

조셉 1
베키 1
마라 1
조셉/베키 1
조셉/마라 1
베키/마라 1
조셉/베키/마라 1

블레이크가 태어났을 때 이 등식은 '1+1+1+1=15'가 되었다. 이를 분해해 보면,

- 개인: 조셉, 베키, 마라, 블레이크
  총합=4
- 2인 관계: 조셉/베키, 조셉/마라, 조셉/블레이크, 베키/마라, 베키/블레이크, 마

라/블레이크

총합=6

- 3인 관계: 조셉/베키/마라, 조셉/베키/블레이크, 조셉/마라/블레이크, 베키/마라/
블레이크

총합=4

- 4인 관계: 조셉/베키/마라/블레이크

총합=1

그 후 데이먼이 태어났고, 이 등식은 1+1+1+1+1=30으로 바뀌었다.

- 개인: 조셉, 베키, 마라, 블레이크, 데이먼

총합=5

- 2인 관계: 조셉/베키, 조셉/마라, 조셉/블레이크, 조셉/데이먼, 베키/마라, 베키/
블레이크, 베키/데이먼, 마라/블레이크, 마라/데이먼, 블레이크/데이먼

총합=10

- 3인 관계: 조셉/베키/마라, 조셉/베키/블레이크, 조셉/마라/블레이크, 조셉/베
키/데이먼, 조셉/마라/데이먼, 조셉/블레이크/데이먼, 베키/마라/블레이크, 베
키/마라/데이먼, 베키/블레이크/데이먼, 마라/데이먼/블레이크

총합=10

- 4인 관계: 조셉/베키/마라/블레이크, 조셉/베키/마라/데이먼, 조셉/마라/블레이
크/데이먼, 베키/마라/블레이크/데이먼

총합=4

- 5인 관계: 조셉/베키/마라/블레이크/데이먼

총합=1

이것이 마치 산수 연습처럼 보일 수도 있지만, 개인과 가족을 좀 더 복잡한 방식으로 이해하는 토대를 쌓는 것이다. 가족은 여러 하위체계로 구성되며 이러한 하위체계는 고유한 방식으로 작동한다. 부부 하위체계만 보면 조셉과 베키가 그 구성원임을 알 수 있다. 그러나 마티네즈 가족(제1~3장 참조)을 돌이켜 보면, 이 부부의 하위체계

에 두 사람이 있었지만 상당히 다르게 기능했음을 알 수 있다. 두 부부가 서로에게 많은 사랑을 표현하는 문제가 거의 없는 부부 하위체계를 살펴보자. 그 하위체계에도 마찬가지로 두 사람이 포함돼 있지만, '+'(관계) 때문에 이 3은 매우 다른 것이다.

🎖️ 주요 인물

폴 바츨라빅 Paul Watzlawick

폴 바츨라빅은 1921년 7월 25일 오스트리아의 필라흐에서 태어났다. 1949년 베네치아 대학교에서 철학박사 학위를, 1954년 취리히의 융 연구소에서 분석심리학 과정을 밟았다.

1960년 돈 잭슨 Don D. Jakson의 정신건강연구소 Mental Research Institute: MRI에서 바츨라빅은 베이트슨 프로젝트의 멤버들과 함께 의사소통을 연구했다. 이러한 공동연구를 기반으로 『인간 커뮤니케이션의 화용론 Pragmatics of Human Communication』(Watzlawick et al., 1967)이 완성되었다. 이러한 아이디어들은 의사소통에 초점이 모아졌고, 상호작용적인 시각이라고 알려지게 되었다. 바츨라빅은 MRI 단기치료센터의 아이디어를 제공한 창립 멤버이며, 이곳에서 첫 번째 단기치료 모델 중 하나가 개발되었다. 『상담과 심리치료를 위한 변화 Change: Principles of Problem Formation and Problem Resolution』(Watzlawick et al., 1974)는 사람들이 변화하도록 돕는 단기 전략적 치료법을 보였으며, 당시로서는 획기적인 것이었다. 상호작용적 관점은 심리치료의 다른 모델들, 특히 해결책에 초점을 맞춘 단기치료와 밀란 Milan 학파의 체계적 가족치료의 기초가 되었다. 바츨라빅은 밀란 팀이 정신역동적 인식론에서 전략적/체계적 인식론으로의 전환하도록 도왔다. 그들의 접근 방식은 밀란 체계적 가족치료로 알려지게 되었다.

불교 철학, 특히 선禪 철학에 관심이 있던 바츨라빅은 실용적 과학의 엄격성과 아시아의 철학을 연결할 수 있었다. 그는 5개 국어를 했고 인간 행동에 대한 상호작용적 관점을 가진 구성원 중 가장 영향력 있는 선생이었다. 그는 여행을 자주 다녔고, 다양한 나라의 아이디어를 광범위한 청중에게 설명할 수 있었기 때문이다.

바츨라빅의 주장은 급진적 구성주의 사상 idea에 기여했다. 이러한 사상은 그의 많은 저서에서, 특히 『만들어진 실재 The Invented Reality』(Watzlawick, 1984)와 『얼마나 실제여야 실제인가? How Real Is Real?』(Watzlawick, 1976)에서 제시되었다. 이 영역에서 그는 "그리고 모든 것 중에서 가장 위험한 망상은 오직 하나의 실재밖에 없다는 것이다"(Watzlawick, 1976, p. xi)라고 말했다. 바츨라빅은 또한 의사소통과 자기실현적 예언의 개념을 탐구했다. 그는 총 22권의 책을 썼다.

폴 바츨라빅은 2007년 3월 31일, 85세의 나이로 집에서 세상을 떠났다.

💟 개방체계와 폐쇄체계

지금까지 호로위츠 가족을 체계로서 다뤘지만, 그 체계가 더 큰 생태계 안에 있다는 것을 이해할 필요가 있다. 호로위츠 가족과 큰 세상을 구별하는 것이 무엇인지, 어떻게 그들과 다른 사람들을 구별할지 생각해 보자. 앞에서 우리는 체계의 부분들이 어떻게 상호작용하여 전체가 부분의 합보다 더 큰지 설명했다. 체계는 더 큰 체계의 일부이다. 따라서 가족은 확대가족, 친구 네트워크, 이웃 등과 같은 더 큰 체계의 일부인 것이다.

어떤 체계가 얼마나 개방적이거나 폐쇄적인지에 대한 개념을 탐구할 때, 우리는 얼마나 많은 정보가 체계 안팎으로 이동할 수 있는지 살펴본다. 개방체계에서는 정보가 체계 안팎으로 쉽게 이동할 수 있다. 폐쇄체계에서는 체계 안팎으로 이동하는 정보의 양이 제한되어 있다. 현실에서는 어떤 인간 체계도 완전히 개방적이거나 완전히 폐쇄적이지는 않다. 이 둘은 연속선 위의 두 끝이다. 그러나 우리는 이 두 용어를 사용하여 체계가 연속선 위에서 어디에 있는지 설명하곤 한다. 또한 '매우 폐쇄적' 또는 '다소 개방적'과 같은 수식어를 사용할 수도 있다([그림 4-11] 참조).

패턴과 마찬가지로, 개방이나 폐쇄의 개념notion은 좋지도 나쁘지도 않다. 폐쇄적인 것이 체계에 더 도움이 되는 맥락이 있는가 하면, 개방적인 것이 더 좋은 맥락이 있다. 그러나 체계가 너무 폐쇄적이거나 너무 개방적인 극단에서 작동하면 문제가 발생할 수 있다. 체계는 기능하고 적응하기 위해 새로운 정보를 가져와야 한다. 체계가 너무 폐쇄적이면 정보가 들어오지 않아 체계가 붕괴할 수 있다. 체계가 너무 개방적이면 다른 체계와 구별할 수 없게 된다.

개방체계와 폐쇄체계에 대해서 두 가지 방식으로 이야기할 수 있다. 첫 번째는 체계와 환경 사이에서 일어나는 일이다. 호로위츠 가족에게 이것은 학교, 법률 또는 종교 체계와 관련이 있을 수 있다. 대가족과 핵가족의 관계를 살펴볼 수도 있다. 시어머

그림 4-11 어떻게 개방 또는 폐쇄 체계를 연속선 위에서 볼 수 있는가?

니 에델은 조셉과 베키가 아이들을 어떻게 키워야 하는지에 대한 정보를 체계에 주입하려고 노력한다. 조셉과 베키가 이 정보를 얼마나 활용하는지 보면 체계가 얼마나 개방되었는지, 또는 폐쇄되었는지 알 수 있다. 적어도 (에델과 관련하여) 대가족의 영역에서는 호로위츠 가족체계는 폐쇄적인 편인 것 같다. 만약 조셉이 에델을 무시하고 베키가 에델의 '참견'에 화를 낸다면, 그들은 그 새로운 정보를 받아들이고 적응하지 못하는 것이다. 만약 마라가 집에 와서 자기 또래의 모든 여학생이 이성교제를 한다고 설명하고 조셉과 베키가 데이트할 수 없는 그들의 규칙을 바꿔 허락한다면, 그 점에서 체계가 개방적이라고 추측할 수 있다. 데이먼의 행동에 대한 학교 심리학자의 정보를 받아들여 개별학습프로그램을 이용하고 ADD 약물에 대한 상담을 받는 것처럼 가족의 기능에 정보가 반영되는 것을 통해 개방성을 볼 수 있다.

개방 및 폐쇄 체계는 또한 해당 체계의 구성원 간에 허용되는 정보량을 통해서도 볼 수 있다. 이러한 개방성/폐쇄성은 사람들/하위체계 간의 경계가 어떤지 구별하는 데 도움이 된다. 체계가 얼마나 개방적이고 폐쇄적인지를 판단할 때 사람들 사이에 주고받는 사건이 있는지 살펴볼 수 있다. 이는 적응성과 경직성의 측면에서 논의될 수 있다. 적응형 체계는 내부 정보를 활용하여 작동 방식을 수정할 수 있다. 예를 들어, 호로위츠 가족에서 마라가 자기 또래의 다른 여자 친구들처럼 데이트를 허락받기 위해 부모님과 협상할 수 있다면 일종의 개방성을 보여 주는 것이다.

만약 우리가 이것을 개방 및 폐쇄 체계에 대한 논의에 다시 포함하면, 적응력이 강한 가족은 너무 개방적이며, 적응력이 별로 없는 가족은 너무 폐쇄적인 것이다. 가족 구성원이 친밀할 때(매우 응집된) 그들은 너무 개방적인 반면, 친밀감이 적은 가족은 너무 폐쇄적이다. 매우 응집력 있는 가족은 다른 더 큰 체계에 휘말리는 경향이 있는 반면, 응집력이 거의 없는 가족은 잠재적으로 분리된다.

이제 응집력과 적응력의 측면에서 호로위츠 가족을 살펴보자. 베키와 아이들 사이에는 연결고리가 있지만, 조셉과 베키, 조셉과 아이들 사이에는 분리감이 있다. 이 가족은 그들의 방식을 유지하려고 하지만, 어떠한 대안도 없이 그러는 것 같다.

💗 경계

우리는 한 체계와 다른 체계를 구분하는 것, 즉 경계를 이야기하고 있다. 경계는 두 사물의 경계이다. 사람들이 집 주위에 울타리를 둘 때, 그들은 그들의 재산인 것과 아닌 것 사이에 경계를 둔다. 두 스포츠팀이 서로 다른 색깔의 유니폼을 입을 때, 그들은 '우리' 팀과 '상대' 팀 사이에 경계를 만든다. 하지만 분리성과 연결성 사이의 관계에 대한 논의를 떠올려 보자. 두 팀이 같은 게임으로 서로 연결되어 있다고 말할 수 있다.

미누친(Minuchin, 2012)은 경직rigid, 모호diffuse, 명확clear의 세 가지 경계 유형을 구분했다([그림 4-12] 참조). 미누친은 가족 구성원의 관계를 묘사하는 방법을 개발하고 가족지도family map라고 불렀다. 가족지도는 치료자가 현재의 가족 조직을 개념화하게 해 준다. 이를 통해 치료자는 가족을 보다 기능적인 조직으로 만들 수 있는 계획을 할 수 있게 된다.

경직된 경계는 통과하기 꽤 어렵다. 즉, 하위체계 간에 오가면서 전달할 수 있는 정보가 거의 없다. 경계가 경직될수록 체계는 더 폐쇄적이다. 사람들 사이에 엄격한 경계가 있을 때, 그 관계는 보통 분리된disengaged 것으로 표시된다. 만약 호로위츠 가족의 마라가 부모인 조셉과 베키에게 친구들처럼 데이트를 할 수 있도록 데이트 금지 규칙을 바꿔 달라고 말했는데 조셉과 베키가 들으려 하지 않고 "우리가 네 부모이며, 규칙은 부모가 만들고, 규칙에 의문을 품으면 안 된다."고 말했다면, 엄격한 경계로 평가할 수 있다. 에델이 베키의 양육방식을 바꾸려고 할 때 에델의 말을 듣지 않는 조셉도 경계의 연속선에서 경직된 쪽을 보이는 또 다른 예라 할 수 있다.

모호한 경계는 상당히 투과적이기 때문에 많은 정보가 체계들 사이를 오가게 된다.

모호한 경계	명확한 경계	경직된 경계
하위체계 1	하위체계 1	하위체계 1
●●●●●●●●●	— — — — —	————
하위체계 2	하위체계 2	하위체계 2

그림 4-12 가족지도 다이어그램에 쓰이는 세 가지 경계 유형

경계가 모호할수록 체계는 더 개방적이다. 사람들 사이에 모호한 경계가 있을 때, 그 관계는 보통 융합된 것으로 분류된다. 호로위츠 가족에서 만약 조셉이 도박하러 나갔을 때 아내 베키가 딸 마라에게 가서 자신이 조셉에게 얼마나 화났는지 말한다면, 모호한 경계라고 할 수 있을 것이다.

명확한 경계는 반투과적이다. 정보가 하위체계 사이를 오가는 것이 허용되지만, 규제된 방식으로 발생한다. 만약 마라가 데이트 금지 규칙을 바꾸고 싶어서 부모에게 다가가고, 조셉과 베키가 이를 토론하고, 마라의 관점을 고려한 다음 부모가 결정을 설명하려고 한다면, 명확한 경계선이라 할 수 있다. 미누친(Minuchin, 2012)은 명확한 경계가 가장 기능적이라고 믿었다. 그러나 가족에서는 경직되거나 모호한 경계가 더 기능적인 경우가 있다. 이 경우들은 일시적이고 구체적인 상황에 한정된다. 예를 들어, 아이가 매우 어릴 때, 엄격한 경계를 갖는 것은 어린이에게 안전을 제공하는 데 도움이 되기 때문에 기능적이다.

💡 지식 적용하기

당신은 삶에서 경직, 모호, 명확의 경계를 경험했다. 각 경계 유형에 해당하는 관계를 경험한 두 사람을 생각해 보라. 각 사람과 어떤 유형의 경계를 갖는지 어떻게 알 수 있는가?

경직된 경계

－사람 1:

－사람 2:

모호한 경계

－사람 1:

－사람 2:

명확한 경계

－사람 1:

－사람 2:

💇 다양성

문화적, 민족적 영향에 따라 가족이 어떻게 작동하는지 관찰할 수 있다(McGoldrick, Pearce, & Giordano, 1982 참조). 치료자들은 다양한 문화, 민족, 인종 집단의 가족들이 어떻게 조직되고 기능하는지 배울 수 있다. 같은 민족 집단이라고 모든 개인과 가족이 같은 방식으로 기능하는 것은 아니지만, 일반적인 작동 방식이 있다. 민족에 대한 가족의 이해는 여러분의 내담자에 대해 알아 가기 시작하는 데 도움이 되는 틀이다.

맥골드릭(McGoldrick, 1982)은 "민족성은 가족에 의해 세대를 거쳐 전해지고 주변 지역사회에 의해 강화되는 공통의 감각을 나타낸다"고 하였다(p. 4). 민족성은 우리가 어떻게 타인과 우리 자신을 이해하게 되었는지를 알려 주고, 사람들의 정체성을 발전시키는 하나의 렌즈를 제공한다. 민족성은 가족의 생태에 기여하는데, 누가 어떤 역할을 해야 하는지에 대한 가족적 의미, 구성원 간의 상호작용 규칙, 그리고 일상 및 특별 의식ritual에 대한 가족 차원의 의미를 제공한다. 민족성에 의해 가족이 어떻게 구성되는지에 대한 탐구는 이 책의 범위를 벗어나지만, 유대인 가족인 호로위츠 가족에 대한 탐구를 통해 예증하는 시간을 가질 것이다. 이러한 개념들은 다른 민족의 가족, 심지어는 어떤 유대인 가족에게는 적용되지 않을 수 있다.

유대인 가족은 가족을 중심 교리로 삼고, 지적 성취, 경제적 번영, 자신의 감정을 표현하는 능력에 초점을 두는 경향이 있다(Herz & Rosen, 1982). 유대인 가정의 남성들은 주 부양자가 되는 경향이 있기 때문에 그들이 집 밖에서 하는 일에 대해 인정받는 경향이 있다. 하지만 집 안에서는 과소평가될 수 있다. 여성이 집안에서 일어나는 일을 책임지는 경향이 있기 때문이다. 조셉과 베키는 중하류층 출신이어서 남편과 아내 모두 수입을 위해 일해야 한다. 그러나 다른 많은 유대인 가정과 마찬가지로 가정생활은 아내가 중심이 되어 돌아간다. 베키는 가족을 기대에 맞춰 운영하는 주요 인물이며 요리와 청소를 하고, 아이들 숙제를 확인하고, 친목 관계를 관리하는 등의 역할을 한다.

유대인 어머니들은 침범을 잘한다는 고정관념이 있다. 에델이 손주들 양육에 대해 언급할 의무와 권리가 있다고 믿는 것에서 볼 수 있다. 이것은 치료적인 딜레마로 이어지는데, 유대인 가정은 유대감이 높은 경향이 있어서 융합되었다고 볼 수도 있다. 유대인 가족을 대상으로 하는 치료자들은 대인관계 친밀감을 존중하면서도 구성원 사이에 공간을 허용하는 방법을 개발할 필요가 있다. 호로위츠 가족의 경우, 치료자는 베키와 마라 사이에 공간을 제공하여 마라가 부모화된 아이가 되지 않도록 해야 할 수 있다.

유대인 가정은 자녀에게 높은 가치를 두기 때문에, 아이에 대한 걱정으로 치료받으러 오는 경향이 있다(Herz & Rosen, 1982). 호로위츠 가족은 결혼생활보다는 데이먼에 대한 걱정 때문에 치료받으러 왔다고 말할 가능성이 크다. 유대인 가정에서는 아이들이 매우 중요한 역할을 하므로 치료자들은 아이들과 강력한 치료 동맹이 이루어지도록 하는 것이 중요하다.

♥ 가족생활주기

다양성 및 민족성과 가족이 생활의 주기를 경험한다는 개념은 관련이 있다. 가족은 정적인 상태를 유지하지 않고 표준적인 발달을 경험한다. 이는 개인이 태어나서, 청소년, 청년, 성인, 노년기로 표준적인 인간 발달을 겪는 방식과 유사하다. 모든 사람은 이러한 전환을 경험하지만, 그것들을 다루는 방법은 상당히 다를 수 있다. 예를 들어, 누군가 어떤 사람과는 차분한 관계를 유지하지만 다른 사람과는 '끔찍한' 관계를 경험할 수 있다. 어떤 사람들은 사춘기에 개별화되는 데 어려움을 겪으면서 이 시기를 폭풍으로 여기지만, 어떤 사람들에게 사춘기는 평화의 시기일 수 있다.

가족에게도 생활주기가 있지만, 모든 가족이 똑같은 길을 가는 것은 아니다. 전형적인 가족생활주기는 출가(독신 청년), 결혼, 어린 자녀가 있는 가족, 청소년이 있는 가족, 진수기 가족, 노인 가족의 단계를 거친다(Carter & McGoldrick, 1999). 이혼과 재혼의 확산으로, 많은 가족은 추가적인 단계를 거치게 되며 가족의 조직과 기능에 영향을 받는다. 이러한 단계에서 볼 수 있듯, 가족은 반드시 다른 세대의 다른 핵가족체계와 연결되어 생활주기를 거친다. 즉, 한 가족이 진수기 단계에 있을 때, 한 개인이 독신 청년으로서 새로운 가족생활주기를 시작한다. 대부분의 가족에는 서로 겹치는 3세대 가족이 있다([그림 4-13] 참조).

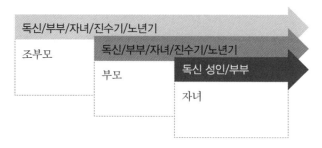

독신/부부/자녀/진수기/노년기
조부모

독신/부부/자녀/진수기/노년기
부모

독신 성인/부부
자녀

그림 4-13 전형적 가족생활주기의 3세대 가족. 한 가족의 생활주기는 이전 세대의 가족생활주기의 진수기에서 시작된다.

요즘에는 과거 어느 때보다 늦은 나이에 아이를 낳기 때문에 샌드위치 세대sandwich generation인 사람들이 많다. 샌드위치 세대는 어린 자녀를 돌보면서 노쇠한 부모도 돌보는 개념이다. 베키가 세 아이의 주 양육자인 동시에, 건강 문제가 있는 홀어머니를 돌보는 데도 많은 시간을 쏟는 호로위츠 가족에서 이것을 볼 수 있다. 이는 베키뿐만 아니라 추가적인 부담을 받아들이지 못하는 조셉과의 관계에도 부담이 된다.

가족의 전환기에, 이전 단계에서는 충분했을지 모르는 보완적 패턴이 더는 작동하지 않는다. 베키와 조셉은 아내가 더 많이 육아에 참여할수록 남편이 덜 참여하는 상호보완적인 패턴이 있다. 하지만 베키가 어머니를 돌볼 필요가 늘어나는 상황을 조셉이 적응하지 못하고 거리감을 두고 있다. 맞벌이로 인해 이미 스트레스가 증가한 가족에 스트레스가 더해진 것이다(Piotrkowski & Hughes, 1993). 때때로 마라는 부모 하위체계에 편입된다. 그러면 마라는 형제들을 돌보며 부모의 위치에 놓이게 된다. 이것은 가족 모두에게 유용하기도 하지만 구성원에게 역할 부담을 주기도 한다. 조셉과 베키는 육아와 가족 돌봄 측면의 역할에 대해 합의하는 데 어려움을 겪고 있다.

가족은 삶의 단계를 거치면서 다양한 발달적 변화를 겪는다(Carter & McGoldrick, 1999). 독신인 젊은 성인은 재정 및 감정 관리 등 이전에 없었을 책임을 배워야 한다. 여기에는 취업, 동료 관계망 및 배우자 찾기 등이 포함된다. 부부 단계에서 두 사람은 새로운 체계를 함께 만드는 법을 배워야 한다. 이것은 어려울 수도 있는데, 자신의 원가족 규칙에는 익숙하지만 이제 상당히 다른 상호작용 패턴에 익숙한 사람과 타협해야 한다. 이 단계에서 각 배우자는 확대가족과의 상호작용을 타협해야 한다. 어떤 가족은 결혼(혹은 진지한 헌신적 관계)을 맞이할 때 아들이나 딸을 잃는다고 느낄 수 있다. 어떤 사람들은 아들이나 며느리가 추가된다고 받아들일 수 있다. 이 시점에서 사람과 하부조직 사이에 경계의 변화가 일어난다. 부부가 아이를 갖게 되면 새로 추가되는 사람을 수용하기 위해 가족을 재조정해야 한다. 부부는 잠재적으로 역할에 변화를 주면서 아이, 집, 재정을 돌보는 일에 새로운 규칙과 역할을 협상해야 한다. 나아가, 이제 부부의 부모, 즉 조부모는 손주의 인생에서 차지하게 될 자신의 위치에 대해 기대하기 마련이므로 확대가족의 조정이 필요하다. 아이가 청소년이 되면 가족은 아이에게 더 많은 독립성을 주기 위해 경계를 다시 바꿔야 한다. 여기서 부모와 자녀의 관계는 계층적 위치에서 벗어난다. 이 시점에서 부모들은 중년기 문제 및 진로 문제를 겪을 가능성이 크다. 진수기launching stage에서 부모는 자녀가 가족 밖으로 나가 어른으로서의 삶을 시작해야 함을 받아들여야 한다. 부부는 이제 아이를 가정의 중심점으로 두지 않고 부부의 관계를 재협상해야 할 것이다. 이 단계에서 부부의 부모는 심각한 질병과 죽음을 겪게 될 수도 있다. 마지막 단계에서 노년의 부부는 역할이 바뀌고 다음 세대로 옮겨 가고 있음을 받아들여야 한다. 이 부부는 조부모가 되어 은퇴했을지도 모른다. 그런 다음 그들은 증가하는 약점을 받아들일 뿐만 아니라 새로운 영역에서 의미를 찾을 필요가 있다.

이것이 '전형적' 단계이고 '전형적' 발달 과업이지만, 모든 가족이 이러한 방식의 경험을 하지는 않는다. 가족의 다양한 과업과 의미를 이해하는 데 문화는 큰 역할을 한다(Hines, Preto, McGoldrick, Almeida, & Weltman, 1999). 앞서 제시된 단계/과제는 그 가족이 아프리카계, 라틴계, 아시아계, 유대인, 중동인(그 외 다른 문화 집단)인지에 따라 다를 수 있다. 또한 이러한 각각의 문화 집단에는 이민 상태, 종교, 사회·경제적 지위 등에 따른 하위집단이 있다.

유대인 가족은 특정 생애주기 의식을 갖곤 하는데, 이는 가족에게 중요한 역할을 한다(Herz & Rosen, 1982). 갓 태어난 남자아이를 위한 브리스bris(포경수술), 13세가 된 남자아이와 여자아이를 위한 바르Bar 또는 밧 미츠바Bat Mitzvah, 그리고 가족이 죽으면 앉아 있는 시바shiva 등이 그 예이다. 호로위츠 가족은 이러한 의식들에 참여했을 가능성이 크며, 이는 확대가족 사이를 더 가깝게 만들고 각 개인의 역할에 변화를 준다. 예를 들어, 브리스에서는 부부가 부모가 되고, 바르 미츠바에서는 아이가 (종교의 눈으로) 어른이 되며, 시바를 통해 자녀는 방금 죽은 사람의 역할에 따라 가족의 가장이 될 수도 있다.

호로위츠 가족은 현재 어린 자녀를 둔 가족의 단계이다. 아이들을 돌보지 않고 여전히 신혼기 단계에 있는 것처럼 집 밖의 자유를 누리는 조셉은 새로운 단계에 적응하지 못한 것처럼 보인다. 이로 인해 베키는 더 많은 부담을 느낀다. 마라는 또한 부모가 맞벌이이기 때문에 자신이 시간제 부모의 위치에 있음을 안다. 이 가족은 사춘기 자녀가 있는 가족의 초기 단계에 있으며, 곧 마라의 통제에 관한 규칙을 부모가 재협상해야 할 것이다. 이것은 데이트하려는 마라의 열망과 부모님이 만든 16세 이전의 데이트 금지 규칙으로 인해 표면화되기 시작했다.

♥ 성찰을 위한 질문

1. 새로운 내담자를 만날 때 어떤 구별이 중요하다고 생각하는가? 이러한 구별이 내담자가 찾아온 이유를 이해하는 데 어떻게 도움이 되는가?
2. 당신이 맺고 있는 관계 속에서 어떤 유형의 패턴을 발견하는가? 이 패턴들은 시간에 따라 어떻게 변했는가?
3. 심리치료에서 관계의 패턴에 집중하는 것은 왜 중요한가? 당신은 체계 내의 한 변화가 체계 전체의 변화로 이어진다는 개념에 동의하는가? 이러한 관점이 내담자와의 관계에 어떤 영향을 미치는가?
4. 다양한 인종과 민족에 대해 이해하는 것은 해당 내담자를 만나는 데 얼마나 중요한가?
5. 관계의 패턴은 가족생활주기의 여러 단계에서 어떤 역할을 하는가?

제**5**장

상호작용 치료 실제

💟 사례 설명

이번 장에서는 제4장에서 만났던 호로위츠 가족에 대해 계속해서 함께 다룬다. 저녁 식탁에서의 전형적인 교류를 관찰해 보자.

베키: 마라, 방과 후에 남동생들하고는 어땠니?

마라: 좋았어요. 다만 동생들이 서로 말다툼했어요.

베키: 무엇에 대해 말다툼했지?

마라: 어떻게 알겠어요? 데이먼이 블레이크의 물건을 가져간 것 같아요.

베키: 블레이크, 무슨 일이었니?

블레이크: 데이먼이 제 장난감을 가져갔고, 저는 그게 싫었어요.

베키: 그래서 어떻게 했니?

블레이크: 다시 **뺏**었죠. 그러니까 데이먼이 화를 냈어요.

* Michael D. Reiter

베키: 너는 형이고, 다르게 할 수 있었잖니. 여보, 당신이 데이먼과 얘기 좀 해 볼 래요?

조셉: 왜? 애들이 다 그렇지.

베키: 우리 아이들은 서로 싸우면 안 돼요.

조셉: 그게 사내아이들이 하는 일이야.

베키: 하지만 우리 아이들이 그럴 필요는 없어요.

마라: 걔네들이 가끔 짜증 나게 할 때가 있어요.

조셉: 두 사람 모두 너무 민감할 필요 없어. 누가 주먹을 날리기라도 했어? 아니 잖아. 형제끼리 경쟁하는 건 항상 있기 마련이야.

이 장에서는 치료자가 구별, 패턴, 의사소통과 같은 개념을 활용하여 내담자의 변화를 돕는 방법에 대해 계속해서 초점을 맞춘다. 제4장에 제시된 개념은 인간 행동에 대한 상호적 이해의 배경이자 치료자와 내담자를 변화로 이끄는 방법에 대한 배경이었다. 우리가 논의할 원칙 중 상당 부분은 사람들이 의사소통하는 방법에 대한 개념에 기초한다. 이러한 생각들은 베이트슨의 의사소통 프로젝트를 통해 심리치료 용어에 도입되었다.

💗 의사소통의 공리

사람들은 상호작용하는 존재이다. 우리는 우리 자신(혼잣말)뿐만 아니라 다른 사람과도 의사소통한다. 예전에는 두 사람이 서로 가까이 있을 때 다른 사람을 보고 듣는 의사소통이 가능했다. 하지만 기술의 등장으로 우리는 세계 어느 사람들과도 클릭 한 번으로 만날 수 있게 되었다. 누군가가 문자를 보내거나 소셜 미디어 사이트에 글을 올릴 때에는 응답할 필요조차 없다. 우리가 응답하거나 응답하지 않는 것도 의사소통의 한 형태이다. 예를 들어, 베키가 조셉에게 몇 시간 동안 어디에 있었냐고 묻는데 조셉이 대답하지 않는다면 베키는 조셉이 자신이 좋아하지 않을 일을 했고 이를 두고 싸우고 싶지 않다는 의사소통으로 받아들일 수 있다. 그러므로 우리는 항상 어떤 형태로든 많은 사람과 연결되어 있다.

의사소통은 우리의 모든 감각을 통해 일어난다. 보고, 듣고, 느끼고, 맛보고, 냄새 맡는 능력은 모두 우리가 다른 사람들과 메시지를 보내고 받을 수 있는 통로이다. 누군가와 데이트하는 것을 생각해 보자. 상대의 집으로 갈 때, 여러분은 먼저 그 사람을 보기 위해 눈을 사용한다. 많은 정보가 머릿속으로 밀려온다. 무엇을 입고 있는가? 상대가 입은 옷은 얼마나 깨끗한가? 로맨틱한 밤을 위한 옷을 입었는가, 아니면 편하게 입었는가? 그 옷은 얼마나 비싼가? 머리 스타일은 어떤가? 문신이 있는가? 그런 다음 귀를 사용하여 말을 듣는다. 말하는 내용은 무엇인가? 사투리가 있는가? 흥분한 것 같은가? 친절한가? 못됐는가? 시끄러운가 아니면 조용한가? 데이트하는 동안, 여러분은 상대를 만질 수도 있을 것이다. 포옹의 형태일 수도 있다. 상대가 여러분을 살짝 만지는가, 꽉 안아 주는가? 얼마나 오랫동안 접촉을 유지하는가? 비록 미각과 후각을 통해서는 덜 의사소통하는 경향이 있지만, 여전히 가능한 의사소통의 통로이다. 예를 들어, 상대에게 어떤 냄새가 나는가는 그 사람이 담배를 피우는지, 향수를 뿌렸는지, 목욕 습관을 아는 데에도 잠재적으로 도움이 되는 정보를 준다.

우리는 사람들 간 상호작용의 화용론話用論을 이해하는 데 도움이 되는 의사소통 이론의 몇 가지 측면을 탐색해 볼 것이다. 심리치료에서의 의사소통 이론은 주로 그레고리 베이트슨의 연구와 캘리포니아 팰로앨토에 있는 정신연구소MRI의 단기치료센터Brief Therapy Center에서 진행된 임상연구를 통해 소개되었다. MRI를 개발한 돈 잭슨Don Jackson은 1966년 폴 바츨라빅Paul Watzlawick 등과 함께 단기치료센터를 시작했다. 이 의사소통과 상호작용의 연구에 기여한 이론가들과 치료자 중에는 돈 잭슨, 제이 헤일리Jay Haley, 폴 바츨라빅, 존 위클랜드John Weakland, 리처드 피쉬Richard Fisch, 그리고 버지니아 사티어Virginia Satir가 포함된다. 그들의 주요 초점은 사람들이 다양한 의사소통 방식을 통해 어떻게 교류에 참여하는지 조사하는 것이었다. 바츨라빅 등(Watzlawick et al., 1967)은 몇 가지 의사소통의 공리를 제공했다. 교류에 대한 이해를 돕기 위해 각각에 대해 간략하게 논의하겠다.

공리 1

사람들은 항상 행동하며, 이것은 '사람은 행동하지 않을 수 없다'라는 첫 번째 공리로 이어진다. 여러분이 어떻게 행동할 수 없는지 생각할 때 전혀 움직이지 않으면 된다고 생각할지도 모른다. 하지만 심리학자, 심리치료자, 그리고 의학 전문가들은 이것을 긴장증catatonia이라고 부른다. 움직이지 않는 것도 하나의 행동이며, 단지 많은 움직임이 일어나지 않는 행동일 뿐이다. 일부 의류매장에서 쇼윈도의 옷을 입고 마네킹으로 일할 사람을 가끔 고용하기 때문에 쇼핑몰에서 이런 모습을 볼 수 있다. 이런 모델은 움직이지 않아서, 때로는 살아 있는 사람인지 마네킹인지 판단하려면 꽤 자세히 살펴야 한다. 그러나 모델이 움직이지 않는 것은 모델의 행동이다.

우리는 행동을 의식적이고 목적이 있는 것으로 생각하는 경향이 있다. 거의 모든 행동은 의도적이지만, 의도적이지 않은 행동도 많다. 만약 여러분이 잘 아는 사람 옆에 앉아 있다가 경고 없이 그들의 면전에 고함을 지르면, 그들은 자신도 모르게 움찔할 것이다. 상황에 대해 의식적으로 생각할 시간은 없었지만, 무의식적으로 행동한 것이다. 의식적으로 생각했다면 '나는 신체적으로 해를 끼치지 않을 친구 옆에 가만히 앉아 있으니 걱정할 것 없고, 움직일 필요가 없다'라고 혼잣말하며 움찔하지 않았을 것이다.

조셉이 일을 마치고 집에 돌아와 거실에 들어갈 때는 '행동'을 하는 것이다. 데이먼이 집안을 뛰어다니며 비명을 지를 때 행동한다. 에델이 베키에게 양육을 이렇게 하라고 말하는 동안 베키가 에델에게 미소를 지을 때 행동한다. 조셉이 5일 동안 가족을 떠났을 때 일어난 일에 대해 조셉과 베키가 서로 이야기하지 않을 때 행동을 하는 것이다. 어떤 사람도 행동하지 않을 수 없다. 다만 다르게 행동할 수는 있다.

많은 심리치료 기법은 내담자가 현재는 '하지 않는' 방식의 행동을 '하도록' 고안되었다. 제4장에서 설명한 바와 같이, 사람들은 패턴화된 방식으로 서로 관계를 맺는다. 이러한 패턴은 서로의 의사소통을 위해 사용하는 반복적 행동에 기초한다. 이러한 의사소통 행동은 문제를 유지하며, 치료자는 내담자가 다르게 행동하도록 돕고, 현재 서로 관여하는 것과 다른 방식의 행동으로 의사소통할 것을 요구한다.

치료자는 만능열쇠skeleton keys 또는 공식작업formula tasks이라고 불리는 것을 사용하여 대다수 문제에서 내담자가 다르게 행동하도록 도울 수 있다(de Shazer, 1985). 이러한 공식작업은 다양한 문제에 적합하므로 개인화 과정이 필요하지 않다. 우리는 이미 제3장에서 그 가운데 두 가지를 다루었는데, '다르게 하기'와 '구조화된 싸움 과제'이다. 각각 조셉과 베키에게 적용할 수 있다. 예를 들어, 다르게 하기 작업은 문제를 유지하게끔 하는 패턴 가운데 적어도 한쪽이 이전과 다른 의사소통 행동을 하도록 단계를 설정한다. 그것은 정보와 변화가 될 만큼 충분히 다르다. 호로위츠 가족에서 조셉은 아내 베키가 싫어하는 행동을 하고, 베키는 그에게 맞서지도 않고 남편의 행동과 행방에 대한 책임을 묻지도 않는 패턴에 동참했다. 이것은 결국 그들이 계속해서 같은 행동을 하게끔 한다. 뭔가 다른 것을 하면 그 패턴을 바꿀 수 있다. 베키가 조셉 앞에 마주 앉아 그의 손을 잡고 어디에 갔었는지 묻거나, 아내가 그에게 집 밖에서 무슨 행동을 했는지 물을 때마다 조셉이 5달러를 내게 하는 형태가 이러한 것이 될 수 있다.

아마도 모든 공식작업 중 가장 영향력 있는 것은 첫 회기 공식작업일 것이다(de Shazer & Molnar, 1984). 이 개입에 대한 설명은 다음과 같다.

> 지금부터 다음 회기에 만날 때까지, 가족 내에서 계속 또는 더 많이 일어났으면 하는 일에 관심을 가져 주셨으면 합니다. 다음 회기에서는 관찰하신 것들에 대해 말씀해 주십시오.

이 작업은 사람들의 관찰 행동을 변화시키며, 그들은 무엇이 잘되는지보다 무엇이 자신들의 삶에서 잘못되고 있는지를 관찰하게 되는 경향이 있다([그림 5-1] 참조). 잘 안 되는 것보다는 잘되는 것에 주의를 기울이는 것이 그 사람의 행동을 변화시키게 된다. 조셉이 데이먼의 활동 과잉만 보는 대신 데이먼의 차분한 행동을 본다면 데이먼과 다르게 상호작용할 수 있을 것이다.

부모 사이에 긴장이 있고 서로 힘들게 하는 경향이 있는 가족의 경우, 치료자는 홀수일/짝수일 의식을 활용할 수 있다(Palazzoli, Boscolo, Cecchin, & Prata, 1978). 이 치료 과제는 치료자가 홀수일(월요일, 수요일, 금요일)에 부모 한 명이 육아에 관한 결정

내담자가 문제에 초점을 맞춤

내담자의 현 위치

치료자의 과업이 작동하는 것에 초점을 맞춤

관찰 행동의 변화

내담자가 작동하는 것에 초점을 맞춤

내담자가 작동하는 것에 더 참여하는 행동을 함

그림 5-1 내담자에게 자신의 삶에서 어떤 일이 일어나는지 계속 주목하도록 요구하는 첫 번째 회기 작업 과정에서 먼저 내담자의 관찰 행동을 바꾼 다음 외적인 행동을 변화시킨다.

을 하도록 처방하는 것으로 구성된다. 그러면 배우자는 짝수일(화요일, 목요일, 토요일)에 육아 결정을 담당한다. 일요일은 무엇을 할지 부부가 협상하는 날이다. 호로위츠 가족의 경우, 치료자는 이 의식을 사용하여 육아를 도맡아 하는 베키와 참여하지 않는 조셉의 패턴화된 관계를 바꿀 수 있다.

공리 2

의사소통의 두 번째 공리는 '사람은 의사소통하지 않을 수 없다'이다. 우리가 방금 본 것처럼, 우리는 행동하지 않을 수 없고, 행동은 의사소통의 한 형태이기 때문에, 우리는 의도적이든 아니든 항상 의사소통한다. 여러분이 입는 옷, 머리 스타일을 어떻게 하는지, 문신이나 피어싱을 했는지 등은 어떤 말을 하려는 의도가 없더라도 모두 의사소통의 형태이다.

우리가 첫 번째 공리에서 보았듯이, 행동하기의 반대는 존재하지 않는다. 의사소통도 마찬가지이다. 의사소통을 안 하는 것은 겉으로 어떤 모습일까? 침묵일 것이다. 그러나 침묵은 매우 시끄러운 의사소통 수단이다. 말다툼 이후 베키가 조셉에게 침묵할 때 조셉은 상황이 좋지 않다는 것을 알아야 한다. 베키는 아직도 남편에게 화가 나 있으니 내버려 두라고 말하는 것이다. 우리가 이전에 묘사한 데이트 이야기로 돌아가 보자. 당신이 모든 감각을 사용하였고 정보를 소통의 형태로 받아들였던 그 데이트 말이다. 두 사람이 근사한 저녁을 먹고, 연극을 보고, 해변을 산책하거나 다른 활동을 한다고 하자. 데이트가 끝나서 당신 커플은 운전해서 집으로 간다. 만약 집으로 돌아오는 차 안에서 30분 동안 데이트 상대가 말을 하지 않는다면, 이것은 의사소통하지 않는 것일까? 그 침묵의 30분이 끝날 때쯤, 데이트를 다시 하게 될 것이라는 기대가 생기는가? 아마 기대가 크지는 않을 것이다. 하지만 침묵이 항상 문제의 메시지는 아니다. 당신이 꽤 잘 아는 누군가와 차 안에서 30분을 보내는 동안 아무 말도 하지 않았는데(아마도 라디오도 켜지 않았을 것이다), 그 침묵 속에서 아무 말 할 필요가 없음을 알았기 때문에 그 사람과 매우 가깝게 느껴 본 적이 있는가?

조셉이 집에 와서 거실로 들어가 텔레비전을 켜는 행동을 할 때, 조셉은 자신을 내버려 두라는 메시지와 그 순간에는 다른 가족들과 함께 있고 싶지 않다는 메시지를 보내고 있다. 데이먼이 집안을 뛰어다니며 비명을 지르면, 화가 났다는 메시지일 수 있다(즐거워하는 비명일 수도 있다!). 시어머니 에델이 베키에게 어떻게 부모 노릇을 해야 할지 알려 주는데 베키가 에델을 보고 웃으면 '지금 듣는 척하고 있지만, 실제로는 제대로 듣지 않고 있어요.'라는 메시지를 보내는 것이다.

치료자들 또한 행동하지 않을 수 없고, 의사소통하지 않을 수 없다. 그러면 문제는 치료자가 내담자와 어떤 방식으로 의사소통해야 하는가이다. 한 가지 선택지는 내담자의 언어로 말하는 것이다. 많은 전통적인 심리치료는 치료자가 내담자에게 새로운 언어를 가르친다는 전제를 갖는다. 예를 들어, 인지치료자는 내담자에게 어떻게 왜곡된 인지의 언어로 말할 수 있는지 가르친다. 여기에는 양극화 사고, 파국화, 개인화 및 과도한 일반화와 같은 용어가 포함된다. 단기치료자들은 내담자의 언어를 배우고 말하려고 시도하는 경향이 있다(Watzlawick, 1978). 이는 치료자는 내담자가 치료실로 가져오는 모든 것을 활용하여 상황을 개선한다는 개념을 기반으로 한다.

내담자의 언어는 내담자가 쓸 수 있는 것이다. 내담자의 언어를 사용하는 주된 이유는 치료자가 내담자의 반대 위치로 진입하는 것을 막기 위해서이다(Fisch, Weakland, & Segal, 1982). 치료자가 내담자의 언어를 더 많이 사용할수록 내담자가 치료자의 말을 이해하고 받아들일 가능성이 커진다. 그 이유 중 하나는 치료자가 내담자의 언어를 배울 때 내담자가 이해하고 받아들일 만한 것을 알게 될 가능성이 크기 때문이다.

내담자가 두 명 이상이라면 치료자가 내담자와 소통하는 방법을 고민하는 것 외에도 내담자 사이에 다르게 소통하도록 도울 수 있다. 이것은 여러 가지 형태가 될 수 있다. 경쟁적인 관계가 고조되고 시끄럽고 공격적으로 변하는 내담자들에게 치료자는 내담자끼리 대화하게 하는 것보다는 치료자와 대화하게 한다. 평상시 내담자들이 의사소통하는 방식에 변화를 주는 것이다. 그렇게 하기 위한 한 가지 중요한 주의사항은 **치료자**가 상호작용 패턴에 잘 **대응**할 수 있어야 한다는 것이다(Fisch et al., 1982). 즉, 치료자는 한 입장만을 취하지 않는다. 대신, 그 순간에 가장 좋다고 판단하는 치료를 선택할 자유가 있다. 이는 자연체계 이론(제6장과 제7장 참조)을 통해서도 설명될 수 있는데, 치료자가 이 삼각형에서 비반응적 당사자가 되어야 한다는 것이다.

커플이 의사소통을 다르게 하도록 돕는 기술 중에 **커플대화**couples dialogue라는 것이 있다(Luquet, 2007; [그림 5-2] 참조). 많은 커플이 의사소통이 안 된다는 불평을 가지고 치료받으러 온다는 것을 고려하면, 상담에서 그들이 원하는 유익한 방식으로 이전과

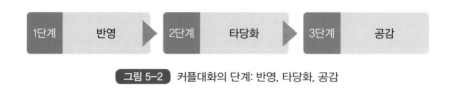

그림 5-2 커플대화의 단계: 반영, 타당화, 공감

다르게 의사소통하도록 돕는 것은 매우 효과적일 수 있다. 커플대화는 한쪽이 안전한 환경에서 자신을 표현하고, 상대방은 의도적으로 그 이야기를 잘 듣고 파트너에게 자신이 그 말을 이해했다고 알리는 방식으로 대화함으로써 커플이 서로 연결될 수 있도록 돕는다. 커플대화에는 반영, 타당화, 공감의 세 부분이 있다. 반영mirroring은 한쪽이 메시지에 아무것도 추가하지 않고 상대방이 한 말을 반복하는 것이다. 그러므로 수신자는 방어적인 반응을 할 수 없다. 타당화validating는 청자가 화자의 관점을 이해하지만 동의하지 않을 수도 있는 경우를 말한다. 공감emphathizing은 청자가 화자의 말 뒤에 숨겨진 감정을 알아줄 때, 즉 상대방의 생각, 감정, 경험을 이해하기 위해 화자의 입장에 서는 것이다.

조셉: 베키, 얘기 좀 하고 싶어. 괜찮을까?

베키: 그래요.

조셉: 오늘 집에 오면서 현관문을 채 닫기도 전에 답답함을 느꼈어. 너무 많은 책임이 느껴진 거야. 도착해서 숨 돌릴 틈도 없었거든.

베키: (반영) 당신 말을 제가 잘 들었다면, 당신이 집 안으로 들어오기도 전에 많은 책임 때문에 답답했다는 거군요. 제가 잘 이해했나요?

조셉: 맞아.

베키: 더 얘기하고 싶은 게 있어요?

조셉: 응. 가족과 시간을 보내고 싶긴 했지만, 갑자기 눈앞에 할 일들이 쏟아지는 것 같아서 실망스러웠어.

베키: (반영) 당신은 가족과 함께 시간을 보내고 싶었지만, 현관에 들어서면서부터 할 일들이 쏟아지는 것을 기대한 건 아니란 얘기군요. 제가 잘 이해했나요?

조셉: 맞아.

베키: (타당화) 난 당신이 그렇게 느낄 수 있다고 생각해요. 가족과 함께 시간을 보내는 것에 긍정적으로 생각하고 있었지만, 집에 도착했을 때 원치 않는

책임들을 직면했으니까요.

조셉: 맞아.

베키: (공감) 그래서 당신이 답답함을 느끼고 급기야 실망까지 느꼈군요.

보통 커플치료자들은 내담자들이 커플대화 기술을 배우도록 한쪽에 반영을 연습시키는 것부터 시작한다. 일단 그들이 비난이나 방어 없이 반영할 수 있게 되면, 치료자는 그 사람에게 상대방이 자신만의 사고방식을 가지고 있음을 받아들이는 타당화validate를 돕는다. 마지막으로, 치료자는 탈중심화decentering을 통해 청자가 상대방을 공감하고 상대방의 기분을 이해할 수 있도록 도와준다. 커플은 각각 상대방에게 경청하는 방법을 배우며, 경쟁이 고조되지 않는 안전한 대화 환경을 서로에게 제공한다. 커플대화는 우리가 항상 사람들과 소통하고 있음을 이해하도록 돕고, 생산적인 방법으로 소통하도록 고안된 다양한 기술 중 하나에 불과하다.

우리는 보통 의사소통은 우리가 말하는 단어를 통해 일어난다고 생각하지만, 우리는 몸으로도 의사소통한다. 조각기법sculpting은 신체 위치와 공간적 거리가 어떻게 의사소통을 도울 수 있는지에 대한 개념을 기반으로 하는 기술이다. 조각기법은 사람들이 서로 다른 방식으로 의사소통하도록 하는 단어의 사용을 피하게 할 수 있다 (Satir, Banmen, Gerber, & Gomori, 1991). 내담자들은 가족 구성원들과 자신을 배치한 다음, 가족 안에서 어떤 경험을 한 것인지 보여 주게 된다. 내담자들은 언어로 표현하려 열심히 노력했지만 소용없었을 것이기 때문에 이제는 신체를 통해 표현하면서 변화를 기대할 수 있다. 가족 구성원들이 돌아가면서 모든 사람을 조각하거나, 치료자가 가족의 경험에 대한 자신의 그림을 조각하는 등 조각에는 많은 방법이 있다. 그런 다음 상대방이 자신을 그 위치에 배치하는 것이 어떤지 내담자에게 물어볼 수 있다. 또한 치료자는 내담자에게 해결중심 조각을 요청할 수 있다(Reiter, 2016b). 이것은 보통 두 개의 조각품을 이용한다. 첫째, 내담자는 현재의 문제 경험을 조각한다. 이것은 내담자가 현재 어디에 있는지 치료자가 아는 방법이다. 두 번째 조각은 문제가 발생하지 않았거나 심각하지 않을 때 내담자의 경험을 보여 준다. 이것은 그 순간에 내담자가 자신을 표현하게 할 뿐만 아니라 과거의 긍정적인 경험을 현실로 가져올 수 있게 해 준다.

공리 3

의사소통의 세 번째 공리는 '의사소통이 적어도 두 가지 수준, 즉 보고report와 명령command에서 일어난다'이다([그림 5-3] 참조). 이 역시 의사소통의 내용과 관계 수준 또는 디지털과 아날로그의 측면에서 논의될 수 있다. 의사소통의 보고는 전달되는 내용을 의미한다. 메시지의 **명령**은 메시지가 어떻게 받아들여지는가를 의미하며, 따라서 관계에 대한 것이다.

보고와 명령의 관계를 이해하기 위해 세 가지 시나리오를 살펴보자. 당신이 공원 벤치에 앉아 있고, 바로 옆 벤치에 두 사람이 앉아 있다. 한 사람이 일어서서 다른 사람 앞에 무릎을 꿇고 그 사람의 손을 잡는다. 그는 부드러운 목소리로 "사랑해."라고 말한다. 그가 전달하고자 하는 메시지는 무엇인가? 아마도 상대방은 무릎 꿇은 사람에게 매우 의미 있는 사람이며 상대에 대한 강한 애정이 있을 것이다(그래서 그의 말을 어조와 행동과 함께 들으면, '곧 청혼하겠구나'라고 추측할 수 있다). 좋다, 이제 조금 바꿔 보자. 같은 두 사람이 벤치에 앉아 있고, 한 사람이 일어서고, 답답하다는 듯한 목소리로 손을 떨구며 "사랑해."라고 말한다. 상대방이 행복할까? 아마 아닐 것이다. "이 봐요, 행복해? 내가 말했잖아. 이제 입 다물고 나 좀 내버려 둬."라는 메시지가 들려온다. 좋다, 이건 지우고 마지막 시나리오를 보자. 같은 두 사람이 공원 벤치에 앉아 있고, 한 사람은 부드럽고 장난스럽게 다른 사람의 팔을 주먹으로 치며 "사랑해."라고 말한다. 그가 여기서 말하는 건 뭘까? 아마 "너는 내 친구야. 우리는 우정 지대에 있어."일 것이다. 여기서 우리는 메시지의 보고는 세 시나리오에서 정확히 "사랑해."로 똑같음을 알 수 있다. 하지만 각각의 명령은 상당히 달랐다.

메시지의 명령을 어떻게 결정하는가? 보통 비언어적인 행동과 문맥을 통해 가능하다. 목소리 톤, 표정, 보디랭귀지 등은 메시지의 '보고' 부분을 제대로 해독할 수 있도록 도와준다.

메시지의 보고보다 메시지의 명령이 더 중요하다는 것을 아는 치료자는 내담자와 가족원이 의사소통을 명확하게 할 수 있도록 돕는다. 호로위츠 가족의 치료자는 다음과 같은 일을 통해 이를 수행할 수 있다.

치료자: 베키, 남편이 알았으면 하는 게 뭔가요?

그림 5-3 메시지에서 보고와 명령의 차이

베키: 남편이 집안일을 더 많이 해야 한다는 사실이요.

치료자: 조셉, 아내가 뭐라고 말하고 있나요?

조셉: 제가 집안일을 더 많이 해야 한다고요.

치료자: 네, 그녀가 그렇게 말했어요. 하지만 말하고 있는 게 더 있어요. 아내가
　　　　당신과의 관계에 대해 뭐라고 하던가요?

조셉: 아내가 나에 대해 좌절했다고요.

치료자: 그럴 수 있겠죠. 하지만 아내는 또한 당신이 아내와 가족에게 중요하다
　　　　고 말하고 있어요. 그게 들리나요?

　치료자는 의사소통의 보고와 명령을 모두 탐색할 수 있다. 대다수 사람은 언어적 의사소통에서 보고의 세부사항, 즉 메시지의 내용에 갇혀 더 중요한 측면인 명령을 놓치곤 한다. 메시지의 명령은 과정과 상관 있을 수 있다. 명령은 의사소통을 더 상호적이게끔 한다. 치료자들이 의사소통의 명령에 따라 내담자가 기능하도록 도우면, 관계에 초점이 맞춰지고 치료의 진전이 가능하게 된다.

💡 **지식** 적용하기

방금 읽은 바와 같이, 모든 의사소통에는 보고와 명령 메시지가 있다. 다음 내담자 진술을 두 가지 의사소통 수준으로 구분해 보라.

내담자 1: 조셉이 마라에게 "열여섯 살이 될 때까지 데이트할 생각도 하지 마."라고 말한다.

보고:

명령:

내담자 2: 베키가 조셉에게, "밤새 거기 앉아서 TV를 볼 건가요?"라고 말한다.

보고:

명령:

내담자 3: 블레이크가 데이먼에게 "왜 자꾸 성가시게 해? 날 좀 내버려 둬."라고 말한다.

보고:

명령:

💟 언어 및 준언어 의사소통

우리가 메시지를 표현하기 위해 사용하는 언어는 말하거나 글로 쓰는 두 가지 형태로 나타난다. 두 가지 표현 수단 중 어느 쪽이든 언어적 의사소통이라고 한다. 사용된 실제 단어는 메시지의 보고를 구성한다. 의사소통 이론가들은 때때로 이것들을 유추적이라고 부른다. 그러나 지금까지 살펴본 바와 같이 모든 형태의 의사소통에는 여러 가지 수준이 있다([그림 5-4] 참조).

그렇다면 사람들이 그 메시지가 지닌 의미를 어떻게 이해하는가? 물론, 메시지를 해독하는 한 가지 측면은 사용되는 단어들이다. 하지만 그것보다 훨씬 더 복잡하다.

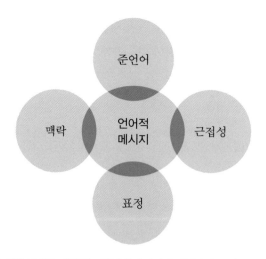

그림 5-4 의미에 대한 단서를 제공하는 언어적 메시지와 비언어적 그리고 맥락적 단서 사이의 관계

의사소통의 비언어적 또는 준언어적 측면은 우리가 메시지의 명령, 즉 메시지가 관계에 대해 무엇을 말하는지 이해하는 데 도움을 준다. 의사소통 이론가들은 이것을 디지털이라고 부른다.

우리는 상대방과의 근접성, 목소리 크기, 억양, 보디랭귀지 등 다양한 방법으로 메시지의 명령을 전달한다. 가장 친한 친구에게 "정말 이상한 놈이야."라고 웃으면서 밝은 목소리로 말한다면, 내가 싫어하는 사람에게 눈살을 찌푸리며 "정말 이상한 놈이야."라고 말하는 것과는 사뭇 다른 메시지가 된다.

베키가 블레이크에게 "시간이 많이 늦어지고 있네."라고 할 때, 적어도 두 개의 메시지가 있다. 첫 번째는 블레이크에게 밤이 깊어지고 있다는 것을 알리는 정보 메시지이다. 하지만 대다수 부모는 단지 재미로 이런 말을 하지 않는다. 더 중요한 메시지가 있는데, 블레이크가 잠자리에 들 준비를 시작하면 좋겠다고 말하는 것이다. 그리고 베키는 자신의 지위가 더 높으며 블레이크는 지시를 따라야 한다고 말하고 있다.

치료자들은 사람들이 말과 어조가 일치하는 의사소통을 하도록 도울 수 있다. 다음은 호로위츠 가족과 진행한 회기의 사례이다.

치료자: 베키, 조셉에게 본인이 원하는 것을 말해 보세요.
베키: (조셉을 쳐다보지 않은 채 부드럽게 말하며) 나는 당신이 집에서 좀 더 시간을 보내면 좋겠어.
치료자: 베키, 진심처럼 들리지 않는데, 돌아서서 조셉을 마주하고 눈을 바라보세요. 자, 똑같이 말하세요. 하지만 당신이 진심이라는 것을 남편이 알 수 있도록 말하세요.

🔆 지식 적용하기

우리가 내담자에게 같은 말을 다르게 할 수 있는 방법에는 무엇이 있을까? "그것은 당신에게 매우 중요한 것 같군요."와 같은 일반적인 진술을 예로 들어 보자. 이 메시지를 내담자에게 전달할 수 있는 다섯 가지 방법은 무엇인가? 내담자는 어떻게 동일한 문장의 다섯 가지 표현을 통해 당신으로부터 다른 메시지를 받을 수 있는가?

💟 내용/과정

치료에서 내용content과 과정process의 차이에 초점을 맞춘 다양한 수준의 의사소통이 이루어지는 것을 보게 된다. 내용은 말한 것이며, 과정은 관계에 대한 메시지를 전달한 것이다. 체계이론가들에게는 과정이 내용보다 훨씬 더 중요하다.

그렇다고 내용이 전혀 중요하거나 유용하지 않다는 것은 아니다. 구성원들이 전달하려는 것을 명확하게 하는 것은 그들 사이의 이해에 유용하다. 또한 내용은 치료자가 내담자의 사고방식을 분별할 수 있도록 도와주며, 치료자가 말할 때 이를 사용할 수 있다. 그러나 대다수 치료자는 내담자의 과정에 초점을 맞추기를 원한다. 내용의 탐색은 과정으로의 연결다리가 될 수 있다. 예를 들어, 미누친은 가족의 과정에 접근하기 위해 문제의 내용에 대한 대화를 사용한다(Minuchin et al., 2014). 호로위츠 가족의 경우, 다음과 같은 방식으로 내용을 이용해 과정에 도달할 수 있다.

치료자: 최근에 겪은 어려움에 대해 말해 주실 수 있을까요?

베키: 글쎄요, 일전에 블레이크와 데이먼이 난동을 부렸어요.

치료자: 무엇 때문에 싸웠나요?

베키: 확실치 않지만, 장난감이 누구의 것인지 때문이었던 것 같아요.

치료자: 싸움이 일어난 걸 어떻게 알았나요?

베키: 마라가 말해 줬어요.

치료자: 그러면 마라는 어떻게 알아냈지요?

베키: 제가 일하는 동안 마라가 아이들을 돌보고 있었거든요.

치료자: 당신이 집에 도착했을 때, 무슨 일이 일어났나요?

베키: 제가 문을 열자, 마라는 뛰어 올라와서는 동생들이 또 싸운다고 말해 줬어요.

치료자: 그때 어떻게 하셨죠?

베키: 저는 무슨 일이 일어났는지 보려고 아이들과 한 명씩 대화했습니다.

치료자: 그럼 마라가 교대 근무자이고, 당신이 감독자인가요?

베키: 맞아요, 그렇게 볼 수도 있을 것 같아요.

치료자: 조셉은 어떻게 했나요?

베키: 저녁 식사 때 남편에게 말했을 때, 그는 남자아이들에게 흔한 문제일 뿐이
　　　라고 말했어요.

치료자: 그럼 조셉은 조용히 뒷짐만 지는 배우자란 말인가요?

　처음에 일어난 일의 내용을 알아내려고 노력했을 때부터, 치료자는 과정, 즉 일어
난 일에 대한 대인관계 역학에 더 집중할 수 있었다. 일반적으로 체계이론에서는 과
정이 더 중요하다. 왜냐하면 사람들은 행동 방식을 유지하기 때문이다. 예를 들어, 조
셉과 베키는 그들이 얼마나 오래 결혼생활을 하든 상관없이 많은 싸움을 할 것이다.
만약 치료자가 '데이먼을 어떻게 해야 하는가'와 같이 싸움의 원인이 되는 문제를 해
결하도록 도와준다면, 그들은 같은 방식으로 다음번 싸움을 다룰 것이기 때문에 계
속 문제를 겪을 것이다. 내용은 변경될 수 있지만 과정은 같기 때문이다([그림 5-5] 참
조). 따라서 체계이론 치료자들은 상호작용의 과정을 바꾸려고 노력하는데, 이는 상
호작용 규칙의 변화를 수반하며, 이는 체계의 항상성을 바꿀 것이다.

　사람들은 누가 무엇을 했는지, 그리고 그들이 한 일이 얼마나 끔찍했는지에 대해
말할 준비가 된 상태로 상담실에 오는 경향이 있다. 내담자는 종종 자신에 대해서 설
명하고 특정 문제에 집중하려고 한다. 예를 들어, 마라는 자기 학급의 다른 친구들이
다 하니까 화장을 허용해 줘야 한다고 불평할지 모른다. 그러면 조셉과 베키는 왜 화
장을 하면 안 되는지 논쟁을 통해 반박할 수도 있다. 그런 다음 치료자는 논쟁의 논리
를 사용하여 가족과 협상함으로써 문제를 해결하려 시도할 수 있다. 이것은 가족
의 '내용'에 초점을 맞춘 것이다. 그러나 체계이론 치료자들은 가족의 과정에도 초점
을 맞출 가능성이 크다. 가족원들은 어떻게 서로 관계를 맺을 수 있는가? 동맹이 있

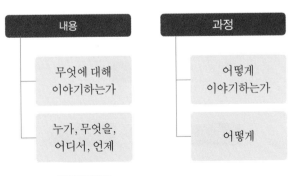

그림 5-5 내용과 과정의 연결과 차이

는가? 연합은? 누가 누구의 편인가? 딸은 자신의 주장이 무엇이든 스스로 옹호할 수 있는가, 아니면 묵살되는가?

가족의 과정에 접근하는 한 가지 방법은 치료적 실연enactments을 사용하는 것이다. 실연은 치료자가 두 명 이상의 가족 구성원에게 상담에서 참여를 요청할 때 발생하며, 보통 문제가 있는 상황을 중심으로 한다(Minuchin & Fishman, 1981). 이 저자들이 설명했듯이, "실연은 치료자가 가족에게 자신 앞에서 춤을 추도록 요청하는 기법이다"(p. 79). 실연은 집에서 일어나는 일이 치료자가 있는 상담실에서 일어나게 하는 것이다.

실연을 시작하는 것은 꽤 수월하다. 치료자는 한 가족원에게 다른 가족원과 대화하도록 요청하면 된다. 그러나 실연을 효과적으로 하는 것은 보기보다 훨씬 어렵다(Nichols & Fellenberg, 2000). 실연을 시작하는 데 쓸 수 있는 몇 가지 지시문은 다음과 같다.

- 조셉, 아내를 마주 보고 아들을 양육하는 것에 대해 의논해 보세요.
- 베키, 따님과 학교 성적에 관한 이야기를 해 보세요.
- 블레이크, 동생과 함께 각자 원하는 게 뭔지 얘기해 보자.

일단 내담자들이 대화하기 시작하면, 치료자는 그들의 말을 듣지만, 그들이 어떻게 말하는지 듣는 것이 더 중요하다. 한 사람은 말하고 상대방은 침묵을 지키는가? 두 사람이 이야기할 때, 그들은 제3자를 데려오려고 하는가? 아니면 제3자가 대화에 끼어들려고 하는가?

실연을 진행하는 동안에는 치료자가 거리를 두고 앉아서 관찰할 수 있는데, 이는 치료자가 중심에 있을 때는 누리기 어려운 호사스러운 시간이다(Minuchin & Fishman,

그림 5-6 치료적 실연을 통해 치료자는 내담자 사이의 과정을 관찰하는 기회를 얻을 수 있는 거리를 확보하게 된다.

1981). 치료자가 치료적 가족대화에 관여할 때, 벌어지는 일에 대한 치료자의 시야가 좁아져서 가족원 간에, 그리고 가족원과 치료자 사이의 과정을 보는 능력을 어느 정도 잃게 된다. 가족원들끼리 서로 대화하게 하면 치료자의 시야가 넓어지고, 상호작용의 규칙에 집중할 수 있는 여유를 갖게 된다([그림 5-6] 참조).

♥ 메타의사소통

우리는 다양한 수준의 의사소통이 어떻게 이루어지는지를 설명하고 있다. 이제 사람들이 자신의 이야기에 대해 어떻게 이야기하는지 말할 수 있다. 베이트슨(Bateson, 1987)은 메타의사소통metacommunication을 "의사소통에 관한 의사소통"으로 정의했다 (p. 209). 이 유형의 의사소통은 최초의 의사소통 내용보다 추상화 수준이 높다.

메타의사소통은 사람들 사이의 교환에서 일어나는 성문화codification와 관계에 초점을 맞추고 있다. 위클랜드, 바츨라빅, 리스킨(Weakland, Watzlawick, & Riskin, 1995)은 "의미를 검증하는 메시지에 대한 메시지가 있다"고 설명했다(p. 3). 예를 들어, 조셉과 베키는 서로 '나는 괜찮다'고 말할 수 있는데, 이는 상대방이 메시지를 성문화하기 전까지는 명확하지 않다. 즉, 그들이 메시지를 맥락의 관점에서 이해한다는 것을 의미한다. 이는 우리가 살펴본 바와 같이 어떻게 말하는가 하는 비언어적 표현뿐만 아니라 메시지가 전송되는 상황까지 메시지에 포함한다.

치료자는 내담자들이 서로 어떻게 대화하는지에 대해 그들이 대화하는 것을 탐색할 수 있다. 이것은 그들의 메타의사소통을 지적하거나 그들이 서로 대화할 때 무엇을 의미하는지 토론하는 형태가 될 수 있다. 예를 들어, 치료자는 "조셉, 당신 부부는 상대에게 갖는 감정에 대해 말하지 않는데, 그렇다면 서로에게 정말로 무엇을 말하는 건가요?"라고 할 수 있다.

공리 4

의사소통의 네 번째 공리는 제4장에서 논의된 바 있다. '구성원은 의사소통에 끊어 읽기를 한다.' 즉, 그들이 교류의 시작점과 정지점을 결정한다. 치료자들은 각 사람의 끊어 읽기를 탐색할 수 있다. 그들의 원래 관점이 확장되면 상호작용의 초점에 다가 갈 수 있다. 호로위츠 가족과 함께 작업할 때 다음과 같은 일이 발생할 수 있다.

> 치료자: 지난주에 블레이크와 데이먼에게 문제가 조금 있었다고 말했지? 얘들아, 무슨 일이니?
>
> 블레이크: 데이먼이 평소처럼 미친 듯이 행동했어요. 내 방에 들어와서 묻지도 않고 제 야구 카드를 가져갔어요.
>
> 데이먼: 아니야, 안 그랬어. 난 그냥 거기 앉아 있었어.
>
> 치료자: 좋아. 블레이크, 데이먼이 좀 말썽을 피우고 네 방에 들어가서 묻지도 않고 카드 몇 장을 가져가는 걸 봤구나.
>
> 블레이크: 네!
>
> 치료자: 데이먼, 너는 상황을 다르게 봤나 본데, 어떻게 봤을까?
>
> 데이먼: 형은 제가 싫어할 것을 알면서도 계속 저를 쳐다봤어요.
>
> 치료자: 정말 흥미롭구나. 데이먼, 너에게는 블레이크가 너를 쳐다본 것이 시작 이었고, 블레이크에게는 데이먼이 거칠게 굴면서 묻지도 않고 뭔가를 가 져가는 것이 사태의 시작이었구나. 둘이 어쩌다 이렇게 됐지?

이 치료자는 각자가 어떻게 상황을 끊어 읽는지 탐구하며 중립을 지키고 있다. 그 렇게 함으로써 양쪽 모두 상황에 대해 더 넓게 개념화하게 되고, 단지 상대방이 무언 가를 한 것이 문제라는 시각에서 벗어나 두 사람이 함께 연결되어 있음을 알게 된다. 그러면 다음에 이러한 패턴이 발생할 때 상황을 달리 보거나 다르게 행동할 수 있게 된다.

공리 5

의사소통의 다섯 번째 공리, 즉 '관계는 대칭적 또는 상호보완적 교환에 기초한다'는 제4장에서도 제시되었다. 모든 심리치료 모델이 패턴을 중단시키는 것에 기초한다는 점을 고려할 때, 대칭적 또는 상호보완적 교환 패턴의 관점에서 의사소통을 보는 것 은 치료자가 어떤 패턴을 어떻게 중단시켜야 하는지에 대한 관점을 제공한다.

　　호로위츠 가족의 경우, 베키와 조셉 사이에는 양육에 관한 상호보완적인 패턴이 있다. 베키가 아이들을 더 많이 감독할수록 조셉은 덜 하게 된다. 반대로, 조셉이 아이들을 덜 감독할수록 베키는 더 많이 한다. 치료자에게는 몇 가지 선택지가 있다. 베키가 양육에 대한 에너지를 줄이고 조셉이 그 영역에 대한 투자를 늘리도록 할 수 있다. 아니면 조셉에게만 집중해서 가사를 더 하게 할 수도 있다. 이를 위한 한 가지 방법은 균형 깨뜨리기를 통한 것이다(Minuchin & Fishman, 1981).

　　균형 깨뜨리기unbalancing는 치료자가 가족의 위계적 배치를 바꾸려고 시도할 때 다른 사람들을 희생시키며 한 명 이상의 가족원에 합류함으로써 이루어진다(Minuchin & Fishman, 1981). 호로위츠 가족에서 이런 일이 어떻게 일어날지 살펴보자.

　　치료자: 조셉, 당신 아내가 안쓰럽네요. 매우 과로하고 계시네요. 그녀를 돕기 위
　　　　　 해 무엇을 할 수 있을까요?

　　조셉: 아내는 그냥 스트레스를 안 받으면 됩니다. 본인이 원하는 것을 아이들에
　　　　　게 말하면 그것으로 충분할 겁니다.

　　치료자: 베키, 남편이 언제 당신의 상관이 됐지요? 그는 변화를 이야기하지 않는
　　　　　 군요. 여전히 당신이 모든 일을 해야 한다고 말하고 있어요.

　　베키: 남편은 자기가 그렇게 말했다는 것을 알까요?

　　치료자: 모르겠어요. 하지만 그는 "계속 일해, 하지만 내가 시키는 대로 해."라고
　　　　　 말하는군요.

　　베키: 별로 안 좋네요. 남편에게 좀 다르게 해 보라고 말해 주시겠어요?

　　치료자: 아니요. 아내께서 말씀해 보세요. 당신이 과로하고 있고, 일을 줄일 수 있
　　　　　 도록 남편이 가사를 더 많이 해야 한다고 말해 보세요.

　　이 대화에서 치료자는 부인에게 합류하여 육아를 중심으로 상호보완적인 관계를 변화시켜 아내는 적게 일하고 남편은 더 많이 일하도록 시도하였다. 또한 치료자는 실연을 시작하면서 물러나며, 그들의 대인관계 과정이 변화하게끔 돕는다(Minuchin, 2012).

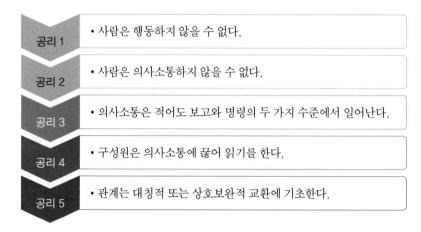

공리 1	• 사람은 행동하지 않을 수 없다.
공리 2	• 사람은 의사소통하지 않을 수 없다.
공리 3	• 의사소통은 적어도 보고와 명령의 두 가지 수준에서 일어난다.
공리 4	• 구성원은 의사소통에 끊어 읽기를 한다.
공리 5	• 관계는 대칭적 또는 상호보완적 교환에 기초한다.

그림 5-7 다섯 가지 공리와 의사소통

주요 인물

존 위클랜드 John Weakland

존 위클랜드는 1919년 1월 8일 웨스트버지니아주 찰스턴에서 태어났다. 아버지는 아일랜드계 사업가였고 어머니는 독일계였다. 그의 친형은 사촌 형들처럼 코넬 대학교에서 공학 학위를 받았다. 수학과 물리학을 잘해서 엔지니어가 되는 길은 위클랜드에게도 처음에는 괜찮아 보였다.

위클랜드는 코넬 대학교에서 화학공학 학위를 받았다. 듀폰 컴퍼니에서 일하는 동안, 위클랜드는 대학원에서 사회과학을 공부하고 싶은 충동을 느꼈다. 그는 컬럼비아 대학교의 사회연구 뉴스쿨New School for Social Research에서 그레고리 베이트슨이 가르치는 인류학 강좌를 보고 흥미를 느꼈다. 등록하기 전에, 그는 베이트슨에게 전화를 걸어 수업에 대해 이야기했다. 이것은 두 사람의 오랜 생산적 협력의 시작이었다. 베이트슨은 위클랜드에게 컬럼비아 대학교에서 인류학을 공부하도록 격려했다. 박사 과정 동안 위클랜드는 마거릿 미드(베이트슨의 첫 번째 부인)와 루스 베네딕트와 함께 '먼 곳의 문화들Cultures at a Distance' 프로젝트에 참여할 수 있었다. 베이트슨이 위클랜드에게 캘리포니아 팰로앨토에 있는 자신의 연구팀에 자리를 제안한 것은 이 기간의 일이었다.

위클랜드는 인간 의사소통에서 추상의 역설paradoxes of abstraction에 초점을 맞추어 베이트슨 연구 프로젝트에 참여했다. 얼마 후, 그 팀은 입원한 조현병 환자들을 인터뷰하기 시작했다. 이것은 가족치료 역사상 가장 영향력 있는 논문 중 하나인 「조현병 이론을 향하여 Towards a Theory of Schizophrenia」(Bateson, Jackson, Haley, & Weakland, 1956)로 이어졌다. 이 연구팀의 구성원 대부분은 정신건강연구소MRI의 개발에 참여했다. 위클랜드는 또한 MRI

단기치료센터 개발의 공동책임자로 도왔다. 그는 치료에 일면경 사용을 도입한 창시자 중 한 명이었다.

중국어와 나바호족 언어 같은 현대 문화를 연구한 그의 경험을 바탕으로, 위클랜드는 가족 연구에서 영화와 오디오의 사용을 개척하는 데 도움을 주었으며, 최초의 단기치료자 중 한 명이었다. 위클랜드는 단기치료모델을 지지하는 많은 영향력 있는 문헌에 기여했다. 이러한 작업에는 『변화Change』(Watzlawick et al., 1974)와 『변화를 일으키는 접촉The Tactics of Change』(Fisch et al., 1982)이 있다.

존 위클랜드는 1995년 7월 18일에 세상을 떠났다.

♥ 1차 변화

내담자들이 치료받으러 올 때, 그들은 문제를 바꾸기 위해 수없이 많은 시도를 했을 가능성이 크다. 사람들은 보통 무언가를 바꾸려고 시도하지 않는 것은 물론이고 치료를 받으러 가지도 않기 때문에 그들이 호소 문제를 처음 제시할 때 그렇게 추정한다. 그들이 겪는 어려움이 걱정거리가 되면, 사람들은 그것을 바꾸기 위해 무언가를 할 것이다. 그 첫 번째 시도가 해결로 이어지지 않을 때, 그들은 더 많이 시도하거나 다른 시도를 할 것이다. 그러나 이런 모든 초기의 시도는 행동을 바꾸되 관계의 구조는 바꾸지 않는 공통된 경향이 있다.

이러한 유형의 변경 시도를 1차 변화라고 한다. 바츨라빅 등(Watzlawick et al., 1974)은 1차 변화first order change는 체계 내에서 발생하되 체계에 변화를 주지 않는 변화라고 설명했다. 따라서 그 체계의 규칙은 변하지 않는다. 그러나 기존의 규칙 구조 내에서 행동이 발생한다. 사람들이 시도하는 대부분의 변화 시도는 1차 변화 범주에 속한다. 이러한 시도도 때로는 효과가 있지만, 치료받으러 오는 사람들에게는 그렇지 않을 가능성이 크다.

조셉과 베키는 몇 가지 문제를 다루고 있지만, 데이먼의 행동(과잉행동)을 다루려고 하는 데만 초점을 맞춘다면, 데이먼을 진정시키기 위한 그들의 시도 중 몇 가지를 살펴볼 수도 있을 것이다. 여기에는 데이먼에게 말로 진정하라고 부탁하는 것, 타임아웃을 적용하는 것, 장난감을 뺏는 것, 과잉행동 약물을 투여하는 것 등이 있을 수 있다. 이러한 시도들은 각기 다르지만, 가족이라는 조직의 규칙을 준수하기 때문에 모두 1차 변화의 범주에 속한다. 이 규칙들은 조셉과 베키가 부모이기 때문에 집에서 일어나는 일에 책임을 지는 동시에 데이먼에게 이래라 저래라 할 수 있는 권한을 갖는 것도 포함된다. 대다수 내담자는 1차 변화를 많이 시도했고, 1차 변화 전략에 해당하는 친구와 가족의 조언을 받았음을 감안할 때, 치료자는 2차 변화에 집중하면서 다른 시도를 할 수 있다.

♥ 2차 변화

일부 1차 변화 시도는 불만의 해결로 이어지지만, 상담실로 오는 개인과 가족의 많은 문제에는 성공적이지 않다. 이러한 상황에서 치료자는 2차 변화 시도에 초점을 맞추길 고려해야 한다. 2차 변화second order change는 체계에 변화가 생길 때 발생한다(Watzlawick et al., 1974). 여기서는 체계의 규칙이 바뀐다. 따라서 2차 변화는 1차 변화보다 높은 수준에서 발생한다.

1차 변화와 2차 변화의 차이를 이해하는 데 도움이 되도록 9개 점으로 된 문제를 살펴볼 수 있다(Watzlawick et al., 1974). 이것은 1차와 2차의 차이를 시각화하는 데 자주 사용된다. [그림 5-8]에 표시된 9개의 점을 4개의 직선을 사용하여 모두 연결한다. 한 번 펜을 종이 위에 대면 떼지 않는다. 9개의 점 문제에 대한 해답은 이 장의 끝에 제시되어 있다. 이 퍼즐을 풀려고 시도할 때까지 읽기를 멈추자. 문제를 풀었거나 시도했으면 챕터의 끝으로 이동해서 해답을 확인해 보자.

그림 5-8 9개의 점을 4개의 직선으로 연결하기

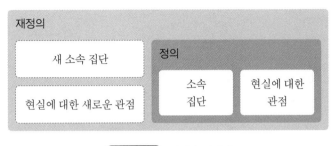

그림 5-9   정의와 재정의

9개의 점 연결하기 문제에 대한 해법을 보면 알 수 있듯이, 규칙의 변화가 필요하다. 처음에는 사람들은 대부분 주어진 규칙(즉, 종이에서 펜을 떼지 않고 네 개의 직선을 사용)을 사용하기 때문에 문제를 풀 수 없다. 그러나 사람들은 보통 하나의 규칙을 추가한다. 모든 선을 상자처럼 보이는 범위 내에서 그려야 한다는 것이다. (주어진 것이 아니라 암시된) 이 규칙으로는 문제를 풀 수 없다. 그러나 선을 상자 밖으로 내보낼 수 있도록 규칙을 변경하면 문제가 쉽게 해결된다. 따라서 규칙의 변화는 변화를 가져왔다.

가장 자주 사용되는 2차 변화의 기술은 재정의이다. 바츨라빅과 동료들(Watzlawick et al., 1974)은 "추상적으로 설명하자면, 재정의는 객체가 소속된 한 집단class membership에서 동등하게 유효한 다른 소속 집단으로 강조점을 바꾸는 것이며, 특히 새로운 소속 집단을 모든 관련된 개념화에 도입하는 것이다"(p. 98)라고 설명한다. 따라서 재정의retraming는 현실에 대한 내담자의 인식을 한 관점에서 다른 관점으로 이동시키는 것이다. 일단 인식의 변화가 일어나면 원래의 인식으로 되돌아가기는 매우 어렵다. 그러나 이러한 변화를 이루기 위해 내담자는 치료자가 제시하는 대체 관점을 믿어야 한다([그림 5-9] 참조).

파니첼리(Panichelli, 2013)는 재정의가 가족치료에서 가장 일반적인 기술 중 하나라고 했다. 무엇이든 재정의할 수 있기 때문이다. 누군가 동생이 놀려 대고 싸움을 걸기 때문에 동생이 자신을 싫어한다고 믿을 때, 치료자는 동생이 친밀감을 유지하려고 노력하고 있으며, 그렇지 않다면 동생이 신경도 안 쓸 것이라고 상황을 재정의할 수 있다.

우리의 사례 연구에 따르면, 치료자는 데이민이 에너지를 많이 갖고 있다고 데이민의 ADD를 재정의할 수 있었다. 만약 조셉이 일주일 동안 집을 떠난 상황을 가족에

💡 지식 적용하기

재정의는 심리치료자에게 가장 활용도가 높고 유용한 도구 중 하나이다. 이 연습에서 내담자의 문제에 대해 하나 이상의 재정의를 제시해 보자.

내담자 1: 제 아내는 항상 저를 괴롭히고 잔소리해요. 매우 고압적인 사람이에요.

재정의:

내담자 2: 저는 매우 불안해요. 만약 이 시험을 잘 보지 못한다면, 내 학업의 마지막이 될 수 있어요. 그런 일이 일어난다면 저는 망할 겁니다.

재정의:

내담자 3: 사춘기 딸이 우리에게 반항적인 태도를 보입니다. 우리 가족으로 살고 싶지 않다고 말하는 것 같아요.

재정의:

대한 회의감을 겪은 것으로 베키가 받아들인다면, 조셉이 돌아와서 가족과 더 잘 지낼 수 있도록 배터리를 충전한 것으로 재정의할 수 있다. 가족에 대한 시어머니 에델의 '간섭'은 본인이 나이가 들고 더는 다른 사람들에게 도움이 안 되지 않을까 걱정한 것으로 재정의할 수 있다. 이러한 각각의 시도는 서로에 대한 자신의 역할을 이전과 다르게 이해하게 해서 상호작용 규칙을 변화시킨다.

밀란 연구팀은 증상적 행동과 문제를 둘러싼 다른 가족 구성원의 행동을 가족을 도우려는 행동이라고 독특한 방식으로 재정의하는 **긍정적 함의**positive connotation를 개발하였다(Palazzoli et al., 1978). 즉, 치료자는 문제에 대한 내담자의 정의를 받아서 문제 행동이 긍정적인 의도에서 발생하는 것이라고 대안적인 정의를 제공한다.

호로위츠 가족의 치료자는 조셉이 일주일 동안 집을 떠났다는 불평을 듣고 조셉이 떠나는 것은 베키의 양육 기술을 칭찬하는 방법이라는 긍정적인 함의를 제공할 수 있다. 조셉이 일주일 동안 아이들을 그녀의 보살핌에 맡기는 것을 편안하게 느꼈기 때문이며, 아내의 능력을 믿지 않았다면 그가 떠나지 않았을 거라고 긍정적 함의를 제공할 수 있다. 또는 데이먼의 행동은 '데이먼이 그렇게 소용돌이치듯 행동한 덕에 남편과 아내 모두 결혼생활 이외의 것에 집중할 수 있으니 잘한 것이다'라고 긍정적 암시를 줄 수 있다.

2차 변화를 기본으로 활용하는 관련 기법으로는 호의적 파괴benevolent sabotage라 불리는 것이 있다(Watzlawick et al., 1974). 이 기법은 일반적으로 자녀를 순종시키려고 노력하는 부모와 순종하지 않는 청소년 자녀 사이에 불화가 있는 가족에게 사용된다. 이러한 가족의 부모들은 아이와 대화를 나누고, 행동에 대해 아이를 벌하거나, 대안적 행동에 보상하는 것과 같은 1차 변화 기술을 시도하지만 모두 소용이 없다. 이러한 모든 시도는 부모가 집안의 권위자가 되고 자녀는 경청하는 1차 변화의 시도에 해당한다.

호의적 파괴를 사용할 때, 치료자는 청소년이 치료실에 없는 상황에서 부모에게 한 단계 위의 자세에서 한 단계 낮은 자세로 바꾸라고 지시한다. 부모들은 자녀에게 원하는 행동을 요구하도록 지시받지만, 자녀가 그들의 지시를 따르지 않을 때 부모가 할 수 있는 것은 아무것도 없다고 자녀에게 말하도록 한다. 그리고 부모들이 문제 행동에 대한 실수를 한 후 자녀에게 사과하라는 지시를 받는다.

만약 호로위츠 가족 중 마라가 지정된 시간을 지나 밤늦게 집에 돌아온다면, 치료자는 조셉과 베키에게 "마라야, 우리는 네가 저녁 9시까지 집에 왔으면 좋겠다. 그러나 그렇게 하지 않더라도 우리가 할 수 있는 일은 아무것도 없지." 그리고 나서, 그들은 문의 자물쇠나 비밀번호를 바꾼다. 만약 마라가 밤 9시가 넘도록 밖에 있었다면 집에 들어오기 위해 문을 두드려야 한다. 치료자는 조셉과 베키에게 한참 기다렸다가 문을 열어 주며 그들이 자느라 아무 소리를 듣지 못했다며 마라에게 사과하라고 지시한다.

호의적 파괴는 부모의 의지로 아이를 힘으로 통제하는 역학 관계를 한 단계 아래의 위치에서 약한 모습을 보이는 부모로 전환시키는 데 도움이 된다. 이러한 1차에서 2차까지의 변화는 가족을 좌절로 이끄는 상호작용 규칙을 바꾸는 데 필요한 것일 수 있다. 즉, 1차 변화는 상황에 따라 유용할 수 있지만 가족의 항상성을 바꾸지는 않는다. 많은 면에서 1차 변화는 부적 피드백과 관련이 있다. 2차 변화는 정적 피드백과 새로운 수준의 항상성으로의 변화와 관련이 있다.

💟 역설

이 장에서 논의한 바와 같이 의사소통은 여러 수준에서 이루어진다. 그 수준들이 서로 일치할 때 이해를 하게 되고, 더 쉽게 소통하고 상호작용할 수 있다. 예를 들어, 베키가 블레이크에게 강압적 어조로 "지금 가서 네 방을 청소해."라고 말한다면, 그녀는 자신이 아들 블레이크보다 더 높은 권위를 갖고 있고, 블레이크는 그 메시지를 따라야 하며, 따라서 즉시 그의 방을 청소해야 한다고 분명하게 말하는 것이다. 하지만 베키가 웃으면서 더 부드러운 목소리로 같은 말을 한다면 블레이크는 "방 청소를 해줬으면 좋겠지만 너무 신경 쓰지는 마. 천천히 해도 돼. 네가 하지 않으면 엄마가 청소해 줄 수도 있어."로 받아들일 것이다.

의사소통의 수준이 일치하지 않을 때, **역설**paradox이 발생한다. 메시지를 받는 사람은 이제 메시지를 해독하는 방법을 선택해야 한다. 그가 보고 수준과 관계 수준 중 어느 쪽에 더 주목하는가? 역설의 가장 유명한 예 중 하나는 '나는 거짓말쟁이다'라고 말하는 것이다. 이 메시지의 보고 수준은 그 사람이 거짓말쟁이라는 것인데, 이것은 간단하다. 하지만 만약 우리가 한 단계 더 올라가서 그 사람이 거짓말쟁이라고 생각한다면, 그 사람이 말하는 내용은 거짓말이고 따라서 그 사람은 거짓말쟁이가 아니다. 하지만 그가 거짓말쟁이가 아니라면, 그 내용은 거짓말이 되고, 순환고리에 빠진다([그림 5-10] 참조).

커플들은 많은 방법으로 역설을 경험한다. 호로위츠 가족에서, 베키는 조셉이 스스로 청소하지 않아서 좌절한다. 그녀가 보기에 남편에게는 항상 잔소리해야 한다. 만약 베키가 조셉에게 "내가 말하지 않아도 당신이 해 줬으면 좋겠어."라고 말한 후 조셉이

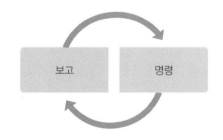

그림 5-10 의사소통의 보고와 명령 수준의 재귀성

청소한다면, 그것이 그녀의 요구에 따른 것인지, 자발적인 것인지 베키는 알지 못한다. 이것은 한 배우자가 상대 배우자에게 '자발적으로 되기'를 원하는 경우와 같다. 자발적이어야 한다는 명령 뒤에 자발성이 나왔다면 더는 자발성이 아니지 않은가!

베이트슨 연구팀은 이러한 역설적 의사소통의 개념을 매우 상세하게 탐구했다. 1956년, 그들은 가족치료 역사상 가장 영향력 있고 논란이 되는 논문 중 하나인 「조현병 이론을 향하여Towards a Theory of Schizophrenia」를 발표했다. 이 논문에서 베이트슨 팀은 의사소통 분석을 통해, 특히 논리적 유형론theory of logical types을 사용하여 조현병을 탐구했다. 이 획기적인 논문에서 베이트슨 팀은 이중구속double bind 개념을 제시했다. 이것은 모순된 메시지를 받은 사람이 그 메시지를 어떻게 해석하든 처벌을 받게 되는 상황이다.

이중구속의 발생에 필요한 몇 가지 기준이 있다([그림 5–11] 참조). 적어도 두 명 이상의 사람이 서로 반복적으로 참여해야 한다. 여기에 제시된 기술적 의미에서 이중구속은 일회적 사건에서는 발생할 수 없다. 상호작용 중에 한 사람이 부정적인 1차적 명령을 내린다. 이것은 '만약 당신이 x를 한다면, 나는 당신을 처벌할 것이다' 또는 '만약 당신이 x를 하지 않는다면, 나는 당신을 처벌할 것이다'이다. 그리고 1차적 명령과 모순되는 2차적 명령이 제시되고, 만약 이 명령을 따르지 않는다면 처벌받게 된다는 내용이 담겨 있다. 2차적 명령은 일반적으로 비언어적이다. 이중구속의 마지막 측면은 그 상황을 못 떠나게 하는(또는 그것을 하든 하지 않든 상관없이 끝장나는 자신의 입장에 대해 말을 못하게 하는) 3차적 명령이다.

공식적이지 않을 수도 있지만, 호로위츠 가족은 자신들이 이중구속 상황에 있다는

그림 5–11 이중구속에 필요한 기준

것을 알게 된다. 그들은 상황이 달라지기를 원한다고 말하지만, 다른 행동을 하지는 않는다. 우리가 배웠듯이, 항상성은 안정성과 변화의 조합이다. 치료받으러 오는 내담자들은 대개 변화를 원한다고 말한다. 하지만 그들이 항상 변화를 위한 행동을 하는 것은 아닐 수 있다. 조셉과 베키 부부는 좀 더 차분한 가정생활을 원한다고 말할지 모르지만, 그들은 계속해서 부부와 아이들을 이전과 같은 방식으로 끌어들이고, 따라서 변화는 오지 않는다.

치료에서의 역설

가족이 변화를 원하면서도 안정을 고수하는 역설에 빠져 어려움을 겪고 있다면, 이 딜레마에서 벗어나는 방법은 치료적 이중구속therapeutical double bind이라고도 알려진 반역설counterparadox(Palazzoli et al., 1981)을 통해서이다. 위클랜드 등(Weakland et al., 1974)은 '일반적으로 역설적인 지시는 추구하는 목표와 반대되는 행동을 처방해서 실제로는 그 목표를 향해 나아가게끔 하는 것'이라고 설명했다. 종류와 상관없이 치료의 목표는 변화이므로 역설적 기법은 변화하지 않는 것(또는 문제 행동을 더 많이 하는 것)이 포함된다. 이중구속은 어떤 반응을 선택하든 처벌받을 때 발생하며, 따라서 치료적 이중구속은 사람들을 윈-윈의 위치에 있게 한다. 이것은 치료자가 초점을 변화에서 무변화로 옮길 때 발생한다. 이것은 치료자가 자신의 지시를 내담자들이 어기기를 원할 때 이루어질 수 있다(Haley, 1987). 그러므로 치료자가 변화를 요구한다면, 내담자들은 변화하지 않음으로써 치료자에 대항할 것이다. 그러나 치료자가 변화하지 말라고 요구한다면, 내담자들은 변화를 통해 치료자에게 반발하거나 변화하지 않고 치료자를 따를 것이다.

내담자들은 변화를 추구하기 위해 치료받으러 온다. 그들의 삶에 지금과 달랐으면 하는 성가신 무언가가 있는 것이다. 치료자들은 변화에 대한 이러한 열망에 동참하려고 노력하는 경향이 있고, 내담자들이 목표에 도달하도록 돕기 위해 할 수 있는 다양한 행동을 추천할 것이다. 아마도 과제의 형태가 될 것이다. 다음 주에 내담자들은 숙제를 안 했다고 할지 모른다. 치료자는 내담자들이 변화를 위해 적극적이지 않아서 극도로 좌절할 수 있다. 하지만 그 변화는 가족의 항상성에 너무 위협적일 수 있다. 따라서 내담자는 변하지 않고 그들이 알고 있는 것에 매달린다.

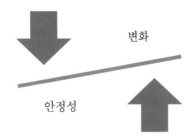

그림 5-12 안정성과 변화의 관계. 이 둘은 본질적으로 서로 연결되어 함께 작용하며 항상성을 유지한다.

우리는 몇 가지 단어의 사용을 '안정성'과 '변화'로 약간 전환할 수 있다([그림 5-12] 참조). 내담자들이 변화하고 싶다고 말하면 치료자는 뛰어들어 변화를 시도한다. 그러나 이때 치료자는 체계가 안정성을 선호함을 보지 못할 수 있다. 따라서 치료 작업이 변화로 이어지지 않는다면 치료자는 그의 초점을 안정성으로 옮길 수 있으며, 이는 변화를 주지 않는다는 것을 의미한다. 이것이 반역설이다.

역설적인 기술에는 몇 가지 유형이 있다. 가장 눈에 띄는 두 가지는 제지와 증상 처방이다. 제지restraint는 치료자가 내담자에게 변하지 말라고 할 때 발생한다. 이것은 치료적 이중구속이다. 내담자가 지시를 따른다면 치료자와 함께 가게 되어 치료적 동맹이 증가하기 때문에 윈-윈 상황이 발생한다. 이렇게 되면 좋은 것이다. 만약 내담자가 제지 지시를 지키지 않는다면, 내담자는 자신이 원하는 변화를 얻게 된다. 이렇게 되어도 역시 좋은 것이다.

호로위츠 가족에서 조셉과 베키가 언어적 갈등을 겪을 때 제지 방법을 사용할 수 있다. 이것은 피쉬 등(Fisch et al., 1982)이 말하는 '천천히 진행하기go slow'의 형태일 수 있다. 내담자는 치료자로부터 변화를 시도하지 말라고 지시받는다. 내담자가 변화를 원해서 찾아온 것이기 때문에 이것은 역설적이다. 우리는 "이 패턴은 아주 오랫동안 두 분 사이에 있었습니다. 갑자기 많은 변화가 일어나면 두 분이 감당할 수 없을지도 모릅니다. 그러니 아주 천천히 변하는 것이 좋겠습니다."라고 말할 수 있다.

제지하고 천천히 진행하려는 의도는 문제가 유지되는 현재의 패턴을 깨뜨리는 것이다. 상호작용적 치료자에게 문제란 문제를 해결하려는 시도가 실패했기 때문에 유지되는 것이다(Fisch et al., 1982; Watzlawick et al., 1974). 이것이 상호작용적 관점을 가진 사람들이 '해결책이 문제다'라고 말하는 이유이다. 해결 시도가 실패하는 경우는 대개 세 가지 기본적인 방식으로 발생한다. ① 필요할 때 행동하지 않는 경우, ② 바꿀 수 없거나 문제가 아닌 것에 대해 변화를 시도하는 경우, ③ 잘못된 수준에서 변화를 시도하는 경우, 즉 2차 변화가 아닌 1차 변화를 시도하는 경우이다.

호로위츠 가족의 경우, 그들이 문제를 해결하려고 시도하는 방식은 효과가 없을 뿐만 아니라 문제를 악화시키기 때문에 문제가 계속 발생한다. 조셉과 베키는 부부 문제를 언급하지 않음으로써 문제를 해결하려고 한다. 이것은 문제가 존재한다는 사실을 부정하는 첫 번째 실패한 해결 시도 방법이다. 이렇게 할수록 두 사람 사이의 거리는 점점 더 멀어진다. 데이먼의 경우 세 번째 유형의 실패한 해결책을 시도하고 있으며, 2차가 아닌 1차 변화를 시도하고 있다. 그들의 각 시도에는 자녀를 책임지는 좋은 부모가 되어야 한다는 규칙이 포함되어 있다. 치료자가 가족에게 변화를 시도하지 말고 천천히 진행하라고 요청하는 경우, 표면적으로 치료자가 변화를 요구하지 않는 것처럼 보일 수 있다. 그러나 천천히 진행하기 기법은 일반적으로 예상하는 영역이 아닌 체계를 변화시키도록 설계되었다. 천천히 진행하기 기법은 가족들이 문제로 지목하는 것(예: 부부 관계의 어려움이나 과잉 행동하는 자녀)을 바꾸는 대신 그들이 문제를 해결하려고 시도했던 방식(실패한 해결의 시도)을 대상으로 삼는다.

💡 지식 적용하기

우리는 모두 문제를 해결하지 못할 뿐만 아니라 오히려 악화시키는 방식으로 문제를 해결하려고 한 적이 있다. 사람들이 실패하는 방식의 해결책 시도 방식을 따랐던 상황을 몇 가지 떠올려 보라.

방법 1: 조치가 필요할 때 조치하지 않았다(즉, 문제를 무시했음).

상황 1:

상황 2:

방법 2: 조치가 필요하지 않은데도 조치했다.

상황 1:

상황 2:

방법 3: 잘못된 수준에서 조치했다(2차 변화가 아닌 1차 변화 시도).

상황 1:

상황 2:

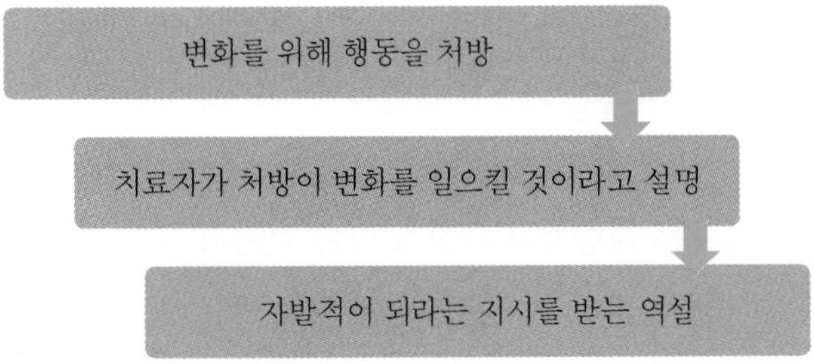

그림 5-13 증상 처방의 3단계

역설적인 기술의 두 번째 주요 유형은 **증상을 처방하기**prescribing the symptom이다. 이것은 치료자가 내담자에게 변하지 말라고 말하는 대신, 내담자가 문제 상태에 들어가도록 격려할 때 발생한다. 바츨라빅 등(Watzlawick et al., 1974)은 '증상 처방, 또는 더 넓고 비임상적인 의미에서 역설을 통한 2차 변화는 의심할 여지 없이 우리가 알고 있는 가장 강력하고 우아한 형태의 문제 해결'이라고 했다. 증상 처방에는 세 가지 측면이 있다(Watzlawick, 1990; [그림 5-13] 참조). 첫째, 치료자들은 변화해야 할 행동을 처방한다. 이것은 일반적으로 증상 행동이거나 내담자가 즉흥적이고 통제할 수 없다고 믿는 행동이다. 둘째, 치료자는 내담자에게 이 처방에 따르는 것이 변화를 향한 길이라고 설명한다. 마지막으로, 내담자가 즉흥적으로 행동하도록 (치료자로부터) 요청받을 때 역설이 발생한다.

호로위츠 가족에게 제지를 사용하는 대신 증상을 처방할 수도 있다. 대부분의 개입과 마찬가지로, 개입의 목적이 내담자의 세계관과 맞아야 하며, 증상이 내담자에게 어떻게 인식되는지가 중요하다. 치료자는 조셉과 베키에게 다음과 같이 설명할 수 있다.

제가 두 분을 만난 지 얼마 안 됐잖습니까? 두 분의 싸움과 의견 불일치가 어떻게 진행되는지 제가 이해하는 것이 정말 중요합니다. 아마 이번 주에는 그런 것이 없을 텐데, 그것도 좋지만 앞으로 싸움과 의견 불일치를 막기 위한 어떤 정보도 얻을 수 없게 됩니다. 그래서 이번 주에 15분 동안 세 번 평상시처럼 싸우시길 바랍니다. 그렇게 하면 다음 주에 우리가 만날 때, 미래에 싸움이 발생하는 것을 방지하는 방법을 알아내는 데 사용할 구체적인 데이터를 갖게 될 것입니다.

증상을 처방하는 것과 관련된 대체적인 역설적 기법은 가장 기법pretend technique이다 (Madanes, 1981). 많은 역설적인 기술은 내담자가 제지에 저항할 것이고 따라서 변할 것이라는 기대를 기반으로 개발된다. 가장 기법은 내담자가 협력할 수 있도록 설계 되었다. 여기서 치료자는 내담자가 증상이 있는 것처럼 어떻게 가장할지 명시적으 로 설명한다. 가장 기법에 대한 근거는 사람들은 자신이 겪고 있는 문제들이 즉흥적 이며 통제할 수 없다고 믿는다는 것이다. 문제가 있는 것처럼 가장하면 사람들은 문 제에 대해 더 많은 통제력을 가질 수 있어서 변하게 될 것이다. 게다가 그들이 문제를 가지고 있었을 때 '진짜'였던 것은 이제 '가장'이 되었고, 진짜라고 믿었던 것을 같은 방식으로 경험하기가 어려워진다. 누군가가 문제가 있는 척하면서 실제로 문제를 겪 을 수는 없는 것이다.

치료자는 호로위츠 가족에게 일단 가족이 집에 돌아가면, 데이먼에게 통제 불능인 것처럼 행동하라고 요청한다. 데이먼은 집 안을 뛰어다니며 통제 불능인 척하기 위 해 그가 생각하는 모든 것을 행동하고 말해야 한다. 조셉, 베키, 마라, 블레이크는 이 러한 가장 행동을 다루도록 지시받는다. 그렇게 함으로써, 모든 가족원은 문제가 자 동적이라고 믿었던 때에 비해 훨씬 더 많은 통제력을 가지고 있음을 알게 된다.

헤일리(Haley, 1984)는 역설적 기법의 한 유형으로 시련ordeal 기법을 설명했다. 예를 들어, 말싸움하는 커플에게 계속 말싸움하라고 요구하는 것은 그들에게 시련이다. 시련 치료는 밀튼 에릭슨Milton Erickson의 연구에 기반을 둔다. 치료적 시련therapeutic ordeals 은 내담자에게 불편한 증상이 있을 때 내담자가 내키지 않는 유익한 행동을 하겠다는 약속을 할 때 발생한다([그림 5-14] 참조). 그 사람이 증상 때문에 겪어야 할 시련을 피 하기 위해 증상을 포기하게 된다는 원리이다. 예상할 수 있듯이, 시련 치료를 위해서 치료자는 내담자로부터 실행에 대한 약속을 받아야 할 것이다. 이러한 약속은 악마와 의 계약the Devil's Pact으로 알려진 형태로 이루어질 수 있다(Watzlawick et al., 1974). 치료 자는 내담자들에게 도움이 될 것을 알고 있지만, 내담자가 끝까지 실행할 것이라고

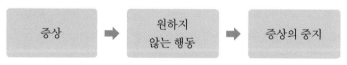

그림 5-14 시련 치료는 증상이 나타날 때마다 내담자가 원하지는 않지만 유익한 행동을 하게끔 한다.

믿지 않기 때문에 말하지 않을 것이라고 말한다. 몇 번의 대화가 오가는 끝에 내담자
는 치료자가 하라는 것은 무엇이든 하기로 동의하고, 결국 악마와의 계약을 맺는다.
그런 다음 치료자는 내담자가 실제로 수행할 가능성이 큰 시련을 부여하게 된다.

호로위츠의 치료자는 데이먼의 행동에 대한 시련을 준비한다. 치료자는 만약 데이
먼이 통제 불능이 된다면 부모가 가족을 소집하고 일정한 시간(2시간 정도) 동안 집을
깔끔하게 청소해야 할 것이라고 말한다.

💗 경계 세우기

제4장에서는 가족 구성원의 규칙과 역할에 영향을 미치는 하위체계가 어떻게 경계
를 만드는지 다루었다. 치료자는 기능적인 항상성을 위해 하위체계의 경계를 변경할
수 있다. 이 과정을 경계 세우기boundary making라고 한다. 치료자는 개인 또는 하위체계
가 상호작용 과정을 바꿀 수 있도록 도울 수 있으며, 이는 대인관계의 규칙 및 경계의
변화로 이어질 것이다. 일반적으로 치료자들은 하위체계가 경직되거나 모호한 경계
에서 명확한 경계로 이동하도록 돕는다(Minuchin, 2012). 호로위츠 가족에게서 이것
은 조셉이 자신의 어머니 에델에게 어머니의 걱정에 귀 기울이겠다고 말하게 하는 형
태일 수 있지만, 궁극적으로 양육은 자신과 베키의 책임이다. 이는 모호한 경계에서
명확한 경계로의 이동이다. 치료자는 또한 베키가 조셉에게 육아를 더 많이 돕도록
설득하여 부모 하위체계를 더 명확하게 할 수도 있다.

경계를 만드는 가장 시각적인 특징 중 하나는 치료 회기에서 내담자들의 신체적인
움직임이다. 살바도르 미누친은 회기 중에 가족 구성원에게 다른 사람과 자리를 바
꾸도록 요청한 것으로 유명하다. 그는 은유적인 방식으로 경계를 만들기 위해 이렇
게 했다. 호로위츠 가족의 경우, 아들 블레이크가 조셉과 베키 사이에 앉아 있다면,
치료자는 "블레이크, 부모님이 어른들끼리 이야기할 필요가 있으니 지금 아버지와
자리를 바꿔 보자."라고 할 수 있다. 이 행동은 조셉과 베키를 경계로 하여 성인과 아
이로 구분한다.

💗 성찰을 위한 질문

1. 치료자들은 내담자들이 전과 다른 의사소통을 하도록 어떻게 도울 수 있는가?

2. 사람들이 서로 의사소통하는 방법을 바꾸는 데 유용한 행동은 무엇인가?

3. 1차 변화와 2차 변화의 차이에 초점을 맞추는 것은 왜 중요한가?

4. 재정의 기법은 치료에서 어떻게 유용한가?

5. 치료적 역설을 사용하는 것은 치료 윤리적으로 어떤가?

9개의 점 문제는 원래 주어진 규칙에 당신이 한 가지 규칙을 더하면 풀 수 없어진다. 원래의 규칙은 직선은 네 개만 사용할 수 있고 종이에 펜을 한 번 댔으면 펜을 뗄 수 없다는 것이었다. 여기에 상자처럼 보이는 구역 안에 있어야 한다는 규칙을 추가하면 9개의 점 문제는 풀 수 없게 된다([그림 5-15] 참조).

그림 5-15 풀 수 없는 9개의 점 문제

그러나 상자처럼 보이는 구역 안에 있어야 한다는 규칙을 자체적으로 더하지 않는다면 9개의 점 문제는 쉽게 풀 수 있다([그림 5-16] 참조).

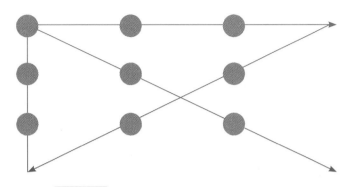

그림 5-16 2차 변화를 통해 9개의 점 문제를 풀기

제6장

자연체계 치료 이론

💟 사례 설명

커플치료를 받아 보자는 재키와 라이자의 결심은, 아이를 가질지에 대한 갈등을 중심으로 재키로부터 시작되었다. 이들은 지난 2년 반 동안 관계를 맺어 오고 있으며, 재키는 '대부분 정말 좋았다'고 말했다. 재키는 나이 드는 것에 대한 압박감을 느끼고 있으며 너무 늦기 전에 아기를 갖고 싶다고 말했다. 그녀는 체외 수정이나 입양을 위한 선택지들을 두루 살펴보았지만, 라이자는 아직 시간이 충분하다고 느꼈을 뿐만 아니라 불편할 정도의 헌신을 해야 한다는 생각 때문에 이에 반대했다. 그녀는 약 1년 전 자신의 아파트 임대가 만료된 후 재키의 아파트로 이사했다. 그녀는 자신이 정말로 이 관계를 계속 유지하고 싶은지, 아니면 그 누구든지 간에 여성과의 관계를 장기적으로 유지하고 싶은지 의문을 가지고 있음을 스스로에게서 발견하게 되었다. 재키가 아이를 갖는 것에 대한 이야기를 꺼낼 때마다 라이자는 주제를 바꾸거나 완전히 대화를 피하려고 했다. 재키는 또한 최근 라이자가 주량을 조절하는 데 문제가 있다

* Christopher F. Burnett

고 말했다. 그녀는 라이자가 지난 몇 달 동안 친구들과 어울려 외출하고 '너무나 취한' 적이 더 잦아졌다고 말했다. 재키는 라이자의 친구들과 사이가 좋지 않아서 거의 어울리지 않는다고 말했다. 그녀는 치료자에게 라이자가 알코올 남용 문제가 있는 것 같은데, 그녀가 이 문제를 심각하게 다루지 않는다고 말했다. 또한 재키는 라이자가 전 남자 친구와 문자 및 전화 통화를 다시 시작했고, 이것이 자기를 화나게 한다는 것을 라이자가 알고 있다고 말했다.

재키는 38세로 마이애미에 사는 쿠바계 미국인 2세 가정의 자녀들 중 가운데 자녀이다. 그녀의 아버지 에르네스토는 64세이며 1980년 가족이 미국에 온 이후로 가구 판매원으로 일해 왔다. 에르네스토는 두 형제 중 맏이이다. 에르네스토는 16세 때 재키의 어머니 마리아를 만났다. 마리아는 62세이며 세 자매 중 막내이다. 결혼 생활을 하는 동안 그녀는 대부분 전업주부였지만 가끔은 계약직으로 일하기도 했다. 재키는 부모님을 매우 보수적인 가톨릭 가족이라 묘사했다. 재키에게는 40세의 오빠 루이스와 34세의 남동생 에밀리오가 있다. 루이스는 결혼한 지 12년이 되었고 8세 딸과 5세 아들이 있다. 에밀리오는 결혼은 하지 않았지만 안젤라와 6년째 커플 관계를 지속하고 있다. 그들은 둘 다 풀타임으로 일하고 각자 아파트가 있으며 자녀는 없다. 재키는 그녀가 쿠바 가정에서 딸로서의 전통적인 역할을 수행하기를 기대하는 부모님 밑에서 자랐다고 말했다. 그녀는 이에 대해 결혼하기 전까지 본가에서 살면서 집을 깨끗하게 유지하고 가족의 명예를 유지하는 것이라고 설명했다. 재키의 부모는 그녀가 동성애 정체성을 가지고 있다는 것을 받아들이기 매우 힘들어했다. 그녀는 17세가 될 무렵까지 부모에게 이를 숨기기 위해 많은 노력을 기울였다고 말했다. 그녀가 처음으로 게이일 수 있다는 암시를 했을 때, 부모님과 크게 다투었고 부모님은 그녀가 더 전통적이고 여성스러운 방식으로 행동하고 옷을 입도록 강요했다. 결국 말다툼이 너무 심해져 18세가 되었을 때 그녀는 집에서 쫓겨나게 되었다. 할아버지는 이 사실을 알았을 때 손녀를 부인했고 그 이후로 손녀와의 어떠한 만남도 거부했다. 20년이 지난 지금, 부모님은 그녀와 그녀의 라이프스타일을 비밀리에 마지못해 받아들였다. 비록 재키의 부모님은 직계가족 이외의 누구와도 그녀에 대해 이야기하지 않기는 했지만, 지난 몇 년간 재키는 휴일 저녁 식사에 함께하게 되었다. 재키의 오빠 루이스는 예의를 차리긴 하지만 거리를 두고 있다. 그녀의 남동생 에밀리오는 누나와 가깝고 그녀의 집에도 자주 방문했다.

재키의 연인관계와 직업의 역사는 둘 다 '있다가 없다가_{off and on}'라고 할 수 있다. 그녀는 대부분 '예술적인' 작업 환경에서 일했으며 대부분 보조자 역할을 했다. 그녀와 라이자가 만났을 때 그녀는 바에서 라이브 밴드가 연주하는 세트 사이에서 음악을 트는 DJ로 일하고 있었다. 그녀는 사람들과 잘 어울리지는 못하지만 여전히 '좋은 마음'을 가지고 있다고 말했다. 그녀는 라이자를 만나기 전에 단 두 번의 진지한 관계를 가졌다고 말했다. 이 중 하나는 2년 동안 지속되었고 다른 하나는 9개월 동안 지속되었다. 그녀는 라이자를 '내 인생의 사랑'이라고 말하고 그녀가 라이자에 대해 비판을 하는 유일한 이유는 라이자가 그녀가 될 수 있는 최고의 사람이 되기를 원하기 때문이라고 말한다.

라이자 브라운은 25세이며 5남매 중 막내이다. 그녀의 가족은 그녀가 태어난 뉴욕시에 뿌리를 두고 있지만 현재 거의 20년 동안 마이애미에서 살고 있다. 그녀의 아버지 마빈은 66세로 은퇴한 은행 간부이며 어머니 주디는 65세로 최근까지 대학의 문학 교수였다. 그들은 둘 다 밝고 생기가 넘치는 막내딸을 사랑했다. 라이자는 그녀가 어머니에게 있어 몹시 사랑스럽고 소중한 '만년' 아기였기 때문에 부모님이 그녀의 응석을 다 받아 주었다고 해도 과언이 아니라고 했다. 집안은 항상 사람들과 다양한 활동으로 가득 차 있었고, 라이자는 그래픽 디자인 학위를 받고 대학을 졸업한 후 1년 동안 그곳에서 살기 위해 돌아왔다. 그녀는 다른 두 명의 룸메이트와 함께 아파트를 구할 수 있을 만큼 충분한 시간제 일자리를 찾았다. 라이자의 두 언니는 루시(42세)와 캐런(40세)이다. 둘 다 결혼했으며 각자 성공적인 경력을 가지고 있다. 루시의 결혼 생활은 항상 견고했지만 캐런의 결혼 생활에는 어려움과 별거 기간이 있었다. 라이자에게는 또한 37세의 켄트와 35세의 릭이라는 두 명의 오빠가 있다. 오빠들은 모두 아버지의 뒤를 이어 뉴욕 금융계에서 성공적인 경력을 쌓았다. 두 오빠 역시 기혼이며, 라이자는 네 명의 남자 조카와 두 명의 여자 조카가 있다. 라이자의 부모님은 고등학교 때와 대학 때 라이자를 쫓아다니는 남자들과 남자 친구들이 있었기 때문에 라이자와 재키의 관계를 알았을 때 놀랐다. 하지만 부모님은 이를 받아들이고 라이자가 행복하기를 바랐다. 이들은 이것이 그저 지나가는 단계라고 생각했지만 그동안 일이 어떻게 돌아가는지 기꺼이 지켜보고자 했고 그녀와 재키를 공개적으로 지지했다.

이 장에서는 자연체계 이론의 원리에 기초하여 머레이 보웬 박사_{Dr. Murray Bowen}가

개발한 연구와 이론을 살펴본다. 넓게 생각해 보면, 자연체계 이론natural systems theory은
① 자연에는 진화론에서 발견되는 힘과 같이 모든 생물을 형성하고 영향을 미치는 힘
이 있으며, ② 인간은 작용하는 이러한 자연력의 또 다른 표현일 뿐이라고 가정한다
(Kerr & Bowen, 1988). 보웬의 가족체계 이론Bowen Family Systems Theory: BFST은 보웬 박사
가 다양한 정신과 입원치료 세팅에서 중증 정신질환 환자와 가족을 수년간 연구한 후
에 개발되었다. 조현병 환자에 대한 보웬 박사의 연구는, 정신과적 증상과 정신질환
을 '개별' 현상으로 간주하게 되면 적절하게 개념화되지 않는다는 믿음으로 이어졌
다. 그의 연구에서 그는 가족과 관계체계는 개인의 증상의 유지, 심화, 소실에 큰 역
할을 하며, 이러한 영향이 여러 세대에 걸쳐 일어날 수 있음을 보았다(Bowen, 1994).
이를 위해 그는 찰스 다윈Charles Darwin의 연구에 크게 의존했고, 생물학이 가족과 관계
생활을 적절하게 이해하는 열쇠를 쥐고 있다는 믿음에 전념했다.

> 진화의 과학적 사실은 프로이트 이론의 많은 아이디어를 대체하기 위해 선택되어 왔
> 다. 진화는 입증되고 타당화될 수 있는 풍부한 사실이다. 이러한 사실을 새로운 이론에
> 통합하려면 많은 변수를 다루기 위한 일종의 체계이론이 필요했다.
>
> (Kerr & Bowen, 1988, p. 360)

생물학과 관련 과학에 대한 이러한 노력은 그로 하여금 자연 세계와 관련된 것으로
생각하는 체계에 기반한 이론을 개발하도록 이끌었다.
이는 보웬의 가족체계 접근법이 다른 형태의 가족치료와 구별되는 핵심적인 것 중
하나이다. 자연체계에 대한 아이디어와 진화론에 기대는 것은 그것을 차별화한다.
보웬은 의식적으로 그의 연구를 단순한 철학이나 추측이 아닌 과학적 틀의 맥락에 두
려고 했다. 그는 다음과 같이 썼다.

> 나의 주된 노력은 심리치료를 가능한 한 과학적이고 예측 가능하게 만드는 것이었다.
> 정신과 초기에 나는 심리치료 계획이나 다른 형태의 정신과 치료 계획을 바꾸는 데 '직관
> intuition'과 '임상적 판단clinical judgment'이 사용될 때 괴로워했다. 그 심각한 예는 감정적
> 으로 반응하는 사람이 과학적 지식과 이론적 원리보다 '느낌feeling'과 '임상적 예감clinical
> hunches'에 더 기반을 두고 치료 변화를 계획해야 하는 위기의 시기에 발생한다. 심리치료

자들에게 있어 임상적 사실과 객관성보다는 감정 인식과 주관성에 따라 변화를 도모하
는 것이 일반적이다.

(Bowen, 1994, p. 470)

그렇게 함으로써 보웬은 의식적으로 자신의 작업과 이론을 가족치료 실습의 주류
로서 보았던 것 밖에 배치하고자 했다. 그는 가족이 실제로 어떻게 기능하는지 그리
고 가족이 다른 형태의 생명체와 공통점이 있는 것은 무엇인지 대한 이론을 개발하는
데 가장 관심이 많았다. 그는 가족치료 분야 대부분의 사람이 그들이 무엇을 했고 어
떻게 했는지를 이해하기보다는 사람들을 변화시키는 데 훨씬 더 관심이 있다고 일관
되게 믿었다. 이러한 전념은 제7장에서 논의될 임상 실천에 깊은 시사점을 남겼다.

그의 이해에 있어서의 핵심은, 가족과 인간관계체계는 다른 형태의 생명체와 비교
해 차이보다는 공통점이 더 많다는 보웬의 믿음이었다. 그는 호모 사피엔스의 독특
한 인지 능력에 대해서는 지나치게 강조되었고, 호모 사피엔스 가족들이 다른 형태의
생명체와 공통적으로 가지고 있는 것에 대해서는 그다지 관심이 없었다고 믿었다.
이러한 점은 더 높은 수준의 기능을 하는 포유류와 영장류를 살펴볼 때 특히 그러하
다는 것을 발견했다. 보웬은 진화론적 렌즈를 사용하여 우리가 가족생활의 작동 방
식과 관계적 생활 패턴을 깊고 훨씬 더 명확하게 볼 수 있다고 믿었다(Kerr & Bowen,
1988). 다윈에게서 힌트를 얻은 보웬은 가족과 관계 역학의 형성에 도움을 주는 '힘
force'이 있으며 이러한 힘은 단순한 개인의 의지를 초월하여 존재한다고 믿었다. 이를
통해 그는 가족이 일반적으로 관계체계의 본질을 이해하도록 돕기 위해 사용하는 여
러 가지 흥미롭고 설명적인 개념을 개발할 수 있었다. 보웬의 가족체계 이론을 완전
히 이해하려면 그의 이론의 여덟 가지 원리를 뒷받침하는 세 가지 설명 개념을 다루
어야 한다. 이는 정서체계의 구성, 만성 불안, 개별성과 연합성의 원리이다. 다음에
서는 재키와 라이자의 사례를 통해 독자에게 이러한 각각의 통합적 구조를 소개하고
자 한다.

주요 인물

머레이 보웬Murray Bowen

머레이 보웬은 1913년 1월 31일 테네시주 웨이벌리에서 태어났다. 그는 다섯 자녀 중 맏이였다. 그의 가족은 대대로 그 지역에 살았고 그의 부모는 가족 농장을 운영했다. 보웬은 들판에서 가축을 치는 농장에서 유년기를 보냈다. 보웬의 아버지인 제스 스웰 보웬은 땅, 가축, 농작물과 사람이 어떻게 상호 연결되어 있는지에 대해 자녀들에게 가르쳤다. 이는 아마도 머레이 보웬이 체계이론과 자연의 중요성을 접하는 계기였을 것이다.

보웬은 녹스빌에 있는 테네시 대학교에서 학사 학위를 취득했다. 그 후 1937년 멤피스의 테네시 대학교 의과대학에서 의학 박사 학위를 취득했다. 캔자스주 토피카에 있는 메닝거 클리닉Menninger clinic에서 레지던트 과정을 마쳤다. 제2차 세계대전 중 미 군의관 경험을 바탕으로 보웬은 정신의학에 관심을 갖게 되었다. 1946년 그는 메닝거 클리닉으로 돌아와 프로이트 이론을 탐구했다. 그러나 그는 개인 정신의학에서 개인의 가족체계로 이해를 빠르게 확장하기 시작했다.

메닝거 클리닉을 떠난 후 보웬은 국립정신건강연구소NIMH의 가족 부서family division에서 초대 디렉터로 일했다. 그는 1954년부터 1960년까지 이 직책을 맡았다. 이곳에서 보웬의 획기적인 연구는 그의 유명한 여덟 가지 연동 개념의 개발로 이어졌다. 이 개념들은 조현병 환자와 그들의 부모(주로 어머니) 사이의 상호작용을 관찰하여 개발되었다.

보웬은 나중에 조지타운 대학교 메디컬센터의 정신과 임상 교수가 되었다. 그곳에서 그는 조지타운가족센터를 설립했으며 이는 나중에 가족연구를 위한 보웬센터Bowen Center for the Study of the Family로 이름이 바뀌었다. 보웬센터는 보웬 이론의 보급을 위한 주요 센터이다. 보웬의 가장 영향력 있는 저작으로는 마이클 커Michael Kerr와 공동 집필한 『가족평가Family Evaluation』(1988)와 『임상진료에서의 가족치료Family Therapy in Clinical Practice』(1994)가 있다.

보웬은 자연체계 이론의 기초를 형성하는 여덟 개의 연동 개념을 제안한 것으로 유명하다. 이러한 개념에는 삼각관계, 자아분화, 핵가족정서과정, 가족투사과정, 다세대 전수과정, 정서적 단절, 형제자매 위치, 사회적 정서과정 등이 있다. 이러한 연동 개념들은 가족뿐만 아니라 자연체계가 어떻게 기능하는지 설명한다는 점에서 자연체계 이론을 가장 심층적인 체계이론 중 하나로 만들었다.

머레이 보웬은 1990년 10월 9일 메릴랜드주 체비 체이스에 있는 자택에서 77세의 나이로 사망했다.

💟 정서체계

정서체계emotional system의 구성개념은 뒤따르는 다른 모든 관련 개념을 이해하는 데 중요하다. 보웬의 가족체계 이론을 다른 접근법과 구별하는 방법 중 하나는 인간 행동이 단순히 기술되는 것이 아니라 정확하게 설명될 수 있다는 믿음이다. 정서체계의 개념은 이러한 종류의 주장을 가능하게 하는 것 중 하나이다.

> 다윈이 인간과 하등 생명체 사이의 물리적 관련성을 확립했다면, 정서체계에 대한 보웬의 개념은 인간과 다른 동물들 사이의 행동적 관련성을 확립하는 기초를 제공했다. 정서체계에 대해 더 많은 것이 이해되어야 하지만, 더 많은 지식이 축적됨에 따라 이 개념은 인간을 포함한 모든 동물 행동에 대한 과학적 이해를 위한 매우 중요한 이론적 기반을 제공할 가능성이 높다.
>
> (Kerr & Bowen, 1988, p. 27)

커와 보웬이 앞의 인용문에서 인정한 것처럼, 정서체계 개념은 약 30년이 지난 후에도 여전히 매우 느슨하게 정의되어 있다. 그러나 이러한 이유로, 가족치료자인 우리가 특정한 종류의 맥락에서도 작업할 수 있게 준비되어야 한다. 이를 통해 우리는 재키와 라이자가 각자를 개별적인 개인으로 형성하는 데 도움이 된 서로 다른 분리된 두 '정서체계'로부터 현재 관계를 맺게 되었다는 것을 가정할 수 있다([그림 6-1] 참조). 치료자로서 우리가 과거로 돌아가서 각자의 정서체계들이 어떻게 서로와의 관

그림 6-1 두 사람의 정서적 체계의 상호연계성. 각자가 관계로 그들의 '정서체계'를 가지고 온다.

계에서 자신의 '정서체계'를 만들려고 시도하는 방식을 형성하는 데 도움이 되었는지 이해할 수 있다면, 우리는 그러한 맥락이 아니라면 이해할 수 없을 특정한 행동들을 설명하는 데 일익을 담당할 수 있을 것이다.

예를 들어, 이 경우 치료자는 라이자가 약물 남용 치료를 받을 필요가 있다는 증거로 라이자의 음주가 늘어났다는 재키의 말에 집중하게 되기 매우 쉬울 것이다. 하지만 현재 관계 상황의 맥락에서 이해하게 되면, 재키가 친밀함을 더 요구하게 되면서 라이자가 점점 불편한 관계로 느끼게 되고, 라이자의 음주가 늘어나는 것을 재키와 정서적 거리를 유지하기 위한 일종의 '거리두기 메커니즘'으로 사용하는 것으로 이해하는 것이 훨씬 쉬워진다.

설명적인 개념으로서, 정서체계라는 아이디어는 개인, 가족 또는 집단 수준에서 행동, 기능, 동기를 맥락화하는 데 도움이 된다. 이런 점에서 정서체계는 지구상의 모든 생명체의 표현을 함께 연결하는 초석 개념이다. 마음/몸, 타고남/길러짐이라는 공통적이고 개인주의적인 이분법을 초월하여 보다 높은 수준의 체계적 추상화로 전달하는 개념이다.

사이버네틱 체계나 언어기반 체계 접근법을 가족을 이해하는 데 사용할 때, 이러한 체계적인 틀은 치료자로 하여금 치료자나 가족 구성원에게 즉각적이면서 구두로 표현된 염려만을 설명하는 것을 가능하게 한다. 치료는 '문제the problem'를 중심으로 해야 하며, '문제'는 명시되고 말로 표현되어야 한다. 모든 생명체에 존재한다고 믿어지는 정서체계의 개념은 보웬의 가족체계 이론을 사용하는 치료자로 하여금 가족과 관계에 대해 대화를 나눌 수 있도록 맥락을 확장하게 해 준다. 이 개념을 사용하면 치료자가, 가족이란 단순히 해결해야 할 관계 문제의 모음이 아니라 생물학에 뿌리를 둔 정서적 단위로서 이해할 수 있다. 이러한 차별점은 사소한 것이 아니다. 사실, 이는 가족, 관계, 대인관계에 대한 완전히 다른 종류의 담론을 가능하게 한다.

재키와 라이자의 상황을 살펴보면, 처음부터 서로의 관계는 매우 다른 원가족의 두 가지가 합쳐지는 것임을 알 수 있다. 정서체계의 개념을 통해 우리는 각자가 자라면서 성인으로서 현재의 모습을 형성하는 데 도움이 된 관계의 종류를 상상할 수 있다. 예를 들어, 이 관계를 시작하면서 재키는 자신의 원가족으로부터 그녀 자신의 모습을 인정받는 데 어려움을 겪었을 것이라 어렵지 않게 상상할 수 있다. 그녀가 자신을 동성애자 여성이라고 밝힌 것은 그녀의 직계가족 관계와 확대가족 관계 전반에 걸쳐 여러 가지 영향을 미쳤다. 그것은 그녀의 가족에게 비밀과 부끄러움의 근원이었으며 동시에 그녀가 18세 때 가족이 그녀에게 집을 나가라고 한 이유였다. 반면, 라이자의 동성애자 여성으로서의 정체성은 훨씬 덜하고 원가족의 반응은 훨씬 덜 강렬했던 듯하다. 그녀는 훨씬 더 느슨한 정체성을 가지고 있는 것처럼 보이고, 이는 재키와의 관계의 맥락에서 재키에게 불안의 원인이 될 수도 있다.

가족을 '정서적 체계' 또는 정서적 '단위'로 생각하면 특정 개인의 행동에 대해 확장되고 유기적인 개념화가 가능해진다. 그러나 이때 유념해야 할 것이 있다. 보웬의 작업에 대한 거의 모든 논의에서, '정서적'이라는 용어는 대부분의 독자가 익숙한 용어와는 매우 다른 방식으로 사용된다. 이는 가장 일반적으로 '감정feeling'으로 이해되는 것들을 말하는 것이 아니다. 정서적이라는 것은 보웬이 그 구성개념을 반영한다고 믿었던 결이나 범위를 적절하게 전달하는 대안적인 용어를 만들 수 없었기 때문에 사용하게 된 기본 용어였다. 그에게 있어 정서적이란 것은 인간뿐만 아니라 모든 생명체에 존재한다고 믿었던 힘에 대해 설명하는 데 사용되는 포괄적인 용어이다. 이러한 힘이 가족에게서 나타날 때, 우리는 시간이 지남에 따라 여러 세대에 걸쳐 그 효과를 볼 수 있을 뿐만 아니라 현재 여기에서 제기되는 불만을 볼 수 있게 된다. 현재 순간과 그 역사적 선행을 동시에 볼 수 있는 능력은 정서체계의 구성을 통해 가능하다. 모든 생명체의 속성으로 생각될 때, 정서체계는 모든 사물이 생존과 번영을 추구하도록 하는 '생명력life force'의 고향으로 개념화될 수 있다. 커와 보웬(Kerr & Bowen, 1988)은 다음과 같이 썼다.

무엇이 묘사되고 있는 현상을 '활성화'하는지에 대한 이러한 사고방식은 가족정서체계의 개념에 포함되어 있다. 현상을 '묘사하는'과 '설명하는'으로 구분하는 것은 학문적으로 보일 수 있지만, 심리치료 수행에서 매우 중요하다. 치료자가 가족 내에서 관찰하는 그러한 과정에 활력을 주거나 추동을 하는 것이 무엇인지에 대해 생각하는 방식은 치료에서 그가 다루는 내용을 결정한다. …… 가족에 대한 Bowen의 이론에서 발전된 치료는 가족을 '정서적' 체계로 개념화하는 것에 의해 안내되었다.

(p. 11)

또한 정서체계의 개념은 가족 과정에 대해 생각할 때 우리가 건강과 정상성의 구성개념을 초월하도록 해 준다. 모든 가족의 과정과 상호작용이 내부적으로 주도되고 보이지 않는 생물학적 힘에 의해 움직인다고 상상한다면, 건강과 질병의 기준을 그러한 과정에 적용하는 것이 점점 더 어려워지고 불필요해진다. 대신에, 정서체계의 개념은 치료자로서 우리에게 주어진 모든 행동의 의미와 기능을 동시에 이해하려고 노력하게 해 준다. 자연체계의 세계관에 있어서, 모든 행동은 '자연'의 일부로 이해될 수 있다.

> ### 🔆 지식 적용하기
>
> 연말연시나 가족이나 지역사회 모임을 할 때 당신의 가족 내에서 해마다 전해 내려오는 것들이 있는가? 당신의 가족이 참여하고자 하고 또 젊은 가족원들에게 나름의 방식을 가르치고자 하는 특정한 종류의 의식은 무엇인가? 언젠가는 당신이 물려받게 될 거라고 생각되는 가보나 가족 구성원이 소중히 여기는 여타 역사적인 물건이 있는가? 이는 정서체계 내의 멤버십이 대대로 전달되는 작지만 중요한 방법이다. 이러한 것에 참여하는 것은 그 사람을 지속적인 관계 기반 체계의 구성원이 되게 한다. 이에 대한 거부는 또한 관계적인 결과를 낳는데, 그 결과는 즉각적일 수도 있고 장기적일 수도 있다.

💟 불안

보웬의 가족체계 이론을 이해하는 데 필요한 두 번째 구성개념은 불안의 개념이다 ([그림 6-2] 참조). 재키와 라이자의 관계는 현재 높은 수준의 불안을 갖고 있다고 말할 수 있지만, 다시 한번 독자는 이 개념에 대한 일반적인 이해를 중지할 필요가 있다. 여기에서의 불안은 『정신질환의 진단 및 통계 편람DSM』에서 진단되는 종류의 불안이 아니다. 보웬(Bowen, 1994)의 말을 빌리자면 다음과 같다.

보웬 이론은 두 가지 주요 변수를 포함한다. 하나는 불안의 정도이고, 다른 하나는 자기통합의 정도이다. 불안이나 정서적 긴장과 관련된 몇 가지 변수가 있다. 여기에는 강도, 지속 기간, 그리고 다양한 종류의 불안이 있다. …… 모든 유기체는 급성 불안에 합리적으로 적응할 수 있다. 유기체는 짧은 순간의 불안을 다루는 내재된 기제를 가지고 있다. 자아분화를 결정하는 데 가장 유용한 것은 지속적이거나 만성적인 불안이다. 불안이 충분히 낮으면 거의 모든 유기체가 증상이 없다는 의미에서 정상으로 보일 수 있다. 불안이 증가하고 일정 기간에 걸쳐 만성적으로 남게 되면 유기체 내부 또는 관계체계에서 긴장이 발생하고 긴장은 증상이나 기능 장애 또는 질병을 초래한다. 긴장은 생리적 증상이나 신체적 질병, 감정적 기능 장애, 충동이나 금단 현상, 사회적으로 잘못된 행동을 특징으로 하는 사회적 질병을 유발할 수 있다. 또한 불안이 가족이나 사회를 통해 급속히 퍼질 수 있는 불안의 전염 현상도 있다. …… 나는 어떤 불안 수준에서는 정상으로 보이다가, 다른 높은 수준에서는 비정상적으로 보일 수 있는 만성 불안의 정도에 대한 변수가 항상 있음을 명심할 것을 독자에게 남겨 두겠다.

(p. 360)

급성 불안acute anxiety은 일상의 그리고 상황적 문제로 인해 발생하는 불안으로, 웰빙에 급박한 위협을 준다. 급성 불안의 영향은 아드레날린 방출, 심박수 증가, 발한, 복통 등과 같은 신체의 자율 기능에서 가장 쉽게 볼 수 있다. 일반적으로, 급성 불안의 영향은 위협이 사라지게 되면 함께 소멸된다.

만성 불안chronic anxiety은 문제와 어려움을 예상하는 훨씬 더 일반적인 방법이다. 종종 예상되긴 하나 실제로는 발생하지 않은 미래의 상황과 관련이 있다. 재키의 경우, 만성 불안의 가장 직접적인 원인은 라이자와의 현재 관계의 안정성 때문이라고 가정

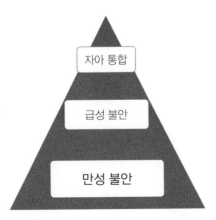

그림 6-2 자아 통합, 급성 불안, 만성 불안 간의 관계. 급성 불안은 일반적으로 일시적이고 적응하기 쉽다. 만성 불안은 대부분 자아 통합 능력과 관련된다.

할 수 있다. 이에 대한 증거는 라이자가 전 남자 친구와 다시 연락하는 것과 라이자가 더 자주 술에 취해 집에 오는 것에 대한 그녀의 염려이다. 또한 부모님과의 관계에 불화가 있다는 것을 생각해 본다면 그녀는 파트너 관계의 성공을 위해 많은 만성적 불안을 투사하고 있다고 추측할 수 있다. 이것은 그녀가 그녀의 인생에서 장기적인 관계를 유지하는 데 얼마나 많은 어려움을 겪었는지 이해하는 한 가지 방법이다. 우리는 또한 그녀가 생물학적인 노화에 대해 걱정하고 있다고 추측할 수 있다. 이는 만성 불안의 또 다른 원인이 될 수 있다. 이 역시 그녀가 현재 라이자와 겪고 있는 갈등의 강도에 기여할 수 있다. 보웬의 이론에서 만성 불안은 한 번 발생하면 종종 다른 사람들에게 전이된다. 어떤 사람들은 재키와 부모님의 어려운 관계가 라이자와의 현재 상황과는 아무 관련이 없다고 주장할 수도 있다. 보웬은 이전 관계, 특히 부모와의 관계를 이해하는 능력이나 혹은 이해하지 못하는 능력이 현재 관계 기능의 성격과 질에 직접적인 영향을 미친다고 주장한다. 이러한 방식으로, 재키와 부모님과의 긴장된 관계에서 발생하는 만성적 불안은 그녀가 라이자와의 관계에서 보이는 갈등으로 전이된다.

라이자의 경우, 이 관계에서 그녀의 만성 불안의 가장 가까운 원인 중 일부는 관계에 대한 헌신이 더 깊어지기를 꺼리는 것과 관련이 있다고 가정할 수 있다. 그녀는 미래의 웰빙에 미칠 이 관계의 장기적인 영향에 대해 유보적일 수 있다. 재키가 관계와 이에 대한 라이자의 헌신에 대해 불안해하면 할수록, 둘 다에게 관계와 관계의 미래가 초점이 될 것이다. 미래를 지키기 위해 재키는 라이자를 더 포함시키려고 하는 반면, 라이자는 이에 대한 반응으로 더 거리를 두려고 한다. 만성 불안의 구성개념을 적용해 보는 방법 중 하나는 그것을 일종의 '전기' 또는 관계체계를 유지하는 에너지로 생각하는 것이다. 전기와 마찬가지로, 불안은 매우 유용하면서도 위험할 수 있다. 전기처럼 만성 불안의 강도는 시간이 지남에 따라 오르락내리락할 수 있으며 개인과 그들이 속한 정서체계에 다양한 결과를 초래할 수 있다. 자연체계 모델에 있어서 만성 불안은 모든 형태의 삶에, 특히 생존 문제와 관련하여 존재하는 것으로 볼 수 있다. 모든 형태의 생명체는, 생존이라는 도전을 다루기 위해 내외부적으로 에너지를 소비한다. 치료자에게 있어 이 에너지를 생명체가 생존하는 데 필요한 자연적인 산물로 개념화하는 것이 매우 유용할 수 있다. 이런 식으로 볼 때, 불안을 인간관계체계에서 좋지도 나쁘지도 않은 것이며, 단지 그것 '자체'로 받아들이는 것이 가능해진다.

임상적으로, 모든 치료자의 첫 번째 과업은 급성과 만성 모두에서 내담자의 불안 수준을 줄이는 것이다. 이를 위해서는 치료자가 그것을 '흡수'할 능력이 있어야 한다. 치료자는 이미 존재하는 것을 증폭시키지 않기 위해 다른 사람들의 불안에 직면하여 다룰 수 있어야 한다. 일반적으로 이것은 사색적이고 반성적인 훈련이 필요하다. 이론을 통해 다른 사람들의 불안을 개념화할 수 있고 그렇게 함으로써 그것을 잘 이해하게 되어 불안과 그 표현을 탐구의 대상으로 만들고 이를 통해 치료적 질문의 원천으로 만들 수 있다. 이와 같은 접근법은 치료자의 개입 부담을 덜어 주는 효과가 있다. 또한 더 큰 가족체계의 역동에 있어서 불안이 하는 '기능'을 볼 수 있도록 한다. 이렇게 보는 것은 개인뿐 아니라 가족의 생존 추구에 대해 접근할 수 있도록 한다. 종종 이러한 추구는 단순히 여러 관계의 맥락에서 생존 가능성을 유지하려는 욕구이다. 이와 같은 방식으로 만성 불안을 이해하고 개념화하면 체계적 사고의 맥락이 확장된다. 이는 어떻게 관계체계가 작동하는가에 대한 이해에 있어 '조절modulation'의 측면을 더한다. 이를 통해 전반적인 정서체계에 존재하는 불안/에너지/전기의 수준에 따라 사람들이 매우 다르게 행동할 때, 동일한 관계에 있는 같은 사람들을 더 정확하게 이해할 수 있다. 이러한 수준은 시간이 지남에 따라 분명히 변하며, 이 변화는 특정 관계 역학의 강도 및/또는 기간을 추적하는 데 사용될 수 있다. 적절한 관점과 충분한 거리가 있으면, 이러한 것들이 주어진 가족체계 내에서 대를 거쳐 전해 내려오는 것을 볼 수 있다.

💡 지식 적용하기

당신은 마지막으로 했던 것과 같은 '실수'를 반복하지 않겠다고 맹세하면서 새로운 낭만적인 관계를 시작한 적이 있는가? 당신은 부모가 당신에게 한 일을 자녀에게 하지 않겠다고 스스로에게 약속한 적이 있는가? '내가 이 회사에서 승진하면 지금 상사가 나에게 하는 것과 같은 것을 직원들에게 하지 않을 것이다'라고 스스로에게 말한 적이 있는가? 이 모든 것은 만성적인 관계 불안이 어떻게 미래의 관계 행동에 영향을 미칠 수 있는지 보여 주는 예이다. 이러한 영향은 특정 상황에서 다음 세대로 전달될 수 있기 때문에 단일 세대에만 국한되지 않는다.

💙 개별성과 연합성

보웬의 가족체계 접근법을 이해하는 데 필요한 세 번째 자연체계 구성개념은 개별성과 연합성individuality and togetherness이라는 구성개념이다([그림 6-3] 참조). 다시 말하지만, 자연체계 틀은 우리로 하여금 모든 사람과 대부분의 동물은 모든 관계체계의 일부인 변화에 자동으로 반응한다고 가정할 수 있도록 해 준다. 대부분의 사람에게 이러한 반응은 사랑, 증오, 갈망, 행복, 질투, 분노 등과 같은 '감정'의 관점에서 이해된다. 커와 보웬(Kerr & Bowen, 1988)은 "한 기능은 정서와 감정에 의해 제공되고, 그리하여 기능은 관계에 있어 접촉과 분리 사이의 균형을 제어한다"고 가정했다(p. 73, 원문에서 이텔릭체). 모든 관계에서 양 당사자는 그들이 관계에 있는 사람 및/또는 집단에서 어느 정도의 정서적 친밀감과 정서적 거리를 추구한다고 가정한다. 여기서도 정서적 친밀감과 정서적 거리감의 개념을 이해하는 것이 중요하다. 정서적 거리는 앞에서 설명한 것처럼 단순히 감정을 말하는 것이 아니다. 여기에서 말하는 것은 관계를 통해 제공되는 안전감과 안정감이다. 어떤 사람들에게 친밀감은 곧 안전감이나 안정감이다. 다른 사람들에게는, 거리두기와 공간이 동일한 의미(안전감이나 안정감)로 해석된다. 이러한 역학 관계는 주어진 관계체계 내부와 주변에 존재하는 불안 수준에 전적으로 달려 있기 때문에 어떠한 관계 맥락에서도 단번에 설정되지 않는다.

예를 들어, 재키는 라이자에게 "너는 예전처럼 나를 사랑하지 않아."라고 말할 수 있고 라이자는 이에 대해 "네 질투가 나를 미치게 하니까 그렇지."라고 말할 수 있다. 자연체계 관점에서 이해해 보자면, 두 사람이 서로에게 말하는 것은 이 관계에 있음으로써의 안전감과 안정감이 바뀌었고 나는 예전만큼 너와 친밀감을 느끼지 못한다는 것이다. 재키는 자신이 안전하다고 느끼기 위해 관계가 더 가까워지기를 원한다

그림 6-3   개별성과 연합성의 연관성. 이 둘은 모든 관계의 역동에 영향을 주는 상호 동등한 자연의 힘이라 일컬어진다.

고 말하고, 라이자는 동일한 목표를 위해 더 많은 거리를 두려고 한다고 말한다.

개별성과 연합성은 개인의 행동에 영향을 미치는 맥락적 '힘'이라는 점을 명심하는 것이 중요하다. 즉, 이 두 가지 '끌어당김'은 모든 관계체계에서 나란히 존재하며 전체에 걸쳐 영향을 미친다. 관계의 한 파트너가 '거리를 두는 자'(우리의 경우 라이자)이고 다른 파트너(재키)가 '추적자'라고 한다면, 우리는 각각을 특정한 성격 특성을 가진 개별 행위자인 것처럼 대한다. 그러나 우리가 개별성과 연합성을 삶의 다양한 형태에 걸쳐 자연 내부와 자연 전체에서 발생하는 힘으로 이해한다면, 훨씬 더 큰 맥락에서 이들의 갈등을 이해할 수 있다.

어떤 이들은 재키와 라이자가 의식적으로 역할을 바꾸도록 처방함으로써 개입하기도 한다. 이는 두 파트너가 역할을 바꿀 수 있다면 라이자가 추적자가 되고 재키는 거리를 두는 자가 되며, 그러면 전체 관계체계가 변환될 것이라는 아이디어이다. 그러나 자연체계의 렌즈를 통해 이해하면, 여기서 어떤 배우자가 어떤 역할을 하는지는 거의 중요하지 않다. 개별성과 연합성의 개념은 임상가로 하여금 여기에는 서로를 향하거나 혹은 서로를 더 멀어지게 하는 커플의 움직임에 의해 작동되는 더 깊은 기능이 있음을 이해하게 한다. 라이자와 더 큰 연합성을 갖기 위한 재키의 움직임(아이를 갖자는 요청)과 라이자의 대응(외박을 하고 술을 더 많이 마시는 것)은 그들이 함께 만들어 낸 정서체계의 맥락에서 두 사람이 하고 있는 노력으로 이해된다. 자연체계 틀 안에서, 시간의 흐름은 모든 관계에서 변화를 만든다. 불안의 지속 기간 및 강도와 더불어 개별성과 연합성의 힘은 관계체계가 지속 가능한지 여부뿐 아니라 그것이 어떻게 지속되는지를 예측한다. 충분한 거리와 적절한 관점이 있으면, 관련된 개인과 그들이 수행하는 역할이 시간이 지남에 따라 변할 수 있으며, 또한 변한다는 것을 알게 된다. 이것이 바로 가계도를 사용하여 볼 수 있는 것이며, 임상 도구로서 유용한 이유이다. 가계도는 가족 구성원에 대한 사실적 정보와 정서적 과정에 대한 설명을 모두 기록하고자 하는 가족체계의 시각적 표현이다(이에 대해서는 제7장 참조).

인간과 다른 많은 다른 종에게 있어서 위험과 위협은 종종 연합성의 힘을 증가시키고, 개인의 표현은 집단의 압력에 의해 적극적으로 억압된다(Kerr & Bowen, 1988). 정서체계, 불안, 개별성과 연합성의 개념은 생의 모든 수준에서 어느 정도 작용하는 것으로 보이는 자연적 과정의 표현으로 이해된다. 종합하면, 이들은 모두 진화의 역사를 통틀어 오늘날 우리가 알고 있는 인간관계의 생을 만들어 내는 데 영향을 미쳐 왔다. 이것은 우리에게 개인이나 가족의 기능 수준에 대한 평가를 할 때 동시에 고려해야 하는 여러 맥락이 있음을 알게 한다. 이러한 종류의 '실질적인de facto' 이해를 염두에 두고, 종합하여 보웬은 우리가 보웬의 가족체계 이론이라 이해하는 여덟 가지 개념을 만들었다. 이제 필요한 준비를 마쳤으므로 해당 이론의 몇 가지 중요한 구성개념을 더 자세히 살펴보고자 한다.

> ### 💡 지식 적용하기
>
> 당신은 당신의 파트너에게 다음과 같이 말해 본 적이 있는가? ① "금요일 밤에 에이미, 수랑 같이 여자들만의 밤을 보낼 거야.", ② "이달 말에 우리 둘만의 주말 여행을 계획하자." 또는 ③ "당신은 일요일에 가족과 함께 보내. 나는 여기 머물면서 몇 가지 일을 좀 할게." 이 중 어떤 것이 개별성을 원하는 표현이라고 생각하는가? 연합성을 원하는 표현이라고 생각하는 것은 무엇인가? 둘 다의 표현으로 볼 수 있는 것은 무엇인가? 물론 답은 각각 ①, ②, ③이다. 보웬의 개별성과 연합성에 대한 개념은 이분법적인 변수로 간주되어서는 안 된다. 이들은 서로 관련이 있는 어떤 종류의 관계에 늘상 있는 힘이며 보웬에 따르면 모든 관계체계에서 항상 힘을 발휘하고 있다.

💟 보웬의 여덟 가지 개념

심각한 정신질환에 비추어 가족과 관계의 역학을 수십 년 동안 연구한 후, 보웬 박사는 인간의 가족 및 관계체계와 어떻게 이들이 기능하는지를 이해하는 데 필요한 여덟 가지 원리를 분명히 했다. 이러한 각 개념은 다른 구성개념 각각과 연동되는 것으로 이해되며, 이들 모두는 자연체계 사고에 기반을 두고 있다. 각각의 장점에 대해 이야기할 필요가 있지만, 독자는 이러한 개념 중 어느 것도 다른 개념과 독립적으로는 적절하게 이해될 수 없다는 점을 알아야 하며, 이러한 점이 이를 체계이론이게 한다. 보웬이 제시한 여덟 가지 개념은 ① 자아분화, ② 정서적 삼각관계, ③ 핵가족 정서과정, ④ 가족투사과정, ⑤ 다세대 전수과정, ⑥ 정서적 단절, ⑦ 형제자매 위치, ⑧ 사회적 정서과정이다. 다음은 이러한 아이디어와 관련하여 독자를 안내하는 몇 가지 소개이다. 이론 수업의 많은 학생들이 보고한 바에 따르면 이러한 개념에 더 많은 시간을 할애할수록 인간행동과 관계체계의 복잡성을 이해하기 위한 기초로서 더 확실하게 보상한다는 것이다.

❤ 자아분화

보웬의 모든 개념 중에서 가장 잘 알려진 자아분화differentiation of self는 아마도 가장 복잡하고 다차원적이며 이해하기 어려운 여덟 가지 개념 중 하나일 것이다. 파페로(Papero, 1990)는 "가족을 정서적 단위로 보지 않고는 자아분화의 개념을 이해하는 것은 불가능하지는 않더라도 어렵다"(p. 45)라고 썼다. 이는 현재와 세대에 걸친 개인뿐만 아니라 가족생활을 포괄하는 개념이며, 사회 발전을 이해하는 데에도 적용된다. 가장 넓은 의미에서 분화는 행동의 동인(설명)으로서 지적 과정(사고)과 정서적 과정(감정)을 구별할 수 있는 개인 또는 집단의 능력과 관련이 있다고 말할 수 있다. 이러한 포괄적인 개념에 대한 적절한 단일 정의는 없다. 이는 자주 사용하는 사람들에게 있어서도 끊임없이 변화하는 구성개념으로 남아 있다. 여기에서 제공하는 모든 것은 이에 대해 더 알고자 하는 사람들을 위한 몇 가지 기초적 지침이다.

다음은 구성개념과 이것의 치료와의 관계에 대한 보웬(Bowen, 1994)의 초기 논평 중 일부이다.

> 일반적인 실수는 분화된 사람을 '강인한 개인주의자rugged individualist'와 동일시하는 것이다. 나는 강인한 개인주의는 정서적 융합에 맞서 싸우는 사람의 과장된 자세라고 생각한다. 분화된 사람은 항상 주변의 관계체계에 있는 사람을 인식한다. 분화에는 너무나 많은 힘과 대항력과 세부 사항이 있기 때문에 분화를 보기 위해서는 전체적 인간현상에 대한 넓은 파노라마적 관점이 필요하다. 일단 현상을 볼 수 있게 되면 우리 눈 바로 앞에서 전체 시야가 작동한다. 일단 현상을 볼 수 있게 되면 수백 가지 다른 인간 상황에 개념을 적용할 수 있다. 그것을 모르고 적용하려고 하는 것은 헛된 연습이다.
>
> (pp. 370-371)

그는 계속해서 다음과 같이 말한다.

분화에 기초한 치료는 더 이상 일반적인 의미의 치료가 아니다. 이론이 기존의 이론과 다르듯 치료법은 기존 치료법과 다르다. …… 그 목표는 연합성이라는 그에 반하는 힘에도 불구하고, 동기 부여된 가족 구성원이 더 나은 수준의 분화를 향한 미시적인 한 걸음을 밟을 수 있도록 돕는 것이다. …… 연합성의 힘은 현상을 유지하려는 힘이 매우 강력하기 때문에 분화를 위한 어떤 작은 한걸음이라도 집단의 격렬한 반대에 부딪힌다. 이는 치료자 또는 가이드가 가장 도움이 될 수 있는 지점이다.

(p. 371)

재키와 라이자 사례의 경우, 현재 우리는 아는 것이 거의 없으며, 그들 중 누가 '가장 동기화'되어 있는가가 전혀 명확하지 않다. 치료에 오자고 한 것은 재키인 것 같지만, 그녀가 그렇게 동기화된 것은 커플의 연합성을 높이기 위한 것이지 상호 자율성을 높이기 위한 것은 아닌 듯하다. 아마도 그녀가 변화를 바라는 '고객customer'일 수 있지만, 치료자로서 만약 관계의 친밀성을 높이기 위한 재키의 계획에 단순히 동참한다면, 당신은 관계에서 현재 수준의 거리감을 높이는 것은 아니더라도 유지하기를 원하는 것으로 보이는 라이자를 치료로부터 멀어지게 할 것이 분명하다. 그럼에도 많은 치료자는 도움을 주기를 열망하기에 커플이 더 좋아지고 가까워지기 위한 작업을 곧바로 시작했으면 하는 유혹에 빠지지 않는 것은 거의 불가능하다. 보웬의 입장에서 보면, 이는 커플에게 사려깊고 비반사적 존재로서 그들을 돕고자 하는 치료자 쪽 분화의 결여를 보여 주는 것이다.

보웬(Bowen, 1994)은 계속해서 다음과 같이 덧붙인다.

기존의 치료는 갈등을 해결하거나 갈등에 대해 말하도록 고안되었다. 이는 그 당시의 갈등을 낮추는 목표는 이루지만, 동시에 가족 연합성으로부터 조금 더 분화하고자 하는 개인의 새로운 노력을 앗아 갈 수도 있다.

(p. 371)

이러한 이유와 다른 이유로, 전체 체계에 관한 자아분화 개념은 어떠한 단일 정의로도 정확하게 요약하기 어렵다. 그러나 많은 사람이 자아분화 척도를 사용함으로써 이에 대해 친숙하다(그림 6-4) 참조). **자아분화 척도**differentiation of self scale는 0에서 100 사이의

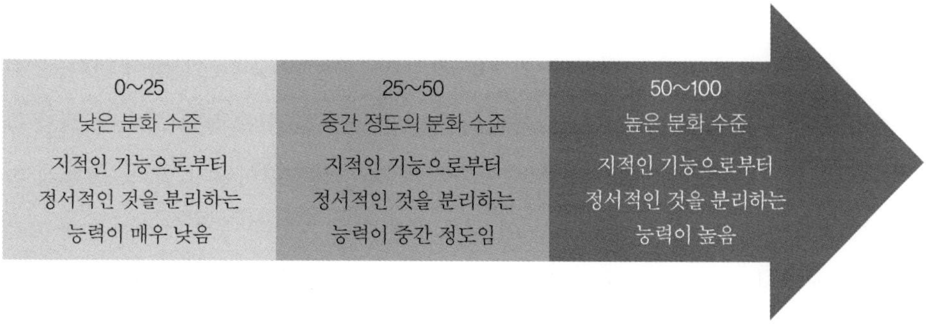

0~25	25~50	50~100
낮은 분화 수준	중간 정도의 분화 수준	높은 분화 수준
지적인 기능으로부터 정서적인 것을 분리하는 능력이 매우 낮음	지적인 기능으로부터 정서적인 것을 분리하는 능력이 중간 정도임	지적인 기능으로부터 정서적인 것을 분리하는 능력이 높음

그림 6-4　보웬은 가설적인 분화 수준 척도를 개발했다. 척도값이 높은 사람들은 척도값이 낮은 사람보다 감정으로부터 사고를 분화시킬 수 있다고 말할 수 있다.

연속적 수로 표현되는 이론적 구성개념으로, 비교적 안정적인 기간에 걸쳐 개인 또는 가족체계가 그것의 지적체계 기능으로부터 정서체계 기능을 분리할 수 있는 수준을 설명하는 것이라 말할 수 있다.

　보웬(Bowen, 1994)은

> 　이 척도는 단일 차원에서 인간 기능의 모든 수준, 즉 가능한 가장 낮은 수준에서 가장 높은 잠재적 수준을 분류하려는 노력이다. 넓은 의미에서는 정서적 성숙 척도와 유사하지만 '성숙도' 개념과는 다른 요소들을 다룬다. 이 척도는 '정상'이라는 개념을 필요치 않게 한다. 이는 정서적 건강이나 질병 또는 병리와는 관련이 없다. 척도의 점수가 낮으면서도 심리적 증상 없이 정서적 평형 상태를 유지하는 사람도 있고, 심한 스트레스하에서 증상이 나타나는 척도의 점수가 높은 사람도 있다. 그러나 숙련도가 낮은 사람들은 스트레스에 더 취약하며, 이들의 경우 증상 회복이 느리거나 불가능하기도 한 반면, 숙련도가 높은 사람들은 빠르게 회복하는 경향이 있다. 이 척도는 지능이나 사회경제적 수준과 직접적인 상관관계가 없다. 지능적으로 뛰어난 사람이 훨씬 척도의 하위에 있기도 하고 덜 똑똑한 사람이 척도의 훨씬 상위에 있기도 한다.

(p. 472)

　재키나 라이자가 자아분화 척도의 어디에 스스로를 위치시킬 것인지에 대한 정확한 평가는 필연적으로 가계도를 사용하여 둘 모두에 대해 훨씬 더 자세한 가족력을 살펴봐야 한다. 한 개인의 자아분화 수준을 정확하게 평가하려면, 전반적인 가족 기능에 대한 최소한의 평가를 내릴 수 있도록 최소 3세대의 가족력도 알아야 한다.

하지만 재키 또는 라이자로부터 이러한 종류의 정보를 얻으려면 치료에 있어 그 첫 번째 노력은 관계에 존재하는 불안 수준을 낮추는 방향이어야만 한다. 이렇게 하면 둘 중 한 명(바라건대 두 사람 모두)이 서로에게 혹은 치료자에게 단순히 반응하는 것이 아니라, 사고하는 능력을 더 잘 활용할 수 있다. 전반적인 불안 수준이 낮아지면 재키나 라이자는 현재의 관계를 더 사려깊게 다루도록 도울 수 있다. 치료를 찾는 사람들의 상당수는, 일단 전반적인 불안 수준이 낮아지게 되면 계속하려는 동기가 사라진다. 기분이 나아지는 것만으로도 충분한데, 많은 사람에게 있어 처음에는 그것이 목표였기에 그렇다. 이는 치료자에게는 자아분화 수준에 대한 시험이 될 수 있다. 내담자에게 이러한 변화는 일시적인 완화일 뿐이며 자신의 최선의 이익을 위해 계속 치료를 받아야 한다고 말하고 싶을 수 있다. 그러나 그렇게 하는 것은 다른 사람의 정서체계의 결과에 '근원적 관심'을 갖고 있음을 조급하게 드러내게 될 뿐이다. 치료를 계속하려는 동기는 항상 내담자의 것이어야 한다. 그렇지 않으면 가족과정에 대한 더 이상의 탐구는 치료자의 간청에 따라 진행되는 공허한 연습이 될 것이다.

한 번 초기의 폭풍우가 지나고 난 뒤, 치료를 계속하는 개인, 커플 또는 가족에 있어 치료자의 역할은 코치, 멘토나 가이드 중 하나가 된다. 이제 과제는 모든 가족체계의 기초가 되는 역동성과 이러한 지식을 자신의 체계에 적용하는 방법을 이해하도록 교육하는 것이다.

♥ 정서적 삼각관계

티틀먼(Titleman, 2008)은 그의 커리어에 걸쳐 보웬의 초점이 이해의 기본 단위로서 개인에서 이자관계로, 그리고 삼각관계로 이동했다고 주장한다. 이렇게 함으로써 보웬은 임상 훈련의 세부 사항에 대해 매우 다른 종류의 사고를 할 수 있는 길을 열어 준 것 같다.

삼각관계 개념의 기반이 되는 생각은 전체 가족체계 이론의 기초가 되는 생각을 보여 준다. 이 이론은 인간관계에서 기능하는 것의 사실을 정의하려는 시도이다. 여기서 사실이란 계속해서 반복되는 것을 관찰하여 알 수 있고 예측할 수 있게 된 사실을 말한다. 관계에 대해 무엇을, 어떻게, 언제, 어디서 관찰할 수 있는지에 대한 사실이다. 왜 어떤 일이 일어나는지에 대한 추측은 사실이 아니며, 그러므로 이론적 개념에 이러한 추측은 가능한 한 포함되지 않았다. 왜 사람이 그들이 하는 것을 하는가에 대해 인간이 추측해 본다는 것은 사실일지라도, 이러한 추측의 내용은 사실이 아니다. 삼각관계는 관계에 대한 이유(왜)가 아니라 무엇을, 어떻게, 언제, 그리고 어디에서를 기술한다. 삼각관계는 단순히 자연의 사실이다. 이를 관찰하려면 한발 뒤로 물러서서 진행되는 과정을 지켜봐야 한다. 한 사람이 특정한 일에 대해 말하거나 혹은 행동하는 이유에 대한 추측은 관찰자를 체계 참조 틀로부터 즉시 제거한다. 동기의 부여는 필수불가결하게 주관적이며 검증할 수 없다. 그러나 기능의 부여는 객관적이고 잠재적으로 검증 가능하다.

(Kerr & Bowen, 1988, p. 134, 원문에서 이탤릭체)

정서적 삼각관계emotional triangle의 개념은 모든 인간관계체계는 그를 구성하는 부분들의 구조와 기능의 관점에서 설명될 수 있다고 말하려는 시도이다. 치료자는 동기에 대한 추측의 필요 없이도 이것을 할 수 있다. 사실, 동기를 찾아내려는 모든 노력은 인간관계체계에서 기능하는 사실을 찾아내려는 노력에 있어 주의를 흐트러뜨릴 뿐이다.

재키와 라이자의 경우, 이 개념이 다양한 형태를 취하는 것을 볼 수 있다. 관계에 자녀를 들여오려는 재키의 욕구는 그 자체로 일종의 정서적 삼각관계이며, 관계의 영구적인 세 번째 구성원이 되고자 하는 욕구를 나타낸다. 좀 더 구체적으로 말하자면, 라이자는 그녀의 옛 남자 친구와 그녀의 친구들 모두를 재키와의 관계에 더 적극적으로 끌어들이고 있으며, 그렇게 함으로써 예상 가능한 일련의 반응을 일으켰음을 알 수 있다.

정서적 삼각관계의 개념에 대해 보웬(Bowen, 1994)은 다음과 같이 썼다.

이 이론은 삼각관계, 즉 삼인 정서체three-person emotional configuration는 가족이든 다른 집단이든 관계없이 모든 정서체계의 분자 또는 기본적인 기본 구성개념이라고 말한다. 삼각관계는 가장 작은 안정적인 관계체계이다. 2인 체계는 고요한 한 안정적일 수 있지만, 불안이 커지면 가장 취약한 다른 사람을 수반하면서 즉시 삼각관계가 된다. 삼각관계에서의 긴장이 3인에게 너무 크면, 다른 사람들이 포함되면서 일련의 맞물린 삼각관계가 된다.

(p. 373)

삼각관계 개념을 통해 인간관계에 대해 사고하는 것은 이론이 어떻게 적용되는지 이해하는 중요한 방법이다([그림 6-5] 참조). 이러한 개념을 통해 우리는 인간관계에 있어 불안이 취하는 예측 가능한 경로를 보게 된다. 일단 이러한 경로가 밝혀지고 나면, 체계에 있어 불안 수준이 시간이 지남에 따라 어떻게 변화하는지 추적할 수 있다. 이러한 변화를 정확하게 추적하는 것은 관계체계에서 정서적 삼각관계 기능의 유연성을 드러내 준다. "삼각관계는 평온한 시기와 다소 불안한 시기의 특성에 차이가 있다."(Kerr & Bowen, 1988, p. 136) 재키가 아기를 갖고 싶다는 이야기를 더 많이 하게 된 것은 어떤 면에서 라이자와의 관계에 대한 불안 수준과 관련이 있다고 합리적으로 추측할 수 있다. 사실, 많은 커플은 결혼 여부와 관계없이 종종 가족에 자녀를 들여오는 것이 가족체계의 지속적인 긴장을 완화하는 데 도움이 될 것이라고 믿는다. 또한 이것이 라이자의 음주와 옛 연인과 연락하는 삼각화 행동과 관련이 없지 않다고 합리적으로 추측할 수 있다. 보웬 치료자로서의 질문은 다른 사람을 삼각화하는 것이 관계에 있어 어떤 기능을 하느냐이다. '라이자가 외출을 더 하지 못하게 하려면 어떻게 해야 하는가?' 또는 '재키가 관계의 이 시점에서 아기를 갖고 싶어 하는 것이 현명한가?'가 아니다.

그림 6-5   삼자체계는 가장 작은 안정적 단위이다. 이 그림은 기본적인 정서적 삼각관계를 묘사한다. 이 장에서 활용하는 사례에 있어서, 일차적 삼각관계는 라이자, 재키, 잠재적 아이로 구성된다.

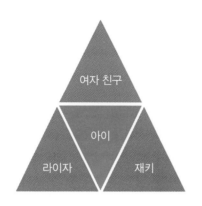

그림 6-6 체계는 얽혀 있는 불안을 의미하는 연동된 삼각관계로 구성된다.

기본적인 형태에서 정서적 삼각관계는 관리 가능한 한계 내에서 인간관계의 자연스러운 불안을 유지하는 조절 기제로 작용한다(그림 6-6 참조). 그러나 불안이 내적, 외적 또는 둘 모두로 인해 증가하면, 이는 '퍼지게' 되고 다른 이들을 활성화한다. 불안이 퍼지면 많은 경우 삼각관계는 원래 기능 수준으로 돌아간다. 그러나 또한 원래 삼각관계의 불안으로 인해 영향을 받는 사람들이 그것을 충분히 관리하지 못하고, 결국 더 많은 사람이 이러한 노력에 포함되는 경우도 많다. 이것은 모든 관계체계에서 증상 발달의 변동을 이해하는 데 많은 도움이 된다.

가족 정서적 삼각관계의 변화하는 동맹, 관계체계에서의 불안 수준, 경로와 이력, 그리고 시간 경과에 따른 증상의 발달과 소멸은 종종 그 자체가 공개적으로 드러나지 않는다. 이러한 현상이 가족이 자신들에 대한 '설명'으로 제공하는 일상적 묘사에서 드러나도록 하려면, 치료자의 시간, 훈련 그리고 인내가 필요하다. 예를 들어, 재키는 자신이 아이를 갖고 싶어 하는 '이유'에 대한 설명으로 자신의 나이를 말할 수 있다. 라이자는 그녀가 젊고 친구들과 더 많은 시간을 보내고 술을 마시는 이유로 재미를 원하기 때문이라 말할 수 있다. 두 주장 모두 진실일 수 있지만, 치료자의 과제는 이러한 '이유' 너머를 보는 것이다.

보웬 치료에서 관계의 구조와 기능을 식별하는 것은 일반적으로 비판단적이면서도 상호 탐색적인 분위기에서 내담자와 치료자가 제안하거나 기각한 가설을 교환하는 형태를 취한다. 이런 일이 일어나도록 하는 열쇠 중 하나는 치료자 측에서 개입이 필요한 것을 가능한 한 오랫동안 하지 않는 것이다. 한번 어떠한 가족의 역동성과 상호작용의 기능과 구조가 상호 합의되면, 비록 그것이 하나의 삼각관계와 같이 단지 기본 구성요소의 수준에 불과하더라도, 그 과정은 가능한 대안적 반응의 범위에 대해 상호 탐색하는 과정이 된다.

보웬(Bowen, 1994)은 다음과 같이 말한다.

> 삼각관계에 대한 지식은 개인치료와 가족치료의 이러한 방법 사이에 이론적 관점을 제공하는 데 도움이 된다. 정서적으로 관련된 관계는 통상의 2인 환자-치료자 관계에서는 피할 수 없다. 이론적으로, 가족치료는 가족 내에서 강렬한 관계가 유지되면서 치료자는 상대적으로 정서적 집합체의 외부에 있을 수 있는 상황을 제공한다. 이것은 임상 장면에서 달성하기 어려우나 좋은 이론적 전제이다. 특별한 노력 없이는 가족은 정서적으로 치료자를 둘러싸고, 치료자를 가장 중요한 위치에 배치하며, 치료자가 성공이나 실패를 책임지게 하고는 치료자가 가족을 바꿔 주기를 수동적으로 기다리기 쉽다. …… 가장 중요한 것은 개별 가족 구성원과 정서적 중립을 달성하고 유지하기 위한 장기간의 노력이다. 여기에는 많은 미묘함이 있다. 이러한 노력 외에도 삼각관계에 대한 지식은 정서적 집합체에서 벗어나려는 노력에 있어 중요한 돌파구를 제공한다.
>
> (pp. 374-375)

💡 지식 적용하기

1. 당신의 친구 게일이 당신에게 전화를 걸어 급하게 말할 게 있다고 한다. 그녀는 방금 앤의 남자 친구인 마이크가 그의 차에서 누군가와 키스하는 것을 보았는데, 그 사람이 앤이 아닌 것 같다고 말한다. 그녀는 이렇게 알게 되었으니 어찌해야 할지 묻는다. 당신의 즉각적인 반응은 무엇인가? 이를 삼각관계라고 묘사할 수 있을까?

2. 당신은 파트너와 새 차를 사는 데 얼마를 써야 할 것인지에 대해 말다툼을 한다. 두 사람이 재정 문제에 대해 의견이 다른 것은 이번이 처음이 아니다. 주말이 되어 늘 함께하는 골프 4인조와 골프를 치러 갈 때 골프장에서나 클럽하우스에서 이에 대해 논의해 볼 것인가? 이것을 삼각관계라고 묘사할 수 있는가?

3. 직장에서 상사가 당신을 불러 당신이 훌륭하게 일하고 있으며 다음번에 기회가 되는 대로 당신이 승진할 것 같다고 말했다. 당신은 이 소식에 너무 흥분하여 집에 가서 룸메이트에게 알리고 싶어진다. 이것을 삼각관계의 한 형태로 묘사할 수 있는가?

💟 핵가족 정서과정

핵가족 정서과정nuclear family emotional process은 ① 가족체계의 한 세대에서 발견되는 관계 및 정서적 기능의 패턴과 ② 가족관계체계에서 증상이 나타나는 예측 가능한 방식을 말한다(Kerr & Bowen, 1988). 초기 저술에서 보웬은 가족 생활의 이 차원을 '미분화된 자아 덩어리'로 설명했지만 시간이 지남에 따라 생각이 발전하면서 '핵가족 정서과정'이 이 역동을 더 정확하게 설명한다는 것을 알게 되었다(Titleman, 1998). 보웬은 어머니, 아버지, 자녀 사이에서 볼 수 있는 많은 관계 패턴이 과거 세대에 발생한 동일한 패턴의 반복이며 다음 세대에도 재현될 가능성이 있다고 주장했다.

재키의 경우 성인기에 걸쳐 관계를 지속하고 유지하는 데 어려움을 겪었음을 알 수 있다. 그녀의 원가족에서 그녀는 긴장과 불안의 큰 초점이었던 것 같다. 핵가족의 장녀로서 그녀는 어머니나 아버지, 또는 두 사람 모두에게 갖은 종류의 문제를 일으키거나 영속시켰을 수 있다. 그녀의 할아버지는 결국 그녀와 '절연'했지만, 이를 할아버지와 그의 자녀인 재키 아버지 사이의 더 긴 역사와 분리시키는 것은 불가능하다. 재키의 부모님은 그녀가 18세가 되었을 때 그녀를 쫓아냈고, 다시 한번 우리는 이러한 행동의 파급 효과가 직계가족과 더 큰 가족체계에 어떤 영향을 미쳤는지 궁금해해야 한다. 우리는 라이자와의 현재 관계에서 그녀 역시 라이자가 그들의 관계에서 누구와 무엇을 해야 하는지에 대해 매우 높은 기대치를 가지고 있다고 추측할 수 있다. 우리가 알고 있는 바에 따르면 라이자가 그러한 기대에 어긋나고 있다는 것은 충분히 추론 가능하다.

라이자의 경우, 그녀는 항상 다른 사람들이 자신의 방식으로 사물을 보게 만드는 방법을 아는 응석받이 막내의 위치를 차지했다. 재키가 그녀에게 이 관계에서 특정한 일을 하도록 요구할 때면, 이에 대한 그녀의 반응은 그녀가 정말로 이 관계를 유지할 필요가 있는지 자문하는 것이다. 그녀는 자라면서 한 번도 제약이라는 걸 느낀 적이 없으며, 현재에도 그 영향을 느끼는 데 관심이 없는 것 같다.

핵가족 정서과정을 이해하려면 관계체계에서 증상을 만들어 내는 능력에 있어서 ① 불안 수준과 ② 자아분화 수준 사이의 관계에 대한 이해가 필요하다. 커와 보웬(Kerr & Bowen, 1988)은 다음과 같이 말했다.

관계체계(어떤 가족 구성원 또는 가족관계)에서 증상이 발생하는 경우, 이는 해당 가족체계에서 우세한 정서적 기능의 특정 패턴에 의해 결정된다. 만약 주된 패턴이 부모가 자신의 불안을 그들의 결혼관계로 외현화하는 것이라면, 높은 불안의 기간이 길어지면 이는 결혼 갈등으로 특징지어진다. 만약 주된 패턴이 배우자나 자녀의 기능장애를 조장하는 경우라면, 높은 불안의 기간이 길어지면 이는 배우자나 자녀에게 나타나는 증상으로 특징지어진다.

(p. 163)

배우자나 연인이 서로 관계를 맺음으로써 발생하는 불안을 관리하는 가장 일반적인 방법은 서로 정서적 거리를 두는 것이다. 결혼에서의 정서적 거리에 대해 보웬(Bowen, 1994)은 "모든 결혼에 어느 정도는 존재하고, 그 정도가 상당한 경우의 비율이 높다"(p. 377)라고 말한다. 관계에서 정서적으로 거리를 두는 것이 그 관계적 불안을 다룰 수 있을 만큼 충분하지 않을 때, 커와 보웬(Kerr & Bowen, 1988)은 모든 결혼관계에 존재하는 이러한 관계 불안이 증상의 발달로 나타나게 되는 세 가지 주요 영역을 자세히 설명한다([그림 6-7] 참조). 그중 첫째는 부부 갈등이다. 둘째는 한쪽 배우자의 질병이나 역기능이다. 셋째는 불안을 아이들에게 투사하는 것이다.

가족체계의 관점에서 증상의 발달은 신체적 질병(또는 더 일반적으로 의학적 장애),

그림 6-7   핵가족 정서과정은 정서적 거리가 충분하지 않을 때 부부가 불안을 묶어 두는 방식으로 배우자 역기능, 결혼 갈등, 자녀에게로의 투사 등으로 구성될 수 있다.

정서적 질병(정신과적 또는 심리적 장애로 알려짐) 또는 사회적 질병(보다 일반적으로 품행장애 또는 범죄로 이해됨)의 형태를 취할 수 있다. 커와 보웬(Kerr & Bowen, 1988)은 다음을 추가하여 이 도식을 더욱 명확히 한다.

> 가족체계 이론은 모든 임상 기능 장애를 핵가족의 동일한 정서적 기능의 기본적 패턴과 연결되어 개념화함으로써, 장애의 이러한 구분을 '의학적' 또는 '정신과적'과 같은 범주로 연결하려고 시도한다. 신체적 질병의 발병에 기여하는 패턴은 정서적 또는 사회적 질병의 발병에 기여하는 패턴과 동일하다.
>
> (pp. 163-164, 원문에서 이탤릭체)

그들은 정서적 기능의 패턴이 신체적, 정서적 또는 사회적 질병을 일으키지 않지만 질병을 일으키는 다른 요인에 직면하여 성공적으로 적응하는 개인의 능력에 중요한 영향을 미친다는 것을 설명한다.

관계 불안이 결혼 갈등에서 나타날 때 임상가가 일반적으로 보게 되는 상황은 배우자가 상대방의 필요에 양보를 한다거나 혹은 이에 적응하고자 하는 관심이나 능력이 없는 것이다. 재키는 아이를 갖고 싶어 하지만 라이자는 그녀의 욕구를 수용하는 데 거의 관심이 없다. 이러한 관계는 종종 각 배우자가 상대방의 행동이나 행동하지 않는 것에 대해 주의를 기울이는 매우 강렬한 에너지 수준으로 나타난다. 이러한 관계에서 매우 오랜 기간 만족스러운 친밀감이 있을 수 있으나, 예측할 수 있듯이 이후에는 거의 항상 갈등의 기간이 따르며, 이는 관계에 있어 필요한 거리두기를 만들어 낸다.

관계 불안 자체가 한 파트너나 혹은 배우자의 기능 장애로 나타날 때, 이것이 임상적으로는 어떤 모습으로 발현되는가에 대해서는 종종 '과대기능' 파트너와 '과소기능' 파트너의 측면으로 설명된다([그림 6-8] 참조). 이 경우 재키는 과대기능하는 사람이고 라이자는 과소기능하는 사람이라고 가정하기 쉽지만, 이를 확실히 하려면 더 많은 정보를 수집해야 한다. 과소기능과 과대기능은 거의 모든 친밀한 성인 파트너 관계에 기인할 수 있는 특성인데, 다만 남은 질문은 이러한 역동의 지속 시간과 강도이다. 아주 오랜 기간에 걸쳐, 그리고 상당한 정도의 정서적 강도로 다른 사람에게 맞춰 적응한 것으로 보이는 파트너는 이렇게 하는 것과 관련된 불안을 다루는 한 방식으로서

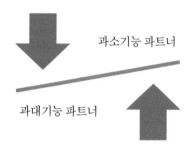

과소기능 파트너

과대기능 파트너

그림 6-8 결혼관계에서 불안이 드러나면, 이는 종종 한쪽 파트너는 과대기능하고 다른 파트너는 과소기능한다고 말하는 것으로 나타난다.

증상을 발전시킬 수 있다.

마지막으로, 우리가 아이들에게서 관계 불안이 나타나는 것을 보게 된다면, 이러한 증상의 임상적 표현은 다시금 신체적, 정서적 또는 사회적 형태를 취한다. 핵가족의 정서적 과정에 대해 생각해 보는 또 다른 방법은 가족에 일정한 양의 관계 불안이 있다고 상상하는 것이다. 부부 갈등이나 배우자의 질병으로 흡수된 불안의 양만큼 자녀에게 전달될 불안의 양은 감소된다(Bowen, 1994). 커와 보웬(Kerr & Bowen, 1988)은 다음과 같은 방식으로 이 점을 설명한다.

> 모든 핵가족에는 각 가족 구성원의 정서 반응, 감정 반응, 주관적인 태도, 가치관 및 신념과 더불어 보다 객관적인 태도, 가치관 및 신념에 의해 만들어지는 '정서적 분위기 (emotional atmosphere)'가 있다. 이러한 분위기가 분화 수준을 결정하고, 결과적으로는 가족 내에서 성장하는 자녀의 스트레스에 대한 적응 정도를 결정한다.
>
> (p. 194)

💟 가족투사과정

가족투사과정family projection process은 부모의 관계 불안이 자녀에게 전달되는 과정으로 생각할 수 있다. 임상적으로, 이는 종종 엄마와 아이의 관계에서 높은 강도로 발현된다. 파페로(Papero, 1990)는 이에 대해 부모나 아이 모두 이런 종류의 정서적 개입을 추구하지 않기 때문에, 둘 다 이러한 상황에 책임이 없다고 말한다. 각 부모는 현재의 강도에 대해 어느 정도 인식할 수 있지만, 각자는 자신이 그것을 바꿀 수 없거나 바꾸기를 내켜하지 않는다는 것을 알게 된다. 부모에게서 시작되는 과정으로서, 아이는 단순히 이에 이끌려 들어간다. 이는 모든 가족관계체계에서 다양한 정도로 발생하지만, 일부 가족체계에서는 체계의 전반적인 웰빙의 매우 중요한 부분이 된다. 이렇게 되면 아이는 결혼관계의 유지와 관리에 있어 지나치게 중요한 역할을 하게 된다.

이 개념을 사용하여, 재키 부모의 결혼에서 많은 불안이 재키에게 '투사'되었다고 상상하는 것이 가능해진다(그림 6-9 참조). 재키에게 집중하게 되면, 부모 모두는 자신들의 관계에서 발생하는 불안에 대처할 필요가 없게 된다. 이런 종류의 투사를 받는 사람은 종종 다른 형제자매보다 정서적으로 덜 '자유롭다'고 묘사된다. 홀(Hall, 1991)은 다음과 같이 기술한다. "첫째, 막내 그리고 외동은 가족투사를 받는 경우가 많다. 물론 그러한 역할을 하는 아동이 연령 측면에서 그러한 위치에 있는 아동보다 투사에 더 취약할 수 있지만 말이다."(p. 83) 라이자의 경우, 그녀의 언니들이 그런 투사를 받을 가능성이 훨씬 더 높았고, 그녀는 형제들이 결코 갖지 못했다고 불평할 수 있는 일종의 정서적인 그리고 행동에 있어서의 자유를 갖게 되었다. 나아가 해당 세대에서 이러한 종류의 투사가 나타나는 것은 양쪽 부모가 경험한 부모의 정서적 분위기의 역동성을 기반으로 하는 누적적인 결과로 이해된다. 이 가정은 이론의 다음 개념과 관련이 있다.

그림 6-9 가족투사과정은 파트너 사이의 관계 불안이 자녀에게 전수될 때 일어난다.

💟 다세대 전수과정

다세대 전수과정multigenerational transmission process의 개념은 주어진 가족체계에서 개별 구성원 사이에서뿐만 아니라 핵가족 단위 사이에서도 기능 수준에 상당한 차이가 있다는 생각을 반영한다. 이러한 차이는 같은 세대의 구성원들과 동일 세대의 핵가족 단위 사이에서 발생할 뿐 아니라 세대에 걸쳐서 일어나는 것으로 볼 수 있다. 커와 보웬(Kerr & Bowen, 1988)에 따르면 "세대가 충분하면, 모든 가족은 기능적 극단에 있는 이들과 이러한 극단 사이 연속선상의 대부분의 지점에 위치하는 이들을 생산하는 경향이 있다"(p. 221). 모든 가계도는 오랜 기간에 걸쳐 기능적 안정성이나 불안정성을 촉진하는 데 도움이 되는 서로 다른 '가지'를 생성한다.

보웬(Bowen, 1994) 자신의 말을 빌리자면 다음과 같다.

> 가장 심하게 손상된 아이를 다음 세대로 따라가다 보면, 한 계통이 점차로 세대에 걸쳐 더욱더 낮은 분화 수준을 가진 개인을 만들어 내는 것을 볼 수 있다. 이 과정은 몇 세대에 걸쳐 빠르게 진행되고 한 세대 정도 정지된 상태로 유지되었다가 다시 속도가 빨라질 수 있다. 조현병으로 무너질 정도로 손상이 심한 아이는 적어도 3세대를 거쳐야 한다고 말한 적이 있다. 이는 시작 상태에서는 겉으로 기능이 상당히 좋은데 이후로 그 과정이 세대를 거쳐 최대 속도로 진행된다는 생각을 기반으로 한다. 그러나 이 과정이 한 두 세대 동안 느려지거나 정체 상태를 유지할 수 있다는 것을 알고 있기 때문에, 이제는 조현병을 발달시킬 정도의 손상에는 아마도 8세대에서 10세대까지도 필요하다고 말할 수 있겠다.
>
> (pp. 384-385)

커와 보웬(Kerr & Bowen, 1988)은 동일한 다세대 가족 구성원의 기능에 있어서 현저한 불일치는 쉽게 관찰 가능한, 가족에 대한 **사실**facts이라고 말한다([그림 6-1] 참조). 그들이 이러한 사실에 대해 제기하는 질문은 "세대에 걸쳐 가족 구성원의 기능을 연결하는 질서 있고 예측 가능한 관계 과정의 작용을 반영하는지 여부"(p. 223)이다. 이론의 상당 부분은 그들이 하는 가정에 달려 있는 듯하다.

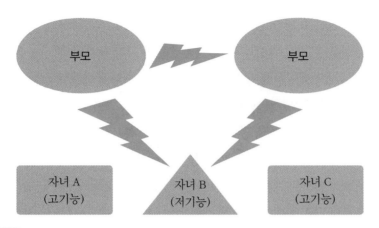

그림 6-10　다세대 전수과정은 자기 자신의 관계에서 발생한 불안을 자녀 중 하나에게 투사할 때 발생하며, 이때 이 자녀의 기능은 손상된다. 한 자녀에게 초점을 맞춤으로써 다른 자녀들은 고수준으로 기능하게 되며, 이러한 과정은 세대에 걸쳐 일어난다.

현재 사례에서 우리는 재키가 원가족에서 가족투사과정의 정면 승부를 짊어진 '집중받는' 아이였던 것 같다는 가설을 세울 수 있다. 그녀의 성 정체성 문제가 가족 위기로 등장하기 전에도 많은 가족 에너지, 특히 그녀 어머니의 에너지가 그녀와 그녀에 대한 기대에 집중되었다고 추측하기 쉽다. 그와 대조적으로, 라이자는 원가족에서 매우 다른 위치를 차지했음을 쉽게 상상할 수 있다. 그녀 바로 위 형제와 열 살 차이가 나는 늦둥이 막내로, 부모는 아마도 그녀가 태어났을 때 이미 '투사된' 아이를 설정했을 가능성이 높으며, 따라서 그녀는 부모님의 기대를 충족시키지 않았던 역할이었다. 이는 그녀에게 재키가 그녀의 가족에서 경험한 것보다 훨씬 더 많은 '자유'를 주었고, 그녀로 하여금 거의 그 정도로 강렬하게 부담이 되는 가족 외부의 관계를 가지게 했다.

♥ 정서적 단절

보웬은 1975년 세대 간에 발생하는 정서적 과정을 다루는 개념인 정서적 단절의 개념을 이 이론에 추가하였다. 부모와 자녀에 대해 이 이론이 가정하는 바는 이러한 매우 특별한 인간관계는 결코 정서적으로 완전히 '해결'되지 않는다는 것이다. 모든 이는 부모에 대해 해결되지 않은 정서적 애착을 어느 정도 가지고 있다고 가정한다. 보웬(Bowen, 1994)은 "부모에 대해 해결되지 않은 정서적 애착의 정도는 개인의 삶과 다음 세대에서 어떻게든 다루어야 하는 미분화의 정도와 동일하다"(p. 382)고 기술한다. 그러나 일부 부모가 성인 자녀와 '단절'하는 것 또한 볼 수 있으므로, 이 개념은 그것의 상호관계적 차원의 전체 안에서 이해될 필요가 있다. 재키와 그녀의 부모는 관계에서 발생한 단절을 회복하려고 노력하고 있고, 이러한 방향으로 발걸음을 내딛는 것으로 보인다. 그녀가 이제 휴일 저녁 식사에 초대되고 20년 전에 쫓겨났던 집에 돌아와 환대를 받는다는 사실은 그녀와 부모 모두 관계를 회복하기 위해 에너지를 쓰고 있다는 것을 말해 준다. 이러한 상황에서 내딛는 그 걸음걸음은 드물지 않게 조심스럽고 잠정적이며, 또 종종 오래된 상처가 다시 드러나 좌절하게 될 때도 있다. 그러나 우리가 알게 된 바에 따르면, 이제 그 시작은 점차 확장되고 있고 또 점차 영향력을 미치고 있다.

임상 현장에서 이 개념은 초기보다 점차 훨씬 더 광범위하게 적용되고 있다. 이제 관계체계에 있어서 사람들이 해결되지 않은 거리두기를 생성하는 방식을 이해하는 설명적인 용어로서 널리 이해되고 있다. 단절은 실제로 현재의 어려운 관계의 불안을 어느 정도 줄일 수 있다. 그러나 효과를 인정하기 가장 어려운 측면 중 하나는, 단절 이후의 모든 관계에 가해지는 압박이 증가한다는 점이다. 이 압박은 원하는 효과와 정반대의 결과를 가져오는 경우가 많으며, 이는 성인기에 걸쳐 재키에게 일어난 일인 듯하다. 그녀의 불규칙한 직업력과 더불어 38세임에도 불구하고 2년 반 동안 지속된 이 연애 관계가 그녀가 지금까지 경험한 것 중 가장 길다는 사실은 그녀가 다른 사람들과 지속적인 관계를 유지하는 데 어려움을 겪고 있다는 증거라 볼 수 있다. 부모와의 관계에서 겪은 어려움은, 이후의 모든 관계에 영향을 미쳤을 가능성이 크다. 이러한 부재는 역설적이게도 미래의 관계를 더욱 어렵게 만드는데, 높은 수준의 강도는 대개 장기간 지속 가능하지 않기 때문이다. 이론에서 다루는 다른 개념들과 마찬가지로, 정서적 단절은 정도의 문제로 이해해야 한다. 부모와의 관계를 가지고 누군가의 관계의 최종적인 해결에 대해 상상하는 것은 불가능하지만, 그럼에도 우리 모두는 어떤 조건에 도달하기 위해 고군분투한다. 문제는 이러한 노력에 얼마나 많은 에너지가 사용되는가와 더불어 다른 관계에 있어서의 대가는 무엇인가이다.

🍄 형제자매 위치

보웬은 이 부분에 대한 자신의 이론에 있어, 고정된 형제자매 위치와 관련된 성격 프로파일에 초점을 맞춘 광범위한 연구를 수행한 월터 토먼(Walter Toman, 1961)의 연구를 기반으로 삼았다. 토먼의 연구가 반드시 체계적 관점을 바탕으로 한 것은 아니지만, 보웬은 토먼의 연구가 자신의 생각과 잘 부합한다고 보았다. 토먼은 그의 연구에서 연구 참여자 각각에 대해 밝혀낸 성격 프로필에 대한 자세한 설명과 함께 10가지의 기초적인 형제자매 관련 프로필을 만들었다. 보웬이 특별히 관심을 가진 부분은 이러한 성격의 예측과 결혼 파트너에 대한 부분의 유용성이었다. 토먼은 각각의 원가족에서 다른 형제자매들과 어떻게 관련되어 있는지에 따라 장남과 막내딸 사이의 결혼에서 가능한 역동과 같은 것들을 자세히 설명할 수 있었다. 보웬(Bowen, 1994)은 토먼의 연구를 가족체계 내의 '기능적 위치'에 대한 자신의 아이디어로 통합하여 이러한 개념을 확장하고 단순한 출생 순서 이상으로 진전시켰다. 가족 정서체계에 영향을 미치는 것들에 대한 보웬의 이해는, 출생 순서 자체가 아니라 가족 정서체계 단위에서 개인의 기능적 위치에 기초하여 가족체계에서 '기능적 장남' 또는 '기능적 막내'와 같은 구성요소에 대해 이야기할 수 있게 해 주었다.

라이자는 고전적인 의미에서 기능적인 막내에 대한 묘사와 잘 들어맞는다. 가족의 '아기'로서, 그녀는 이 위치에 수반되는 특전과 특권을 이해한다. 이는 그녀가 다른 이들의 필요를 충족시켜 줘야 하는 게 아니라 그 반대가 되어야 한다고 생각한다는 것을 의미한다. 재키는 출생 순서만 보면 중간에 낀 자녀이다. 하지만 그녀는 동시에 장녀이고, 이로 인해 원가족에서 특정한 기능적 위치를 차지했을 수 있다. 그녀는 중간에 낀 아이와 가장 밀접하게 관련되는 '그럭저럭 함께 살아가는' 성격이 아닌 듯한데, 이는 우리에게 그녀의 출생 순서와 기능적 위치는 별개임을 이해하도록 도와준다. 지속되고 있는 가족체계의 어느 시기에 태어났는가는 일반적으로 그 체계 내에서 그들의 경험을 형성할 수 있는 정서적 힘에 대해 말해 준다. 형제자매 위치는 누군가의 개인적 스타일의 원천으로서 인과관계가 확실하다고 할 수는 없지만, 누군가의 관계 경험을 형성하는 데 있어서의 영향에 대해 질문하는 좋은 출발점이 될 수 있다.

💡 지식 적용하기

형제자매 관계에서 당신의 출생 순서는 어떻게 되는가? 일반적으로 첫째는 책임감 있고 성취도가 높으며 타고난 리더라고 일컬어진다. 이들은 관심의 중심이 되는 것을 편안하게 생각하며 종종 형제자매 집단의 '리더'이다. 출생 순서 중 중간 아이들은 종종 나이 많은 형제자매의 그늘에서 사는 법을 배운 조용하고 평화로운 이들로 특징지어진다. 막내는 종종 '사회적 나비'의 특징을 보이며, 특히 재정 문제에서 가장 책임감이 낮은 것으로 여겨진다. 물론 이는 모두 광범위한 일반화이며 모든 가족 역동에는 항상 다양한 요인이 작용한다. 이 관점을 통해 일하는 가족치료자들 역시 종종 출생 순서 자체에 따라 할당된다기보다는 출생 순위가 다른 '기능적 역할'을 맡을 수 있다는 것을 보곤 한다. 어떤 가족에서는 첫째가 막내처럼 '기능'할 수 있으며 그 반대의 경우도 마찬가지이다. 당신은 가족의 전형적인 위치와 관련된 특성을 가지고 있는가? 가족 내에서 당신의 기능은 출생 순서에서의 당신의 위치와 다른가? 당신의 가족 역사는 어느 시점의 가족 상황의 변화가 형제자매 간 기능적 위치의 변화로 이어졌는가?

♥ 사회적 퇴행

이 이론의 여덟 번째이자 마지막 개념은 **사회적 퇴행**societal regression이다. 이 개념은 여덟 가지 개념 중 가장 연구되지 않은 개념이며 직접적인 임상적 실천과도 관련성이 제일 낮다고 말할 수 있다. 이 개념을 통해 보웬이 본 것은, 가족과 마찬가지로 사회가 지속적이고 만성적인 불안에 직면했을 때 지적으로 발전된 원리와의 단절이 시작되며, 순간의 불안을 완화하기 위해 보다 정서적인 것에 기대어 의사결정을 할 수 있다는 것이다. 우리의 목적에서 이 개념의 중요한 점은 자연체계적 사고의 기능으로서, 가족생활의 역동을 이해하고 설명하는 데 도움이 되는 구성요소가 전체 사회를 포함하여 더 큰 사회 집단의 이해와 설명에도 성공적으로 적용될 수 있다는 것이다.

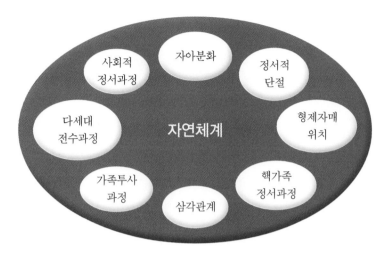

그림 6-11 자연체계 이론은 가족관계 체계에서 나타나는 보웬의 여덟 가지 연동 개념의 배경이다.

💗 성찰을 위한 질문

1. 정서체계의 개념은 당신 자신의 가족을 포함한 다른 모든 가족에 대한 생각을 어떻게 바꾸는가?

2. 만성 불안의 개념은 가족치료에 대한 당신의 생각에 어떤 영향을 미치는가?

3. 정서적 삼각관계의 개념은 가족치료자로서의 당신의 목표를 어떻게 변화시키는가?

4. 개별성과 연합성의 개념은 결혼 생활에 있어 당신이 갈등을 보는 방식에 어떤 영향을 미치는가? 청소년 양육 문제에는 어떤가? 가정폭력의 경우는 어떤가?

5. 한 번도 그 용어를 들어 본 적이 없는 다른 가족치료자에게 자연체계의 개념을 어떻게 설명할 것인가?

제7장

자연체계 치료 실제

💟 사례 설명

이번 장에서는 제6장에서 만난 재키와 라이자 커플에 대해 계속해서 알아보고자 한다. 자연체계 관점에서의 치료 작업은, 가족체계에서 개인의 관계 역동이 다른 관계에서 개인의 기능에 어떻게 영향을 미치는지 연결하는 과정을 중심으로 한다. 치료자는 보웬의 이론적 개념에 대한 지식을 사용하여 탐색을 시도한다. 이와 같은 개념틀에 기반해서 치료자는 커플의 각 구성원을 이해하는 데 가능한 가장 넓은 관점을 얻고자 한다. 이러한 지식은 현재 이들이 서로 어떻게 관련되어 있는지에 대한 탐구를 더욱 심화시킨다. 이를 위해서는 각자의 원가족에 대한 다세대적 관점을 확보해야 한다. 사실적 정보와 정서적 정보의 복잡한 조합을 수집하는 것은 가계도 작성이라 불리는 활동에 내담자를 참여시킴으로써 이루어진다.

* Christopher F. Burnett

💟 가계도

보웬의 접근법은 개인과 가족을 변화시키도록 고안된 테크닉이 상당히 결여되어 있고, 이러한 노력에 관심이 거의 없다. 보웬에게 가족치료 작업은 다른 사람들로 하여금 ① 불안 수준을 줄이고 ② 여러 관계체계에서, 그리고 그러한 체계들 사이에서, 효과적으로 생활하는 데 있어서의 도전에 더 잘 적응하도록 돕는 것이다. 물론 이렇게 하려면 다양한 관계체계에 대한 체계적이고 접근하기 쉬우며 포괄적인 설명을 가능한 한 많이 수집하는 것이 가장 유용하다. 보웬 가족체계 치료자의 경우, 현재 지속되는 정서체계에서 가족의 모든 사실을 하나로 묶는 관계 역동에 대한 정보도 수집할 수 있다면 매우 유용하다.

가계도는 치료자와 내담자 가족 모두에게 가족관계의 전체 네트워크뿐 아니라 이러한 관계의 기초가 되는 정서적 과정을 시각화하는 방법을 제공한다. 아마도 보웬 연구와 관련된 가장 구체적인 임상적 도구는 가족 도표라고도 알려진 가계도일 것이다. 가계도를 통해 치료자는 치료실 내에 가족 구성원이 참여하지 않거나 혹은 살아 있지 않은 경우라도 여러 세대의 가족체계를 아우를 수 있다. 이러한 작업을 통해 치료자는 내담자와 함께 다른 어떤 접근법보다도 훨씬 오랜 기간에 걸친 더 큰 관계 행동의 패턴을 찾을 수 있다.

보웬 가족체계를 적용하는 치료자의 경우, 가계도 작업은 표준이며, 대개 첫 회기부터 시작된다. 연필이나 펜을 사용하여 큰 종이 위에 작업을 시작할 수 있다. 필자의 경우 사무실에 설치한 화이트보드 이용을 선호하는데, 복잡하고 민감한 개인 정보를 다룰 때 가계도를 그리면서 범하는 실수 등을 쉽게 고칠 수 있기 때문이다.

가계도 그리기의 실제

재키: 제 여자 친구가 알코올 중독자가 되는 것이 두려워서 함께 치료를 받으러 왔어요. 한동안 계속되고 있었지만, 통제 불능 상태가 되기 전에 전문가의 도움을 받아야 할 때라고 생각했는데 이미 늦은 것 같아요.

라이자: 전 음주 문제가 없어요. 제 문제라면 항상 쫓기고 있고 또 무엇을 해야 하

는지에 대해 지시를 받는다는 거예요. 당신은 엄마도 아닌데, 엄마처럼 행동하고 싶어 하는 것 같아. 일거수일투족을 계속해서 관찰받는 건 동등한 파트너 사이에서 느낄 수 있는 게 아니야. 난 우리 관계가 잘되기를 원하기 때문에 여기 왔지, 우리 문제는 내가 외출해서 친구들을 만나고 즐기는 것과는 관계가 없어. 사실, 내가 이따금씩 그렇게라도 안 했으면 지금보다 우린 더 안 좋은 관계였을 것 같아.

치료자: 충분한 시간을 갖고 말씀하신 모든 것에 대해 자세히 알아볼 거예요. 하지만 여러분 모두에게 가장 큰 도움을 드리기 위해서는, 각자의 가족체계를 구성하는 모든 것에 대해 제가 완벽한 그림을 갖는 게 중요할 것이고, 우리는 이를 통해 어떻게 두 분이 함께 이 자리에 오게 되었는지, 그리고 앞으로 함께 나아가기 위한 현실적인 선택지가 무엇인지에 대한 더 나은 아이디어를 갖게 될 거예요.

재키와 라이자가 사무실에 들어서면서부터, 서로 상당히 동요하고 있음이 분명해 보였다. 서로 함께 앉지 않기로 한 것이 분명했다. 대신 라이자는 1인용 의자를 찾았고 재키는 2인용 안락 의자에 홀로 자리를 잡고는 라이자를 바라보았다. 재키는 둘이 이곳에 온 이유는 파트너 라이자가 심각한 음주 문제가 있어서 너무 늦기 전에 필요한 도움을 받기를 원하기 때문이라고 말하면서 시작했다. 라이자는 함께 커플치료를 온 이유가 그녀의 음주 때문이 아니라 둘의 최근 사이가 매우 힘들어서라고 재빨리 대답한다. 그녀는 여전히 관계를 잘 만들어 가고 싶지만, 숨 막히는 기분이 들 때마다 친구들과 놀러 나가고 싶다고 말한다.

치료자인 필자는 내담자 모두와 내담자가 치료를 받으러 오는 이유를 인정하고 받아들인다. 관계에서 어떤 일이 일어나고 있고 또 불만은 무엇인지에 대해 좋은 방향으로 차차 알아 갈 것이라 안심시킨다. 그렇지만 그 전에 치료 과정 동안 그들 각각의 가족과 배경에 대해 시간을 갖고 정보를 수집할 수 있다면 도움이 될 것이라 이야기한다. 그들이 치료를 받으러 오기까지의 불만에 대해서 다룰 것이라고 말하지만, 동시에 치료자로서 최상의 작업을 위해서는 각자의 가족체계를 구성하는 '전체 가족구성원'에 대한 이해가 무척이나 중요하다고 알려 준다.

필자는 의자에서 일어나 사무실 벽 전체에 설치한 화이트보드로 향한다. 먼저 두 개의 원 모양을 그리고 점선으로 연결하여 그들이 서로 커플 관계에 있지만 결혼을 하지는 않았음을 나타낸다. 그런 다음 재키의 가족체계에 있어서 그녀가 태어난 곳이 어디인지 묻는다. 그녀는 첫째인가? 막내인가? 그녀는 나에게 그녀가 가운데 아이이지만 오빠와 남동생이 있는 외동딸이라고 말한다. 그녀의 나이를 먼저 묻고, 큰 오빠와 막내 남동생의 나이를 묻는다. 그녀는 자신이 38세이고, 큰오빠는 40세이며, 그녀의 막내 남동생은 34세라고 말했다. 그런 다음 형제들의 이름을 말해 달라고 요청하고, 그녀는 오빠는 루이스이고 막내는 에밀리오라고 말한다.

앞에서 설명한 상황에서 가계도 작업은 여러 가지 실용적이고 즉각적인 유용성이 있다. 첫째, 이런 종류의 치료에서 기대되는 것이 비언어인 방법의 의사소통이라는 것은 치료자로 하여금 불안감이 높은 커플에게 적용할 수 있는 매우 효과적인 방법이다. 치료가 참여자에 의해 주도되는 것이 아니라는 이러한 경험은 치료자의 행동을 통해 전달된다. 이 두 사람이 서로 상당한 동요 상태에 있음에도 불구하고, 치료자는 단순히 그들의 불만 한가운데로 뛰어들지 않게 된다. 치료자는 오늘의 즉각적인 불만보다 여기에 이해해야 할 것이 더 많다는 자신의 내면화된 지식을 전달하기 위해 최선을 다한다. 보웬 가족체계에 기반한 치료자의 목표는 안전하고 비판단적인 분위기에서 사려 깊은 대화와 사실적인 정보를 교환할 수 있는 분위기를 조성하는 것이다. 이를 수행하는 첫 번째 단계는 치료자가 불만보다는 사실을 더 중요하게 여기며, 이러한 사실은 판단이나 비난이 없는 분위기에서 차차 물어볼 것임을 양 당사자에게 전달하는 것이다.

다음으로 질문할 것은 재키의 세대에서 다음 이전 세대로 이어지는 원가족에 대한 것이다. 이는 라이자에 대해 갖는 불만의 긴급성과는 거리가 있는 것이지만, 만약 그녀가 반대한다면 치료자는 이 정보가 그녀의 가족체계를 살펴보고 이것이 그녀가 현재 가지고 있는 불평과 어떻게 관련되는지에 대해 보다 완전한 평가를 내리기 위해 필요하다고 말할 수 있다.

부모님은 아직 결혼 상태를 유지하고 계신가요? 부모님이 몇 년도에 결혼하셨는지 아세요? 부모님은 결혼하기 전에 얼마나 오랫동안 서로를 알고 있었는지 아세요? 가족 내 어떤 위치에서 아버지가 태어났는지 아세요? 아버지는 장남이신가요? 아버지의 형제는 몇 분인가요? 조부모님, 그러니까 아버지의 부모님은 아직 살아 계시나요? 아니라고요? 그렇다면 할아버지가 몇 년도에 돌아가셨는지 아세요? 할머니는 몇 년도에 돌아가셨나요? 조부모님은 얼마나 오랫동안 결혼생활을 유지하셨나요? 할아버지는 어떤 일을 하셨나요? 할머니도 집안일 외의 일을 하셨나요?

어머니의 가족에 대해 말씀해 주시겠어요? 어머니는 어떤 아이였다고 하시던가요? 어머니는 형제자매가 있으신가요? 그분들은 아직 살아 계신가요? 그분들 이름은 어떻게 되나요? 그분들은 모두 결혼하셨나요? 어머니 쪽 가족분들 중에 별거나 이혼하신 분들이 있나요? 외가 쪽 조부모님은 아직 살아 계시나요? 외할아버지는 몇 년도에 돌아가셨나요? 외할머니는 언제 돌아가셨나요?

양쪽 내담자의 가족체계에 대한 가계도를 작성하면서 이러한 정보들을 묻고 수집할 때 치료자는 차분하고, 사려 깊으며, 절제된 어조로 작업을 진행한다. 이렇게 함으로써 재키와 라이자 모두에게 이러한 작업이 정서적으로 쉽게 격앙되는 경험이 아니라는 것을 전달한다. 오히려 내담자와 치료자 사이의 관계를 발전시키는 첫 번째 단계에 있어서 가치롭게 여겨지고 또 알게 되는 것은, 거의 지루할 정도로 사려 깊은 작업을 통해 정서적 표현을 줄이고 사실에 입각한 가족의 정보를 수집하는 것이다. 이름, 날짜나 장소와 같은 정보들은 어느 쪽이든 반대할 만한 부분을 찾기가 어렵다. 또한 앞으로의 모든 대화 분위기를 조성하는 사람은 치료자가 될 것이라는 생각을 전달하기도 한다. 서로에게 화를 내는 사람들에게 있어 그러한 불씨를 부채질할 만한 산소를 차단하는 것이다. 이 과정은 대화를 통해 조금은 합의도 가능하다는 것을 그들에게 보여 줄 수도 있다. 우리의 경우 재키가 라이자야말로 치료가 필요하다는 생각으로 상담에 왔다면, 두 사람 모두에게서 이러한 종류의 사실적인 가족 정보를 묻는 작업은, 말하자면 그녀가 항해하는 돛에서 바람을 제거하는 효과를 갖는다.

라이자, 당신의 가족은 어떤가요? 어디서 태어나셨어요? 아, 막내시군요. 형제자매가 몇이나 있으세요? 제일 위의 형제부터 시작해 봅니다. 좋아요, 42세이고, 결혼하셨나요? 이름이 어떻게 되세요? 루시요? 좋아요, 언니와 형부는 자녀가 몇 명이나 되나요? 언제, 몇 년도에 결혼했는지 아세요? 두 사람은 초혼인가요? 그리고 다음이 캐런이군요. 둘째 언니는 몇 살인가요? 결혼했나요? 몇 년도에 결혼했는지 아세요? 자녀가 있나요?

얼마나 있나요? 두 사람 모두 초혼인가요? 그다음은 켄트군요. 몇 살이에요? 결혼했나요? 아이는요? 몇 년도에 결혼했나요? 초혼인가요? 그리고 마지막 형제가……? 릭이라고요? 몇 살인가요? 결혼했나요? 언제 결혼했는지 아세요? 아이가 있나요? 초혼인가요? 부모님 성함은 어떻게 되세요? 두 분 다 살아 계신가요? 아버지는 형제들 중 몇 째세요? 아버지 연세는요? 아버지는 형제가 몇 명이나 되세요? 모두 살아 계신가요? 어머니는 연세가 어떻게 되세요? 어머니는 어디서 태어나셨어요? 형제들이 있나요? 다들 살아 계신가요? 언제 부모님이 결혼하셨는지 아세요? 아직 결혼생활 유지 중이신가요? 두 분 다 초혼이세요? 이제 외가 쪽 조부모님에 대해 여쭤볼게요. 두 분 다 살아 계신가요? 외할아버지가 돌아가신 건 몇 년도인가요? 외할머니는요? 지금 혼자 사시나요? 연세가 어떻게 되세요? 친가 쪽 조부모님은요? 언제 돌아가셨는지 혹시 기억하세요?

치료자는 양 당사자에게 도움을 주기 위해 이러한 정보를 수집하고 있음을 분명히 한다([그림 7-1] 참조). 이는 서로와의 관계에서 당사자들을 현재에 이르게 하는 데 기여하였을 가능성이 있는 가족과정에 대한 상호 탐구를 더욱 심화하기 위해 수행된다. 치료자는 또한 관계에서 어느 한쪽 편을 들도록 강요받지 않을 것임을 분명히 한다. 치료자는 이 과정이 진행되는 동안 질서 있고 공정하며 사려 깊을 것이라고 주장한다. 많은 이가 방 안에 자기 맘대로 하도록 내버려 두지 않고 감독하는 '어른'이 있다는 것을 알게 되면 긍정적으로 반응한다.

가계도 과정의 두 번째 이점은 종종 혼란스럽거나 모순된 주장을 푸는 데 도움이 된다는 것이다. 이는 가족체계에서 사실이 무엇인지에 대해 항상 모든 사람이 동의하게 할 수 있다는 말은 아니다. 가계도는 사람들에게 다양한 관점을 표현할 수 있게 하고, 그 관점이 모순적일지라도 침착하고 사려 깊고 사실적으로 받아들이게 하는 작업이 될 수 있다. 여기서 치료자의 역할은 진실의 중재자가 아니라 모든 정보를 기록하는 단순한 기록자여야 한다. 그러면 치료자는 이러한 상황에서 발생하는 피할 수 없는 정서적 삼각관계를 피할 수 있다. 임상가는 이러한 부조화의 '바닥까지 갈' 필요 없이 갈등이 연합되는 듯한 사람이나 상황을 알아차릴 수 있다.

> 라이자: 당신은 항상 엄마처럼 행동하려고 해. 내가 뭐 좀 하려고 할 때면 당신은
> 마치 "오늘 밤에 또 나가지 말고, 집에서 나랑 영화 보자."라고 하곤 해.

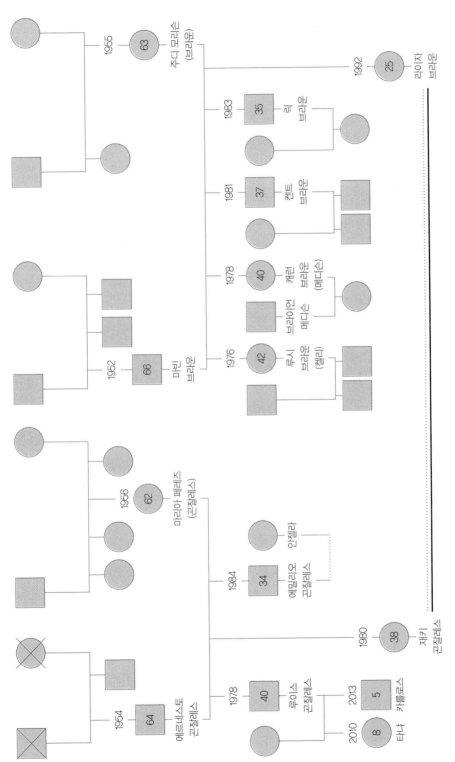

그림 7-1 기본적 사실만 기록한 재키와 라이자의 원가족 가계도

나도 나 스스로 의사결정할 수 있다고. 스스로 그렇게 살아온 지 오래이
고. 이제 25세인데 당신 도움 없이도 스스로 결정할 수 있다고. 그거 알
아? 당신은 항상 내 일에 간섭하는데 정말 지겹고 지쳐. 나는 당신의 보
살핌이 필요한 애가 아니라고.

재키: 그건 다 당신이 걱정되기 때문에 그런 거라고! 그리고 나는 우리를 염려한
다고. 당신은 술에 취해 집에 오는 날이면 늘 저기압이야. 당신이 즐겁게
지내길 바라고, 나 역시 당신이 괜찮나, 집에는 어떻게 올 건가 걱정하고
싶지 않아. 우리 처음에는 항상 많은 시간을 함께했잖아. 지금은 일주일
에 2~3일 밤에 보는 게 전부라고. 난 메리라는 친구 정말 싫어. 당신한
테 안 좋은 영향을 끼치는 것 같아. 메리가 술을 마시면 늘 취할 때까지
마시고 싶어 하고 당신은 그 사람하고 늘 어울리고 그러면 당신이나 나
나 그 밤이 모두 엉망이 된다고.

조용하게, 그리고 호기심을 담아 이러한 내용을 적고 기록하기만 하는 작업은, 내
담자에게 성급하게 판단하는 것은 필요가 없다는 메시지를 전달해 준다. 모든 정보
는 적절한 때에, 또 그 필요에 따라 고려될 것이다. 수많은 타인의 삶에서 정서적으
로 반응할 수 있는 것들을 침착하게 받아들임으로써, 치료자는 적어도 내담자들이 치
료를 받는 동안 일어나는 전반적인 관계 분위기를 설정하는 데 도움을 준다. 이를 통
해 정보는 자유롭게 나올 수 있다. 자신과 자신의 상황이 판단 없이 받아들여지고 있
고 자신의 관점이 항상 존중되고 있다고 믿을 때, 그들은 전반적인 관계체계가 어떻
게 작동되고 얼마나 복잡한지에 대해 계속해서 더 많은 정보를 나누게 될 것이다. 치
료자가 기존의 관계 역동에 빠지는 것을 피할 수 있다면, 이러한 역동이 나중에 과정
의 어느 한 시점에서 재검토될 수 있게 한다. 각자의 가족체계의 사실에 엄격하게 초
점을 둔 가계도를 작성하는 작업은, 서로를 비난하고 이것이 병리적이 되는 당장의
불평에 집중하는 것으로부터 떨어질 수 있게 한다. 관련 정보를 수집하는 이 첫 번째
단계는 몇 가지 기본적인 사실들을 치료의 탁자 위에 올려놓는 데 도움이 되며, 치료
자로 하여금 서로를 변화시키기 위해 제시하는 것에서 재키나 라이자 그 누구의 편을
드는 것으로부터도 거리를 두게 한다. 이는 서로가 불평하는 일이 일어날 수는 있을
지라도, 각자의 행동은 더 넓은 관계적 맥락 안에 놓일 수 있으며, 그래야 하고 또 그

렇게 되도록 해 준다.

이를 통해 치료자는 라이자와 재키가 관계를 탐색하는 방법에 계속해서 영향을 미치는 정서체계의 더 큰 차원의 일부를 이해하고자 한다. 가족체계의 기본적 사실들이 수집되고 나면, 치료자는 이 기초 정보를 활용하여 치료를 진전시킬 수 있다. 다양한 정서적 배경의 골격이 되는 이해를 바탕으로, 이제 치료자는 더 많은 세부적인 것들을 구체화하게 된다. 이는 때로는 미묘하게, 또 때로는 그다지 미묘하지 않게 뜨거운 쟁점이 되는 이슈와 그 역사에 대해 묻는다는 것을 의미한다.

> 라이자, 당신이 메리와 더 자주 어울리기 전에는 메리를 얼마나 잘 알고 있었나요? 당신이 재키를 만나기 전에 메리는 당신이 많은 시간을 함께 보냈던 사람이었나요, 아니면 최근 들어 더 잘 알게 된 사람인가요? 당신은 늘 다른 친구들과 자주 어울렸나요, 아니면 예전보다는 최근에 더 자주 친구들과 시간을 보낸다는 재키의 말이 맞나요? 최근에 보다 자주 그런 거라면, 당신이 더 그렇게 하도록 바뀌게 한 것이 무엇인지 기억하세요? 재키, 라이자가 더 많이 외출하기 시작했을 때 당신에게 무슨 일이 있었나요? 둘이서 아이 문제에 대해 이야기하기 시작했을 무렵인가요? 아니면 그 이후였나요? 재키, 당신은 라이자가 술에 취해 집에 오면 보통 어떤 반응이 나오던가요? 둘 사이의 말다툼이 더 심해질 때 그런가요, 아니면 그 다음날쯤 그런 일이 일어나던가요? 재키, 라이자가 친구들과 놀러 나갈 때 당신에게 함께 가자고 한 적이 있나요? 만약 그렇지 않았다면, 그녀가 없는 동안 무엇을 하나요? 만약 그랬다면, 두 사람이 다른 사람들과 함께 공개석상에 있을 때 둘은 어떤가요? 라이자는 당신이 그녀의 친구들과 함께 있을 때 편안함을 느끼게 해 주나요, 아니면 그런 상황에서 아웃사이더처럼 느껴지나요?

상호 참여로 이루어지는 가계도는, 모든 이가 현재의 관계체계를 살펴볼 수 있도록 더 넓은 렌즈를 제공한다. 라이자와 그녀의 음주가 어떻게 고쳐질지에 초점을 맞추는 대신, 이 작업은 두 파트너가 둘 사이 관계 과정의 결과로서 이해될 수 있다고 생각하게 하는 데 도움을 준다. 재키가 라이자보다 열세 살이 많고 라이자가 막내라는 것을 알면 둘 사이의 역학 관계에 대한 특정한 가정을 시작할 수 있다. 재키가 관계에서 '성인' 역할을 한다고 가정함으로써 치료자는 이 가설이 성립하는지 여부에 대해 두 사람 모두에게 질문을 시작할 수 있다. 재키는 라이자의 웰빙에 대해 책임감을 느끼는가? 그녀는 라이자가 스스로 좋은 결정을 내릴 수 없다고 생각하는가? 그녀는 메리가 미치는 나쁜 영향으로부터 라이자를 보호하려고 하는가? 남자 문제에 있어서, 그녀는 라이자가 남자에게 취약하다고 느끼는가? 이러한 각각의 질문에는 자아분화라는 더 큰 보웬식의 이슈가 포함되어 있다. 누군가 다른 사람의 행동에 대해 얼마나 많은 책임을 지는가? 이에 대해 어느 정도 가려내는 것은 이 관계 또는 모든 관계 체계에서 불안의 전반적인 수준을 가늠해 보는 방법 중 하나이다. 각각의 가족 역사에서 이전 세대를 치료의 탁자 위에 올려놓으면 이러한 관계적 이해의 맥락이 깊어질 수 있다. 이렇게 하면 '이전 세대는 다른 이를 책임지는 데 얼마나 많은 시간과 에너지를 들였으며, 이러한 기대가 어떻게 당신 세대로 이어졌나요?'와 같은 이슈를 해결하기 위해 고안된 질문들로 이어질 수 있다.

이렇게 하고 나면 가계도의 세 번째 실질적 효과로 이어지는데, 이는 가족관계체계를 다세대적이며 지속적인 가족 정서체계로 묘사하는 것이다. 가족체계에 대한 이해를 높이는 것을 목표로 하는 이러한 노력은, 개인을 지속적이고 오래 지속되는 정서체계의 구성요소로 정확하게 이해하려는 노력이기도 하다. 커와 보웬(Kerr & Bowen, 1988)은 다음과 같이 썼다.

> 가족 구성원의 정서적으로 결정된 기능은 가족의 정서적 '분위기' 또는 '장'을 생성하고, 이는 차례로 각 개인의 정서적 기능에 영향을 미친다. 이것은 태양계의 중력장과 유사한데, 각 행성과 태양은 자신의 질량으로 인해 장에 중력을 기여하게 되고, 이는 차례로 각각을 만드는 데 도움을 주는 장에 의해 조절된다. 중력을 '볼' 수 없듯, 정서적 장은 '볼' 수 없다. 그러나 중력과 정서적 장의 존재는 행성과 사람들이 서로 반응하여 행동하는 예측 가능한 방식에 의해 추론이 가능하다. 가족의 정서적 장의 존재는 모든 가족에 존재하는 정서적으로 주도되는 관계 과정의 산물이다. 이 과정의 강도는 가족마다 다를 수 있으며, 시간이 지남에 따라 같은 가족 내에서도 어느 정도는 항상 존재한다.
>
> (p. 55)

한 개인을 더 잘 이해하려면 이들을 만든 정서적 체계의 힘을 볼 수 있어야 하고 이해할 수 있어야 한다. 라이자와 재키의 현재 어려움을 가장 잘 이해하기 위해서는, 그들이 각자 원가족에서의 경험을 통해 이 관계에 대해 어떻게 준비되어 왔는지 이해하

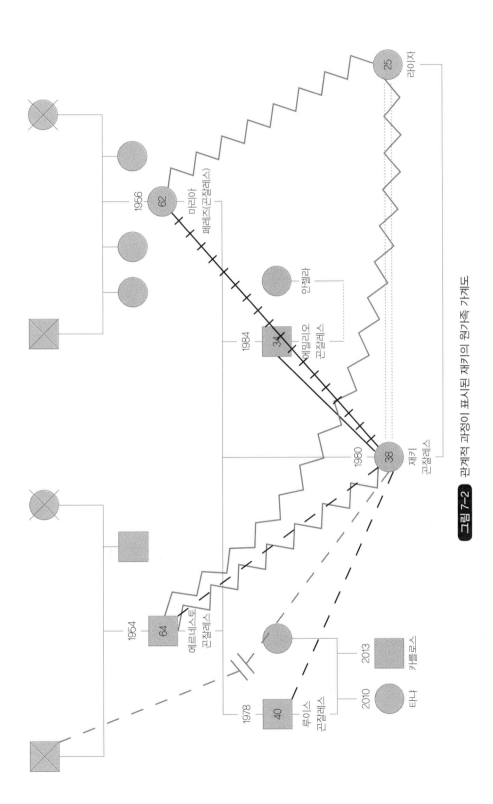

그림 7-2 관계적 과정이 표시된 재키의 원가족 가계도

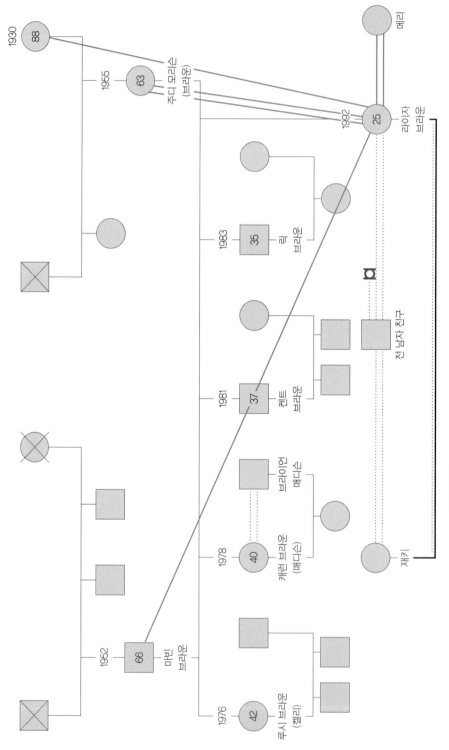

그림 7-3 관계적 과정이 표시된 라이자의 원가족 가계도

는 것이 매우 유용하다([그림 7-2], [그림 7-3] 참조). 그들의 부모, 조부모, 형제자매 및 기타 확대 가족 구성원의 정서적 분위기를 이해하는 것은 그들이 자라면서 담당했던 관계에서의 위치와 그들이 수행한 관계 기능에 관해 더 많은 맥락을 밝히는 데 도움이 된다. 이러한 정보는 현재의 관계에 있어서뿐만 아니라 각자 원가족에서의 현재 상태의 역동에 대한 더 큰 맥락을 제공한다. 이러한 차원을 정확하게 이해하기 위해, 점차 그들과 치료자는 서로를 비난하는 것보다는 훨씬 더 서로를 이해하는 것을 목표로 하는 과정에 참여하게 된다.

기존의 심리치료나 간단한 가족치료의 관점에서 볼 때, 이처럼 넓은 시야를 가진 정보를 수집하는 데 드는 시간과 노력은 불필요한 낭비처럼 보일 수 있다. 대부분의 관찰자에게는 재키와 라이자가 문제가 있는 것이지 그들의 부모나 형제가 문제가 있는 것은 아님이 분명해 보인다. 그러나 이러한 접근법에서 3세대 관점은 모든 가족을 하나의 정서적 단위로 적절하게 이해하고, 각 구성원이 해당 체계를 유지하는 데 있어서 하는 역할을 더 넓게 이해하기 위한 최소한의 필수 요소이다. 치료자는 체계에서 특정 측면을 '올바르게' 만들려고 하는 것보다는 이러한 체계가 어떻게 작동하는지 이해하는 데 더 관심을 가지고 그 관심을 유지할 필요가 있다.

두 가족의 체계에 대해 수집된 기본적인 정보를 통해, 치료자는 재키와 부모 사이 관계의 역사를 질문할 수 있다.

> 요즘 들어 아버지와의 관계는 어떠세요? 라이자를 알게 된 후 지난 몇 년 동안 아버지와의 관계는 어떠세요? 지난 몇 년 동안 관계에 중요한 변화가 있었나요? 요즘 어머니와의 관계는 어떠세요? 지난 몇 년 동안 관계에 어떤 변화가 있었나요? 만약 그렇다면 이러한 변화는 무엇 때문인가요? 당신은 부모님 중 어느 분과 더 가깝나요? 항상 그랬나요? 아니면 시간이 지나면서 바뀌었나요? 루이스와의 관계는 어떠세요? 에밀리오는 어떤가요? 그들은 당신과 라이자의 관계에 대해 어떻게 생각하나요? 그들이 당신에게 그렇다고 하던가요, 아니면 다른 사람들에게서 그렇다고 들었나요?

치료자가 재키 편에 서서 라이자를 바로잡아야 한다는 생각에 동참했다면, 치료자는 그들의 정서적 삼각관계와 더 큰 정서적 체계 모두에 갇히게 되었을 것이다([그림 7-4] 참조). 음주 문제를 효과적으로 해결하려는 것은 치료자를 재키의 편으로 만들

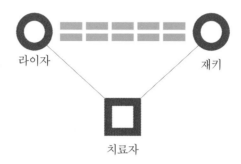

그림 7-4 치료자는 내담자의 정서체계와 연결되면서도 그 안의 구성원에게 반응적이지 않은 위치를 유지하는 것이 필요하다.

고 라이자를 '아웃사이더'로 만든다. 또한 실제적으로는 관계에서 더 큰 체계의 역동을 탐색하거나 이해할 필요가 없도록 한다. 보웬 치료자의 목표는 이러한 상황과 다른 모든 상황에서 참여자에 비해 가능한 한 유연한 자세를 유지하는 것이다. 즉, 치료자는 모든 당사자가 항상 쉽게 동의받지는 못하더라도 이해받고 있다고 믿도록 해야 한다. 이는 치료자가 내담자의 정서체계에 대한 참여자가 아니라 관찰자로서의 관점을 유지할 수 있는 관계 위치에서만 가능하다.

이러한 위치를 유지한다는 것은 물론 치료자가 라이자에게 그녀의 가족 정서체계가 재키와 함께 지내는 방식에 영향을 미칠 수 있는 방식에 대해서도 질문해야 함을 의미한다.

라이자, 당신의 부모님과의 관계는 재키와는 다른 것 같네요. 아버지와의 관계에 대해 말씀해 보시겠어요? 지난 몇 년 동안 아버지와의 관계에는 어떤 변화가 있었나요? 아버지는 재키와의 관계에 대해 어떻게 생각하시나요? 당신이 더 이상 남자에게 관심이 없다는 것을 알았을 때 아버지는 어떤 반응을 보이셨나요? 어머니는 어떤가요? 어머니와의 관계는 어떠세요? 지난 몇 년 동안 관계의 변화가 있었나요? 당신이 재키와 데이트하고 있다고 말했을 때 어머니는 어떻게 반응하셨나요? 당신이 재키와 동거한다고 말했을 때 어머니는 어떻게 반응하셨나요? 아버지나 어머니에게 당신의 음주에 대해 이야기한 적이 있나요? 만약 안 하셨다면, 부모님은 당신의 음주에 대해서 뭐라고 말씀하실 것 같은가요? 만약 말씀하셨다면 부모님은 뭐라고 하시던가요?

이와 같은 질문(그리고 이러한 질문이 만들어 내는 다른 모든 질문)에 대한 대답은 각자의 원가족 정서체계가 실제 어떻게 작동하는지에 대한 보다 구체적인 추측의 기초가 된다. 이러한 종류의 정보에 집중함으로써 치료자는 라이자와 재키를 현재의 어려움으로 이끌었던 자동 반사 과정 automatic reactive process 에서 벗어나게 하고자 한다. 재키가 이 관계에 더 많은 강도와 투자를 했다고 추론하는 것은 비합리적이지 않다. 이러한 가정은 치료실 내에서의 관찰과 재키가 자신의 원가족에 대해 설명한 가족 정서체계를 기반으로 한다. 그녀의 원가족에서 재키가 핵가족의 정서적 과정에 투사된 아이라고 주장하는 것은 합리적인 이론이다. 하나뿐인 딸인 그녀는 20년 넘게 정서적 거리를 두었음에도 불구하고 가족의 엄청난 에너지를 끌어당겼고 앞으로도 그럴 것 같다. 또한 그녀의 핵심적인 관계가 어머니와의 관계라고 가정하는 것도 무리가 아니다. 치료자는 재키의 어머니가 그녀의 첫째 딸에 대해 매우 높은 희망과 기대를 갖고 있었는지(만약 그렇다면 재키는 인생에 있어 상당히 오랜 기간 그들에게 저항한 것으로 보임)에 대해 숙고(관계가 충분히 깊어지면 이에 대해 말할 수도 있음)할 수 있다. 이러한 연결이 이루어지고 나면, 라이자에 대한 그녀의 기대에 있어서도, 어머니와의 관계와 동일한 방식으로 관계를 맺고 있을 수 있다. 이는 그들의 역동을 이해하는 많은 가능한 방법 중 하나일 뿐이지만 이로부터 시작하기에 좋은 지점일 것이다.

라이자는 재키보다 훨씬 쉽게 다른 사람들과 관계를 맺었다가 끊을 수 있는 것으로 보인다. 그녀는 다른 사람들의 관심의 중심이 되는 데 익숙하고 그 자리에 있는 것이 편안하다. 그녀는 흠모를 받는 데 익숙하며 그러한 장점을 잘 알고 있다. 그녀는 재키보다 훨씬 더 관대하고 그녀가 어떤 사람이어야 하는지에 대한 영향이 훨씬 적은 분위기에서 자란 듯하다. 동성애자임을 밝히고 동성관계에 있다는 것은 재키에게 할아버지와의 단절을 포함하여 가족의 정서체계 전반에 걸쳐 많은 강력한 영향을 미친다. 이것은 그녀의 가족 역사에서 사람들과 그들이 서로 영원히 관계하는 방식에 영향을 미치는 획기적인 사건 중 하나였던 것 같다. 라이자의 경우 가족원들은 그녀가 단지 '단계를 거치고' 있는 것으로 생각하고 그것에 대해 어쩔 줄 몰라하고 있는 것처럼 보이기 때문에, 이에 대한 결과는 훨씬 적고 덜 강렬하게 나타날 것이다. 이러한 추측이 맞다면(이 제한된 페이지 내에서 우리가 들어갈 수 있는 것보다 훨씬 더 많은 질문이 있고 이러한 주장을 확인하기 전에 더 많은 정보를 수집해야 함), 치료자는 그저 일상의 불화나 불만이 아니라 두 사람 간 관계에서의 과정에 대해 이야기할 근거를 가지게 된다.

지식 적용하기

이제 가계도에 대해 알고 있는 내용을 고려하여 당신 가족의 3세대 가계도를 그려 보라. 여기에는 당신 자신, 부모님, 형제자매와 조부모님이 포함되어야 한다. 자녀가 있는 경우 자녀도 포함하여야 한다. 가계도에는 연령과 서로의 관계가 표시되어야 한다. 가계도 작성을 마친 후 가족 안에서 볼 수 있는 주요 패턴을 생각하는 시간을 가져 보라. 당신 가족의 정서체계에 대해 당신이 미처 보지 못한 패턴을 가족원이 아닌 다른 이가 볼 수 있는지 확인하기 위해 가족 이외의 사람에게 가계도를 보여 주는 것을 고려해 보라.

💜 보웬 가족체계 실제에서 치료자로서의 자기

아마도 다른 어떤 치료적 접근법보다 이 접근법은 치료자 자신의 역할과 훈련을 매우 강조한다. 자신의 가족관계를 형성한 정서적 과정의 힘을 인식하는 것은 다른 사람들도 그렇게 하도록 돕는 데 있어서의 첫 단계이다. 보웬은 가족치료자가 자신의 가족체계 내에서 자신의 위치와 기능을 이해하려고 기꺼이 노력한다고 믿었다. 그는 가족체계에서 자신의 위치를 이해하기 위한 노력을 자세히 설명했다(Bowen, 1994). 그는 자신의 가족 내에서 좀 더 자기 자신이 되기 위한 12년 노력에 대해 공개적으로 이야기한 후, 집에 돌아간 그의 학생들이 훨씬 더 깊은 울림을 받으며 그의 개념을 이해하는 것을 보았다. 그는 자신의 가족관계 체계에 대한 작업은, 모든 가족에 있어서의 그러한 과정의 힘을 충분히 이해하는 데 필요한 단계라고 주장하게 되었다. 보웬(Bowen, 1994)은 다음과 같이 썼다.

> 나는 가족치료자가 일반적으로 그가 전문적으로 보는 가족에 있는 것과 똑같은 문제를 자신의 가족에서 가지고 있으며, 그가 전문적인 업무에서 적절하게 기능하려면 자신의 가족에서 자신을 정의할 책임이 있다고 믿고 가르친다.

(p. 468)

자신의 가족체계 맥락 속에서 자신을 이해하는 작업은 몇 가지 다른 이유로 보웬의 가족체계에 기반한 작업을 진행하는 데 있어 중요하다. 첫째, 다른 사람들의 사회적, 정서적 압박에 직면하여 자신을 정의하기 위해 고군분투하는 것은 보편적인 인간의 과정이다. 그것은 모든 인간이 각자의 특정한 방식으로 참여하는 것이다. 보웬은 조현병 내담자의 가족체계에서 본 정서적 과정이 다른 모든 가족체계에 존재하는 것과 동일한 정서과정이며, 나아가 모든 형태의 삶에 걸쳐 다양한 방식으로 존재한다고 믿었다(Kerr & Bowen, 1988). 이에 자신의 가족을 이러한 강력하고 자연스러운 과정을 보고 배울 수 있는 최고의 장소로 만들었다.

재키와 라이자와 함께 작업하는 어떤 치료자도 인생의 어느 시점에서 비슷한 관계의 위치를 차지하지 않았다고 상상하기는 어렵다. 우리 대부분은 애정의 대상이 정서적으로 우리와 더 가까워지도록 노력한 경험이 있다. 우리는 또한 관계가 불편할 정도로 가까워지면 어느 정도 거리를 두려고 노력한 경험이 있을 것이다. 이것은 다른 인간과의 친밀함을 추구하는 사람이라면 누구나 필연적으로 점유해 본 그리고 그로부터 나오게 되는 관계의 위치이다. 치료자가 자신의 관계 역사와 과정에 대해 스스로 되돌아보지 않았다면, 치료자는 자신이 그렇게 하고 있다는 것을 깨닫지 못한 채 라이자와 재키의 관계 갈등에 있어 한쪽 또는 다른 한쪽에 쉽게 끌리게 될 수 있다. 보웬은 이것이 강력하고도 자동적이라고 믿었다.

라이자와 재키처럼 우리 대부분은 낭만적인 관계에 있어서 무엇을 하면 좋은지에 대해 친구와 친척이 좋은 의도를 가지고 한 제안을 거부한 경험이 있다. 우리 중 많은 사람은 다른 사람들이 제공한 좋은 조언도 무시했을 수 있다. 더 큰 그림을 볼 수 있는 능력과 인간관계에 있어 사람들이 거의 논리적으로 행동하지 않는다는 것을 아는 경험, 성숙과 연민을 가진 사람은, 어떤 정서적 삼각관계에서라도 환영을 받으며 평화롭게 이러한 삼각관계에 들어갈 수 있다. 그러나 이러한 종류의 지혜, 인내, 경험은 치료자의 노력과 성찰 없이는 오지 않는다. 자신의 정서체계에서 자신의 기능에 대해 배우는 것이 쉽거나 고통이 없는 경우는 거의 없지만, 다른 사람들이 그렇게 하려고 할 때 공감과 연민에 대한 자신의 능력을 확장함으로써 보상을 받는 작업이다.

임상적으로는, 치료자가 가족의 정서체계 외부에 자신을 위치시킬 수 있는 동시에 내담자의 가족관계 체계에 합류할 수 있는 것이 중요하다. 이것이 보웬이 자신의 이론에 근거한 치료자가 가장 잘 봉사할 수 있다고 믿었던 방법이다. 이렇게 하는 것은 가족이 작업에서 자신의 과정을 잘 볼 수 있도록 해 준다. 만약 치료자가 내담자보다 더 넓은 관점을 유지하는 데 실패하면, 치료자는 내담자의 지속적이고 자동적인 관계 과정에 통합되어 버릴 가능성이 높다. 일단 이런 일이 발생하면, 외부인의 관점을 표현하는 것은 거의 불가능해진다. 자신의 가족에서 이러한 과정이 작동하는 것을 보고 이에 조금의 객관성을 부여하기 위해 노력하는 것은, 이 이론을 다른 사람의 가족 관계 체계에 효과적으로 적용할 수 있는 중요한 단계이다.

대체로 보웬 작업의 전반적인 목표는 교육이다. 그러나 사람들이 자신의 상황을 더 명확하게 이해할 수 있으려면 관계체계의 불안(반응성)을 줄여야 한다. 재키와 라이자의 전반적인 불안 수준은, 둘 중 하나가 현재 상황에 대해 다르게 생각하기 시작하기 전에 다루어져야 한다. 그러려면 두 사람 모두 치료가 서로의 미래에 대한 불안을 표현할 수 있는 안전한 장소라고 느껴야 한다. 그들 각자는 치료자가 과거의 고통뿐만 아니라 미래에 대한 희망을 염원하고, 환영하고, 감사하고, 존중한다는 것을 알아야 한다.

이것은 치료자로 하여금 서로에게 그리고 치료자에게 향하는 매우 강렬한 두려움, 분노, 상처, 실망의 표현에 직면하여 두 사람 모두에게 정서적으로 연결된 상태를 유지하는 능력을 보여 줄 것을 요구한다. 단순히 다른 이들에게 해야 할 일을 말하는 것만으로는 충분하지 않다. 치료자는 가족관계 체계 내에서 자신의 위치를 바꾸는 것이 얼마나 어려운지 잘 알고 있어야 하고 또 진정으로 이해해야 한다. 상식과 삶의 경험은 이렇게 하는 데 있어 명료하거나 간단한 테크닉은 없다고 우리에게 말한다. 하지만 일반적으로 자신과 자신의 행동에 대해 책임지는 능력은 다른 사람을 존중하고 상호 평화로운 분위기를 조성하는 한 가지 방법이라는 데 동의한다. 시간과 훈련, 그리고 개인의 자아분화 수준을 높이려는 노력을 통해 보웬 치료자는 커리어에 걸쳐 이를 위한 더 큰 능력을 개발하게 된다. 만약 치료자가 내담자 가족보다 사려 깊은 자기성찰 능력이 부족하다면, 치료자는 그들에게 제공할 만할 것이 거의 없을 것이다. 따라서 여러 가지 중요한 면에서, 보웬 가족체계 접근법이 성공하는 데 가장 좋은 지표는 치료자 자신이다. 이는 전문가로서 치료자의 전체적인 경력을 통해 지속적으로 구축되는 자산이다.

당신의 원가족 정서체계에서 자신의 위치를 더 잘 이해하도록 하기 위해 어떤 종류의 치료자 자신의 연구를 할 수 있겠는가? 다른 가족원들에게 어떤 질문을 하고 싶은가? 다른 사람들의 불안 수준을 높이지 않는 방식으로 이러한 질문을 할 수 있다고 생각하는가? 항상 궁금했지만 답을 얻지 못한 가족 문제가 있는가? 당신의 출생 순서는 어떠한가? 이것이 당신이 다른 사람들과 관계를 맺는 방식에 어떠한 역할을 한다고 믿는가? 당신은 누군가와 격렬한 논쟁 중에 '나(I)' 진술문을 말할 수 있는가?

❤ 탈삼각화

제6장에서 언급했듯이, 정서적 삼각관계는 모든 인간관계 체계의 기본 구성개념이다. 인간은 집, 직장, 여가에 있어서 다양한 강도의 일련의 변화하는 동맹 내부와 안팎을 넘나든다. 보웬의 탈삼각화 개념은 서비스를 제공하기 위해 치료자가 모든 당사자와 의미 있는 접촉을 설정하고 유지할 수 있어야 하며 어느 한 관계에 '갇히지' 않아야 함을 의미한다. 모든 관계가 불안을 유발하고 이 불안이 다른 사람들을 쉽게 얽히게 한다고 가정하면, 재키가 관계를 지속하기 위해서는 라이자가 변화해야 한다고 말할 때, 치료자는 두 사람(특히 라이자)에게 이것이 그들의 상황이 이해될 수 있는 유일한 방법은 아니라는 것을 전달해야만 한다.

재키: 라이자, 내가 항상 당신을 걱정할 수만은 없으니, 여기서 꼭 해야 할 일이 있어. 당신이 메리와 시간을 보낼 때면, 나는 당신이 술집에서 남자들과 이야기 나누면서 당신이 예전 방식으로 돌아갈까 봐 매우 걱정돼. 정말 나를 미쳐 버리게 하는걸. 너무 미칠 것만 같아서 당신이 집에 올 때조차도 내가 당신을 화나게 한다는 것을 알고 있지만, 나도 날 어떻게 할 수가 없어. 나는 단지 우리가 잘되기를 너무나도 바라. 우리가 전문적인 도움을 받으면, 이 관계를 예전처럼 돌릴 수 있다는 걸 아니까, 그래서 이 치료가 정말 중요한 이유야.

라이자: 글쎄, 나도 우리 관계가 잘되었으면 좋겠어. 우리 관계에도 많은 투자를
하고 있다고. 하지만 내가 항상 당신을 실망시키게 할 수만은 없잖아. 내
가 뭐라도 하려고 하면 혹은 혼자 밖이라도 나가면, 늘 큰일이 되곤 해.
나도 나만의 공간이 필요해. 난 이제 성인이고, 나는 그저 당신이 혹은 당
신 아니라 누구라도 나를 다르게 대하게 내버려 두지 않을 거야. 늘 함께
시간을 보내는 건 즐거웠지만, 자꾸 이래라 저래라 잔소리를 하는데, 그
럴 시간이 없다고. (치료자를 돌아보며) 그렇지 않나요? 친구들과 술을 마
시지 못하게 하는 게 아니라 재키가 어른으로서의 나를 더 동등하게, 더
진지하게 대하는 방법을 이야기해야 하지 않을까요?

관계를 고치는 것을 치료의 초점으로 하는 것은 특별한 일이 아니다. 그러나 이는
또한 치료자 자신이 관계 불안을 다룰 수 있도록 유지하기 위해 역할을 하는 것으로
볼 수 있다. 관계 문제를 고치려는 시도는 많은 치료자가 자신의 불안을 다루는 방법
중 하나이다. 인간관계의 복잡성(재키와 라이자처럼)을 풀어야 할 문제로 축소할 때,
치료자는 그 관계에 대한 치료자 자신의 관계 참여에 있어서의 한도를 설정한다. 문
제가 무엇인지, 문제가 어떻게 이야기될 것인지(또는 그렇지 않을 것인지)에 대한 중재
자로서 치료자는 자신의 개입 범위를 제한하고 있다. 많은 경우, 이는 당신이 '무언가
를 하기'를 바라는 다른 사람들의 불안에 대한 자동적인 반응이다.

반면, 보웬의 가족체계 치료자는 이러한 불안과 그것을 다루는 데 필요한 노력을
지속적으로 인식하고 있다. 이 경우 이를 다루는 한 가지 방법은 관계와 그 역동에 대
한 한쪽의 설명에 얽매이지 않는 것이다. 라이자가 외출을 너무 많이 한다거나 술을
너무 많이 마신다고 재키가 말할 때, 이러한 행동 하나 혹은 두 행동 모두를 문제라고
초점을 맞추는 대신에, 보웬 치료자는 더 자주 외출하고 싶은데 집에 있는 게 얼마나
어려울지에 대해 라이자와 가벼운 농담으로 대화를 시작할 수도 있다. 처음에는 얼
굴을 붉히며 다소 냉소적이거나 심지어 무례하게 보일 수 있지만, 이러한 말 뒤에 숨
겨진 의도는 치료자가 이 대화에서 함께 해결해야 하는 문제 혹은 비난할 사람들을
찾지 않을 것이라는 점을 양 당사자에게 전달하는 것이다.

문제에 대한 일정한 설명에 얽매이지 않는 것은 치료자로 하여금 토론의 맥락을 확
장할 수 있도록 해 준다. 재키도 라이자도 문제가 없다고 생각하는 마음가짐으로, 치

료자의 임무는 단지 어떻게 그들의 관계가 의미가 있는지를 이해하기 위해 이러한 참조할 수 있는 개념틀을 공유하는 데 초대하는 것이다. 일단 그들의 초기 불안 수준이 감소되면 치료자는 더 큰 가족체계 렌즈를 통해 상황을 볼 수 있도록 설계된 대화의 과정에 두 사람 모두를 참여시킬 수 있다.

이 과정이 성공하기 위한 열쇠는 치료자가 커플의 일상적인 걱정과 불만으로부터 얼마나 벗어나 있을 수 있느냐이다. 인간의 본성에 따르면, 인간으로서 다른 사람들이 의견이 다를 때 편을 들지 않는 것은 매우 어려운 일이다. 보웬의 가족체계 이론이 치료자에게 제공하는 것은 격렬한 갈등에 직면하더라도 관찰자의 입장을 유지할 수 있도록 하는 일련의 도구이다. 이러한 종류의 작업이 성공하기 위해서는 탈삼각화 과정이 매우 중요하다. 거의 모든 경우에 내담자는 의견의 불일치 상황에서 치료자가 자신의 편을 들어 주기를 원할 것이다. 시간과 경험이 누적되면서 발달되는 기술은 의견 불일치 상황에서 내담자의 '편'을 취하면서 동시에 판단하거나 일정한 편견을 드러내지 않고도 그러한 불일치의 다른 측면에 대해 내담자와 이야기할 수 있는 것이다. 예를 들어,

> 재키, 제가 당신과 라이자 사이를 회복하도록 하는 몇 가지 방법을 줄 수 있기를 바라며 여기 오셨다는 마음 이해해요. 하지만 제가 보니 라이자가 친구들과 함께 술을 마시고 있는 것보다 훨씬 더 많은 일이 벌어지고 있는 것 같네요. 제가 생각하는 바는 어떤 관계에서든 탱고를 추려면 둘 이상이 필요하다는 거예요. 우리가 이 시간 동안 라이자를 바로잡고 잘 살아갈 수 있는 법에 대해서만 이야기한다면, 제 생각에는 라이자는 돌아오는 데 대한 모든 관심을 잃을 것이라고 확신해요. 그녀는 그녀가 하는 일에서 잘못된 점이 없다고 보는 것 같아요. 사람과 관계에 대한 제 믿음 중 하나는 사람들은 위협을 느낄 때 생존하기 위해 해야 한다고 생각하는 모든 일을 한다는 것이에요. 서로를 책망하는 것보다는 이 관계로 인해 두 사람이 어떤 위협을 느끼고 있으며, 또 어디로 가고 있는지에 대해 이야기하는 것이 더 합리적이라고 보이네요. 라이자, 당신이 이 관계에서 위협을 느끼는 방식 중 하나는 당신 스스로 좋은 의사결정을 내리는 데 있어 신뢰받지 못한다고 느낄 때인 것 같아요. 그런가요?

커와 보웬(Kerr & Bowen, 1988)은 정서적 삼각관계의 과정이 여러 종의 영장류와

다른 동물에서 관찰되었다고 제안한다. 정서적 삼각관계가 인간관계 체계 밖에 존재한다고 가정함으로써, 이 개념은 이 이론에서 구조, 기능과 자연스러움이 어떻게 융합되는지를 분명히 보여 준다. 이것이 임상 실천에 갖는 시사점 중 하나는, 이 지속적이고 자연스러운 과정에서 내담자가 치료자를 참여시키기 위해 가하는 끊임없는 끌어당김을 치료자가 인식할 필요가 있다는 것이다. 치료자 작업의 상당 부분은 치료관계의 역동이 작동함에 따라, 지속적인 끌어당김과 밀어냄의 노력을 인식하고 다루는 것으로 구성된다. 내담자의 가족체계에 존재하는 구조를 보고, 드러내고, 토론할 수 있는 것은 이러한 자연적 과정의 고유한 힘을 변형하는 데 도움이 된다. 따라서 치료자는 항상 사려 깊은 태도를 유지하면서 동시에 모든 당사자와 정서적 연결을 유지하려고 노력해야 한다. 이 모형을 적용하는 효과적인 치료자라면 재키의 '편'을 들지 않고 라이자가 그들의 관계에 거리를 두는 일을 중단하라고 고집하지 않을 것이다. 이렇게 하는 것은 단지 또 다른 서로 맞물리는 정서적 삼각관계를 만들고, 그들이 이미 경험하고 있는 정서적 과정을 영속화하여, 그저 각각의 삶에서 소중한 이들과의 관계에서 일어나는 일을 되풀이해 요약하는 치료가 되게 할 것이다.

신뢰는 모든 심리치료에서 중요한 문제이다. 내담자로 하여금 치료자가 관계의 더 깊은 구조와 의미를 엿볼 수 있도록 하려면 일반적으로 시간과 적지 않은 인내심이 필요하다. 보웬의 관점에서 작업하는 경우, 치료자가 이러한 구조와 의미에 가능한 한 '지문을 남기지 않도록' 하는 것이 중요하다. 누군가가 자신의 원가족에 대한 작업을 통해 습득한 규칙이나 지식은, 내담자로 하여금 자신의 가족 구성원이 담당하는 지속적인 삼각관계의 노력을 인식하는 데 도움이 된다. 치료자는 이러한 노력을 인식해야 할 뿐만 아니라, 이러한 작업을 시작한 사람들과 지속적으로 교류할 수 있도록 재치 있고도 정중하게 대처해야 한다. 경험과 훈련은 그 과정에서 더 이상의 불안을 일으키지 않으면서도 그러한 간청을 인식하고 이를 줄이는 데 도움이 된다.

다른 사람의 일에 관해 조언하고 싶어하는 것은 매우 인간적인 경향이다. 대부분의 심리치료는 바로 이러한 충동에 기초한다. 그러나 보웬주의자들에게 있어 원칙은 다른 사람들에게 무엇을 하라고 지시하려는 충동을 인식하고 이에 저항하는 데 있다. 커와 보웬(Kerr & Bowen, 1998)은 다음과 같이 썼다.

정서적인 결에 대항하여, 두 사람 사이의 문제와 관련한 관계에서의 정서적 자율성은 서로 의사소통된다. 사람들은 자신에 대한 반응이 자동적으로 예상된 것이 아닐 때 이를 즉각적으로 인식한다. 우리는 이러한 방식으로 자아를 정의할 수 있다. 자아를 정의한다는 것이 반드시 특정 이슈에 대한 입장의 강력한 진술을 수반하는 것은 아니다. 자아는 때로 말하지 않거나 행하지 않은 것에 의해 가장 효과적으로 의사소통된다.

(p. 153, 원문에서 이탤릭체)

내담자의 관계체계를 뒷받침하는 더 크고, 종종 자동적인 힘을 보고 또 이해하려면, 치료자는 그 체계에서 일어나는 일은 그녀가 결정할 일이 아니라는 아이디어를 받아들여야 한다. 관찰하거나 논평하는 것은 그녀의 몫이다. 이러한 관찰과 추측을 가지고 내담자가 무엇을 하는가 하는 것은 명백하게 내담자의 책임으로 이해된다. '도움이' 되고자 하는 치료자에게 있어 이 개념을 이해하는 데는 대개 오랜 시간이 걸린다.

 주요 인물

마이클 커Michael Kerr

마이클 커는 1940년에 태어났다. 그는 미 해군에서 2년 동안 복무한 후 1973년 7월에 미국으로 돌아왔다. 커는 1965년 조지타운 대학교 메디컬 센터에서 머레이 보웬의 강연에 참석했다. 커가 의대 3학년 때의 일이다. 가족과정에 대한 이야기는 최근에 조현병 진단을 받은 형이 있었기 때문에 커에게 특히 의미가 있었다. 가족에 대한 보웬의 초기 연구가 한 구성원의 조현병 진단을 받은 가족을 중심으로 했다는 점을 감안할 때, 커는 논의된 과정과 관련이 있었다. 정신의학 레지던트 기간 동안 커는 대부분의 다른 정신과 레지던트가 추구했던 전통적인 개별 접근 방식보다는 보웬의 체계 아이디어를 탐구하기로 결정했다.

1972년 커는 조지타운 가족센터의 교수가 되었다. 1990년에 커는 머레이 보웬의 뒤를 이어 조지타운 가족센터의 디렉터가 되었다. 그는 보웬과 20년 동안 협력 관계를 유지했으며 자연체계 이론에 대해 주도적인 목소리를 내는 사람 중 한 명이 되었다. 『가족체계: 정신의학과 과학에서 자연체계 사고 저널Family Systems: A Journal of Natural Systems Thinking in Psychiatry and the Sciences』의 창립 편집자로 일했다. 그는 1994년부터 2014년까지 이 직책을 맡았다. 커는 보웬과 함께 자연체계 이론에 대한 가장 영향력 있는 텍스트인 『가족 평가: 보웬 이론에 근거한 접근Family Evaluation: An Approach Based on Bowen Theory』(Kerr & Bowen, 1988)을 공동 집필했다. 이 책은 여전히 보웬 자연체계 이론의 결정적인 출처로 사용되고 있다.

조지타운 가족센터를 떠난 후 그는 고향인 메인주로 돌아가 그곳에서 보웬이론아카데미를 설립했다. 보웬이론아카데미는 웹캐스트 및 구조화된 강의 시리즈를 포함하여 보웬의 가족체계 이론과 생각을 촉진하는 것과 관련된 다양한 교육 자료와 활동을 호스팅하는 온라인 벤처이다.

커는 자연체계 이론의 아이디어, 특히 보웬 이론과 진화 이론 간의 연결, 분화 개념과 임상 작업에서의 적용, 가족정서과정을 촉진했다. 최근 그는 보웬 이론에 단일질병unidisease[1] 개념을 추가하자고 제안했다. 단일질병 개념은 개인/가족이 나타내는 임상 증상에 관계없이 가족에서 유사한 가족관계 패턴을 찾을 수 있다는 개념에 기초한다. 마이클 커는 보웬 이론과 자연체계 이론의 아이디어를 계속해서 촉진하고 있다.

💗 코치로서의 치료자

티틀먼(Titleman, 2008)은 다음과 같이 썼다.

끝내 보웬은 기본적인 부모-자녀 삼각관계는 원가족 내의 각각의 배우자/부모를 포함하는 삼각관계 내에 위치하거나 혹은 연결되어 있으며, 이러한 삼각관계는 다세대 과정을 구성하는 더 큰 확대가족의 또 다른 삼각관계에 서로 맞물려 있음을 이해했다. 이 지점에서 보웬은 가족의 한 명 또는 그 이상의 개인에게 원가족과 확대가족에서 자아를 정의하거나 분화시키려는 노력을 하는, 치료자라기보다는 코치로서의 자신의 노력을 설명하기 시작했다. 보웬은 더 이상 치료자가 커플이나 가족으로부터 분리되어 탈삼각화 상태를 유지하는 데 초점을 맞추지 않았기 때문에 코치라는 용어를 선택했다. 이때, 그의 초점은 개인이 가족에게 돌아가서 자아분화를 위해 다양한 1차와 2차 삼각관계로부터 탈삼각화하기 위해 노력하도록 코치하는 것이었다. 즉, 치료자라는 용어는 가족 구성원과 관련하여 치료자가 자신을 관리하는 것을 의미하고, 코치라는 용어는 가족 구성

---

1 역자 주: 커와 보웬의 저서 『가족평가』에서 소개된 개념으로 다양한 질병은 몇 가지 공통의 신체사회적 과정을 가진다는 아이디어이다.

원 본인이 탈삼각화하려는 노력과 자아분화의 다른 측면을 가르치고, 감독하고, 상담하
는 것을 의미한다. 가족과의 교류 맥락에 있어서 상담실 밖에서의 내담자들은 이러한 노
력을 수행한다. 코칭이라는 용어는 한 가족 구성원과의 상담과정을 언급할 때 가장 자주
사용된다.

(p. 44)

우리가 살펴본 사례의 경우에서, 치료자가 라이자나 재키가 다른 파트너를 고쳐야
한다는 생각을 그만두게 하는 데 성공했다고 가정해 보자. 이론에 따르면 둘 중 하나
만이라도 이걸 할 수 있다면 관계의 전반적인 불안 수준이 크게 감소한다. 관계에 대
한 전반적인 불안 수준이 감소하면, 그 사람은 관계에 대해, 그리고 관계를 둘러싼 더
큰 역동에 대해 새롭고도 다른 방식으로 생각하기 시작할 것이다.

만약 이런 일이 발생한다면, 치료자는 관계 삼각관계의 체계에서 다른 기능적 역
할로 옮겨 갈 수 있다. 단순히 두 파트너 사이의 불안을 다루는 대신, 치료자는 훨씬
더 사려 깊고 반영적이며 교육적인 역할로 옮겨 갈 수 있다. 보웬(Bowen, 1994)은 이
것을 '코치'의 역할이라고 말했다. 이러한 역할에서 그는 모든 가족체계가 기능하는
방식에 대해 내담자를 교육할 수 있으며, 이렇게 되면 사람들이 자신의 가족체계 기
능을 이해하는 데 이러한 지식을 적용하도록 도울 수 있다고 말했다. 보웬(Bowen,
1994)은 다음과 같이 썼다.

체계가 더 '개방'되면 삼각관계와 가족 반응 패턴에 있어서 자신이 담당하는 역할을
보기 시작하므로, 그는 자신이 이전에 보지 못했던 신화, 이미지, 왜곡과 삼각관계로부
터 자아를 분화시키는 더 복잡한 과정을 시작할 수 있다. 이것은 큰 명령이며 빨리 완수
될 수 없는 미션이다. 이러한 노력에서 누군가를 돕거나 감독하는 노력은, 코치와 운동
능력을 향상시키기 위해 노력하는 운동 선수와의 관계와 매우 유사하기 때문에 '코칭'이
라고 불린다. 초기 목표는 교육생에서부터 시작한다. 대부분의 학습은 교육생이 목표를
향해 일할 때 찾아온다. 교육생은 진척이 자신에게 달려 있음을 알고 있다. 이 과정은 기
존의 치료 개념과 상당히 다르다.

(pp. 539-540)

이 코칭 과정의 첫 번째 단계 중 하나는 내담자가 자신의 가족 구성원과 '일대일 관계'를 추구하는 것의 가치를 이해하도록 돕는 것이다(Bowen, 1994). 라이자와 재키 사이의 불안이 줄어들고 재키가 성인 관계의 역사를 더 잘 이해하기 위해 이러한 종류의 도움을 계속하는 것에 동의한다면, 그녀에게 시도해 보도록 권장해 볼 만한 첫 번째 일 중 하나는, 그녀의 핵가족 구성원, 특히 그녀의 부모님과 더 나은 일대일 관계를 가져 보도록 하는 것이다.

보웬은 사람이 새로운 수준의 성숙을 달성하는 데 도움이 되는 경험의 종류로 일대일 관계를 추구하려는 노력에 대해 이야기한다. 그는 다음과 같이 말했다.

> 초기 노력으로, 나는 사람들에게 "당신의 확대가족에서 각각의 구성원과 일대일 관계를 맺을 수 있다면, 그것은 당신이 인생에서 할 수 있는 그 어떤 것보다 '성장'하는 데 도움이 될 것입니다."라고 제안했다.

(Bowen, 1994, p. 540)

재키와 부모님의 역사를 감안할 때, 이러한 종류의 지시는 처음에는 높은 수준의 저항에 부딪힐 수 있다. 그러나 가계도를 통해 수집된 정보를 통해 '코치'는 그녀가 모든 성인 관계에서 경험한 높은 수준의 강도가 부모님과의 관계에서 경험한 단절의 강도와 어떻게 관련될 수 있는지에 대해 믿음을 가지고 이야기할 수 있다. 최근에 이러한 관계를 회복하기 위한 움직임이 있긴 했지만, 그녀가 그들 각각과 개별적으로 '일대일' 관계를 갖는 데 노력하는 것은 여전히 매우 중요할 것이다. 보웬은 이렇게 하는

💡 지식 적용하기

당신의 가족에 있어 주요 정서적 삼각관계가 어디에 있다고 생각하는가? 이 삼각관계 중 하나에 있어 불안이 언제 증가하는지 어떻게 알 수 있는가? 그 삼각관계의 불안 수준이 언제 감소하는지 어떻게 알 수 있는가? 당신의 생물학적 부모님과의 관계는 어떠하다고 말할 수 있는가? 계부모님과의 관계는 어떠한가? 형제자매와의 관계는 또 어떠한가? 그들과 더 많은 일대일 관계를 맺기 위해 어떤 일을 해 볼 수 있겠는가? 이러한 노력이 당신의 인생에 있어서 다른 성인과의 관계에 어떠한 영향을 미친다고 생각하는가?

것은 휴일이나 가족 모임에서 보는 것과 매우 다르다고 말하는데, 일대일 관계의 강도가 두 사람 사이에 완전히 다른 역동을 가져오기 때문이다.

가족 역동 탐색의 두 번째 차원은 보웬(Bowen, 1994)이 말한 "더 나은 관찰자가 되고 자신의 정서적 반응성을 통제하는 것"(p. 541)이라고 할 수 있다. 그가 말하는 이 두 가지 과제는 서로 밀접하게 관련되어 있다. 원가족의 관계 과정 탐구로 돌아가서, 친숙한 것을 더 잘 관찰하는 능력을 개발하는 것은, 앞에서 설명한 것처럼 치료자에게 중요했던 동일한 종류의 더 크고도 떨어져서 볼 수 있는 관점을 가질 수 있게 한다. 관찰하는 능력은 분노와 비난을 넘어서는 데 도움을 준다. 이를 통해 체계 내에서 다양한 관계 경로를 탐색할 수 있다. 만약 누군가가 자신의 체계 내에서 다르게 작동할 수 있게 된다면, 다른 사람에 대한 자동적인 정서적 반응성을 제어하는 경험을 할 수도 있다. 이렇게 되면 다른 종류의 상호작용, 대화, 탐색이 가능해진다.

자신의 원가족을 탐색하는 세 번째 차원은 '정서적 상황에서 자아를 탈삼각화하기'(Bowen, 1994)로 설명된다. 여기에서 보웬은 "전체적인 목표는 다른 두 사람과 자신에 대한 정서적 문제를 지속적으로 대하고 늘 중립적으로 대응하는 것이다. 침묵하는 것은 상대방에게 정서적 대응으로 인식된다"(p. 542)고 했다. 본질적으로 이것은 재키와 라이자가 처음 치료에 들어갔을 때 우리의 사례 연구에서 치료자가 보여 준 것과 동일한 기술이다. 치료자가 두 사람이 치료실로 가지고 온 자동적 삼각화 과정에서 벗어남으로써, 상담이 어떻게 이루어질 것인지에 대한 좋은 모형을 제공했다면, 재키와 라이자는 그들은 원가족으로 돌아갔을 때 똑같이 하기 위해 어떻게 행동해야 하는지에 대한 모형을 가지게 된다. 관계 안에서 일들이 어떻게 일어나고 작동하는지에 대한 진정하고도 비판단적인 호기심과 그들이 어떻게 해야 하는지 미리 결정해 두지 않는 것은 이러한 능력의 핵심적인 특성이다. 길고 복잡한 감정의 역사와 관련된 이슈에 대해 누군가에게 이 개념을 자신의 가족에 적용하도록 요청하는 것은 결코 작은 과업이 아니며, 이것이 실제로 일어난다면 상당한 성취이다.

💗 자연체계 이론의 효과성

기존의 심리치료에서 성공을 측정하는 것은 최상의 상황하에서는 항상 도전이다. 이러한 도전은 당신의 작업에서 가장 중요한 목표가 다른 이들로 하여금 인간관계체계가 어떻게 작동하는지 더 잘 이해할 수 있도록 돕는 것이 될 때, 기하급수적으로 더 어려워진다. 여기에 설명된 모든 과정과 단계는 사람들이 자신이 속한 다양한 인간관계 체계에서 자신의 위치에 대해 생각하는 능력을 높이는 데 있어 필요한 거리와 관점을 갖도록 돕는 것을 목표로 한다. 분명히, 이러한 과정에 대한 정해진 결승점은 결코 있을 수 없다. 그렇다면 보웬의 가족체계 치료자는 어떻게 그들의 작업이 효과적이라고 주장할 수 있을까?

대개 이 접근법의 효과성은 정서적 반응성이 높은, 어렵고 복잡한 관계 상황을 효과적으로 탐색하는 임상가의 능력이라는 렌즈를 통해 볼 수 있다. 모든 면을 다차원에서 바라볼 수 있는 능력을 통해 실무자는 가능한 가장 광범위한 인간관계 문제에 걸쳐 사람들과 효과적으로 관계를 맺을 수 있다. 관련된 모든 사람이 어떻게든 조정하거나 개입해야 한다는 끊임없는 요구에도 불구하고 더 나은 이해 과정에 전념할 수 있는 능력은 몹시 드물긴 하지만, 매우 가치 있는 기술이다. 효과성에 대한 질문에 대답하는 간단한 방법은 이 작업의 목표가 타인의 분화 수준을 높이는 것이라고 말하는 것이다. 그러나 이 대답은 치료자의 입장에서 다른 사람이 어떠해야 하는지에 대한 투자를 함의하기 때문에 까다롭다. "분화는 존재 방식으로 해석되는 사고방식의 산물이다. 그것은 치료 테크닉이 아니다."(Kerr & Bowen, 1988, p. 108) 보웬의 가족체계 개념틀에서의 효과적인 치료는, 행동에 있어서 관행적으로 측정 가능한 변화를 일으키는 것이 아니다. 그것은 다른 사고방식을 만들어 내는 것이며, 이를 통해 타인과의 친밀한 정서적 관계에 있어서 다른 존재 방식을 만들어 내는 것이다.

필자는 필자의 학생들과 수퍼바이지들에게 보웬의 가족체계 이론이 내담자에게 보다 치료자에게 훨씬 더 즉각적으로 유용하다고 생각한다고 말한다. 필자는 이러한 아이디어와 개념을 가지고 진지한 더 많은 시간을 보낼수록 전문가로서 가정에서 다양한 사람과 관계 상황을 더 잘 다룰 수 있다는 것을 알게 되었다. 이것이 이해되고 나면, 많은 학생은 치료실에서 보웬 이론을 '해야' 하는 압박감이 훨씬 덜해진다고 보고한다.

커와 보웬(Kerr & Bowen, 1988)은 기본적 분화 수준과 기능적 분화 수준을 구분하였다. "사람이 자신의 원가족으로부터 획득하는 정서적 분리 정도에 따라 크게 결정되는 것이 기본적 분화 수준이다."(p. 98, 원문에서 이탤릭체) 반대로, "기능적 수준은 사람의 가장 중요한 관계체계에서 만성 불안의 수준에 영향을 받는다. …… 주로 중심 관계의 상태에 따라 빠르게 상승하거나 하락하며 장기간에 걸쳐 안정화될 수 있다"(p. 99). 필자의 30년 이상의 임상 경험에 따르면 이러한 기본적 수준에서 원가족 기능에 영향을 미치는 데 필요한 시간과 에너지를 투자하는 내담자는 소수에 불과했다.

도움을 구하는 대다수의 사람은, 현재의 문제에 대한 불안이 일단 낮아지면 작업을 스스로 계속하려는 동기가 상당히 줄어든다. 그렇다고 그들이 도움을 받지 못했다고 느끼거나 안도감을 느끼지 않는다는 것은 아니다. 단지 어떻게 원가족체계가 작동하는지 더 많이 배우려는 노력을 계속하는 것이 주된 관점이 아닌 듯 보인다. 관계에서 기능적 분화에 영향을 미치는 것은 그렇게 어려운 일이 아니며, 이는 항상 발생한다. 어떤 결의 치료자든지 이러한 관계 수준에 있어서 변화의 주체라고 정당하게 주장할 수 있다. 그러나 가족체계의 기본 관계 구조의 변화가 발생할 때면 이는 일정 기간 동안만 일어난다. 그럼에도 변화를 일으키려는 이의 일관되고 사려 깊은 노력이 필요하다. 일반적으로 이러한 노력에서 상당한 저항이나 다른 사람들의 노골적인 반대에 직면한다. 이것이 어떤 것인지에 대한 지식과 경험을 모두 가진 전문가는 이 과정에서 매우 도움이 되는 가이드가 될 수 있다. 그러나 전문가는 또한 변혁을 일으키기 위해, 이 여정이 매우 개인적일 필요가 있고 종종 힘들고도 의구심으로 가득 차 있다는 것도 이해한다. 많은 임상가에게 효과적이라는 것이 무엇을 의미하는지에 대한 불확실성은 이러한 모형에 기반해 작업하는 데 큰 걸림돌이다. 그러나 이러한 아이디어가 매혹적이면서도 평생에 걸쳐 주의를 기울일 가치가 있다고 생각하는 사람들에게는 큰 매력이다.

💝 성찰을 위한 질문

1. 가계도 형태로 정보를 수집하는 세 가지 주요 이유는 무엇이라고 생각하는가?

2. 치료자가 가족체계를 다룰 때 중립적인 입장을 유지하는 것이 중요하다고 생각하는 세 가지 이유는 무엇인가?

3. 보웬의 가족체계 접근법에서 치료자가 자신의 가족관계 체계에 대해 작업하는 것이 왜 중요한가?

4. 보웬의 가족체계 치료자가 내담자의 현재 불만을 해결하기 위해 노력하는 것이 얼마나 중요한가?

5. 보웬의 가족체계 기반 치료를 가족체계에 사용하는 것이 효과적이라고 생각하는 세 가지 이유는 무엇인가?

제8장

구성주의 치료 이론

❤ 사례 설명

　시스젠더cisgender,[1] 이성애자, 미국인 커플인 프랭크와 스텔라는 지난 9개월 동안 사귀어 왔다. 프랭크는 67세의 흑인 남성이며 스텔라는 64세의 백인 여성이다. 둘 다 이전에 결혼한 경험이 있다. 30년을 함께 살았던 프랭크의 아내는 4년 전에 심장마비로 사망했다. 35년을 함께 살았던 스텔라의 남편은 10년 전에 수술 중 합병증으로 사망했다. 프랭크는 자녀가 없지만 스텔라는 세 자녀가 있는데, 그들은 모두 성인이며 독립한 상태이다.

　두 사람은 독신자들의 춤 모임에서 만났으며 서로 잘 통했다. 프랭크는 스텔라와 함께할 수 있어서 행복했는데, 그 이유는 그가 만났던 많은 여성이 그의 표현을 빌리자면 '친절하지 않았고', 그를 존중해 주지도 않았기 때문이었다. 그가 만났던 여성 중 몇몇은 전화번호를 주었는데, 나중에 그가 전화를 걸어 보면 틀린 번호들이었다. 다

1　역자 주: 타고난 생물학적 성과 젠더 정체성이 일치하는 사람을 이른다. 트랜스 젠더와 반대되는 개념이다 (네이버 지식백과 참고).

* Michael D. Reiter, James Hibel

른 여성들은 대화 중에 실례를 구하고 화장실에 다녀온다고 한 후 돌아오지 않았다. 프랭크는 스텔라가 자기 말을 잘 들어 주고 참을성이 있는 점을 좋아했다.

스텔라는 프랭크와 함께 보내는 시간을 즐겼으며, 음악 콘서트, 춤, 기타 다양한 활동 등 많은 것을 함께하였다. 하지만 그녀는 관계를 진전시키고 그들이 함께 사는 것을 주저하였는데, 그 이유는 프랭크가 걱정이 너무 많다고 생각하기 때문이다. 그녀는 그가 '다른 점이 있다'고 인식하고는 있지만, 그가 그녀에게 마음 쓰고 있다는 것을 알기에, 그의 별난 모습을 기꺼이 받아들이고 있다.

프랭크와 스텔라는 또한 약간의 성적인 어려움을 겪고 있다. 프랭크는 성적 접촉을 원하면서도, 그녀가 그에게 신체적 쾌락을 주는 방식을 취할 뿐이다. 그는 그녀의 가슴을 만지지도 않고 성관계도 시도하지 않는다. 스텔라는 이것에 다소 불만을 느꼈고 프랭크가 그렇게 하는 이유가 과거에 문제가 있었기 때문이라고 생각했다. 하지만 그녀는 그 문제로 그에게 강요하고 싶지는 않았다.

이 커플이 치료자에게 자문한다면 무엇을 할 수 있을지로 넘어가기 전에, 이 장에서 우리는 구성주의적 관점과 생물학적 관점을 활용하는 것이 체계와, 더 구체적으로는 커플체계를 포함한 언어체계language system를 어떻게 바라보게 하는지를 탐색할 것이다. 그 방식은 치료자가 무엇을 할지 결정하도록 도와줄 것이다.

♥ 구성주의

치료자는 커플에게 그들의 문제가 무엇인지, 가능한 목표가 무엇인지, 그리고 그들에게 있어 진실은 무엇인지의 측면을 설명하면서 시작하는 경향이 있다. 그런데 구성주의자들은 커플인 프랭크와 스텔라를 볼 때 먼저 그들에 대한 우리의 이해가 객관적인 실재와 부합하는지를 우리 자신들에게 물어보도록 격려할 것이다. 치료자로서 우리는 사람들이 어떻게 상호작용하는지에 대한 견해를 발전시킨다. 이전 장들에서 내담자에게 어떤 일이 일어나고 있는지 파악하는 데 도움이 되는 많은 개념(즉, 그들이 항상성을 유지하는 방법, 여러 수준에서 의사소통에 참여하는 방법, 그들의 불안 수준이 자기분화에 영향을 미치는 방법 등)을 다루었다. 이 장에서 우리는 매우 다른 유형의 개념화인 구성주의constructivism를 탐구한다. 이 관점은 어떤 사람 안에서 일어나는 일이 그 사람의 생물학적, 사회적 맥락뿐만 아니라, 무엇이 실재이고 진실인지를 설명하는 관찰자로서 우리의 역할과 관련이 있다는 생각을 강조한다.

객관주의objectivism는 관찰자와 그가 알 수 있는 실재는 독립되어 있다고 주장한다. 객관주의적 입장인 치료자는 사례의 '사실' 여부를 결정하기 위해, 각 개인과 커플을 전체로 사정assessment하고 싶을 것이다. 치료자는 발견되기를 기다리는 객관적인 사실들이 존재하며 잘 훈련된 치료자는 그것들을 발견할 수 있다고 가정할 것이다. 흥미로운 점은 이러한 치료자는 이것이 올바른 생각이라고 단순히 가정하면서, 자신이 객관주의적 입장인 것을 모를 수도 있다는 것이다. 사정하는 동안, 객관주의적 입장에 기반을 둔 치료자는 프랭크가 불안장애나 적응장애가 있는지, 이 잠재적인 불안장애가 그에게 미치는 영향, 불안장애가 스텔라에게 미치는 영향, 잠재적인 적응장애가 프랭크에게 미치는 영향, 잠재적인 적응장애가 스텔라에게 미치는 영향뿐만 아니라 나이 든 사람들 간에 새로운 관계를 맺을 때 존재하는 다른 요인들을 발견하려 할 것이다. 객관주의 치료자들이 관심을 두는 다른 사안에는 혹시 문제가 있는지, 그리고 프랭크가 성적 장애를 갖고 있을지를 알아보기 위해 커플의 성생활을 사정하는 것이 포함될 수 있다.

그러나 앞의 장들에서 지도는 영토가 아니라는 것에 대해 언급했다. 많은 형태를 취할 수 있지만, 이차 사이버네틱스second order cybernetics라고도 불리는 것의 변형인 구성주의는 일반적으로 아는 사람the knower이 알게 된 것the known을 만들어 낸다고 주장한다(Raskin, 2002; Rosen & Kuehlwein, 1996 참조). 그것은 존재론a theory of being이 아니라 인식론a theory of knowing이다(von Glasersfeld, 1995). 이는 치료의 초점을 옮겨 가도록 만든다. 즉, 상황의 객관적인 진실을 얻으려는 시도인 **무엇**인가를 사정하는 것에서 그 사람이, 이 경우에는 내담자들(그리고 물론 치료자들도)이 **그들이 알고 있는 것을 어떻게 구성하는가**에 대한 탐구로 옮겨 가도록 하는 것이다.

구성주의자들이 설명하듯이, 구성주의는 인간의 지식에 초점을 맞춘 메타이론meta-theory(이론에 관한 이론)이다(Neimeyer, 1993). 마호니(Mahoney, 1995)는 다음과 같이 밝혔다.

본질적으로 구성주의는 다음과 같은 입장을 갖는 이론이나 치료의 집합체이다. ① 인간은 그들의 자기 경험, 즉 모든 인식, 기억과 인지에서 능동적인(그리고 수동적으로 반응하지 않는) 참여자들이다. ② 인간의 삶을 구성하는 대다수의 질서화 과정은 인식의 암묵적(무의식적 또는 초의식적) 수준에서 작동한다. ③ 인간의 경험과 개인의 심리적 발달에서는 개인화되고 자기조직적인 과정들이 지속적으로 작용한다. 이 과정은 경험적 패턴의 (수정보다는) 유지를 선호하는 경향이 있다.

(pp. 44-45)

바꾸어 말하면, 사람들은 경험에서 의미를 형성하도록 조직된다. 그 방식은 주로 그들의 인식을 벗어나는데, 이러한 이해는 그 사람이 어떻게 기능할 것인가를 조직하는 역할을 한다. 게다가 의미 구성과 자기조직을 하는 데 있어 개인 안에서 일어나는 일은 그것이 무엇이든 개인이 연결된 사회 체계에 의해 영향을 받거나 영향을 미친다.

네이마이어(Neimeyer, 2009)는 구성주의자들은 "사람들이 어떻게 언어를 사용하는가에 관심이 있다. 사람들이 언어를 사용하는 방식은 그들이 자신, 다른 사람(특히 취약한 다른 사람들)과 문제를 일으키고 힘을 빼앗는 삶의 어려움들을 어떻게 인식할지를 형성하고 범위를 정한다"(p. 17)고 말했다. 구성주의의 가장 중요한 한 측면은 사람들이 환경, 정신적 구성개념과 행동에 대한 이해를 만들어 낼 때 사람들을 정보의 수동적인 수신자가 아닌 적극적인 행위자로 본다는 것이다. 이러한 의미에서 지식은 객관적으로 단일한 객관적 실재를 나타내는 것이 아니다. 오히려 우리가 구성한 지식이 우리가 경험하는 실재에 부합한다.

구성주의적 관점에서 실재는 주로 생물학적 작용과 지각 과정을 통해 관찰자에 의해 구성된다([그림 8-1] 참조). 각 개인의 생물학적 작용과 지각은 사람마다 독특한 것이므로, 개인이 구성하는 실재는 독특할 것이다. 이러한 관점을 가지고 구성주의자들은 관찰하는 개인이 구성하는 것을 넘어선 객관적 실재가 존재하지 않는다고 보는 경향이 있다. 폰 글레이저스펠트(von Glasersfeld, 1984)가 말했듯이, "구성주의자들에게 모든 의사소통과 이해는 경험하는 주체 입장에서 해석적 구성을 하는 문제이다"

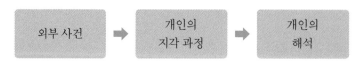

그림 8-1 구성주의는 개인이 지각 과정을 통해 외부 사건을 취하고 환경과의 접촉에 대한 자신의 독특한 지각을 바탕으로 해석한다는 사고에 기반을 두고 있다.

(p. 19).

여기서 중요한 것은 개인이 어떻게 경험을 의미로 해석하는가이다. 각각의 사람이 배타적인 생물학적 작용과 지각 과정을 가지고 있다는 점을 감안할 때, 우리 모두는 어떤 대상이 무엇인지에 대해 독특한 해석을 할 수 있다.

폰 글레이저스펠트(von Glasersfeld, 1995)는 더 나아가 구성주의의 기초를 다음과 같이 설명했다.

> 그것은 지식이 어떻게 정의되든지 사람의 머리 안에 있으며, 사고하는 주체는 자신의 경험을 바탕으로 자신이 알고 있는 것을 구성하는 것 외에는 대안이 없다는 가정으로부터 시작한다.
>
> (p. 1)

따라서 대부분의 구성주의자는 대개 실재는 '외부에 있다'는 것을 부인하지 않지만, 개인은 자신이 실재를 접촉한다고 이해하는 방식에 영향을 미치지 않고는 접촉할 수 없다고 본다. 구성주의자는 치료자가 프랭크와 스텔라의 관점을 어떻게 구성하고 있는지, 그리고 이 관점은 프랭크와 스텔라가 개인과 커플로서 누구인지에 대한 객관적인 진실이 아니라는 것을 고려할 필요가 있다. 대신, 이 관점은 치료자가 그들에 대한 견해를 어떻게 발전시키는지 보게 한다. 비록 다양한 치료자가 수많은 인성과 치료이론을 어떻게 이해하느냐에 따라 겹치는 점들이 있을 수도 있지만, 프랭크와 스텔라를 만나는 치료자의 관점은 다른 치료자의 관점과 아주 다를 수 있다. 따라서 "스텔라와 프랭크는 바로 이런 사람이다"라고 말하는 치료자는 이러한 이해는 자신의 것일 뿐임을 설명할 수 없으므로, 심각한 실수를 저지르게 될 것이다.

이러한 특징은 작은 사안처럼 보일 수 있지만, 이것은 우리가 행하는 것에 대한 심각한 도약이다. 많은 사람이 우리가 알고 있는 세계, 즉 우리가 생각하는 분리된 세계가 외부에 있다고 배우는 환경에서 자랐기 때문이다. 우리는 자라면서 우리가 누구인지를 결정하는 많은 사정을 해 왔다. 이러한 사정은 '정확하고', 사정하는 사람의 영향력 밖에 있고, 어떤 사람이 누구인지에 대한 실재를 요약하는 것처럼 보일 수 있다. 우리는 심지어 『지큐GQ』나 『코스모폴리탄Cosmopolitan』 같은 잡지에서 구현되는 '퀴즈quizzes'의 측면에서도 이런 점을 볼 수 있다. 이 퀴즈들은 대개 어떤 사람의 인성이나

성적 측면에 초점을 맞춘다. 사람들이 그 퀴즈를 풀 때, 그들은 이것이 객관적인 진실(실재)이라고 여길 수 있다. 하지만 그들이 각 질문에 답할 때, 그것은 객관적으로 답하는 것이 아니고, 또 그렇게 답할 수도 없으며, 항상 문제, 자신, 답 등에 대한 그들 자신의 해석을 통하여 답한다는 것을 깨닫지 못한 채로 그렇게 한다.

💟 실재론

객관주의적 입장을 고수하는 사람들은 객관적인 환경과 연결된 환경 결정론이 있다고 설명한다. 우리는 실재하는 자극에 반응하는데, 이는 실제적이고 예측할 만한 영향을 미친다. 이것이 실재론적realist 입장이라고 볼 수 있다(Rosen, 1996). 행동주의 진영은 이러한 입장인데, 인간의 행동이 강화와 처벌 계획에 따라 예측된다고 본다. 예를 들어 보자면, 음식이 소리(종)에 짝지어지는 파블로프의 개를 생각해 볼 수 있다. 조건적·무조건적 자극과 반응 사이의 연관성에 대한 이 이론은 고전적 조건화classical conditioning로 일컬어진다. 두 번째 주요한 행동주의 이론은 어떤 행동 후에 일어나는 행동이 미래에 어느 정도 일어날지 여부를 결정하는 조작적 조건화operant conditioning이다. 어떤 행동이 일어난 후에 어떤 종류의 강화(정적 혹은 부적)가 발생한다면, 그 행동은 미래에도 일어날 가능성이 크다. 만약 어떤 행동 후에 어떤 종류의 처벌이 일어난다면, 그 사람이 이 행동을 할 가능성은 작다. 이러한 행동주의적 관점을 취한다면, 개인이 행동에 대해 생각하는 것이 아니라 환경적 결과가 행동의 빈도를 결정한다. 이러한 유형의 결정론은 정신적인 구성에 대한 이론을 허용하지 않는다(von Glasersfeld, 1995). 베이트슨(Bateson, 1972/ 2000)은 이러한 사고방식에 의문을 제기하고, 어떠한 차이가 변화하는 맥락에서 동일한 유관성을 발생하게 하는지에 대해 생각했다.

우리는 여기서 실재론과 반실재론의 인식론을 구별해 볼 수 있다([그림 8-2] 참조). 구성주의자들은 아는 사람the knower은 그것을 발견하기보다는 실재를 만든다(Held, 1995a)는 반실재론적 입장antirealist position을 더 많이 견지하고 있다. 발견이라는 관념은 객관적인 실재가 발견되기 전에 존재하면서 적절한 사람이 그것을 발견하도록 기다린다는 생각을 전제로 한다. 관찰자가 실재를 만든다는 구성주의적 관점에서 볼 때,

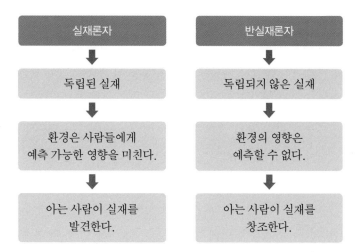

그림 8-2 실재론 관점과 반실재론 관점의 차이. 실재론은 아는 사람이 객관적인 실재에 접근할 수 있음을 주장하는 반면, 반실재론은 우리가 안다고 생각하는 것이 개인에 의해 창조된다고 주장한다.

아는 사람은 실재를 알아 가는 과정에 근거하여 주관적으로 형성했기 때문에 독립적인 실재와 접촉할 수 없다. 그런데 실재론은 객관적인 독립된 실재를 추구한다. 즉, 그것은 아는 사람에게 근거하지 않는다. 구성주의자들은 그 반대를 제안한다. 실재는 관찰자의 몸에서 창조된다. 따라서 구성주의자에게 있어서 치료자는 세계를 이해하는 자기의 방식 바깥에서 세상과 접촉할 수 없다.

🌑 급진적 구성주의

그러므로 구성주의에는 생물학적 요소가 있다. 즉, 구성주의자들은 우리가 세계의 실제 대상이 아니라 그것들이 우리 몸 안에서 표상되는 바와 접촉한다고 알고 있다. 프랭크가 스텔라를 볼 때, 그는 실제의 스텔라를 보는 것이 아니다. 그는 자신의 망막에 포착되어 뇌로 전달되는 그녀의 빛 반사를 보는 것이다(과정은 이것보다 훨씬 복잡하지만, 단순하게 설명하기 위해 이렇게 말하는 것이다). 프랭크는 또한 색맹이거나 녹내장과 같은 눈 문제가 있을 수 있으며, 그렇게 되면 이것은 스텔라가 어떻게 보이는지에 대한 그의 지각을 바꿀 것이다. 프랭크가 스텔라에 대해 구성하고 있는 것은 해석과정도 포함할 것이다. 그 해석과정은 사람들이 어떻게 보여야 하고 보이지 말아야 하는지에 대한 그의 견해와 감정 같은 사람들에 대한 인지적 구성, 그리고 그가 언어를 통해 자신과 다른 사람들에게 이것을 묘사하는 방식을 포함한다. 구성주의자는 여전히 이러한 묘사가 스텔라의 실재에 대한 정확한 묘사가 아니라 프랭크의 내부에서 일어난 과정의 결과라고 이해할 것이다.

우리는 또한 아는 사람이 자기 경험을 통해서만 알 수 있다는 급진적 구성주의radical constructivism의 관점에서 이러한 이슈들을 생각할 수 있으며, 그렇게 되면 객관적인 실재는 없다(Raskin, 2002; von Glasersfeld, 1984). 각 개인이 알고 있는 것은 각자의 지각체계 구조에 기초하고 있는데, 이는 외부 세계에 대한 폐쇄적인 체계이다. 우리는 몸의 바깥에서 일어나는 사건들에 의해 영향을 받는데, 우리의 몸은 단순히 그것을 받아들이기보다는 그것을 변형시킨다. 어떤 것이 '무엇인가'에 대해 사람들 사이에 합의가 있을 수 있지만, 그것을 접촉하는 경험은 사람마다 다르다. 이것은 어떤 사물도 그 자체로는 의미가 없다는 생각으로 넘어간다. 차라리 의미는 입력물에 대해 생각하는 틀frame을 제공할 수 있는(그리고 치료에서는 재정의 혹은 다시 생각하는 틀reframe에 관여하는) 변형의 결과물인 것이다.

폰 글레이저스펠트(von Glasersfeld, 1984)는 "따라서 급진적 구성주의는 관습과 결별하고 지식이 '객관적인 존재론적ontological 실재'를 반영하는 것이 아니라 오로지 우리의 경험이 구성한 세계의 질서와 조직을 반영한다는 지식이론을 발전시키므로, **급진적이다**"(p. 24, 원문에서 강조)라고 설명했다. 따라서 급진적 구성주의자들은 객관성보다는 주관성에 중점을 둔다. 이것은 우리 외부의 사건에 대한 부정은 아니지만, 우리가 경험하는 것은 사물이 무엇인지에 관해 우리 자신이 구성한 모델이라는 이해이다. 폰 글레이저스펠트(von Glasersfeld, 1995, p. 51)는 급진적 구성주의의 기본 원칙을 다음과 같이 말하고 있다.

1. • 지식은 감각을 통해서든 아니면 의사소통 방식을 통해서든 수동적으로 받아들여지지 않는다.
   • 지식은 인식하는 주체가 능동적으로 구축하는 것이다.

2. • 인지의 기능은 적합성이나 생존 가능성을 향하므로, 그 용어의 생물학적 의미로 적응적이다.

- 인지는 객관적인 존재론적 실재를 발견하려는 것이 아니라 주체가 경험적 세계를 구성하게 하려는 것이다.

구성주의 인식론은 내담자에게 무슨 일이 일어나고 있는지 객관적으로 볼 수 있고, 상황의 '진실'을 알 수 있다는 생각으로부터 우리의 이해를 바꾼다. 치료 분야에서는 객관성에 많은 중점을 두어 왔다. 즉, 치료자는 (공감을 통해) 내담자의 세계를 이해하거나 (사정이나 진단과 같은 수단을 통해) 내담자가 왜 그런 행동을 하는지 이해할 수 있다. 그런데 구성주의자들은 치료자가 의미를 구성한다고 믿는다. 객관적 사정이나 진단이 검사 설계자 또는 진단하는 사람이 구성한 결과라는 생각을 포함하여, 내담자가 구성한 것이라기보다는 치료자가 구성한 것이라고 본다. 이러한 구성은 치료자가 작업하는 지도가 된다([그림 8-3] 참조). 여기가 바로 코지프스키Korzybski[2]의 중요한 진술이 구성주의와 잘 맞아떨어지는 지점이다. 즉, 지도는 영토가 아니라는 것이다. 프랭크, 스텔라와 함께 작업하는 치료자가 어떤 개념화를 발전시키든 간에, 그것은 치료자의 구성, 즉 치료자의 지도이지 실제가 아니다.

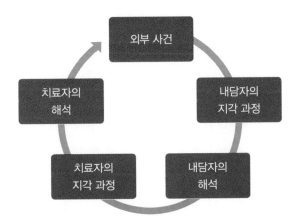

[그림 8-3]   치료에서 치료자는 내담자에 대한 객관적인 진실에 접근할 수 없다. 그들이 알고 있는 것은 그들 자신의 생물학적 작용과 지각 과정에 기초하고 있다.

---

2 역자 주: 알프레드 코지프스키Alfred Korzybski는 폴란드계 미국인 학자로 일반의미론이라고 불리는 분야를 개발했다. 그는 세상에 대한 인간의 지식은 인간의 신경계와 인간이 발달시킨 언어에 의해 제한되며, 따라서 우리가 알 수 있는 것은 현실에 대한 뇌의 반응에서 걸러지는 것이라는 점에서 누구도 현실에 직접적으로 접근할 수 없다고 주장했다. 그의 가장 잘 알려진 격언은 '지도는 영토가 아니다'이다(네이버 지식백과 참고).

💟 관찰자

구성주의 관점에서는 관찰자가 필수적인데, 그 이유는 지식이 창조되는 것은 바로 관찰자의 경험을 통해서이기 때문이다. 이것은 개인이라는 매우 국부적인local 영역에서의 지식이다. 폰 포스터(von Foerster, 2002)는 이것을 마투라나Maturana의 정리 1번이라고 불렀다. 이것을 제시하면, "모든 것은 관찰자가 말한 것이다"(p. 283). 관찰자는 우선은 그 특정한 사람의 방식으로 의미를 구성할 수밖에 없다. 이 정리를 바탕으로 우리는 사례 커플과 함께 치료실에서 일어나는 몇 가지 개념을 탐색할 수 있다. 스텔라를 알기 전까지 그가 이야기하려고 했던 많은 여성이 무례했다고 프랭크가 말할 때, 우리는 이것이 그가 지각한 것을 언어적으로 보고한 것이라고 이해한다. 이 동일한 여성들과 접촉했을 수도 있고, 프랭크와 이 여성들 간 상호작용을 볼 수 있었던 다른 관찰자들은 아마도 매우 다르게 지각했을 수도 있을 것이다. 스텔라가 프랭크를 '다르다'라고 보는 것은 그녀가 다른 남자들을 경험해 보고 이를 프랭크와 비교한 것에서 비롯된다. 더 나아가 치료자는 프랭크, 스텔라, 그리고 그들의 상호작용을 관찰하고, 개인 경험과 더불어 자신의 이론적 모델의 영향을 포함하여 자신의 생물학적, 지각적 과정으로부터 이를 본다. 그러므로 이 세 사람 각자의 감탄부호는 그들 자신의 관점으로부터 발생하는 것이며, 대부분의 일반 사람들에게는 당황스러운 것일 수 있지만, 각자의 관점에서는 그 감탄부호들이 동일하게 실재적인 것이다.

이것은 우리를 자기self에 대한 탐색으로 이끈다. 구성주의적 관점에서, 자기는 자신이 무엇을 하고 경험하고 있는지에 대한 인식에 기반을 두고 있다(von Glasersfeld, 1995). 이 관점을 설명하면서, 폰 글레이저스펠트는 데카르트Descartes의 "나는 생각한다, 고로 나는 존재한다"라는 관념을 "나는 인식한다, 고로 나는 존재한다"라고 바꿨다(p. 122). 한편으로, 베이트슨을 생각해 보면, 지도는 영토가 아니다. 오히려 지도는 저 밖에 있는 영토에 대한 개인의 구성이다. 동시에 지도가 영토라고 똑같이 말할 수 있다. 지도와 영토 모두 관찰자에 의해 구축되었기 때문이다. 이것은 개인이 자신을 어떻게 경험하는가에 중요성을 둔다. 삶은 외부 세계의 혹독함에 어떻게 따르는가가 아니라 오히려 외부 자극을 개인의 구성으로 어떻게 변형시키는가에 관한 것이다.

이러한 관점에서 말한다면, 우리의 이해는 객관적일 수 없다. 우리가 세계와 접촉하는 것은 항상 걸러지고 변형된다. 우선, 자극은 우리의 감각기관 중 하나에 영향을 주어야 한다. 그 자극은 우리의 뇌에 도달하는 화학적, 전기적 신호로 전달되고, 우리의 뇌는 그 데이터를 경험으로 기록한다. 더 나아가 경험의 다양한 특징에 기초하여, 우리는 이러한 자극들에 중요성을 부여하고 이해한다. 예를 들어, 남녀는 성별에 따라 상호작용을 다르게 이해할 수 있다. 이는 성 사회화가 사람들이 전반적으로 어떻게 지각하는가에, 그리고 특수하게 자신을 지각하는가에 상당한 역할을 하기 때문이다. 이것은 또한 누군가의 인종 정체성, 성적 지향, 나이, 관계 지위, 체중, 신장 등에 기초해서도 그럴 수 있다. 스텔라가 프랭크가 누구인지, 그리고 그와의 관계가 어떤 것인지에 대한 이해를 구축할 때, 그것은 그녀가 자신이 이성애자 백인 여성이라는 정신적 구성에 기초한다. 부가적으로, 그녀는 연령에 기초해서도 지각을 발달시키고 있다. 그녀가 20대였을 때와는 다르게 프랭크와의 관계를 이해할 것 같기 때문이다. 스텔라는 실재가 무엇인지에 대한 그녀의 이해와 맞아떨어지는 '프랭크'를 구성한다.

지식 적용하기

잠시 시간을 갖고 자신이 누구인지를 어떻게 이해하는지 생각해 보라. 당신은 간단한 활동을 해 볼 수 있는데, 이 활동은 사람들이 자기 개념을 탐색하게 하는 데 자주 사용된다. '나는 _____이다'라는 문구를 10번 쓰고, 그 10개의 빈칸을 채워 보라. 자, 당신의 답을 보라. 공통적인 어떤 것이 있는가? 당신의 답은 연령에 어떻게 기초해 있는가? 성별은? 인종은? 종교는? 가족 상황(예: 당신이 핵가족, 이혼가족, 재혼가족 출신인지는)은? 당신의 섹슈얼리티는? 20년 또는 30년 후 미래로 당신을 이동시키면서 빈칸을 어떻게 채울 수 있을지 생각해 보라. 어떻게 달라질 것인가?

관찰자는 관찰되는 대상과 독립적으로 존재하지 않는다([그림 8-4] 참조). 상호작용이 일어날 때, 관찰되는 대상은 또한 관찰자가 되고 관찰자는 관찰되는 대상이 된다. 이것은 하인즈 폰 포스터Heinz von Foerster의 (마투라나 정리 1번과 관련하여) 귀결 1번으로 간다. "어떤 것이든 관찰자에게 말하는 것이다."(p. 283) 따라서 커플은 하나가 아니라 상호작용을 하는 두 개의 단위/실체이다. 관찰자가 됨으로써 어떤 사람은 다른 사

그림 8-4　관찰자가 관찰되는 대상이 되는 대인관계 과정

람과 다른 사람의 환경에 대한 그들의 변형된 지각에 주의를 기울인다. 프랭크는 그가 어떻게 받아들이고 의미 구성을 하는가를 벗어나 스텔라를 알 수 없다. 그가 스텔라와 관련될 때, 그는 스텔라와 그녀가 관여된 더 큰 체계들(예: 그녀의 자녀들, 직장 생활, 또는 그녀의 친구들)에 대한 그의 지각을 받아들인다. 이 과정 내내, 그는 자신, 스텔라 그리고 환경 간 구분을 하고 있다. 마투라나는 "우리가 관찰자로서 수행하는 기본적인 인지 작용은 구분의 작용"(Maturana & Varela, 1980, p. xix)이라고 설명했다. 제4장에서 논의했듯이, 우리가 어떤 것을 어떻게 구별하는가는 그것과 그것이 아닌 것 간의 구분을 통해서 이루어진다. 마투라나(Maturana, 1988)에 따르면, 관찰자는 언어를 통해서 구분한다. 언어는 우리가 현실을 구성하는 매개체이기 때문에, 우리는 언어의 중요성에 대해서는 다음 몇 장에 걸쳐 훨씬 더 많이 이야기할 것이다.

💟 후기실증주의

　　과학과 연구는 대개 연구자가 연구하고 있는 것과는 별개로, 진실truth을 판단할 수 있다는 경험주의의 관념을 중심으로 삼아 왔다. 이것은 종종 실증주의positivism라고 불린다. 객관적 진실은 중립적인 관찰자에 의해 발견될 수 있다는 생각이다. 예를 들어, 어떤 연구자가 한 형태의 치료가 다른 형태의 치료보다 긍정적인 성과를 얻는 데 더 효과적인지(또는 처치하지 않는 것보다 나은지) 알고 싶다면, 연구자는 과학적 방법을 사용하여 처치 조건에 한 집단을 그리고 통제 조건에 한 집단을 무작위로 할당할 것이다(이것은 간단한 피험자 간 실험을 위해서이다). 혼란스러운 변수를 줄이기 위해 실험 통제집단을 사용하고 사정을 위해 타당하고 신뢰할 수 있는 도구를 사용한 다음, 연

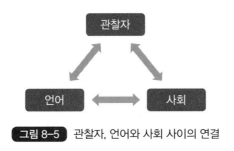

그림 8-5 관찰자, 언어와 사회 사이의 연결

구자는 통계를 사용하여 두 집단의 성과 점수 차이가 우연에 의한 것보다 더 큰 것인지에 대한 여부를 결정한다. 이 모든 것을 통해 연구자는 연구 편견을 줄이기 위해 가능하면 연구에 영향을 미치지 않으려 노력한다. 그렇게 된다면 연구자는 어떤 처치 접근이 다른 것보다 '더 낫다'고 강하게 확신할 수 있을 것이다. 이러한 유형의 실증주의 관점은 대개 양적 연구 인식론과 관련된다.

　　그러나 후기실증주의자들postpositivists은 관찰자가 관찰되는 대상에 불가피하게 영향을 미친다는 것을 이해한다. 즉, 관찰자는 관찰되는 것의 일부이며, 분리된 중립성은 불가능하다([그림 8-5] 참조). 우리의 연구 예에서, 이것은 연구자의 신념, 가설, 지식, 그리고 다양한 정도로 관찰되고 있는 것에 대한 영향력의 형태로 온다. 연구자는 어떤 모델로 볼지, 무엇을 비교할지, 무엇을 성공으로 구성할지, 그리고 대부분은 가정되고 검토되지 않은 그 밖의 무수한 결정을 미리 결정한다. 구성주의적 연구 관점에서, 연구자의 질문 형식, 연구자의 친화성, 연구참여자가 연구자에게 하는 반응은 모두 방정식의 일부이다. 마찬가지로 중요한 것은, 객관성을 가정한 통계를 사용하기보다는, 데이터에 대한 연구자의 이해는 같은 연구에 참여하는 다른 연구자와 잠재적으로 다른 데이터의 의미를 구성하게 된다는 것이다. 연구자는 사정도구와 분리되기보다는 그것의 일부이다. 이러한 유형의 관점은 보통 질적 연구 인식론과 관련이 있다. 따라서 연구에서 실증주의자들은 양적 방법으로 참여하는 경향이 있는 반면에, 후기실증주의자들은 양적 방법과 질적 방법을 모두 활용하여 그들이 선택한 방법의 결과를 의식적으로 인식한다.

💟 실재

　구성주의자들은 일반적으로 객관성이 없다고 주장한다. 마투라나(Maturana, 1988)는 두 종류의 객관성, 즉 괄호 없는 객관성 및 괄호 안의 객관성을 구별함으로써 이를 명확히 하려 했다([그림 8-6] 참조). 괄호 없는 객관성objectivity-without-parentheses은 대상이 우리 외부에 존재하고 우리가 그 실재를 객관적으로 발견할 수 있다는 실재에 대한 전통적인 관념을 따른다. 괄호 안의 객관성objectivity-in-parentheses에서는 관찰자가 관찰되는 대상을 결정하는 구분을 한다. 이러한 구분은 관찰자가 실재를 결코 알지 못하며, 그것을 구성하고 있음을 보여 준다. 따라서 알려진 내용에 대해서 괄호 치기를 하게 되는 것이다. 객관적인 실재가 존재하지 않는다는 이러한 의식은 그들이 구성하고 있는 것(예컨대, 그들이 어떻게 구분하는가)에 대해 얼마나 많은 관찰자가 동의하든 간에 유지된다. 즉, 세상의 모든 사람은 우리가 지구라는 행성에 살고 있다는 것에 동의할 것이지만, 그들은 각자가 지구에 대한 그들의 비전과 이해를 구성해 놓고 그렇게 한다.

　이 안에서, 각각의 사람들이 그들의 경험을 어떻게 언어화하느냐에 있어 개인들 간 일치하는 정도가 다 다르다. 우리는 괄호 안의 객관성을 관찰자가 행하는 것에 따라 (대상/실재의) 존재가 유지되는 것으로 볼 수 있다([그림 8-7] 참조). 이는 폰 포스터(von Foerster, 1984)의 미학적 명령aesthetical imperative[3]으로 넘어간다. "알고 싶다면, 어떻게 행동하는지 배우라." 각자의 자아는 그들 실재의 원천이기 때문에, 프랭크, 스텔라와 함께 작업하는 구성주의 치료자에게 있어 이것은 그들 각자 상대방을 바꾸려고 노력하기보다는 자신을 바꾸도록 하는 개념화로 이어진다. 사람들이 그들 자신이 실재

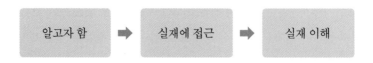

알고자 함 ➡ 실재에 접근 ➡ 실재 이해

그림 8-6 관찰자가 객관적 실재에 접근한다는 실재 이해에 대한 실증주의 입장

---

3 역자 주: 미학적 명령은 칸트의 미학 이론에서 등장하는 개념으로, '아름다움을 판단할 때는 이성의 판단을 따르라'는 것을 의미한다. 칸트는 아름다움은 이성의 판단에 의해 규정되며, 이성의 판단은 감각의 판단과는 독립적이라고 주장했다. 따라서 아름다움을 판단할 때는 감각에 따라 판단해서는 안 되고, 이성에 따라 판단해야 한다는 것이 칸트의 미학적 명령이다(네이버 지식백과 참고).

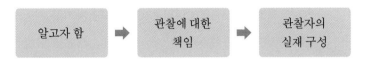

| 알고자 함 | ⇒ | 관찰에 대한 책임 | ⇒ | 관찰자의 실재 구성 |

그림 8-7 관찰자가 자신의 구성에 대한 소유권을 갖는다는 후기실증주의적 입장과 미학적 명령

를 구성한다는 것을 받아들일 때, 그들은 자기 행동에 대한 책임을 더 쉽게 받아들일 수 있다. 프랭크가 "스텔라가 X형의 사람이라서 잘못됐다."라고 말하거나 스텔라가 "프랭크가 Y형이 아니었다면 우리는 더 행복할 수 있었을 텐데."라고 말하는 대신, 각자가 자신과 상대방 그리고 관계를 다르게 '알기' 위해 자기 행동이나 지각을 바꿀 수도 있다. 이와 관련해서 마투라나는 한 사람이 다른 사람의 실재를 부정하거나 자신의 실재로 대체하려는 행위를 폭력violence이라고 정의했다. 사랑love은 그 반대, 즉 상대방의 실재를 받아들이는 것으로 정의된다.

또한 윤리적 명령ethical imperative에 대한 개념도 있다. 폰 포스터(von Foerster, 1984)는 다음과 같은 방식으로 윤리적 명령을 설명했다. "항상 선택의 수를 늘리기 위해 행동하라." 만약 프랭크와 스텔라가 윤리적 명령을 활용한다면, 그들은 상대방에 대한 자신의 이해가 그들 각자 현재에 만든 구성에 국한되지 않음을 이해할 것이다. 스텔라는 프랭크를 '다르게' 본다. 이 관점은 그의 행동을 그녀가 어떻게 지각하는지를 제한할 수 있다. 이는 자기충족적 예언으로 이어질 수 있다(Watzlawick, 1984). 이렇게 하는 대신, 스텔라가 프랭크에 대한 지각은 **자신이** 그렇게 지각하는 것이라고 볼수록, 그녀는 프랭크에 대한 새로운 이해에 더 많이 개방적일 것이다.

♥ 자기생산

우리는 이 장에서 사람들이 어떻게 외부 세계로부터 정보를 얻고 지식을 구성하는지 말했다. 앞 장들에서는 주로 커플이나 가족에 관한 체계를 이야기하였다. 그러나 제1장에서 설명한 바와 같이 개인이 체계가 될 수도 있다. 그 이유는 개인이 자족적인 완전한 단위이기 때문이다. 구성주의적 용어로, 이러한 관념은 자기생산(Maturana & Varela, 1992)이라 불리게 되었다.

자기생산$_\text{autopoiesis}$[4]은 그리스어에서 유래되었는데, *auto*는 자기를 의미하고 *poiesis*는 창조를 의미한다. 마투라나와 바렐라(Maturana & Varela, 1992)는 다음과 같이 정의했다.

> 자기생산적인 기계는 요소 생산(변형과 파괴) 과정의 네트워크로서 조직된 (하나의 단일체로 정의되는) 기계이다. 그 기계는 다음과 같은 요소를 생산한다. ① 상호작용과 변형을 통해 끊임없이 그것들을 생산하는 과정(관계)의 네트워크를 재생하고 실현한다. 그리고 ② 실현의 위상 영역을 그러한 네트워크로 구체화함으로써 그것들(요소)이 존재하는 공간에서 구체적인 단일체로 (그 기계를) 구성한다.
>
> (pp. 78-79)

좀 더 간단하게 말하자면, 자기생산은 스스로를 재생산하고 유지할 수 있는 체계를 묘사한다. 그 체계는 자율적이고 재귀적으로 구성되기 때문에 자기조절을 한다. 마투라나는 자기생산은 또한 순환적 조직과 자기참조 체계와 같은 용어를 통해서도 고려될 수 있다고 설명했다(Maturana & Varela, 1980).

자기생산의 개념은 체계가 원인과 결과 방식으로 환경에 의해 결정된다는 이전의 개념과 배치된다. 외부로부터 행동, 사건 그리고 변화 시도가 발생할 때, 체계의 반응은 체계로부터 분리된 외부 사건들이 아니라 내부 구조와 조직에 기초한다. 따라서 환경은 체계로부터의 특정한 반응을 제어할 수 없다. 그 반응을 결정하는 것은 바로 체계이기 때문이다. 환경의 작용은 단지 체계의 반응이 일어나도록 하는 상황일 뿐이다. 이러한 행동을 교란$_\text{perturbation}$[5]이라고 한다.

---

4 역자 주: 자신이 스스로 자신을 제조하거나 재생산한다는 것으로 자기생산, 자기생성, 자기제작, 자기창출로 번역되는데, 여기에서는 '자기생산'을 채택하였다. 이 용어는 칠레의 생물학자 움베르토 마투라나와 프란시스코 바렐라가 고안하였으며, 생명체계의 구성요소를 재생산하는 메커니즘을 설명하기 위해 제시하였다(네이버 지식백과 참고).

5 역자 주: 이 용어는 책에 따라서는 '섭동'이라고도 번역된다. 물리학 이론에 의하면, 교란은 운동 에너지와 잠재적 에너지로 구성된 특정한 체계의 평형 상태를 정의하는 해밀토니안$_\text{hamiltonian}$이 외부 영향으로 작은 변화가 일어나는 것을 말한다. 즉, 에너지가 안정화되어 있는 체계가 외부로부터 영향을 받아 상호작용을 해 미소하게 변한 상태를 뜻한다. 만약 외부 자극이 단발성으로 끝난다면 유입된 에너지를 방출하는 안정화 과정을 통해 본래의 평형 상태로 돌아가지만, 지속해서 교란이 작용하면 원래의 체계는 변화된 상태를 유지하게 된다(네이버 지식백과 참고).

이 개념을 좀 더 명확하게 설명하기 위해 프랭크와 스텔라에게 초점을 맞추어 보자. 모든 커플과 가족은 구조, 의사소통 수단, 그들의 관계에 주어진 의미 등과 같이 그들에게 보편적인 것들을 가지고 있다. 그들은 또한 이러한 보편적인 것들이 어떻게 전개되는지에 있어서 각기 특이하다. 이러한 관점에서 체계 자체는 외부 사건(교란)에 직면하여 안정되는(자기 유지) 경향이 있다. 이러한 자기 유지가 체계에 이로운가 아닌가는 치료자에게 큰 관심사이며, 교란에 대응하여 재구성함으로써 체계가 유지된다는 체계 교란의 아이디어는 일부 치료모델에 매우 중요하다. 스텔라의 자녀들이 프랭크가 흑인이기 때문에(혹은 그 반대) 그녀가 프랭크와 사귀는 것을 문제 삼았다고 해 보자.

그들은 스텔라가 그 관계를 끝내게 만들기 위해 공공연히 혹은 은밀히 행동할 수 있다. 이는 다음과 같은 미묘한 언급을 통할 수 있다. "당신 두 사람이 잘 어울린다고 확신하세요? 엄마는 지금껏 그런 사람을 좋아한 적이 없었잖아요." 혹은 다음과 같이 더 노골적으로 "우리는 엄마가 흑인 남자와 사귀는 것이 싫어요. 할머니가 어떻게 생각할 것 같으세요?"와 같이 말할 수도 있다. 스텔라의 자녀들이 무엇을 하든 간에, 그것은 관계에 대한 구체적인 결과를 가져오지 않을 것이다. 대신, 체계의 기능은 그 체계가 어떻게 조직되느냐에 따라 달라질 것이다. 이 경우, 우리는 체계를 개인(스텔라)이나 커플(프랭크와 스텔라) 또는 체계에 대한 더 큰 정의로까지 볼 수 있다.

자기생산의 관념에는 **표류**drift의 개념이 포함된다. 체계는 특정한 방향으로 향하지 않을 때 표류하게 된다. 체계들은 구조에 기초하여 자기준거적이고 자기결정적이기 때문에, 그것들은 할 수 있는 방식으로 표류한다. 이는 **구조적 표류**structural drift라고 불리는 개념이다. 구조적 표류는 사람들 사이의 상호작용에 기초한 그 순간에 발생한다(Kenny, 1989). 한 사람의 구조적 표류는 그들이 행동을 조정해 나가는 지점에서 다른 사람과 관련해서 발생한다. 다시 말해, 구조적 표류는 체계가 어떻게 조직되는지와 체계가 매체(또 다른 체계)와 연계되는 것 사이를 연결하는 것이다.

프랭크와 스텔라에게 있어, 그들은 서로와의 구조적 표류에 관여한다. 프랭크는 스텔라나 관계가 어떻게 될지 통제할 수 없다. 스텔라도 프랭크나 그 관계가 어떻게 될지 통제할 수 없다. 그러나 두 사람은 서로 연결됨으로써 자신의 조직을 기초로 하여 기능하지만, 또한 서로와 관련을 맺으면서 변화하기도 한다. 이를 합의적 행동 consensual behavior이라고 한다(Kenny, 1989). 프랭크와 스텔라는 각자 그들이 서로와 관계를 맺지 않았다면 존재하지 않았을 행동을 보여 줄 것이다. 각자에게 있어, 다른 사람과의 연결은 다른 합의적 행동으로 이어질 것이다.

주요 인물

움베르토 마투라나 Humberto Maturana

움베르토 마투라나는 1928년 9월 14일 칠레 산티아고에서 태어났다. 어린 시절, 그는 특히 생명과 죽음이라는 주제를 둘러싸고 식물과 동물에 매료되었다. 그는 칠레 대학교에 입학하여 먼저 의학과 생물학을 공부하였다. 그다음에 그는 런던 유니버시티 칼리지에서 해부학과 신경생리학을 공부한 후, 하버드 대학교에서 생물학 박사 학위를 받았다.

1958년부터 1960년까지 마투라나는 매사추세츠 공과대학교의 부연구원으로 재직하다가 1960년 칠레 대학교 생물학과에 교수로서 복귀했다. 1970년대에 마투라나는 그의 제자인 프란시스코 바렐라 Francisco Varela와 함께 개구리의 생물학적 과정을 연구했고, 그것으로부터 인지과학에 새로운 아이디어를 가져왔다. 그들은 살아 있는 체계는 어떻게 자기생성, 자기유지 구조인지를 설명하는 자기생산의 개념을 함께 발전시켰다. 이러한 개념들로, 두 사람은 구조결정론과 구조적 접속의 관념을 제시했다. 이것들은 2차 사이버네틱스와 구성주의 철학에서 중요한 개념들이 되었다.

마투라나는 특히 구성주의 및 사이버네틱스와 관련하여 20세기의 가장 중요한 사상가 중 한 사람으로 여겨진다. 레이랜드(Leyland, 1988)는 다음과 같이 설명했다.

> 그레고리 베이트슨 Gregory Bateson이 사망하기 직전, 사이버네틱스 분야에서 자신이 해 왔던 일을 구축하는 것에 누가 가장 유력하다고 생각하느냐는 질문에 그는 산티아고에 있는 칠레 대학교 생물학 교수인 '움베르토 마투라나'라고 대답했다.
>
> (p. 357)

1980년대와 1990년대에 마투라나는 정서와 인간 기원의 역할을 탐구하기 시작했다. 이것은 한 사람이 다른 사람을 통제하려고 하지 않는 '사랑'에 대한 그의 아이디어로 이어졌다.

💟 구조(결정 및 접속)

지금까지 우리는 사람들이 어떻게 의미와 자신의 실재를 구성하는지 말했다. 우리의 초점은 관찰되는 것으로부터 관찰하는 사람으로 이동하는데, 어떤 의미에서 관찰되는 것을 만드는 것은 관찰자이기 때문이다. 여기서 우리는 이 과정이 어떻게 일어나는지 더 깊이 탐구할 수 있는데, 각자가 특정한 의미를 창조하는 방식으로 구조화되어 있기 때문이다. **구조결정론**structural determinism은 체계(그러나 이 책에 있어서는 사람이라는 특정한 체계에 대해 말할 것이다)가 그것들의 구조에 기초한 내적, 관계적 역동 안에서 기능한다는 관념이다. 마투라나와 바렐라(Maturana & Varela, 1980)는 체계의 조직을 검토하고 난 후 사람들은 요소들이 별도의 실체가 아니라 체계(이 저자들이 단일체unity라고 부르는 것)의 다른 요소들과 관련하여 어떻게 작동하는지의 측면에서 본다고 기술했다.

지금까지 우리가 구성주의에 대해 제시한 몇 가지 주요 아이디어와 마투라나의 연구를 심리치료에 어떻게 적용할 수 있는지 검토해 보자. 에프란 등(Efran, Lukens, & Lukens, 1990)은 그들이 생각하기에 심리치료자에게 유용한 마투라나의 구조적 결정론에 기초한 몇 가지 개념을 제공했다.

① 살아 있는 체계는 마투라나가 '자기생산'이라고 말하는 것을 스스로 창조하는 실체이다.
② 과학은 구조결정적인 실체만을 연구할 수 있다.
③ 살아 있는 체계는 정보적인 측면에서 폐쇄적이다.
④ 따옴표로 '객관성'을 표시하는 것은 우리가 알고 있다고 생각하는 것을 우리가 제조한다는 것을 상기시킨다.
⑤ 근본적으로 인생은 목적 없는 표류이다.
⑥ 생존을 위해서는 매체와 충분한 구조적 접속을 유지해야 한다.
⑦ 모든 표면상 이성적인 체계는 이성적인 출발 전제를 기반으로 한다.
⑧ 생물학적으로 말하자면, 언어는 집단적 행동의 특수한 형태이다. 그것은 구분의 영역을 만드는 결과를 낳는다.

우리가 설명했듯이, 사람은 자기조직적이고 자기준거적인 체계라는 점에서 자기생산을 하는 존재이다. 게다가 사람은 자신이 어떻게 기능하는가를 결정하는 구조를 가지고 있다. 이러한 기능화는 다양한 매체(즉, 다른 체계들)와의 상호작용에 따라 달라진다. 치료자들에게 아마도 가장 중요한 개념 중 하나는 사람들이 상호작용하는 매체가 언어(말로 하든 안 하든)라는 것이다.

에프란과 클레어필드(Efran & Clarfield, 1992)는 "구조결정론자에게 있어 인간에 대한 궁극적 준거는 그 자신이다"(p. 205)라고 설명했다. 각각의 사람은 기능이 자신의 조직에 기반을 두고 있는 폐쇄적인 체계이므로, 모든 사람이 똑같지 않기 때문이다. 우리는 사람들의 패턴과 성향을 살펴볼 수 있지만(대부분의 정량적 연구가 집단으로서 사람들이 어떻게 기능하는지를 결정해 보려 한다), 이것들은 구체적인 것이 아니라 총체적인 설명이다. 예를 들어, 우리는 백인 여성이 인종 간 관계에 관여하는 것에 대한 경험이 무엇인지에 대한 연구를 검토할 수 있다. 그렇다면 우리는 스텔라가 같은 경험을 할 것이라고 예상하는 실수를 범할 수도 있다. 그녀가 인종 간 관계를 맺고 있지만, 이것이 그녀에게 어떻게 영향을 미칠 것인가는 같은 상황에 있는 다수의 사람과는 상당히 다를 수 있다.

이는 구조적 접속의 개념으로 이어진다([그림 8-8] 참조). **구조적 접속**structural coupling은 환경의 구조와 단일체의 구조 간 연결을 말하는데, 각각은 다른 것에 대한 교란의 원천 역할을 한다(Maturana & Varela, 1992). 즉, 각 사람은 자신의 조직에 기반을 둔 방식으로 행동하지만, 다른 사람과도 상호작용한다.

1980년대와 1990년대에 심리치료 분야의 일부 구성원들은 구성주의의 개념, 특히 마투라나의 많은 개념을 채택했다. 그 개념들은 '전문가로서의 치료자'에서 벗어나 '치료 체계의 일부'로 이동시키는 조치뿐만 아니라 하나의 철학적 기반이 되었다. 이것이 2차 사이버네틱스second order cybernetics라고 불리는 것이다. 마투라나는 가족치료에서의 이러한 아이디어의 사용에 대해 "그들[가족치료자]의 개입은 한 체계를 와해시

그림 8-8 구조적 접속은 두 개인(단일체)이 다른 개인과 환경에 영향을 받는 동시에 다른 개인과 환경에 영향을 미칠 때 발생한다.

키고 요소들이 원래 행동을 재연할 수 없게 하므로 다른 체계를 출현하게 하는 요소들의 변화를 촉발한다"라고 설명하였다(Simon, 1985, p. 42). 마투라나가 이 언급을 한 것은 살바도르 미누친을 참조한 것이었다. 미누친의 연구를 살펴보면, 그는 가족의 다양한 하위체계를 탐색하는 경향이 있다. 그는 체계가 재조직되도록 만들기 위해 체계에 대한 일련의 도전(교란)을 제기한다. 그렇게 함으로써 새로운 가족 조직이 나타난다(Minuchin et al., 2014).

스텔라, 프랭크와 함께 작업하면서 치료자는 그 커플에게 특정한 변화를 주는 개입을 할 수 없다. 즉, 치료자는 그들에게 특정한 행동을 하라고 말할 수 없을 것이고 특정한 반응이 일어난다고 알 수도 없을 것이다. 예를 들어, 프랭크에게 일주일에 두 번 스텔라와 성관계를 해야 한다고 말하는 것이 꼭 그 커플이 더 만족스러운 성생활을 하도록 이끌지 않을 것이다. 반대로, 이것이 실제로 그들의 성적 만남에서 더 큰 문제로 이어질 수도 있다. 또는 그들의 성생활 변화는 그들 관계의 다른 영역에 의도하지 않은 결과를 초래할 수 있다. 자기생산 체계는 특이하고도 예측 불가능하게 교란에 반응할 것이다. 이러한 점을 고려할 때, 치료자는 특정한 변화를 만들 수 없다. 왜냐하면 변화는 외부의 영향이 아니라 내부의 조직에 기초하기 때문이다. 치료자가 할 수 있는 최선은 교란을 시도하고, 무슨 일이 일어나는지 보고, 거기서부터 나아가는 것이다.

🎗 교란

실재론자들은 원인과 결과를 객관적으로 미리 알 수 있으므로, 인과관계를 예측할 수 있다고 가정한다. 구성주의자의 견해는 예측 가능한 결과를 갖는 개입을 할 수 있다는 생각에서 벗어난다. 대신 상호작용에 대한 보다 호혜적인 관점이 나타나는데, 여기서 각 개인의 행동은 상대방으로부터 무엇인가를 불러일으키지만, 무엇을 불러일으킬지는 각 개인의 경험이 결정하기 때문에 미리 결정될 수 없다. 구성주의자들은 우리가 상대방에게 영향을 미치지 않을 수 없다는 것을 이해하지만(Cecchin, Lane, & Ray, 1994), 이 영향의 결과가 어떻게 될지는 확실히 말할 수 없다. 이러한 예측할 수 없는 영향은 교란perturbation이라고 불리게 되었다.

사람에게 일어나는 일(즉, 다른 사람이나 환경과 접촉하면서 오는 교란)이 무엇이든, 그들 경험의 재조직은 다른 사람에 의해서가 아니라 그 사람에 의해 만들어진 지각에 기초한다. 이 재조직은 교란이 결정하지 않으며, 그 사람은 종종 그것을 의식적으로 통제하지 못한다. 본질적으로, 변화와 재조직을 통제하는 것은 체계 자체이다. 마투라나(Maturana, 1991)는 교란이 입력 및 출력과는 다르다는 입장이었으며, 체계가 어떻게 조직을 유지하면서도 구조적인 변화에 참여하는지를 묘사했다. 이러한 교란은 사람들과 가족들이 그들의 사회생태학에 따라 변화하도록 돕는다.

그러나 만약 교란이 너무 달라서 조직에 그 의미를 가질 수 없다면 체계는 변경되지 않거나 체계가 교란에 적응할 수 없다면 체계가 와해될 것이다(Anderson, 1992). 프랭크와 스텔라의 경우, 그들은 인종 간 데이트를 선호하지 않는 지역사회의 사람들과 접촉할 수도 있다. 그 커플은 사람들이 자신들을 응시하거나, '무례한' 발언을 하거나, 혹은 심지어 신체적인 위협을 가하는 것을 경험할 수 있다. 반대로, 그들은 인종 간 관계에 상당히 찬성하는 사람들과 관계를 맺을 수도 있다. 그러나 체계(커플) 외부의 사람들에 의한 이러한 행동 중 어느 것도 커플체계에 구체적이고 의도적이며 예측 가능한 결과를 가져올 수 없다. 예를 들어, "흑백은 섞이지 않는다."라고 말하는 사람은 프랭크와 스텔라가 동의하고 헤어질 뿐만 아니라, 그들이 새로운 데이트 상대를 선택할 때, 그들 자신의 인종에서 누군가를 선택할 것이라는 의도로 말했을 것이다. 그러나 커플이 이 교란에 어떻게 반응할지, 그들이 함께 머물지 헤어질지는 외부 시도(즉, 다른 사람들의 행동)에 의해서가 아니라 그들 자신의 구조, 즉 스텔라와 프랭크는 각자 어떻게 인지적으로 조직되어 있는가에 의해 결정될 것이다. 만약 스텔라의 자녀들이 그녀가 흑인 남자와 계속 사귄다면 그녀와의 관계를 끊을 것이라고 말해 그녀가 프랭크와의 관계를 끝낸다면, 이것은 체계에 교란이 될 것이다. 또한 체계의 조직을 유지했던 구조에 변화가 있을 수 있지만, 그 성격은 여전히 예측하기 어려울 것이다.

체계는 보수적이고 행동을 반복하는 경향이 있으므로, 치료는 체계를 교란하는 과정으로 볼 수 있다. 즉, 본질적으로 치료는 그러한 보수주의에 대한 도전이다(Efran & Greene, 1996). 다른 것들은 그렇지 않겠지만, 이러한 교란 중 일부는 체계가 스스로 변화하도록 이어질 것이다([그림 8-9] 참조).

관계에 있는 사람들은 구조적 표류를 통해 서로 연결되기 때문에, 체계 변화의 한

교란은 자기 조직에 기초를 둔, 체계 변화로 이어지는 체계 외부의 사건이다.

부분은 커플의 합의된 행동을 바꿀 것이다. 이 개념은 **직교적 상호작용**orthogonal interaction[6] 이라고 불린다. 에프란과 그린(Efran & Greene, 1996)은 "정의에 따르면, **직교적 상호작용**은 요소의 다른 체계 요소와의 상호작용을 연속적으로 수정하는 체계 요소의 변화를 포함한다"고 설명했다(p. 94, 원문에서 강조). 이것은 이 책의 모든 장에 제시된 아이디어로 거슬러 올라간다. 즉, 체계 한 부분의 변화는 체계 전체의 변화로 이어질 수 있다. 프랭크와 스텔라의 경우, 직교적 상호작용은 대화에서 치료자와 스텔라는 개인적인 정체성과 자율성에 대해 이야기하고, 스텔라가 자녀들이 그녀에게 어떻게 하라고 말하는 것을 그만두기를 원한다고 결정할 수 있다. 그런 다음 그녀는 집에 가서 자녀들에게 너희 일이나 신경 쓰라고 말할 수 있다. 그 후 치료자/커플체계는 커플의 이러한 교란에 대한 가족의 반응을 관찰할 것이다. 그렇게 되면 가족의 반응 자체가 다시 각 개인체계, 커플체계와 치료자/커플체계 등에 대한 교란이 될 것이다.

♥ 언어를 사용하기

인간은 '언어를 사용하는 동물'이다. 모든 설명이나 대화는 공통의 상호작용 수단을 활용해서 언어를 사용하는languaging 두 사람의 조정으로 정의될 수 있다(Maturana,

---

6 역자 주: 직교적 상호작용에서 '직교적'이라는 말은 '직각의' 혹은 '상호배타적인'이라는 의미를 지닌다. 생물학의 맥락에서 직교적 상호작용은 서로 상호작용하지 않는 둘 이상의 분자적 과정을 가리킨다. 이는 개별적 과정의 연구나 원치 않는 상호작용을 피하는 실험 설계에 중요하다.

1991). 하지만 한 사람의 언어는 또 다른 사람의 언어가 아니다. 우리는 문자 그대로 의 언어(즉, 러시아어, 타갈로그어 또는 히브리어)가 아니라, 어떤 사람이 자기가 사용하는 단어를 이해하는 방법을 말하고 있다. 우리가 사용하는 단어들은 우리가 보고 있는 것의 의미를 전달하기 위해 의도된 것임에도 불구하고 우리가 보고 있는 것을 창조하는 데 도움을 준다.

이러한 관점에서 언어는 단지 의사소통 수단이 아니라, 오히려 언어는 행동이다. 그것은 상호작용과 적합성의 사건이다. 에프란과 파우버(Efran & Fauber, 1995)는 "따라서 언어는 행동으로부터 분리되지 않으며, 의미는 단어와 기호가 사용되는 문맥에 전적으로 의존한다"(p. 277)고 말했다. 이것은 구성주의 치료자들이 내담자들이 다르게 행동하도록 하는 데(예를 들어, 어떤 사람이 강박적으로 손을 씻는 것을 멈추게 하거나 심호흡 연습을 하게 한다거나 등) 초점을 맞추지 않는다는 점에서 치료에 중요한 파장을 미친다. 대신 이 치료자들은 내담자들이 언어를 다르게 할 수 있도록 도와준다. 이것은 오래된 의미를 분해하고 새로운 의미를 창조하는 독특한 언어 과정에 내담자를 참여시킴으로써 발생한다. 이러한 아이디어는 의미가 변함에 따라 언어 사용하기와 행동 같은 행위들도 변한다는 것이다.

프랭크, 스텔라와 함께 작업하는 구성주의 치료자는 그들이 각자, 그리고 커플로서 어떻게 자신들의 경험을 언어화하는지에 주의를 기울일 것이다. 치료자는 사용되는 특정 단어에 자신이 부여한 의미를 너무 빨리 두지 않도록 주의해야 할 것이다. 예를 들어, 만약 스텔라가 "프랭크가 나를 성적으로 접촉하지 않는 것이 조금 답답하다."라고 말했다면, 치료자는 공감하려고 노력할 것이고, 자신의 관계에서 파트너가 그를 성적으로 접촉하지 않을 때 그가 어떻게 느끼는지 생각해 볼 것이다. 그러나 그것은 이 구절이 의미하는 것에 대한 치료자의 개념화이다. 스텔라의 것과 비슷할 수도 있지만 그렇지 않을 수도 있다. 이것이 바로 내담자의 언어와 의미에 대해 더 많이 탐색하는 것이 구성주의(그리고 사회구성주의-제10장과 제11장 참조) 심리치료의 핵심 요소가 되는 지점이다.

언어와 실재의 연관성을 탐구하는 한 가지 방법은 언어가 실재를 창조한다는 것이다. 이것은 드 세이저(de Shazer, 1991, 1994)가 '**후기구조주의**post-structuralism'라고 부른 것이다. 비트겐슈타인(Wittgenstein, 1958)의 '언어 게임language game'[7] 개념으로부터 끌어내서, 드 세이저는 사람들이 사용하는 단어가 이해를 만든다는 생각에 천착했다. 단어 자체는 임의적이지만, 그것들이 어떻게 그리고 어떤 맥락에서 사용되는가가 우리의 관점을 형성한다. 이러한 방식으로 보면, 언어가 실재이다(de Shazer & Berg, 1993). 이 저자들은 "상식적인 견해와 달리, 변화는 언어 내에서 일어나는 것으로 보인다. 즉, 우리가 무엇에 대해 이야기하고 그것에 대해 어떻게 말하는지가 차이를 만들고, 이러한 차이점들이 (내담자에게) 차이를 만드는 데 사용될 수 있다"(p. 7)고 설명했다.

우리가 다른 사람이 무엇을 생각하는지(혹은 느끼고 있는지) 정확히 '알 수가' 없다는 것을 감안할 때, 언어는 다른 사람들에 대한 우리의 표현 수단이다. 나의 언어 사용과 당신의 언어 사용은 같지 않을 것이다. 예를 들어, 우리(MR과 JH)는 이 장을 쓸 때 우리가 사용하는 단어가 상대방이 단어를 이해하는 방법(그리고 그 단어들 뒤에 있는 아이디어와 의미)과 맞는지를 구별하기 위해 앞뒤로 왔다 갔다 해야 했다. 게다가 우리는 독자 여러분이 이러한 단어/아이디어/의미를 우리가 의도한 방식으로 마음속에 새길지 여부를 모른다. 쓰인 것을 당신이 어떻게 이해할 것인가는 우리가 아니라 당신의 독특한 해석적, 지각적 과정에 기초하고 있기 때문이다. 그러나 사람들의 언어는 잘 맞출 수 있거나 어느 정도의 적합성을 달성할 수 있다(von Glasersfeld, 1995). 나의 언어는 당신의 언어와 어울릴 수 있다. 폰 글레이저스펠트는 이러한 대인관계 과정을 공유sharing라고 말했다([그림 8-10] 참조). 두 명 이상의 사람들은 그들의 경험적

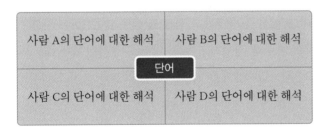

그림 8-10　사람들이 그들만의 단어에 대한 해석을 가지는 공유의 대인관계 과정. 그것은 다른 사람들의 해석과 겹칠 수 있다.

---

7 역자 주: '언어 게임'은 오스트리아 태생의 철학자 루드비히 비트겐슈타인Ludwig Wittgenstein이 그의 저서 『철학적 탐구Philosophical Investigation』를 통해 제시한 언어 게임 이론에서 나온 개념이다. 그는 언어는 규칙이 있는 게임과 같이 상황과 맥락 속에서 그 의미가 확보된다고 주장하였는데, 언어는 어떤 상황에서도 공통불변의 고정된 의미가 있는 것은 아니며, 상황에 따라 유사하게 공유되는 의미가 있을 뿐이라는 것이다. 비트겐슈타인은 또한 언어는 의미가 아니라 '사용'에 그 본질이 있다고 간주하였다. 사람들은 언어를 사용함으로써 자신을 표현하고 다른 사람과 소통하는데, 이는 마치 끊임없는 언어 게임을 하는 것과 같다(네이버 지식백과 참고).

실재를 표현하는 방식으로 접촉한다. 상대방은 상대방의 경험을 구성하려고 시도하지만, 그 사람은 객관적 실재를 결코 알 수 없다. 폰 글레이저스펠트는 이것을 '타인에 의한 확증'이라는 측면에서 논의했고, 우리가 접촉하는 사람들과 매우 유사한 단어를 사용할 수 있지만, 그것이 우리가 각각 이야기하고 있는 개념들의 네트워크가 똑같음을 필요로 하지 않는다고 설명했다.

프랭크와 스텔라는 둘 다 서로에게 "사랑해."라고 말할지도 모른다. 표면적으로 그들은 ① 각자 그런 말을 하는 것에 대해 스스로 느끼는 것을 이해하고, ② 상대방이 자신에 대해 느끼는 것을 이해하고, ③ 상대방이 그/그녀에 대해 느끼는 것을 이해하며, ④ 이것이 그들의 관계에 의미하는 것을 이해한다고 생각할 수 있다. 하지만 더 깊이 들여다보면, '사랑'은 사람들이 가장 많이 이야기하는 개념이지만, 사람들이 가장 동의하기 어려운 개념이기도 하다. 이것이 치료자들이 종종 커플 관계에 관련된 사람들이 "나를 사랑한다면 어떻게 x를 할 수 있니?" 또는 "나는 네가 나를 사랑한다고 생각했어."와 같은 말을 듣는 이유이다. 상대방은 보통 "나는 너를 사랑해."라고 대답한다. 이러한 일이 일어나는 주된 이유 중 하나는 '사랑'이 두 사람에게 상당히 다르게 해석되기 때문이다. 프랭크는 음악 콘서트에 가거나 야외에서 춤추는 것이 스텔라에게 사랑을 보여 주는 것이라고 믿을지 모른다. 스텔라에게는 그녀의 심리적, 정서적, 그리고/또는 성적 욕구를 우선시하는 것이 사랑을 보여 주는 것일 수 있다. 커플은 그 단어의 의미가 각자에게 독특하고 매우 다른 두 가지 방식으로 사용되고 있으므로 상대방이 사랑을 경험하고 있지 않다고 생각할 수 있다. 의미는 그 사람의 조직에 기초하고 있고, 언어체계를 기반으로 한 다양한 심리치료 접근의 토대를 형성한다.

💟 의미

구성주의 관점에서, 삶은 사람들이 받아들이는 정보에 대해 부여하는 의미 안에서 일어난다. 정보에 대한 의미를 구성함으로써 관찰자는 구분하고 있다. 즉, 그들은 차이를 만들어 낸다(Neimeyer, 1995a). 따라서 우리는 언어를 의미의 수행으로 볼 수 있다(Raskin & Neimeyer, 2003). 여기서 우리는 객관적인 절대적 진실이 없고, 개인으로

서 우리가 정보에 주는 의미 안에서 진실을 창조한다는 구성주의적 시각으로 되돌아
간다. 어떤 사건도 그 자체로 의미가 없고, 의미는 개인이 그것을 제공할 때만 발생
한다.

　이것은 우리가 행위에 대한 속성을 부여하는 방식에서 볼 수 있다. 사회심리학에
서는 후광 효과와 뿔 효과의 두 가지 관련 효과가 있다(Thorndike, 1920). 후광 효과halo
effect는 우리가 긍정적인 감정을 가진 누군가가 한 행위에 대해 긍정적인 원인을 부여
하고, 뿔 효과horn effect는 우리가 부정적인 감정을 가진 누군가가 한 행위에 대해 부정
적인 원인을 부여하는 것이다. 이것의 예를 들어 보자. 사람들이 길을 건너고 있는데,
누군가가 발이 걸려 넘어진 것을 보았다고 상상해 보자. 당신의 아주 좋은 친구가 우
연히 그곳에 있고, 그 사람이 위험에서 벗어나도록 돕기 위해 달려온다. 당신은 자신
에게 "와, 지미 좀 봐, 정말 좋은 사람이네."라고 말할 것이다. 이제 시나리오를 조금
만 바꿔 보자. 당신이 같은 교차로에 있고, 사람들이 길을 건너고 있으며, 누군가가
발이 걸려 넘어진다. 그때 당신이 알고 있기는 하지만 별로 인정하지 않는 누군가가
달려와서 그 사람을 일으켜 준다. 이 시나리오에서 여러분은 자신에게 "필립을 봐.
그는 단지 다른 사람들 앞에서 잘 보이려는 거야."라고 말할 가능성이 더 크다. 여기
서는 주인공이 누구이고 당신과 그들의 관계가 어떤지를 제외하고, 똑같은 두 가지
상황이 있다. 그러나 사람들의 행위에 대한 의미는 상당히 달랐다. 그 사건에는 절대
적인 진실이 없다. 누군가가 발을 헛디딘 다른 사람을 일으켜 세웠다. 그 의미는 당신
이 구성한 것이다. 이를 돕는 행위라고 했다면 동의하는 타인에 의한 확증이 있을 수
있다. 거기 있었던 다른 사람들은 당신과는 다르게 자신의 구성을 개발하여 그것을
다른 언어인 간섭이라고 부를 수 있다.

　현재, 스텔라는 프랭크에게 긍정적인 감정이 있다. 그런 그녀가 그에게 긍정적인
감정을 갖지 않았을 때보다는 더 우호적인 방식으로 그가 성적으로 접촉하거나 성관
계를 맺지 않은 것에 대해 의미를 부여한다. 그 커플이 신랄하게 비난하면서 헤어졌
다고 하자. 그렇다면 스텔라는 의도치 않게 프랭크의 행위에 부정적인 원인을 돌리
는 뿔 효과를 이용할 가능성이 훨씬 더 크다. 그녀는 그가 아프고 혼란스러운 사람이
라 성적인 문제를 가지게 되었다는 의미를 구성할지 모른다. 후광 효과나 뿔 효과와
같은 귀인 이론은 어떻게 사람들이 똑같은 상황에 대해 매우 다른 두 가지 반응을 가
질 수 있는지를 이해하는 데 도움이 된다. 상황은 그대로이지만, 상황에 의미를 두는

방식이 바뀌어 개인의 경험을 바꿀 수 있다.

♥ 조정

체계 간 연결을 조사할 때, 우리는 구조적 접속의 역사를 살펴볼 수 있다. 즉, 체계는 시간이 지남에 따라 발생하는 상호작용 방식을 가지고 있다. 이러한 상호작용은 행위의 조정coordination of action이다. 각 체계가 다른 체계를 교란하고 자체 구조에 기초하여 반응하기 때문에, 마투라나는 이 과정을 공개체발생적co-ontogenic 구조적 표류라고 불렀다. 여기서 두 체계는 공진화한다.

우리의 목적을 위해, 우리는 치료체계라고 부를 수 있는 내담자 체계와 치료자 체계 사이에서 발생하는 이러한 행위 조정을 볼 수 있다([그림 8-11] 참조). 인간은 주로 언어 사용을 통해 서로 관여하고, 언어 사용은 양립 가능한 의미에 관한 것이기 때문에, 이것을 더욱 탐구하기 위해 우리는 치료가 어떻게 의미체계에 초점을 맞추는지에 대해 이야기할 수 있다. 굴리시안과 윈더만(Goolishian & Winderman, 1988)은 이 과정을 다음과 같이 설명했다.

> 이 새로운 어휘를 고려할 때, 치료는 언어학적 영역 내에서 상호작용하는 참여관찰자
> 들이 구조적으로 접속된 네트워크를 만들어 내는 것으로 설명할 수 있다. 즉, 진화된 의
> 미의 관계 네트워크 안에서 시간에 따라 공진화하면서, 각 참여관찰자는 또 다른 참여관
> 찰자에게 상호적인 교란 행위를 한다.
>
> (p. 133)

치료자와 내담자는 서로를 통제하려는 의도 없이 각자가 상대방에게 서로 잠재적으로 영향을 미치는 언어체계가 될 수 있다. 치료에서 변화되는 것은 각 개인이 논의되는 개념에 대해 부여하는 의미이다.

구성주의적 관점은 조정에 참여하기 위해 대화에서 각 사람은 아무런 기대 없이 상대방의 정당성을 받아들일 필요가 있다고 가정한다(Maturana & Poerksen, 2004). 이는 객관적 실재의 부재가 상대방의 지각이 정당할 수 있음을 추정하도록 만들기 때문에

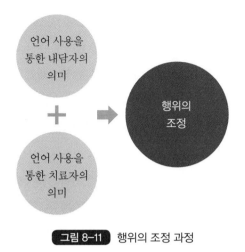

언어 사용을 통한 내담자의 의미

언어 사용을 통한 치료자의 의미

행위의 조정

그림 8-11 행위의 조정 과정

가능하다. 이것은 마투라나의 사랑에 대한 개념으로 돌아가게 한다.

상대방의 정당성을 받아들이면서, 그들은 마투라나가 **사랑**이라고 부르는 것에 관여한다. 이것은 낭만적인 파트너들이 서로 사랑에 빠지거나 가족 구성원들이 서로를 '사랑'한다고 할 때와 같이 우리가 보통 생각하는 그런 사랑이 아니다. 대신 마투라나에게 있어서 사랑은 아무 조건도 붙이지 않는 순간의 사랑이다. 마투라나가 설명했듯이 "다른 존재 또는 자신이 공존하는 합법적인 타자로 발생하는 관계적 방식으로 행동하는 사람을 볼 때마다 우리는 그 사람에게서 사랑의 행동을 본다고 말한다" (p. 272). 사랑은 다른 사람과 접촉하면서 상대방을 변화시키려는 것이 아니라 그 순간에 자기도 진정성을 갖고 상대방도 진정성을 갖도록 할 때 일어난다. 즉, 두 사람은 구조적 표류의 과정을 맞추어 가고 형성한다(Kenny, 1989). 각각의 상호작용은 내적인 변화를 유발하며, 이는 각자가 진정으로 상대방과 만나게 되는 다음 상호작용으로 이어진다. 사랑은 상호작용하는 당사자들이 상대방의 구성된 실재를 인정하고, 그들이 할 수 있는 한 최선을 다해 상대방이 그들의 경험으로 만든 의미를 이해하고 받아들이려고 노력할 때 일어나는 것이다. 그것은 마투라나가 말한 **폭력**의 개념, 즉 한쪽이 상대방의 구성된 경험을 부정하려는 생각과는 반대이다. 치료자들은 이러한 관계에서 그들의 역할을 고려해야 한다.

프랭크는 이전에는 사랑을 통해서가 아니라, 여성들이 무엇을 생각하고 있는지 그리고 그들이 무엇을 생각하고 있어야 하는지를 가정하면서, 기대를 통해 여성들과 관계를 맺었을 가능성이 크다. 이러한 가정은 그 사람이 누구인가가 아니라 상대방이 어떤 사람이 되기를 원하는지에 대한 자신의 욕구에 기초했을 가능성이 크다. 프랭크와 스텔라의 관계는 다른 관계보다 그들의 상호작용에서 더 많은 '사랑'을 경험하는 행위를 조정하는 방식을 그들이 알아냈기 때문에 대체로 잘될 수 있다. 스텔라가 프랭크를 바꾸려 하지 않고, 프랭크가 어떤 사람일 수 있거나 그녀가 그가 어떤 사람이기를 바라는 것보다 프랭크의 현재 모습을 더 받아들이고 있으므로, 프랭크도 아마 마찬가지일 것이다.

한 사람이 상대방이 어떻게 되기를 바라는지에 따라 교환하지 않는 이러한 관계 맺는 유형은 상호작용적 현존interactional presence이라고 할 수 있다(Keeney, Keeney, & Chenail, 2015). 이 저자들은 다음과 같이 설명했다. "만약 당신이 미리 형성된 형태로 배역을 맡기기로 마음먹고 있다면, 비록 사태가 당신이 갖는 중요성의 특이성을 부정하더라도 당신은 이미 생각해 둔 의식적인 준비로 상황을 당신의 방식으로 이끌고자 하는 것이다. 이렇게 하려는 바로 그 애착이 잠재적으로 고압적일 수 있다(그리고 폭력적일 수 있다)."(p. 14) 다른 사람들과 함께 있는 이러한 방식을 나와 너의 관계I–Thou relationship로 볼 수 있다. 이는 치료자가 편견 없이 가능한 한 많이 경청하면서 상대방과 상호작용한다는 것을 의미한다. 인간중심치료, 협력적 치료, 그리고 실존치료와 같은 심리치료의 많은 접근 방식은 치료자가 내담자와 나와 너의 관계를 발전시킨다는 이러한 관념을 고수한다.

❤ 해석학

우리는 사람들이 외부에서 얻은 정보로부터 개인적인 의미를 구성한다는 개념에 대하여 말했다. 한 사람의 삶을 따라 구성되는 수백만 개의 의미 조각들이 함께 하나의 내러티브로 엮인다. 이 텍스트가 어떻게 해독되는지는 해석학의 영역에 속한다. 해석학hermeneutics은 텍스트의 해석이다. 처음에는 성경과 철학적 텍스트와 같은 텍스트를 해석하는 데 사용되었지만, 현대 해석학은 언어적 의사소통과 비언어적 의사소통의 형태를 모두 해석한다. 더 나아가 개인이 자기 경험에 대해 만드는 의미가 텍스트로 작용한다. 다른 사람과 관계를 맺고 있는 사람은 다른 사람의 삶의 텍스트에서 의미를 만드는 기회를 갖는다.

치료에서 해석학적 관점은 치료자가 내담자에게 자기 경험을 어떻게 이야기하는 지에 초점을 맞추도록 이끈다. 워슬리(Worsley, 2012)는 "치료자가 해석학적으로 생각한다는 것은 내담자의 내러티브를 양 당사자가 여러 가지로 이해할 수 있는 일종의 텍스트로 보는 방향으로 나아가는 것이다"(p. 306)라고 설명했다. 해석학은 텍스트의 진실을 알기 위해 텍스트를 해석하는 것이 아니라, 여러 가지의 의미를 모아 새로운 이해를 발전시키는 것이다.

여기서 치료자는 다른 누군가에게 자신의 이해를 강요할 수 없으므로 의미를 만들어 낼 수 없다. 의미는 개인이 창조하기 때문이다. 그러나 그 의미는 구조적 접속 과정, 즉 관계에 관련되는 교란과 변화를 통해 발생할 수 있다. 해석학은 의미 탐색과 새로운 의미 개발이 사람들 사이에서 어떻게 발생하는지를 이해하는 데 도움을 준다([그림 8-12] 참조). 앤더슨과 굴리시안(Anderson & Goolishian, 1992)은 "이 해석학적 관점에서, 치료의 변화는 대화를 통해 새로운 내러티브를 만들어 내는 것으로 나타나게 된다"(p. 29)고 말했다. 이것은 이야기를 대안적으로 읽어 내는 것을 통해 일어난다(Bruner, 1986). 이야기는 다양한 방법을 통해 다시 읽힐 수 있다. 우리는 그것들을 진실, 도덕, 우화, 비유 또는 교훈으로 볼 수 있다. 새롭게 읽을 때마다 이야기에 새로운 의미가 부여된다.

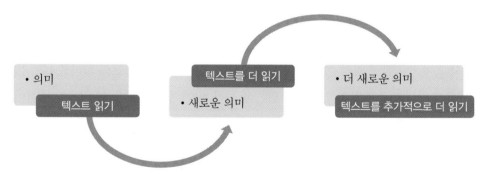

그림 8-12 텍스트의 해석학적 분석 과정(즉, 내담자의 이야기). 텍스트의 읽기는 텍스트의 새로운 의미로 이어질 수 있으며, 이는 새로운 의미가 발전할 수 있는 후속적인 읽기로 이어질 수 있다.

💟 해체

개인이 실재를 구성하고, 언어를 통해 그들의 이해를 전달하는 방법에 대해 생각하는 또 다른 방법은 해체라는 아이디어이다. 이야기는 구성되기 때문에, 그것들은 또한 해체될deconstructed 수 있다. 영향력 있는 포스트모더니즘 이론가인 자크 데리다Jacques Derrida의 저술에 영향을 받은 화이트(White, 1993)는 다음과 같이 설명했다.

> 해체는 일반적으로 '비판적 구성주의자' 또는 내가 선호하듯이 세계에 대한 '제도주의자constitutionalist' 관점으로 불리는 것을 전제로 한다. 이러한 관점에서 사람들의 삶은 그들이 경험에서 찾아내는 의미, 사회구조 안에서 그들의 상황, 그리고 이러한 삶을 채우는 자기와 관계의 언어 관행과 문화적 관습들에 의해서 형성된다.
>
> (p. 35)

따라서 해체는 사람들이 그들의 선호가 나타나도록 하는 문제로 가득 찬 이야기에 대한 대안적 의미와 이해를 발달하게 한다.

해체적 관점이 작동할 때, 텍스트의 독자는 텍스트의 의미에 대한 질문에 두 가지 방법으로 대답할 수 있다(Bruner, 1986). 첫째, 해체는 텍스트에 고정적이고 객관적인 의미가 없다는 것을 알게 한다. 둘째, 실용적인 해체이론의 렌즈로 보면, 텍스트는 저자와 독자의 지각에 따라 여러 가지 의미가 나타날 수 있다. 텍스트의 의미를 보는 이 두 가지 방법의 공통점은 텍스트를 읽는 방식이 한 가지뿐 아니라 여러 가지 방식이 있다는 것이다. 이것은 이야기하는 사람과 이야기를 듣는 사람이 새로운 의미가 나타나는 방식, 즉 그 이야기에 관련되는 사람들에게 새로운 가능성을 제공하는 방식으로 텍스트를 읽을 가능성을 열어 준다.

많은 심리치료자가 해체라는 용어를 사용하지만, 어떤 사람들은 너무 많은 경쟁적인 정의와 이해가 있다는 것을 발견한다. 예를 들어, 드 세이저(de Shazer, 1994)는 텍스트 중심 읽기text-focused reading라는 말로 한 사람의 이야기에서 대체 의미를 찾는 이러한 과정을 논의한다([그림 8-1] 참조). 여기서 독자는 더 깊은 수준의 해석을 위해 텍스트 읽기를 계속한다. 독자는 숨겨진 의미, 즉 이전에 명확하게 설명되거나 생각되

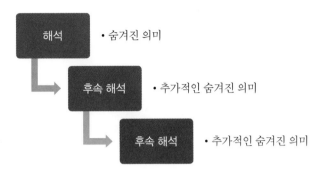

그림 8-13 한 사람의 이야기에 대한 탐색이 이전에는 이루어지지 않았던 해석으로 이어지는 텍스트 중심 읽기의 과정

지 않았던 의미들이 항상 있을 수 있고, 이러한 의미들은 더 많은 해석이 필요하다는 것을 이해한다. 이것이 텍스트 접근의 풍부함을 제공한다.

우리는 이제 프랭크와 스텔라가 자신들도 깨닫지 못하는 사이에 어떻게 해석적인 과정에 참여해 왔는지를 살펴볼 수 있다. 프랭크는 많은 사람에게 여자들과의 관계에 대한 자신의 이야기를 했을 것이다. 그가 스텔라를 만났을 때, 그는 아마도 그녀에게 그의 낭만적인 과거, 특히 아내의 죽음을 이야기했을 것이다. 그의 과거 여성과의 연결 및 단절을 설명할 때, 어떤 새로운 이해나 해석이 존재했을 수도 있다. 여성에 대한 프랭크의 생각과 여성들과의 관계에 대한 스텔라의 질문 또는 문의를 통해, 후속적인 해석이 나왔을 가능성이 크다. 프랭크는 그의 이야기에 대한 해석을 새로운 방식으로 접하게 되고 그것에서 숨겨진 의미를 발견하게 되었을지도 모른다. 즉, 그가 이전에 가지고 있지 않았던 의미이다. 이 의미는 이야기의 '진실'이 아니라, 후속적으로 그 이

💡 **지식 적용하기**

여러분이 살고 있는 삶의 어떤 측면에 대해 생각해 보라. 아마도 그것은 당신의 낭만적 관계, 당신의 직업 경로, 또는 가족과의 관계일 것이다. 당신 삶의 이러한 측면들에 대해 어떤 해석을 하고 있는가? 그것을 적어 보라. 그런 다음, 이 이야기(당신이 선택한 측면에 대한 현재의 이해)를 호기심을 갖는 사람에게 말하고, 끝에 가서는 나타난 숨겨진 의미와 그것이 당신의 초기 해석을 어떻게 바꾸었는지를 적어 보라. 마지막으로, 이 새로운 이야기를 호기심을 갖는 제3자에게 말하고, 대화의 끝에 가서는 새로운 의미와 그에 따른 해석을 적어 보라.

야기를 하면서 변화할 수 있는, 이야기에 대한 현재의 구성이다. 이렇게 후속적으로 이야기를 하는 것은 다음번에 만날 때, 다음 날에, 또는 이후 수년간 일어날 수 있다.

💙 담론

우리는 한 사람이 자신의 이야기를 해석함으로써 삶의 의미를 어떻게 창조하는지에 대해 언급하며 이 장을 마친다. 사람들이 텍스트라고 할 수 있는 자신의 이야기를 다른 누군가에게 말할 때, 그들은 대화, 즉 담론discourse에 참여한다. 브루너(Bruner, 1986)는 담론과 텍스트(이야기 또는 내러티브) 간의 연관성을 기술했다. 그는 "담론은 독자가 자신의 가상 텍스트를 '작성'할 수 있도록 해야 한다"(p. 25)고 설명했다. 즉, 이야기가 만들어지는 것은 바로 자신의 이야기를 들려주는 과정 안에서이다. 이 담론 과정에는 세 가지 특징이 있다.

첫째, 담론은 전제presupposition를 낳는다. 여기서 텍스트의 독자는 명시적 의미보다는 암묵적 의미를 전개한다. 명시적 의미는 그 이야기에 불변의 진실이 있다는 것을 시사할 것이고 그 의미가 무엇인지 결정하는 것은 독자의 일이다. 암묵적 의미는 독자가 텍스트의 의미를 구성한다고 주장한다. 이러한 의미는 이전의 읽기에서 존재했을 수 있지만, 현재의 말하기에서 새로운 경험을 할 수 있다.

둘째, 담론은 주관화subjectification를 통해 발생한다. 독자는 실재에 기반한 텍스트를 읽는 것이 아니라 오히려 이야기 속 주인공의 렌즈를 통해 읽는다. 이는 적극적인 경청 및 공감적 반응과 관련된다. 내담자가 전날 밤 가족 저녁식사 동안에 일어난 일에 대해 당신에게 말할 때, 당신은 그 저녁식사를 있는 그대로 보는 것이 아니라, 그 사건의 한 당사자에 불과했던 당신의 내담자가 그들 자신의 필터를 통해, 또한 그 이야기를 경청하면서 당신의 지각 필터를 통해 구성한 것을 보는 것이다.

셋째, 담론은 다중관점multiple perspective의 이해를 포함한다. 단 하나의 관점이 있다면, 독자는 텍스트를 해석할 필요가 없을 것이다. 그것이 바로 그것일 것이다. 그러나 사람마다 세계를 다르게 구성하기 때문에, 독자는 독자 이상이 되며 또한 그 텍스트의 작가이기도 하다.

프랭크와 스텔라는 그들의 관계 내내 많은 담론에 참여한다. 이 담론은 만나서 하

그림 8-14 담론의 과정에는 전제, 주관화와 다중관점이 포함된다.

는 대화, 이메일 그리고 문자 메시지일 수 있다. 우리는 여성과의 관계에 대한 프랭크의 이야기/내러티브를 많은 구성주의 개념을 이해하는 방법으로 사용해 왔다. 프랭크와 스텔라 사이의 담론에서, 프랭크가 스텔라에게 관계에 대한 열망을 이야기하는 것은 무엇이냐의 관점으로 대화에 들어오기보다는 그가 이야기에 대한 관점을 어디에서 발전시키는가 하는 전제적인 과정을 유발한다. 그의 이야기를 하는 동안, 프랭크와 스텔라는 행위와 지각이 이야기의 진실이 아니라 프랭크의 이해를 통해 걸러졌다는 것을 깨닫는다. 이것은 주관화의 과정이다. 마지막으로, 프랭크가 그녀에게 말한 것에 대해 스텔라가 질문하고 탐색할 때, 그들은 각각 다른 해석을 할 수 있다. 더 나아가 상대방의 관점을 고려함으로써, 각자는 새로운 해석에 이를 수 있다. 이 과정은 다중관점의 특징을 보여 준다.

💗 성찰을 위한 질문

1. 객관주의와 구성주의의 차이점은 무엇인가? 이러한 차이가 당신이 내담자에게 일어난 일을 이해하는 방식에 어떤 영향을 미치는가?
2. 관찰자의 영역 밖에서는 아무것도 알려지지 않은 구성주의자의 입장을 취하는 것이 관리된 치료 맥락 안에서 어떻게 적합한가? DSM 진단에 대해서는 어떠한가?
3. 우리가 사용하는 단어들은 얼마나 중요한가? 언어와 의미 형성 간의 연관성은 무엇인가?
4. 이야기 구성을 통해 의미를 보는 것은 어떻게 유용한가?
5. 치료를 행위의 조정으로 보는 관념을 채택하는 것은 어떤 시사점을 갖는가?

제**9**장

구성주의 치료 실제

🖤 사례 설명

이 기록은 프랭크와 스텔라의 첫 번째 치료 회기 초반부에 나온 것이다.

치료자: 오늘 두 분은 무슨 일로 치료에 오셨나요?

프랭크: 저희는 단지 우리가 잘 지내고 있는 건지 확인하고 싶어요.

치료자: 좋아요. 프랭크, 당신은 두 분이 잘 지내는지 확인하고 싶은 거군요. 스텔라, 당신은 어떠세요?

스텔라: 네, 저도 그래요. 대체로 다 괜찮아요.

치료자: 당신에게도, 관계는 꽤 좋군요.

스텔라: 네, 프랭크가 좀 진정해야 할 것 같아요. 안 그래도 되는데, 불안해하는 것 같아요.

치료자: 그렇게 말씀하시는 것의 예를 좀 들어 주실래요?

스텔라: 음, 지난번 일인데요. 저희는 영화를 보러 갈 계획이 있었거든요. 하지만

* Michael D. Reiter, James Hibel

저는 제 딸과 그 아이가 겪고 있는 문제를 처리하느라고 빠져나올 수가 없었어요. 그런데 프랭크가 5분마다 저에게 전화해서 "지금 어디에 있어요?", "언제 올 거예요?"라고 물었어요. 제가 늦은 것이 아니었는데도, 이 사람은 제가 늦을까 봐 안절부절못했어요.

치료자: 당신은 프랭크가 조금 덜 불안해했으면 좋겠다는 거군요. 프랭크, 스텔라가 하는 말에 대해 어떻게 생각하세요?

프랭크: 저는 그저 모든 것이 시간에 맞추어 잘 돌아가고 사람들이 무엇을 할 거라고 말해 주는 것을 좋아해요. 제 전처와 살 때, 그녀는 자기 일정에 따라 일했어요. 그건 저를 아주 힘들게 했어요. 스텔라와 제가 어떤 걸 하기로 했다면, 저는 단지 그걸 잘 따라서 그대로 일어나기를 바랄 뿐이에요.

스텔라: 그렇게 될 거예요. 진정하세요. 내가 늦은 적 있어요?

프랭크: 내가 다 기억할 수 있는 건 아니에요. 그런데 한 번은 고속도로에서 교통사고가 나서 지체했던 적이 있었어요.

스텔라: 맞아요. 그래서 내가 차가 막힌다고 알려 주려고 전화했는데, 당신은 저 때문에 겁먹고 있었어요.

프랭크: 난 그냥 당신이 어디 있는지 알고 싶었을 뿐이에요.

스텔라: 아니요, 뭔가 아주 제대로 되지 않고 있는 것 같아요. 나는 그렇게 받아들여요. 당신을 판단하는 게 아니에요. 하지만 너무 많은 불안이 있어요.

이 장에서는 구성주의 심리치료자가 제8장에서 밝힌 구성주의의 이론적 원리를 바탕으로, 프랭크, 스텔라와 함께 어떻게 작업할 수 있는지에 대한 몇 가지 아이디어를 제시할 것이다. 이러한 이해와 기법이 고정되어 있는 것은 아니다. 구성주의 치료자는 다양한 방식으로 일한다. 그러나 그들의 공통점은 개인이 자신의 경험에 대한 이해를 구성한다는 생각이다.

💗 구성주의 심리치료

어떻게 보면, '구성주의 치료'라는 용어는 모델이 없는 용어이다. 구성주의는 인간의 인지를 이해하는 하나의 방식이며, 이러한 이해의 방식은 치료에만 국한되지 않는다. 이와 동시에 이해 방식과 인간 상호작용에 초점을 두는 방식을 구성주의로부터 영향받은 사람들이 개발한 많은 치료 모델이 있다. 그래서 단순함을 위해 우리는 이 치료법들을 '구성주의 심리치료constructivist psychotherapy'라는 제목으로 분류한다.

우리가 말했듯이 하나의 모델이나 기법이 없으므로, 구성주의 심리치료를 정의한다는 것은 어려운 일이다. 그러나 마투라나가 설명했듯이, 그것들의 공통점은 이러한 모델 중 어느 것도 특정한 기법들이 구체적이고 예측 가능한 결과를 가져올 것이라 생각하지 않는다는 것이다. 그 이유는 이렇게 생각한다는 것이 구조결정체계structure-determined system의 관념과 맞지 않기 때문이다(Maturana & Poerksen, 2004). 변화는 치료자가 하는 일, 본질적으로 그의 개입에서 오는 것이 아니라, 치료실에서 일어난 일이 무엇이든 간에 내담자가 그것을 하는 것에서 온다. 구성주의 심리치료에서 치료자는 내담자가 자신과 삶의 다양한 측면을 개념화하는 방식으로 어떻게 변화할 수 있는지 보기 위해, 내담자가 어떻게 의미를 구성하는지에 주의를 기울이려고 한다. 이러한 변화는 치료자가 계획한 개입의 결과가 아니라, 내담자가 자신의 삶과 관계에 대한 이해를 변화시키는 것을 기반으로 일어난다. 지금은 혼란스러워 보일지 모르지만, 우리는 이 장의 나머지 부분에서 이것을 정리하고자 한다.

우리의 내담자인 프랭크와 스텔라는 제8장에서 공유한 것으로 언급된 그들의 관계를 유사하게 이해하고 있기도 하지만, 또한 그들은 그 관계에 대해 각기 자신만의 의미를 구성하기 때문에 독특하기도 하다. 아주 단순화된 방식으로 보자면, 프랭크는 그와 가까운 사람들이 그의 욕구를 존중해야 한다고 관계의 의미를 구성할 수 있다. 스텔라는 그 관계를 결점이 있지만 받아들일 수 있는 것이라고 이해할지 모른다. 각자의 구성은 그 또는 그녀에게 관계에서 어떻게 행동해야 하는지, 그리고 사건이 일어났을 때 무엇을 느껴야 하는지 알려 준다. 만일 가까운 사람들이 연결되는데 그의 욕구가 존중되지 않을 수 있는 것으로 프랭크의 관계에 대한 의미가 바뀐다면, 그는 사람들이 자기 기대에 어긋나는 방식으로 행동할 때 그렇게 불안해하지 않을 수 있다. 만일 그녀가 정의한 대로 결점은 전혀 수용할 수 없다고 스텔라의 의미가 바뀐다면, 그녀는 변화를 위해 더 크게 밀어붙일지도 모른다.

그렇다면 구성주의 치료자의 책임은 무엇인가? 치료자는 다른 사람들이 하는 것에 대해서가 아니라, 치료실에서 자기가 말하고 하는 것에 대한 책임이 있다. 구성주의 치료자가 할 수 있는 가장 좋은 것은(그리고 이것을 많이 한다!) 자기인식을 하면서 경청하는 것이다. 마투라나가 설명했듯이, "이를 이루기 위해서는 가능한 한 많은 귀로 들어야 하고, 성급한 판단으로 인해 자신의 인식이 맹목적으로 흐르게 해서는 안 되며, 자신이 듣고 있는 것을 물들이는 정서를 인식해야 한다"(Maturana & Poerksen, 2004, p. 271). 이를 위해 치료자는 사랑으로부터 작업해야 하는데, 치유는 자기사랑과 자기존중을 바탕으로 이루어지기 때문이다. 마투라나가 사용한 '사랑'은 상대방을 기대 없이 대하고 그들을 독특한 사람으로 만나는 것임을 기억하라. 치료자들에게 이것은 나와 너의 관계를 통해 내담자를 끌어들이는 형태로 나타난다. 마호니(Mahoney, 2003)는 이를 심리치료의 핵심인 **공감하는 관계**compassionate relationship의 관점에서 논의하였다. 그는 "[공감]은 다른 사람이 느낄 수 있는 것을 상상하고 존중하는 우리의 사회적 내재성과 상징적 능력의 본질을 반영한다"고 설명했다(p. 17).

나와 너의 상호작용, 그리고 공감하는 관계인 '사랑'을 경험하기 위해 구성주의 심리치료자는 자기와 내담자를 분리되고 독특한 인간으로 보아야 한다. 이는 칼 로저스의 세 가지 핵심 조건, 즉 진실성, 무조건적인 긍정적 존중, 정확한 공감적 이해를 활용함으로써 강화될 수 있다(Rogers, 1961). **진실성**genuineness은 치료자의 투명성에 초점을 맞춘다. 본질적으로, 치료자는 내담자에게 진심으로 대하려 한다. **무조건적인 긍정적 존중**unconditional positive regard은 치료자가 내담자를 특정 조건이 주어지면 성장을 향해 나아갈 사람으로서 어떻게 믿는지를 강조한다. **정확한 공감적 이해**accurate empathetic understanding는 치료자가 내담자의 의미를 파악하려는 시도이다. 마투라나가 취하는 사랑에 대한 입장은 여러 면에서 로저스의 핵심 조건과 동일시될 수 있다.

예를 들어, 앤더슨(Anderson, 2012)은 진실성(또한 투명성이라고도 불리는 관념)의 관념을 **열어 보여 주는 것**being public으로서 논의하였다. 그녀는 이를 다음과 같이 설명했다.

> 그것은 숨겨져 있거나 사적인 아이디어, 사고, 질문을 통해 움직이는 것이 아니라, 오히려 열어젖히고 보이게 하는 헌신과 활동을 말한다. 하지만 내가 다른 사람들에게 무엇을 보여 주기로 선택하든, 그들이 무엇을 보고 듣고 어떻게 해석하는가는 내가 아닌 그들의 것임을 나는 명심한다.
>
> (p. 68)

이러한 입장은 치료자가 확실성의 입장을 지니게 하거나, 그 생각을 치료 대화의 중심으로 삼는 것을 막는다. 따라서 아이디어는 치료자, 내담자 또는 둘 다에 의해 도전될 수 있다. 이로 말미암아 치료자는 자신의 관점과 의미에 내담자의 것보다 더 많은 특권을 부여하지 않는다.

스텔라, 프랭크와 함께 일하는 구성주의 치료자는 아마도 '사랑'과 로저스의 핵심 조건을 모두 포섭할 가능성이 크다. 마호니(Mahoney, 2003)가 말한 바와 같이 "치료자는 가능한 한 현존_presence_해야 하며, 내담자를 다른 인간으로서 대하는 진정한 자세로 접촉해야 한다"(p. 16). 치료자는 프랭크와 스텔라를 각자 세상을 보는 그들만의 방식을 가진 인간으로 받아들이면서, 두 사람 모두의 개인적 의미를 밝혀내려고 노력할 것이다. 이것은 판단 내리지 않는 연결의 입장을 통해 일어난다.

구성주의 심리치료자는 내담자가 어떻게 삶을 살아야 하는지에 대한 '전능한 전문가'에서 질문과 의미 탐색을 통해 체계를 교란하는 사람으로 전환한다. 사람들은 구조적으로 결정되기 때문에, 치료자는 세계, 특히 내담자의 세계를 아는 것에 특권이 없다. 프랭크, 스텔라와 함께 일하는 치료자는 그들을 어떻게 하겠다고 염두에 두는 최종 목표를 세우거나 그곳에 도달하도록 커플을 몰아세우지 않을 것이다. 대신, 각자가 어떻게 그들의 이해를 발전시켰는지에 대한 호기심을 가지고서 그들을 참여시키려 할 것이다. 이러한 탐색은 프랭크나 스텔라가 새로운 의미를 발전시켜 새로운 생각, 감정, 행동을 이끄는 교란이 될 수 있다.

♥ 의미에 집중하기

치료자들이 구성주의적인 관점에서 작업할 수 있는 많은 방법이 있는데, 그것은 모두 사람들이 어떻게 의미를 구성하느냐에 초점을 맞추고 있다. 네이마이어(Neimeyer, 1995)는 "구성주의적 관점에서 **심리치료**는 대인관계적 의미의 다양한 종류로 이루어지는 미묘한 교환과 협상이라고 정의할 수 있다"(p. 2, 원문에서 강조)라고 설명했다. 다시 말해, 구성주의 치료는 내담자만이 아니라 치료자와 내담자가 어떻게 그들의 실재를 구성하는가를 바꿀 수 있는 잠재력을 가진 상호 아이디어의 교환이다. 따라서 치료의 초점은 원치 않는 증상을 완화하는 것이 아니라, 내담자의 삶에서

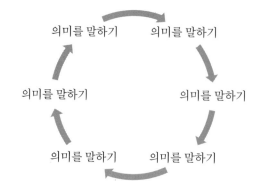

그림 9-1 치료자도 내담자도 후속 대화에서 어떤 의미가 나타날지 모르는, 의미에 대한 말하기로서의 치료

의미에 대한 새로운 이해를 개발하는 데 있다(Neimeyer, 2009).

　구성주의 치료자는 의미가 다르게 이해되면 행동도 바뀔 것이라고 예상한다. 이는 다음의 의미 말하기에 영향을 미치는, 의미에 대한 말하기의 연속적인 상호 순환 루프를 통해 발생한다(Efran & Greene, 1996; [그림 9-1] 참조). 그러나 그 의미가 무엇인지 또는 무엇이 될지는 치료자가 알고 있거나 의도한 것이 아니다. 이는 구성주의 심리치료자에게 모호성에 대해 편안할 것을 요구한다(Mahoney, 1988).

　우리의 커플은 회기 시작과 동시에 대화를 시작하는데, 이 과정은 다음과 같은 형태를 띨 수 있다.

치료자: 스텔라, 당신은 받아들인다고 했잖아요. 그것에 대해 좀 더 말해 줄 수 있나요?

스텔라: 저는 프랭크에게 무언가 잘되고 있지 않다는 걸 알아요. 그는 좋은 사람이에요. 그는 즐길 수 있는 사람이죠. 하지만 그는 다른 사람들과는 조금 달라요, 하지만 그건 괜찮아요.

치료자: 그가 좀 다른지 어떻게 알아요?

스텔라: 여기 그를 보세요. 대부분의 사람은 누군가가 몇 분 늦는 것을 넘어갈 수 있어요. 보통 사람은 일이 계획대로 안 될 때 난리 치지 않아요.

치료자: 그래서 당신은 일정대로 되지 않을 때 프랭크가 반응하는 것을 당신이 아는 다른 사람들이 반응하는 것과 비슷하지 않다고 보는 거군요. 그런 점

에서 여전히 당신이 프랭크와 함께하고 계셔서 질문을 드리는데, 프랭크
와 함께하는 것을 당신이 받아들이고, 그것이 당신에게 괜찮은 이유는
무엇인가요?

스텔라: 저는 그와 함께 있는 것이 좋아요. 그가 저를 아끼는 걸 알아요. 우리 나
이에는 너무 까다롭게 굴면 안 좋아요.

여기에서는 스텔라가 창조한 의미에 앞뒤가 더해진다. 또한 이 과정은 프랭크와
함께할 수 있다. 그러나 다른 누군가의 의미 말하기에 관찰자가 됨으로써 그 관찰자
는 자신을 위한 새로운 의미를 창조할 수 있다.

구성주의 심리치료에서 의미를 협상하는 한 가지 방법은 설명보다 경험을 특권화
함으로써 이루어진다(Neimeyer, 2009). 설명은 대부분의 사람이 이미 현재의 이해를
유지하는 인지 영역에 초점 맞추는 지적 연습이 되는 경향이 있다. 경험적 영역에서
도 활동하는 구성주의 치료자들은 차이, 새로운 인식, 이해 또는 의미를 경험할 가능
성을 제공한다. 네이마이어는 "이런 의미에서 구성주의 심리치료의 궁극적인 목표는
내담자가 **자신의 경험에 대한 감식자**가 되도록 돕는 것이며, 내담자가 현재의 자기 내
러티브가 수반하는 의미를 파악하고 새로운 이야기를 만들고 수행할 수 있도록 더 나
은 위치에 있도록 하는 것이다"(p. 84, 원문에서 강조)라고 설명했다. 이것을 다르게 표
현하자면, 우리는 자기 경험의 미학과 의미에서 전문가가 될 수 있다. 그리고 우리 자
신의 경험에 대한 이러한 감상은 경험을 확장하고 우리가 좋아하는 새로운 경험을 창
조할 수 있는 첫걸음이 될 수 있다.

프랭크, 스텔라와 함께하는 작업에서, 그들의 경험에 대한 대화는 다음과 같은 형
태로 이루어질 수 있다.

치료자: 프랭크, 당신은 스텔라와의 사이가 잘되길 바란다고 얘기했잖아요. 일이
잘 풀릴 때 당신은 어떤 느낌인가요?

프랭크: 우리 사이에 싸움은 없어요. 우리는 그저 즐겁게 함께 있는 것을 좋아해요.

치료자: 당신과 함께 있을 때 스텔라가 좋아하는 것이 뭐라고 생각하세요?

프랭크: 저도 몰라요. 아마도 우리는 둘 다 음악을 좋아하고 콘서트에 가는 것을
좋아하는 것 같아요. 저는 또 사람들과 대화하는 것도 좋아해요.

치료자: 좋아요. 그럼 당신이 느끼기에는 스텔라가 음악을 같이 즐기기 때문에 당
　　　　신 곁에 있는 것을 좋아하고, 당신은 사람들과 대화할 수 있다는 거네요.

프랭크: 맞아요. 게다가 그녀는 제가 그녀의 마음을 다치게 하려 하지 않는다는
　　　　것을 알고 있다고 생각해요.

치료자: 당신이 다른 누군가의 마음을 다치게 하지 않는 사람이라고 보여 주는 어
　　　　떤 인생 경험을 갖고 계신가요?

　　치료적 대화는 이제 프랭크의 경험과 그 경험을 중심으로 그가 만드는 의미에 관한
것이다. 다른 사람의 마음을 다치게 하지 않으려는 그의 바람은 어떻게 그것이, 그리
고 자기의 다른 의미들이 그가 원하는 관계를 맺는 데 이용될 수 있는지를 탐색하는
것으로 확장될 수 있다.

　　구성주의 심리치료자는 합리주의 심리치료자와는 다른 인식론에서 작동하기 때문
에, 다른 유형의 심리치료자와는 상이한 개인적 특성을 갖는 경향이 있다(Neimeyer,
Lee, Aksoy-Toska, & Phillip, 2008). 구성주의 심리치료자들은 자기인식, 정서에 대한
주의, 모호성에 대한 관용, 다양성에 대한 관용, 경험에 대한 개방성에서 합리주의 심
리치료자들보다 훨씬 높은 점수를 받았다. 구성주의에 기반한 치료자들은 합리주의
에 기반한 동료들보다 치료에서 작업 동맹(즉, 수용, 이해, 신뢰)을 더 강조하는 경향이
있다(Lee, Neimeyer, & Rice, 2013).

　　구성주의 관점에서 작업하는 심리치료자들은 특정 모델을 엄격하게 고수하기보
다는 더 다원적인 경향이 있다(Neimeyer, 1995b). 그들은 사람들의 경험적 실재와 사
람들이 어떻게 끊임없이 변화하는 방식으로 의미를 구성하는지에 초점을 맞춘다
(Bridges & Raskin, 2008). 체친 등(Cecchin et al., 1994)은 이상적인 치료자는 "무엇이 효
과가 있고 무엇이 효과가 없는지에 대한 명확한 신념(편견)을 가진 강한 개인 스타일
을 가지고 있다. 동시에 이러한 종류의 치료자는 자신의 강한 신념이 내담자에게 미
치는 영향을 기꺼이 조사해 보고자 한다"(p. 20)고 주장했다.

　　이런 식으로 생각하고 관계 맺기를 좋아하는 사람들이 그 아이디어가 그들이 다른
사람과 관계 맺기를 좋아하는 방식과 들어맞기 때문에 구성주의 치료자가 되는지 아
니면 이 인식론을 채택하는 것이 이런 방식으로 작업하는 치료자로 이끄는지는 분명
하지 않다. 어느 쪽이든, 구성주의 치료자들은 그들이 치료 상황에서 함께 작업하는

사람들과 인간 대 인간의 관계를 맺는 합치감sense of congruence을 통해 작업하는 경향이 있다.

프랭크, 스텔라와 함께 일하는 구성주의 치료자는 프랭크와 스텔라 둘 다의 말에 진심으로 귀 기울이고, 그들 각자가 어떻게 자기와 상황을 이해하는지 들으면서, 치료 동맹에 초점을 맞출 것 같다. 게다가 치료자는 프랭크와 스텔라가 어떻게 되어야 할지에 대한 선입견을 가지고 회기에 들어오지 않을 것이다. 대신 그는 치료적 대화를 바탕으로 나타날 다양한 가능성, 즉 치료 담론에 대해 개방적일 것이다.

💟 치료에서의 의미

우리가 보았듯이, 구성주의 치료자는 내담자가 그들 삶에서의 사건을 둘러싸고 만드는 의미에 초점을 맞춘다. 그러나 이는 해석된 의미들이 '사실'이 아니며 치료자가 밝히거나 밝혀내지 못한 객관적 실재가 아님을 이해함으로써 이루어진다. 이 때문에 어떠하든 여러 가지 의미가 있을 수 있다. 따라서 내담자에게 더 바람직한 방식으로 의미가 다르게 구성될 수 있다. 대부분의 구성주의 치료자는 사람들이 그들의 개인적 구성의 유용성을 어떻게 바라보는지, 그리고 어떻게 더 유용할 수 있는 새로운 의미가 개발될지에 초점을 맞춘다. 그렇게 내담자가 자기 경험에 대한 어떤 해석을 선호하거나 선호하지 않는다고 가정되지 않는다. 프랭크, 스텔라와 함께 작업할 때, 치료자는 더 느린 접근을 함으로써 이렇게 해 나아갈 수 있다.

> 치료자: 프랭크, 지난번에 스텔라가 당신 집에 오는 길에 당신에게 알려 주려고 전화했다고 했잖아요. 이건 당신이 좋아했던 행동이었나요, 아니면 좋아하지 않았던 행동이었나요?
>
> 프랭크: 오, 전 그게 좋았어요.
>
> 치료자: 좋아요, 그건 당신이 좋아하는 거였군요. 어떤 점이 좋으셨어요?
>
> 프랭크: 그건 그녀가 저에게 마음 써 주고, 제 생각과 감정을 고려하려고 한다는 걸 보여 주었어요.
>
> 치료자: 그러면 그녀가 당신의 생각과 감정을 고려하는 것에 대해 당신이 감사하

는 건 무엇인가요?

프랭크: 그렇게 자주 생각해 보진 않았는데요. 그건 그녀가 저를 가치 있다고 생
      각한다는 걸 보여 줘요.

그것이 암시될 수도 있었지만, 프랭크는 스텔라가 그에게 전화하는 것을 좋아한다
고 가정하는 대신, 치료자는 해석된 의미가 내담자의 것이고 치료자의 것이 아니었음
을 확실히 했다.

구성주의 치료자들은 계속해서 내담자가 부여하는 의미가 달라졌다는 징후를 찾
는다. 던캔 등(Duncan, Solovey, & Rusk, 1992)은 이러한 변화의 징후를 다음과 같이 묘
사했다. "내담자가 새로운 정보를 제시하고, 자기인식이 높아지고, 제시되었던 문제
가 개선되고, 정서가 변화하고, 외모가 변하거나 심지어는 앉는 자리가 변화한다."
(p. 140) 그러나 치료자는 변화가 일어났다는 치료자의 해석보다는 이러한 징후가 내
담자에 대한 변화를 나타내는지 내담자에게 물어보아야 한다. 변화를 이렇게 강조하
는 것은 세부 사항에 대한 탐색을 통해 이루어진다.

의미는 개인적으로 구성되기 때문에, 구성주의 심리치료자들은 현상학phenomenology
이라고 불리는 관점인 개인의 경험에 초점을 맞춘다(Mahoney, 1995). 이러한 개인
적인 경험을 이끄는 방식은 풍부하고 두터운 설명을 통해서이다. 프리드먼과 콤
(Freedman & Combs, 1996)은 내담자의 내러티브를 풍부하게 하는 것은 반복과 철저
함을 수반한다고 설명했다. 이것은 세부 사항에 초점을 맞추고, 다른 사람들이 상황
을 어떻게 볼 수 있는지 탐색하고, 관점을 더 논의하면서 이루어질 수 있다. 다음과
같은 방식으로 우리 사례 커플과의 치료 대화를 풍부하게 만들 수 있다.

치료자: 스텔라, 당신은 프랭크가 당신을 아끼고 당신이 그와 함께 있는 시간을
      즐긴다는 걸 알고 있다고 묘사했어요. 이것에 대해 좀 더 말씀해 주시겠
      어요?

스텔라: 우리는 함께 재미있는 일을 해요. 프랭크와 함께 저는 지난 10년 동안 갔
      던 것보다 더 많은 콘서트에 갔어요.

치료자: 당신과 그가 콘서트에 갈 때, 프랭크가 당신에게 마음 쓴 것을 어떻게 알
      수 있나요?

스텔라: 그는 저에게 마실 것이 필요한지 아니면 음악이 너무 시끄럽지 않은지 물
　　　 어보아요. 두 번째 콘서트 끝나고는 너무 시끄러웠다고 얘기했었어요.
　　　 그러자 그다음 주에 집에 와서 선물을 주었어요. 콘서트에서 쓰도록 고
　　　 안된 특별한 귀마개였어요.

치료자: 프랭크가 귀마개를 준 것이 이 관계에 대해 무엇을 말해 주나요?

스텔라: 그가 저를 생각하고 있다는 것이요. 게다가 그가 저와 오랫동안 함께 있
　　　 고 싶어 한다는 것이죠. 그렇지 않았다면 저에게 그런 것들을 주지 않았
　　　 을 거라고 봐요. 우리는 그것들을 많이 사용했어요.

치료자: 프랭크가 당신을 돌보는 것에 대해 어떻게 생각하세요?

스텔라: 그는 전형적인 남자가 아니며 다른 사람들이 낭만적이라고 생각하는 것
　　　 을 하지 않을 수도 있어요. 하지만 그는 자신만의 방식으로 그가 신경 쓴
　　　 다는 걸 보여 줘요. 우리가 만난 날 이후로 하루도 대화하지 않거나 그가
　　　 저에게 문자를 보내지 않은 날이 없었어요.

치료자: 당신들이 만난 이후로 매일 통화하거나 문자를 보냈다는 것은 당신에게
　　　 무얼 말해 주나요?

스텔라: 제가 그에게 중요하다는 것이요.

　이렇게 이야기를 나누면서 치료자는 내담자의 초기 묘사를 충실하게 만들기 위해
노력했다. 풍부하게 하는 것은 아직도 더 많이 발생할 수 있다. 하지만 내담자는 자기
경험에서 비롯된 의미를 명확히 할 기회를 얻게 된다([그림 9-2] 참조).

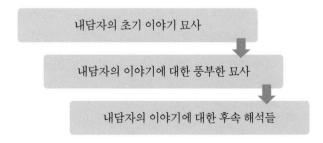

그림 9-2 내담자의 이야기에 대한 풍부한 묘사는 새로운 해석과 의미로 이어진다.

💟 이야기/이야기하는 사람

우리는 사람들이 어떻게 언어에 담겨 있고 그 사람의 내부 조직에 기반을 둔 그들의 경험에 대한 이야기나 내러티브를 가지고 있는지 말해 왔다. 풍부한 묘사가 있는 이야기를 추가적으로 말하게 되면서, 사람들은 이야기의 의미에 대한 대안적인 구성을 개발한다. 이것을 설명하는 또 다른 방식은 이야기하는 사람과 이야기 간에 연관성이 있다는 것이다. 마투라나(Maturana, 1980)는 관찰자와 관찰자는 서로 연결되어 있으며, 관찰자는 관찰할 때 항상 구분된다는 아이디어를 설명했다. 치료실에서 우리는 이것을 이야기하는 사람(관찰자)과 이야기(관찰되는 것) 간 연결의 측면에서 볼 수 있다. 곤살베스(Gonçalves, 1995)는 "심리치료는 스토리텔링과 스토리메이킹을 위해 잘 확립된 시나리오"라고 말했다. 이러한 구성주의적이고 생물학적인 구성개념을 사용하는 치료는 내담자(이야기하는 사람)가 자신의 이야기를 풍부하고 자세하게 들려주도록 한다. 치료자(다른 관찰자)의 도움을 받아 이야기하는 사람은 자신의 이야기를 할 때마다 새로운 구분을 할 수 있으며, 이야기와의 관계가 변화한다(Efran et al., 1990).

이야기하면서 구분함으로써, 이야기하는 사람은 이야기에 휩쓸리는 것에서 이야기의 의미를 다르게 경험하는 것으로 관점을 바꿀 수 있다. 여기서 그 사람은 자신이 그것을 어떻게 틀 지우는가에 따라 자기의 인생에서 일어나는 일에 대해 의미를 부여한다. 치료받으러 오는 많은 내담자가 자신의 이야기 안에서 이야기하는 사람의 역할을 잃어버렸다는 것을 발견하기 때문에 이것은 특히 중요하다. 로젠(Rosen, 1996)은 "내담자들이 자기저술의 의식이 없고, 대신 다른 사람 이야기의 역할을 하고 있음을 깨닫게 되는 바로 그 시점에서 치료에 들어가는 것은 드문 일이 아니다"(p. 24)라고 설명했다. 자신의 이야기에 대한 내담자의 현재 의미를 탐색함으로써, 이야기는 더 풍부해지고, 이는 내담자가 자기 경험에 새로운 의미를 구성하는 기회를 제공한다. 이것은 이야기를 후속적으로 하는 것과 그것에 기인하는 새로운 의미를 바꾼다. 따라서 이야기할 때마다 이야기하는 사람이 이야기/의미와 다른 관계를 갖는 이야기/의미의 진화가 이루어진다. 이러한 재귀적 과정은 [그림 9-3]에서 볼 수 있는데, 이야기하는 사람이 이야기하고 현재 의미에 접근할 때마다 이야기/의미에 대한 더 풍부한 이해가 일어난다.

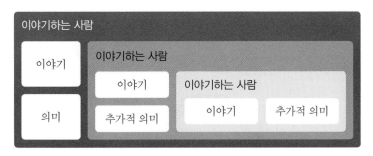

그림 9-3   이야기하는 사람에 대한 이야기의 의미는 이전에 이야기하기와 이야기하는 사람에 대한 과거의 의미 안에 있다.

프랭크가 무언가를 정리하고 싶고 스텔라가 언제 집에 올지 알고 싶고 그녀가 늦지 않았으면 하는 자신의 입장을 설명할 때, 이런 것을 중심으로 의미를 구성하는 것이다. 그 이야기를 처음으로 할 때, 의미는 과거에 다른 사람들로부터 존경받지 못했다고 느꼈던 것과 관련이 있다. 자기 경험에 대한 풍부한 설명을 얻음으로써, 프랭크는 이전에 명확하게 설명하거나 강조하지 않았던 이야기의 측면에 집중할 수 있다. 아마도 지금은 그가 중요한 다른 사람과의 관계에 대한 불안을 덜 느끼는 시기일 것이다. 독특한 결과, 예외 또는 대안적 줄거리(제11장 참조)라고 할 수 있는 이 순간들은 그에게 더 중요한 의미를 지닐 것이다. 그는 자신을 사랑스럽지만 동떨어진 사람으로 보기 시작할지도 모른다. 프랭크가 자기 경험을 어떻게 이야기로 만드는가에 근거하여, 자신의 이야기를 후속적으로 반복하는 것은 새롭게 형성된 의미를 훨씬 더 다르게 이해하도록 이끈다. 동시에 스텔라와 이 주제로 이야기를 나누는 동안, 스텔라는 프랭크처럼 행동하는 다른 누군가와 관계를 맺는 것에 대한 자신의 이야기를 하고 있을지도 모른다. 이야기를 반복할 때마다 그녀는 자신과 자신의 이야기를 다르게 경험하게 된다.

이야기를 하는 것이 이야기하는 사람으로 하여금 이야기를 다르게 이해하게 하고, 이것이 새로운 이야기를 하게 하고, 또 이것이 새로운 이해로 이어지는 등과 같은 이러한 재귀적 과정은 변형적이다([그림 9-4] 참조). 앤더슨(Anderson, 2012)은 "변형을 통해 사물을 지속적으로 움직이고, 지속적으로 존재하고 생성되는 것으로 생각할 수 있다"(p. 69)라고 말하면서 **변형**transforming의 관점에서 내담자의 변화를 본다. 따라서 사람의 '이야기'는 고정된 것이 아니라, 후속적인 말하기에 따라 변화하는 살아 움직

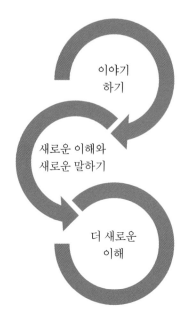

그림 9-4 이야기를 반복적으로 함으로써 이야기하는 사람은 이야기를 새롭게 이해하게 된다.

이는 실체이다.

그런 다음 치료는 **기존의** 것에서 **원하는** 것으로 초점이 전환된다(Efran et al., 1990). 치료자는 내담자들이 그들이 일어나기를 원하는 것과 그들이 적극적으로 성취하려고 시도하는 것을 구별하도록 돕는다. '소망wish'은 '원함want'과 구분된다는 것을 주목하라. 소망은 억지스럽고 일어날 것 같지 않은 욕망이다. 나(MR)는 부유하고 유명해지길 혹은 제시카 알바와 연애하기를(당신은 여기에 판타지 짝사랑을 고를 수 있다) 소망할 수 있다. 이러한 소망은 대부분 판타지이다. 만약 그런 일이 일어난다면 매우 좋겠지만, 그런 일이 일어날 가능성은 매우 작다. 그러나 원함은 내담자가 가지고 있는 현실적인 목표이다. 나는 아내와 더 나은 관계를 맺기를 원하고, 그 목표를 이루기 위해 내가 그녀를 어떻게 생각하는지, 그리고 아내와 함께 무엇을 할지 적극적으로 바꾸고 있다. 내가 집안일을 충분히 하지 않는다고 그녀가 내게 불평하는 것을 들었을 수 있으므로, 설거지를 시작하고, 욕실을 청소하고, 쓰레기를 내다 버리고, 바닥을 닦기 시작한다.

이러한 사고방식을 이용하여, 치료자는 내담자가 살아 움직이는 목표를 개발할 수 있도록 돕는다(Efran et al., 1990). 살아 움직이는 목표live goal는 사람들이 성취하려고 적극적으로 노력하는 원함이다. 이것은 사람들이 무언가를 원한다고 말해 놓고, 아무 것도 하지 않는 목표와는 대조적이다. 스텔라는 프랭크가 어떻게 자신을 성적으로 접촉하지 않는가에 대해 불평할지도 모른다. 하지만 그녀는 어떠한 변화도 시도하지 않는다. 그녀가 이 입장을 유지한다면, 스텔라의 불만은 지속될 것이다. 만약 프랭크가 자신을 성적으로 접촉하게 하려는 그녀의 욕망이 살아 움직이는 목표라면, 그녀는 그가 성적으로 상호적이 되게 하는 방법을 알아내고, 이 계획을 실행에 옮길 것이다. 아니면 그녀는 그 상황을 인식하는 새로운 방법을 적극적으로 찾아내 그녀가 이제는 그 상황에 더 신경 쓰지 않도록 할 것이다. 프랭크는 스텔라가 그를 잘 대해 주도록 하는 것을 살아 움직이는 목표로 갖고 있다. 그는 이 목표를 이루기 위해 노력하는 방식으로 행동한다. 그가 스텔라에게 그를 잘 대하게 할 수는 없지만, 그의 행위(그녀의 행방에 대해 그녀에게 문자를 보내는 것과 같은)는 그가 관계를 바라는 결과에 더 가깝게 만드는 교란 시도이다.

그러나 우리는 사람들의 목표가 유동적이라는 것을 명심해야 한다(Anderson, 2012). 그것들은 시간이 지남에 따라 변화하며, 한 회기 내에서 변화할 수도 있다. 치료적 대화를 하는 동안, 스텔라는 프랭크가 덜 불안해했으면 하는 것에서 더 낭만적이었으면 하는 것으로 자신이 원하는 생각을 바꿀지도 모른다. 하지만 그렇게 되면 그녀는 자신의 상황을 다르게 이해하게 될 수 있고, 자신의 욕구를 충족시키는 데 있어 더 확고해지는 쪽으로 원하는 바를 바꿀 수도 있다. 구성주의 치료자들은 내담자의 변화하는 원함과 목표에 따라 치료의 초점을 바꿀 것이다. 이것은 목표를 고정된 것으로 보고 내담자와 치료자가 노력하는 것과 대조적이다. 이것은 일부 구성주의 치료자들이 처치 계획이 진단에 근거하거나 특정하고 바뀌지 않는 목표가 기대되는 기관 또는 관리된 의료 회사에서 근무하는 것을 어렵게 만들 수 있다.

구성주의에 토대를 둔 치료는, 내담자에게 의미 있고, 현재 그들의 삶이 담기고, 그들이 선호하는 성공의 이야기를 구성하는 방식이 된다(de Shazer, 1994). 내담자의 첫 번째 이야기는 대개 그녀의 삶에서 일어난, 그녀가 좋아하지 않는 일에 관한 것이다. 치료에서 문제는 대개 내담자의 첫 번째 관심사이다. 구성주의 치료에서, 문제는 내담자가 원하는 것과 그들이 그러한 유형의 활동에 참여한 그들 삶의 측면으로 이해된다. 치료는 내담자들의 살아 있는 경험과 치료자의 해석보다는 그들이 만들어 내는 의미를 강조하는데, 이것이 내담자에게 중요한 것이다.

♥ 문제결정체계와 문제구성체계

만약 우리가 한쪽이 다른 쪽을 통제하거나 바꿀 수 없다고 주장한다면, 그때 우리는 교란의 영역으로 들어간다. 이 지점에서 우리가 할 수 있는 대부분은 행동하면서 다른 쪽이 그들의 구조에 따라 어떻게 반응하는지 보는 것이다. 다시 말해, 일반적으로 공을 차면 그 공이 어디로 갈지 꽤 잘 알고 있다. 상당히 정확할 것 같은 예측을 할 수 있다. 그러나 공의 구성과 발/신발 구성 간의 마찰, 바람의 영향, 당신이 의도한 목표의 부정확성 등을 충분히 고려할 수는 없다. 비슷하게 여러분은 잠자는 고양이를 쿡 찌르면 무슨 일이 일어날지 예측할 수 있다. 하지만 고양이가 다음에 무엇을 할지는 정확히 알지 못한다. 그것은 쿡 찌르는 것에 대해 고양이가 만드는 의미에 달려 있다. 공에 대해서는 어느 정도 개입할 수 있지만, 고양이는 교란시킬 수 있을 뿐이다. 구성주의 치료에서 치료자는 단정할 수 있는 변화를 일으키기 위해 개입한다는 생각을 하지 않는데, 그것은 구성주의 사고가 아니기 때문이다. 그렇게 하기보다 치료자는 내담자에게 교란 역할을 하는 생각이나 성찰을 제공하여, 내담자가 이러한 교란에 대해 어떤 의미를 부여하는지를 탐색하게 한다.

구성주의 치료에서 우리는 언어학적 과정을 통해 접촉하는 가운데 발생하는 조정 과정에 들어간다(Maturana & Poerksen, 2004). 즉, 우리는 '언어 사용하기'를 통해 의미의 세계를 경유함으로써 서로 접촉한다(Maturana, 1991). 이것은 정신건강 전문가가 수동적인 환자에게 치료를 전달하는 경우에서, 각자 자신의 의미에 대한 전문가들인 두 사람(또는 그 이상)이 있는 경우로 치료를 전환시킨다. 내담자는 자신이 창조하는 의미에 대한 전문가인 반면, 치료자는 그러한 의미 탐색을 위한 대화에서 공간, 즉 대화적 공간을 여는 것에 대한 전문가이다(Anderson, 2005).

그렇게 되면 치료는 그 방에 있는 사람이면 누구든지 함께 대화함으로써 의미를 구성하는 하나의 언어체계로 볼 수 있다(Anderson & Goolishian, 1988). 맥락이 치료라는 것을 고려하면, 대화는 대개 어떤 문제에 초점을 맞춘다. 따라서 가족이나 치료는 **문제결정체계**problem–determined system 또는 **문제구성체계**problem–organizing system가 된다. 굴리시안과 윈더만(Goolishian & Winderman, 1988)은 "**문제결정체계**는 행위자의 수가 증가하거나 감소함에 따라 지속적으로 진화하고 변화하는 언어 경험의 교차 영역으로 구성된 언어체계"(p. 135)라고 이러한 구분을 설명했다. 이러한 관점은 '문제'라는 관념을 별개의 위치에 있는 별개의 실체로부터 이동시킨다. 오히려 문제 혹은 딜레마 또는 삶의 상황이라고 할 수 있는 것이 사람의 의미 안으로 수용된다(Anderson, 1997).

이것은 프랭크가 강박적이 아니라 스텔라가 프랭크와의 상호작용에 대해 그녀가 강박적이라고 알고 있는 행동들로 의미를 부여하게 만들어서 그렇게 된 것이라고 보기 때문에, 그 딜레마는 훨씬 더 유연해진다. 치료 대화는 이제 그녀가 어떻게 그런 의미에 도달했는지, 그리고 그 의미가 그녀에게 무엇인지에 초점을 맞출 수 있다. 이것은 딜레마에 대한 그녀의 걱정을 바꾸는 더 새로운 의미로 이어질 수 있다. 이 대화는 단지 치료자와 스텔라 사이에 있을 수도 있고, 아니면 딜레마를 둘러싼 대화에 관심이 있는 사람은 누구든 그 사이에 있을 수도 있다. 강점이 무엇이고 무엇이 문제인지에 대해 대화하는 사람마다 자신만의 의미가 있으므로, '문제'만 있는 것이 아니라는 점을 명심하라. 프랭크와 스텔라의 경우, 문제결정체계는 각 회기를 다음과 같이 다르게 만들 수 있다.

1회기: 치료자, 프랭크, 스텔라

2회기: 치료자와 프랭크

3회기: 치료자와 스텔라

4회기: 치료자, 스텔라와 그녀의 자녀들

5회기: 치료자, 프랭크, 스텔라

이러한 각 구성은 문제결정체계 혹은 문제구성체계가 될 것이다([그림 9–5] 참조).

그림 9-5   문제결정체계는 주제를 이야기하는 데 관심 있는 모든 개인으로 구성된다.

이러한 각 체계는 같은 문제에 대해 다른 의미를 생성할 수 있다. 종종 사건은 같지만, 문제 자체는 다르게 정의된다. 각각의 이야기에는 여러 가지 의미가 있을 수 있다.

따라서 문제가 발생하는 지점은 언어 사용하기 안에서이다. 만약 우리가 어떤 문제가 존재하도록 언어화할 수 있다면, 우리는 문제를 포함하지 않는 대안적인 가능성이 도달하는 지점의 언어에 참여할 수 있다. 이 새로운 언어는 내담자와 치료자 간의 협력적 과정에서 발생하는데, 주된 '기법'(기법이 아니라 태도, 철학, 이념, 존재 방식이다)은 치료적 대화, 즉 결과를 알지 못하고 우연히 어떤 종류의 새로운 의미나 서술로 이끄는 대화이다(Anderson, 1993).

문제는 사람들이 상황에 대해 만들어 내는 의미와 언어를 통한 구분이기 때문에, 그러한 구분과 의미는 대화에서 녹일 수 있다. 이 과정은 내담자에게 행위자 의식a sense of agency을 촉진할 수 있는 대안적 의미를 생성하게 한다. 즉, 내담자는 그러한 사건의 결과보다는 자신의 삶에서 사건의 의미를 맡게 된다. 이러한 구분과 다른 의미를 도출하는 데 도움을 주기 위해 치료자는 세 가지 주요 노력, 즉 내담자의 이야기를 위한 공간 열기, '알지 못함not-knowing'의 자세를 통해 참여하기, 이야기를 나누는 동안 대화적 질문 사용하기를 활용한다(Anderson, 1993).

문제는 언어화되고 치료는 대화를 통해 의미가 교란되는 '협력적 언어체계collaborative language system'(Goolishian & Anderson, 1987)이기 때문에, 치료자들은 대개 내담자의 이야기를 위한 공간 열기opening space로 시작한다. 치료자는 누가 대화에 참여하기를 원하는지 알지 못하며, 누가 참석해야 하는지 혹은 참석해서는 안 되는지에 대한 선입견을 제시하지 않는다. 이러한 대화에서는 누구의 관점도 진실로 받아들여지지 않는다. 오히려 각각의 사람들은 무엇이 문제인가와 그 문제의 중요성에 대해 자기 나름대로 생각하는 것으로 보인다. 이것은 각 내담자가 자신의 삶에 대한 전문가라는 생각에 바탕을 두고 있다. 치료의 목표는 상대방을 아는 것이 아니라 자신들이 말하는 것을 최대한 잘 알고, 또 '아직 말하지 않은' 것과 공간이 충분할 때 나타날 수 있는 아이디어를 듣는 것이다. 이러한 관점은 의미가 변화하는 대화의 공간을 만드는 데 도움이 된다(Anderson & Goolishian, 1988).

스텔라는 그녀의 삶과 그녀가 누구인지 그리고 그녀가 세계를 어떻게 이해하는지에 부여하는 의미에 대한 전문가이다. 그녀는 프랭크의 행동에 그녀가 부여하는 의미에 대한 전문가이다. 하지만 그녀는 프랭크에 대한 전문가가 아니다. 프랭크 자신에 대한 전문가는 프랭크이다. 그가 자신의 경험에 대해 구성하는 의미에 대한 점에서 그렇다. 치료자의 입장은 치료실에 있는 각자가 알려진 의미와 아직 알려지지 않은 의미가 드러날 수 있도록 대화 공간을 마련하는 것이다.

🌿 주요 인물

할린 앤더슨 Harlene Anderson

할린 앤더슨은 1942년 12월 1일에 태어났다. 앤더슨의 부계는 스웨덴이었고, 그녀의 모계는 독일이었다. 그녀의 부모는 자영업을 하는 창업가였다. 그들은 할린이 자기 생각과 판단에 따라 살아가고, 독립적으로 사고하도록 격려하곤 했다. 그들을 통해 그녀는 사람들에 대한 존중을 배우고 길렀는데, 이것은 사람들이 자신의 의미를 지니고 자기 삶의 전문가라는 그녀의 믿음에서 볼 수 있다.

앤더슨은 휴스턴 대학교에서 학사와 석사 학위를, 유니온 인스티튜트와 대학교에서 부부·가족치료 전공으로 심리학 박사 학위를 받았다. 박사 학위를 받고 졸업한 후, 그녀는 텍사스로 돌아와 지역 정신건강센터에서 일하면서, 내담자가 자신의 집이 아닌 병원 환경에 있을 때 보이는 차이에 대해 당혹스러워했다. 이로 인해 그녀는 의료계가 내담자들에게 붙인 진단명을 피하기 시작했다. 앤더슨(Anderson, 1990)은 "내담자의 실재 속에서 또는 가까이에서 일하는 것에 대한 편견을 갖게 되면서, 나는 내담자보다 더 잘 '아는 것'에서 멀리 떨어져 있다는 것을 깨닫게 되었다"(p. 196)고 설명했다.

1970년에 앤더슨은 갤버스턴에 있는 텍사스 의과 대학교의 소아과에서 근무했다. 이곳이 그녀가 정신의학과의 심리분과 과장이었던 해리 굴리시안 Harry Goolishian을 처음 만난 곳이다. 굴리시안은 멘토, 동료 그리고 친구가 되었다. 굴리시안, 폴 델 Paul Dell, 조지 풀리암 George Pulliam과 함께 일하면서, 앤더슨은 1978년에 갤버스턴 가족 연구소 Galveston Family Institute를 설립했다. 그 연구소는 이후 휴스턴 갤버스턴 연구소Houston Galveston Institute로 이름을 바꾸었다.

굴리시안과 앤더슨은 협력적 언어체계 접근의 일부인 '알지 못함'의 개념으로 가장 잘 알려져 있다. '알지 못함'은 한 사람이 다른 사람의 이해를 알 수 없다는 관념을 말한다. 포스트모던 운동의 최전선에서, 앤더슨과 굴리시안은 전문가로서의 치료자로부터 (자기 경험과 의미에 대한) 전문가로서의 내담자로 생각을 전환시키는 데 도움을 주었다.

1997년에 할린 앤더슨은 텍사스 부부·가족치료학회가 수여하는 평생공로상을 받았다. 그 후 2000년에 미국 부부·가족치료학회는 그녀에게 부부·가족치료에 대한 뛰어난 공헌상을 수여했다.

의미는 서로 언어를 사용하는 사람들이 상호 연결되는 가운데 각 개인에 의해 만들어지기 때문에, 한 사람의 관점이 다른 사람보다 우월하지 않다. 따라서 치료자가 내담자를 위한 상황이 어떻게 되어야 한다고 제일 잘 아는 것이 아니다. 치료자가 이러한 이해 내에서 작업하기 위해 취할 수 있는 주요한 태도 중 하나가 **'알지 못함**not-knowing'의 태도이다. 앤더슨(Anderson, 1997)은 이 입장을 다음과 같이 설명했다.

> 알지 못함은 치료자가 특권적 정보에 접근할 수 없고, 다른 사람을 결코 완전히 이해할 수 없으며, 항상 상대방이 알려 주는 상태에 있어야 하고, 또 말해지거나 말해질 수 없는 것에 대해 항상 더 많이 배워야 한다는 태도와 신념을 지니는 치료자의 입장을 말한다.

(p. 134)

따라서 치료자는 항상 내담자가 상황을 어떻게 이해하는지에 대해 호기심을 가질 뿐만 아니라 내담자의 이해가 치료자의 이해를 어떻게 변화시키는지에 대해서도 호기심을 갖는다([그림 9-6] 참조).

알지 못함의 자세를 취하는 치료자는 무지한 것이 아니다. 오히려 그들은 많은 것을 알고 있다. 그들은 자신을 인식하고, 내담자들과 연결되는 대화 기술을 가지고 있으며, 각 사람이 상황에 두는 의미를 탐색할 수 있다. 호기심을 가지고 이해하고자 하는 이러한 입장을 유지하기 위해서는 확실하다고 생각하지 말아야 하고 겸손해야 한

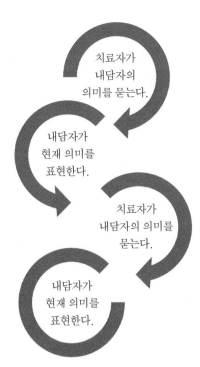

그림 9-6 치료자의 내담자 의미 탐색과 내담자의 의미 표현 간의 관계. 치료자의 '알지 못함'의 태도를 고려해 보면, 치료는 내담자의 의미를 지속적으로 탐색하는 대화가 된다.

다(Anderson, 1997). 알지 못함의 자세를 취하는 치료자는 궁극적인 객관적 진실에 대해 불확실하다는 입장을 취한다. 즉, 그들은 무엇이 진실인지 제공하는 사람이 아니다. 그러므로 그들은 신념에 대한 지속적인 검토 상태에 있다. 치료자는 또한 위험을 기꺼이 감수하려 한다. 즉, 그들이 무엇인지 알지 못할 때 누군가와 관계를 맺는 위험을 감수한다. 하지만 그들은 상대방이 의미 탐색을 하도록 하는 공간을 기꺼이 허용한다. 겸손은 치료자 자신의 믿음이나 지식을 내담자에게 말하기보다, 내담자로부터 배우기를 더 원하는 것으로부터 비롯된다.

치료는 상대방의 의미를 전혀 알지 못하고, 나와 너의 관계에서 두 사람이 서로 접촉하는 대화적 과정이기 때문에, 그것은 자발적 상호작용의 과정이 되고, 어느 쪽도 후속적인 상호작용을 하는 가운데 무엇이 나타날지 모른다. 이 대화식 과정은 여섯 개의 중복되는 요소로 구성된다(Anderson, 1997).

1. 치료자는 자신과의 내적 대화 공간 안에서 참여하고 그것을 유지한다.

2. 치료자는 내담자와 외적 대화를 시작하고 그것을 유지한다.

3. 내담자는 자신과 내적 대화를 한다.

4. 내담자들은 서로 외적 대화를 한다.

5. 내담자는 치료실 밖에서 내·외적 대화를 한다.

6. 치료자는 치료실 밖에서 내·외적 대화를 한다.

(p. 128)

프랭크, 스텔라와의 치료적 대화를 발전시킬 때, 치료자는 자신의 관점이 내담자의 관점보다 더 정확하지 않다는 것을 받아들이는 것으로 시작한다. 이것은 치료자가 자기를 자신의 사고방식을 가진 독특한 사람으로, 내담자들을 각자 자신의 사고방식을 가진 독특한 사람으로 보는 나와 너 관계의 시작이다. 다음으로 치료자는 프랭크, 스텔라와 대화를 시작하며, 그들 각자에게 만남의 목표를 묻는다. 이것은 대화의 목적과 관련하여 그들이 가질 수 있는 비슷하고 다른 생각을 제시하도록 한다. 회기 동안 프랭크와 스텔라는 각자 내적 대화를 나누는데, 아마도 그들이 지금까지 들어 왔던 것들에 관해서일 것이다. 이로부터 그들은 자신의 생각을 언어로 표현하고 치료실에 있는 다른 사람들을 대화에 참여시킨다. 이 과정의 마지막 부분은 치료적 대화에 영향을 받은 상태에서 일단 회기를 떠나면 치료자를 포함해서 각 개인이 내적 및 외적 대화 모두를 하는 것이다.

협력적 언어체계의 대화에서 치료자는 알지 못함의 입장을 취한다. 이는 치료자가 내담자의 표현에 호기심을 갖고 경청하려는 것을 수반한다. 앤더슨(Anderson, 2007)이 설명했듯이, "경청은 상대방이 그들의 입장에서 말하는 것을 듣고 파악하려는 과정의 일부"(p. 36)이다. 치료자는 이해를 강요하거나 사람을 해석하지 않고 내담자의 의미와 이해가 나오도록 이끄는 데 도움이 되는 질문을 한다.

앤더슨(Anderson, 2007b)은 알지 못함의 철학적 기초를 네 가지 측면에서 논의하였다. 첫 번째는 미리 아는 것과 알아 가는 것, 즉 정해진 관점을 가지고 오는 것 혹은 대화를 바탕으로 관점을 발전시키는 것을 다룬다. 전통적인 정신의학과 심리학적 맥락에서, 회기 전은 사정 과정을 시작하기 위해 중요하다. 여기에는 생물심리사회적 biopsychosocial 사정의 많은 영역이 포함된다(제1장 참조). 내담자와 접촉하지 않고 치료자들이 먼저 사정 자료나 이론적 개념을 통해 내담자를 이해하려고 시도할 때, 그들은 알아 가는 관점을 취하고 내담자들에게 일어나고 있는 일들과 내담자가 치유되거나 도움을 받기 위해 일어나야 할 일들에 대한 그들 자신의 틀을 도입한다. 알지 못함의 두 번째 측면은 치료자들이 지식에 대해 어떻게 생각하는가이다. 본질적으로, 한 사람의 지식이 다른 사람의 지식보다 더 가치 있는가? 여기서 가치는 사람들이 평등하다는 수용과 관련이 있으며, 지식은 결정되는 것이 아니라 영향을 받는다. 따라서 아마도 대화에서 내담자는 자신의 지식을 바꿀 것이고, 똑같이 치료자도 대화의 이야기가 어디로 이어졌는지에 따라 그의 지식을 바꿀 것이다. 알지 못함의 세 번째 측면은 치료자가 자신의 지식을 어떻게 사용하는가 하는 것이다. 앤더슨은 "지식은 다른 사람으로부터 한 사람에게 보내질(혹은 받을) 수 없으며, 치료자는 다른 사람의 지식보다 자신의 지식을 특권화하거나 설득하는 데 투자하지 않는다"(p. 49)라고 설명했다. 이와 관련하여 치료자는 자기가 믿는 것을 내담자가 믿게 하는 것이 아니라, 내담자가 믿는 것이 무엇인지를 질문하도록 한다. 알지 못함의 네 번째 측면은 어떻게 치료자가 지식을 제공하는가이다. 그것은 '진실'로서 제공되는 것이 아니라, 확정성보다는 가능성 의식을 갖고 잠정적인 방식으로 전개된다.

이런 관점에서 보면, 질문은 치료자가 자신이 답을 안다고 생각하는 것을 묻는 것이 아니라, 알지 못한다는 관점에서 나오게 된다. 치료자는 자신이 답을 알지 못한다는 것을 안다. 따라서 이 질문은 진단(즉, 누군가가 그 분야가 그들에게 부과할 수 있는 특정 범주나 기준에 들어가는지를 결정하는 것)이 아니라 호기심에서 묻는 것이다. 이러한 질문을 대화적 질문conversational questions이라고 한다(Anderson, 1997). 그것들은 외적 대화보다는 내적 대화에서 발생하는데, 이는 치료자가 부과하는 것이라기보다는 내담자가 말하는 것을 따라가고 풍부하게 하는 것을 의미한다.

대화적 질문은 내담자들이 그들의 이야기를 하고 대화에서 말하지 않은 것에 대한 탐색을 시작하게 한다. 치료자와 내담자가 함께 내담자의 의미를 탐색하는 공유 질문으로 대화를 이동할 수 있도록 도와준다([그림 9-7] 참조). 이 접근에서 대화적 질문은 치료자가 유익하다고 생각하는 변화를 이끌도록 설계된 개입으로 정해지지 않는다. 대신, 치료자와 내담자가 함께함으로써 이러한 질문은 치료자와 내담자 모두에게 교란이 되어, 한 질문이 다음 질문으로 흘러간다. 그러면 치료자의 과업이 대화와 연결되고, 다음의 대화적 질문이 치료적 대화로부터 자연스럽게 전개된다.

그림 9-7 대화적 질문을 통한 의미 구성. 앞뒤 대화를 통해, 관련된 각 사람은 자신의 경험에 대해 지속적으로 의미를 만들어 낸다.

특정한 대화적 질문이 있는 것이 아니라 적절한 대화적 질문이 있다. 적절한 질문 right questions은 내담자의 이야기를 진정으로 경청하고 내담자의 세계를 더 탐구하려는 치료자에게서 나온다(Anderson, 1997). 내담자와 치료자는 지속적으로 이해를 변화시키므로 치료자는 이러한 질문을 미리 만들어 낼 수 없다. 따라서 대화적 질문은 주고받는 것이 특정한 목표나 결과로 이끄는 것이 아니라 대화를 지속하는 데 사용된다(Anderson & Goolishian, 1988).

언어체계에서 여러 사람과 작업할 때, 대화적 질문은 합의를 얻으려고 하지 않는다. 목표는 그 방에 있는 모든 사람이 동의하는 것이 아니다. 치료자는 자신의 견해가 하나 혹은 그 이상의 다른 대화 상대와 다를 수 있다는 것을 이해하더라도 여러 관점을 존중한다. 프랭크, 스텔라와 함께 작업할 때, 알지 못하는 태도로 유도되는 대화적 질문의 사용은 다음과 같은 형태를 취할 수 있다.

치료자: 프랭크, 당신이 방금 말한 것을 보면, 당신은 스텔라와 함께 있는 것에 마음을 쓰고, 둘의 관계를 존중하는 것 같아요.

프랭크: 맞아요. 존중은 저에게 매우 중요해요. 저는 과거의 인간관계에서 존중받는다고 느끼지 못했어요.

치료자: 당신은 존중받고 싶어 했군요. 맞나요?

프랭크: 맞아요.

치료자: 스텔라와의 관계에서 당신이 존중받고 있다는 것을 어떻게 알 수 있나요?

프랭크: 그녀가 하겠다고 말한 것을 할 때요. 혹은 문제가 있다면, 바로 알려 주어 저를 기다리게 하지 않을 때요.

치료자: 프랭크, 스텔라가 당신을 존중하는지 아닌지를 알고 있다고 생각하세요?

💡 **지식 적용하기**

다음 내담자 진술의 경우, 두 치료자의 질문 중 어느 것이 대화적 질문인지 선택하라.

1. 내담자: 직장 동료로부터 저를 나쁘게 생각하는 이메일을 받았어요. 저는 그것이 무례하고 모욕적이라는 것을 알게 되었고, 그것에 대해 어떻게 해야 할지 잘 모르겠어요.

   a. 치료자 질문 1: 무례한 이메일을 받은 기분이 어땠나요?

   b. 치료자 질문 2: 자신을 옹호하는 것에 대한 당신의 생각은 무엇인가요?

2. 내담자: 아버지가 폐렴으로 병원에 입원했어요. 연세도 많으시고, 일 처리를 잘 못 하셔서 두려운 마음이 들었어요.

   a. 치료자 질문 1: 그를 다시 건강하게 만들기 위해 무엇을 하려고 노력했나요?

   b. 치료자 질문 2: 아버지에 대해 연결되는 마음으로, 당신에게 이 느낌은 어떻게 이해되나요?

3. 내담자: 이상하게 들릴지 모르지만, 저는 종교를 찾았어요. 이건 정말 좋지만, 제 파트너는 저와 함께 가지 않아요. 그게 우리 사이에 큰 쐐기를 박고 있어요.

   a. 치료자 질문 1: 이 상황이 지금 당장 당신에게 어떤 영향을 미치고 있다고 생각하나요?

   b. 치료자 질문 2: 당신은 언제 그 관계에서 하나를 선택할 것인가요?

💗 호기심

알지 못함의 입장을 취하기 위해서, 치료자는 **호기심**curiosity을 갖는 자세로 작업해야 한다. 호기심에는 여러 종류가 있으며, 일부는 치료적으로 유익하지만, 일부는 그렇지 않다. 만약 내담자가 "당신은 제 파트너가 어젯밤에 하고 싶어 했던 이상한 체위를 절대 믿지 못할 거예요. 정말 역겨웠어요."라고 말한다면, 치료자로서 당신은 호기심을 가져야 하지만, 이상한 체위가 무엇인지에 대해서는 아니다. 그것은 관음증적 호기심에 가깝다. **치료적 호기심**therapeutic curiosity은 내담자가 이상하다고 생각하는 방식으로 파트너가 성관계를 원했다는 것을 내담자가 어떻게 의식하고 있는지를 알고 싶어 하는 것이다.

가설화, 순환성, 중립성(Palazzoli et al., 1980)의 아이디어를 바탕으로, 체친(Cecchin,

1987)은 중립성을 호기심의 입장으로 볼 것을 제안했다. 그는 다음과 같이 설명했다.

> 호기심은 탐색과 대안적 관점과 움직임으로 이끌며, 다른 움직임과 관점은 호기심을
> 낳는다. 이러한 재귀적 방식으로, 중립성과 호기심은 어떤 특정한 입장에 매달리지 않고
> 진화하는 차이들을 받아들이게 하면서 서로를 관련짓는다.
>
> (p. 406)

즉, 호기심은 새로운 행위와 해석을 만드는 데 도움을 준다(Cecchin, 1992).

이러한 관점에서 치료적 호기심은 **무엇인지** 알아내기 위한 것이 아니라 **무엇이 될 수 있는지**에 대한 설명을 제시하기 위해 설계된 것이다. 대화를 통해 어떤 관점도 진실이 아닌 다양한 관점이 제시된다. 이러한 의미의 다성성polyphony은 재귀적으로 상호작용하여 새로운 의미를 만들어 낸다. 따라서 호기심의 위치에서 작업하는 것은 치료자가 전문가의 위치에서 나오는 지시적 상호작용의 자세를 취하지 못하게 한다. 대신 치료자는 그가 어떤 새로운 가설을 발전시킬 수 있는지, 그리고 어떤 새로운 순환적 관점이 새로운 이야기로 이어질지에 대해 호기심을 갖는다(Cecchin, 1987). 내담자의 의미에 대해 호기심을 가짐으로써, 내담자에게 새로운 의미가 나타날 수 있다. 이러한 치료적 호기심 과정은 우리의 사례 커플에게 있어 다음과 같은 방식으로 작용할 수 있다.

치료자: 스텔라, 당신은 프랭크가 말하는 존중에 대해 어떻게 이해하시나요?

스텔라: 저는 그가 이전 아내에게 푸대접받았다고 생각한다는 것을 알아요. 하지만 저는 그녀가 아니라는 것을 알아야 해요. 저는 저예요.

치료자: 좋아요, 그래서 당신은 한편으로는 그가 과거에 존중받지 못한다고 느꼈다는 것을 이해하면서도, 다른 한편으로는 그를 존중하지 못한 사람이 당신이 아니라는 것을 그가 이해할 필요가 있다고 생각하는군요.

스텔라: 맞아요. 저는 지금 그와 그런 관계에 있어요. 다른 누군가가 아니고요.

치료자: 당신은 그가 과거 관계의 짐이 아니라 당신과 관계 맺기를 원하는군요. 그건 당신에게 어떤 거죠?

🐷 자기를 구별하기

구성주의 치료자는 (성격검사를 통해 그렇게 하는 것처럼) 이것에 대한 검사지를 사용하지 않고, 다른 사람이 어떻게 자신을 알게 되는지에 대한 호기심을 발달시킨다. 오히려 그것은 알지 못함의 자세와 그 사람이 어떻게 자기를 구별하게 되었는지의 탐색을 통해 발생한다. 귀다노(Guidano, 1995)는 "자신과 세상에 대한 어떤 지식도 항상 타인들의 지식에 의존하고 상대적이다"(p. 96)라고 설명했다. 우리는 끊임없이, 무의식적으로, 우리 자신과 다른 누군가 또는 여러 다른 사람 사이를 구분한다. 자연체계이론의 자기분화 개념(제6장 참조), 로저스의 인간중심치료와 나와 너의 관계, 보스조르메니−너지Boszormenyi–Nagy의 맥락적 치료와 존재의 관계적 차원 등 다양한 모델에서 이러한 원리가 작용하고 있음을 알 수 있다(Ducommon-Nagy & Reiter, 2014). 존재론적 관점에서, 사람들은 다른 사람이 되지 않음으로써 자신을 정의하게 된다([그림 9-8] 참조). 언어의 사용을 통해 사람들은 주체와 객체로서의 자신을 구별할 수 있다(Guidano, 1995).

이것을 좀 더 명확하게 설명하기 위해서, 우리는 프랭크와 스텔라가 각각 어떻게 그들 자신을 구별하는지 살펴볼 수 있다. 프랭크는 다른 남자들에 대한 이해에 비교해서 남자로서 자신을 본다. 예를 들어, 그는 자신의 아버지를 생각할 수 있고, 그의 아버지가 다른 사람들을 어떻게 대하고 또 대접받았는지를 생각할 수 있다. 어머니가 아버지를 존중하지 않았고 아버지가 이것을 그냥 받아들이면서 비참해했다는 것을 프랭크가 믿는다고 치자. 그렇다면 그는 자신에게 이렇게 말할 것이다. "나는 내가 함께하는 그 여자가 나를 무시하도록 내버려 두지 않을 거고, 아버지처럼 멍청이가 되지 않을 거야." 자신을 아버지와 다른 존재로 구별함으로써, 존중의 개념은 그가 여성과의 관계에서 자신을 위한 의미 구성을 어떻게 조직하는가에 중요한 요소가 된

그림 9-8 타인으로부터 자기를 구별하기

다. 스텔라는 그녀의 여동생 피오나와 같은 다른 사람들과는 다른 존재로 자신을 구별할 수 있다. 스텔라는 피오나를 문제가 있는 연애를 한다고 보는 입장이라고 치자. 스텔라는 피오나가 자신의 연애 상대에게서 작은 결점을 찾아내고 이러한 결점을 실제보다 더 큰 것으로 만들어 결코 만족스러워하지 않는다고 믿기 때문이다. 결과적으로 그녀는 결점으로 여겨질 수 있는 관계의 측면들에 별로 초점을 두지 않는 방식으로 낭만적 관계에 있다는 의미를 구성한다. 대신, 그녀는 다를 수 있는 것보다는 그녀가 관계에서 얻고 있는 것에 초점을 맞춘다.

네이마이어(Neimeyer, 2009)는 구성주의 심리치료의 한 측면은 내담자의 성찰성 reflexivity, 즉 내담자가 자기 삶과 의미에 대해 반성하는 능력을 배양하도록 돕는 것이라고 주장했다. 그는 "궁극적으로 지속적인 삶의 적응을 만들어 내는 것은 내담자의 활동과 통찰"(p. 83)이라고 설명했다. 전통적인 심리치료에서 통찰, 즉 내담자에 대한 진실의 한 조각은 치료자에 의해 내담자에게 제공되거나 내담자에게서 생성된다. 치료자는 내담자의 삶에서 얻은 자료를 수집하고, 내담자가 왜 그런 사람인지, 어떻게 그렇게 되었는지를 설명하기 위해 해석을 제공한다. 구성주의 치료자들은 이 각본을 뒤집어서, 내담자들이 행동 변화를 이끌 자신의 통찰을 개발할 가능성이 더 큰 자신의 이야기에 의미를 부여할 수 있도록 허용한다.

치료자: 스텔라, 프랭크와의 관계에 비추어 보면, 당신 부모님의 결혼생활을 어떻게 돌아보게 되나요?

스텔라: 저는 어머니가 아버지에게 너무 많이 요구하는 방식이었다고 생각해요.

치료자: 당신은 어머니가 아버지에게 너무 많이 요구했다고 생각했군요. 어떤 식으로요? (치료자는 이야기에 대한 설명을 더 심화하고자 한다.)

스텔라: 어머니는 어떤 사소한 일에도 아버지를 추적하곤 했어요. 아버지는 돈을 충분히 벌지 못했어요. 집에 있어야 할 만큼 있지 않았고, 코를 골았지요. 또 냄새로 욕실을 채웠지요. 그런 어떤 것, 모든 것이요.

치료자: 당신이 가지고 있는 인식이 프랭크와의 관계에 어떤 영향을 미치나요?

스텔라: 글쎄요. 어머니가 그러셨을 때 전 그게 공평하지 않다고 생각했어요. 저는 아버지가 얼마나 비참한지 알 수 있었거든요. 그는 아주 실패한 사람이었어요. 자라면서 저는 부모님처럼 결혼하지 않을 것이라고 제 자신에

게 말했어요.

치료자: 그렇다면 당신은 프랭크와의 관계가 당신의 어머니와 아버지가 가졌던
　　　 관계와 얼마나 비슷하거나 다르다고 생각하나요?

스텔라: 아주 달라요. 저는 그에게 거의 아무것도 요구하지 않아요.

치료자: 그게 당신이 원하는 건가요?

스텔라: 저는 요구하기보다는 차라리 지나칠 정도로 그냥 내버려 두는 편이에요.
　　　 그래요, 그게 제가 더 원하는 방식이에요.

　여기서 치료자는 자신의 의제, 즉 사람들이 자신을 옹호하고 상대방에게 확실한 기대를 가져야 한다는 의제를 내담자에게 강요하지 않았다. 스텔라는 요구하기보다는 더 유연해지기를 원하면서, 자신을 어머니로부터 구별하고 있었다. 이러한 자기의 구성은 그녀의 어머니와 비슷한 방식으로 있는 것보다 그녀의 자기의식을 더 강화했다.

♥ 일상적 실연

　제5장에서 우리는 치료자가 가족의 과정을 관찰하는 데 도움이 되는 치료적 실연의 사용을 제시하였다. 우리는 이제 탐색적인 자기 재정리 과정에서 개별 내담자와 함께 사용할 수 있는 또 다른 유형의 실연, 즉 **일상적 실연**casual enactments에 대해 이야기할 수 있다. 네이마이어(Neimeyer, 1995)는 이러한 실연의 목적이 "그들이 그것들을 버리는 것을 더 잘 고려할 수 있을 때까지 공격으로부터 완충하여 내담자들의 핵심 역할 구조를 성급히 무효화시키지 못하도록 하면서, 내담자의 개인적 세계관을 정교하게 하는 것"(pp. 117-118)이라고 설명했다.

　내담자들과 치료자들이 내담자의 입장을 탐색할 수 있도록 도우려고 할 때, 어떤 입장이 되어야 하는지를 보여 주기보다는, 일상적 실연을 하는 것이 간단하면서도 격식 없을 수 있다. 그것은 내담자가 다양한 관점을 취할 수 있는 역할극이다(Neimeyer, 1995). 이러한 실연은 언어적일 수도 있고 비언어적일 수도 있다. 프랭크, 스텔라와 함께 작업하면서, 다음과 같이 일상적 실연이 일어날 수 있다.

치료자: 스텔라, 프랭크, 저는 두 분이 2분만 시간을 내서 서로 대화를 나누는데, 상대방의 입장을 취해 주셨으면 해요. 그러니까 스텔라, 당신은 프랭크인 것처럼 말하고, 프랭크, 당신은 스텔라인 것처럼 말해 주세요.

스텔라: 당신은 오늘 늦을 거라고 왜 나한테 전화 안 했나요?

프랭크: 나는 단지 몇 분만 늦을 예정이었어요. 그게 뭐 큰일인가요?

스텔라: 큰일은 내가 당신을 걱정했다는 거예요. 당신이 나에게 전화하는 것이 존중하는 태도였을 거예요.

프랭크: 그러면 당신이 나를 쫓아다니지 않는 것이 존중하는 것이라고 봐요. 나도 숨 좀 쉬고 싶어요.

스텔라: 나는 당신에게 많은 여지를 주고 있어요. 나는 당신에게 이사하거나 결혼해 달라는 것이 아니었어요. 당신이 행동하는 것이 나에게 어떤 영향을 미칠지 생각해 봐 줬으면 하는 것뿐이에요.

프랭크: 그러면 당신의 불안이 나에게 어떤 영향을 미칠지 생각해 보았나요?

일상적 실연에 참여하게 되면, 새로운 이해 구조를 개발할 수 있다. 이 대화에서 프랭크는 스텔라에게 어떻게 요구하는지 생각해 볼 수 있다. 이러한 이해는 그가 스텔라와 상호작용하는 방식을 바꾸게 할 수 있고, 아마도 그녀에 대해 더 많이 묻고 진정한 상호작용을 하게 할 것이다. 반대로, 스텔라는 자신이 필요로 하는 것에 더 명확해질 수 있을 것이다. 이 작으면서도 빠르게 해 볼 수 있는 실연은 각 당사자에게 교란을 불러와, 그들이 새로운 이해를 하고 관계에서 다르게 행동하도록 이끌 수 있다.

이러한 유형의 가장 유명한 실연 중 하나가 게슈탈트 심리치료자들이 사용하면서 유명해진 빈 의자 기법empty chair technique이다. 빈 의자 기법은 치료자가 내담자에게 다른 사람의 구성이나 그들 자신의 어떤 측면과 대화를 나누도록 요청하는 것이다. 예를 들어, 스텔라에게 자신이나 다른 사람들에 대한 그녀의 기대를 이야기하도록 하거나, 프랭크가 그의 전 아내와 이야기하게 할 수 있다.

치료자: 프랭크, 여기 빈 의자가 보이네요. 당신의 전 부인이 거기에 앉아 있다고 상상해 보세요. 당신은 그녀에게 뭐라고 말하고 싶나요?

프랭크: 전 이렇게 말하고 싶어요…….

치료자: 저에게 말하지 마세요. 그녀가 거기 있는 것처럼 그녀에게 말하세요.

프랭크: 당신이 나를 대하는 방식은 옳지 않아. 당신은 존중하는 태도가 없어.

치료자: 당신의 전 아내는 뭐라고 할까요?

프랭크: 그녀는 "내가 존중하는 태도가 없었던 게 아니야. 당신이 그저 요구가 많고 화가 났을 뿐이야."라고 말할 거예요.

치료자: 그녀에게 응답하세요.

프랭크: 내가 요구가 많은 게 아니었어. 나는 누군가 날 사랑해 주길 바랐을 뿐이야. 내 부모님이 날 아주 비난했다는 거 알잖아. 나는 모든 게 제대로인지 확신하고 싶었어. 왜 날 받아 주지 못했어?

치료자: 그녀로 대답해 주세요.

프랭크: 내가 행복하지 않기 때문이야. 당신은 당신 자신에게 너무 집중했고 나와 내 욕구를 충분히 생각해 주지 않았어…….

치료자: 그녀에게 뭐라고 말하고 싶으세요?

프랭크: 그래, 난 당신을 생각해 주지 못했지. 나는 단지 필요한 게 좀 있었을 뿐이야. 맞아, 나는 필요했지. 아마 당신 말이 맞을 거야. 가끔 나는 당신을 충분히 생각해 주지 못했어. 아마도 내가 좀 이기적인 것 같아.

이 실연을 통해 내담자는 이전에는 전혀 접촉하지 못했던 자기의 측면을 이해할 수 있다.

우리는 언어적 실연의 두 가지 예를 제시했다. 이제 우리는 비언어적 실연을 제시할 것이다. 가족조각family sculpting은 사람들이 자신의 경험에 대한 지각을 표현하는 비언어적 수단이다(Satir & Baldwin, 1984). 여기서 내담자들은 그들의 현재 경험을 나타내는 신체적 자세를 취하도록 요청받는다. 치료자는 두 사람 중 한 사람으로부터 시작하여 그들이 파트너의 자세를 만들도록 한 다음 그들이 그 관계에서 있는 모습을 신체적, 공간적 위치에 나타내도록 요청할 수 있다. 스텔라의 조각은 그녀가 바닥에 앉아 있고 프랭크가 그녀 위에 서 있는데, 두 손은 주먹을 쥐고 집게손가락으로 그녀를 가리키고 있는 모습일 수 있다. 프랭크의 조각은 그가 구석에 서 있는데, 스텔라가 그를 외면하고 그녀의 휴대전화를 보는 모습일 수 있다. 이 조각들은 프랭크와 스텔라가 각각 이 관계에 있다는 것이 무슨 의미인지를 다르게 이해하도록 이끌 수 있다.

그것이 현실의 사람들에 대한 내담자의 인식이든 혹은 자기에 대한 내담자의 지각이든 간에, 내담자가 이러한 다른 역할을 각각 묘사하는 이점은 상황 변화가 일어날 가능성이 크다는 것이다. 그러나 치료자는 그 변화가 무엇일지 미리 결정할 수 없다. 그 변화는 내담자의 구조적 결정론에 기초할 것이다.

♥ 척도 질문

사람들이 다른 사람의 객관적이고 진정한 의미를 결코 알 수 없다는 점을 감안할 때, 치료적이 되는 한 가지 방식은 대화를 구성하는 오해를 활용하는 것이다. 드 세이저와 버그(de Shazer & Berg, 1993)는 "치료자의 일은 대화에 내재된 오해를 사용하여 내담자가 차이점을 알아차리게 해서 이렇게 알아차린 차이점이 작동할 수 있도록 하는 것"(p. 19)이라고 설명했다. 이러한 차이는 척도에 위치를 정하는 내담자 자신의 평가에서 비롯될 수 있다.

제3장에서 소개된 **척도 질문**scaling questions은 두 명 이상의 사람이 서로 간에 공통적인 언어, 즉 숫자를 기반으로 한 언어를 구성할 수 있도록 추상적 개념을 보다 구체화하는 데 사용된다([그림 9-9] 참조). 숫자는 문제, 성공, 그리고 그것들이 변화하는 방식을 묘사하는 은유가 된다. 드 세이저와 버그(de Shazer & Berg, 1993)는 이 수치 언어의 중요성을 다음과 같이 묘사했다.

그림 9-9 척도 질문을 통해 내담자는 일반적인 방식과는 다른 방식으로 자신의 지각을 경험할 수 있다.

척도는 분명히 다중적이고 유연한 용어(즉, 숫자)와 개념(10점은 목표를 나타내고,
0점은 그 목표를 향한 진전이 없음을 나타낸다)에 동의함으로써 치료자와 내담자 모두
가 언어가 자연스럽게 작동하는 방식을 사용할 수 있게 한다.

(p. 19)

숫자가 특정 양의 변화를 통해 해결될 걱정, 문제 또는 느낌의 양을 나타내는 것으
로 혼동하지 않도록 주의해야 한다. 오히려 척도는 현재 상황을 다른 가능한 미래 의
미와 비교함으로써 현재 상황의 의미를 살펴본다. 숫자는 어떤 것의 객관적인 양을
사정하지 않는다. 대신 숫자는 치료자와 내담자가 문제와 변화가 내담자에게 무엇을
의미하는지 이해할 수 있도록 도와서 치료자와 내담자에게 공통의 언어를 제공한다.
이것은 척도를 어떤 문제에 대한 실재적이고 객관적인 사정에서, 치료자와 내담자가
숫자의 은유를 통해 어떤 변화가 얼마나 의미 있을 수 있는지를 상상하는 '언어 게임'
으로 바꾼다. 따라서 어떤 척도의 7점은 좋지도 나쁘지도 않고, 그 수는 여러 사람에
게 같은 의미를 지니는 것이 아니다. 이는 두 사람의 점수를 객관적으로 비교할 수 있
는 IQ 검사와 같은 표준화된 사정의 점수와는 차이가 있다.

척도 질문의 이점 중 하나는 어떤 개념에도 사용할 수 있다는 것이다. 그것들은 희
망, 자존감, 연결, 그리고 다양한 다른 개념을 중심으로 구성될 수 있다. 치료자와 내
담자는 차이를 강조하기 위해 척도를 구성한다. 이러한 차이는 '지금 당장', '오늘' 또
는 '이번 달'과 같이 시간적일 수 있다(Berg, 1994). 그 차이는 또한 다양한 사람이 개념
을 어떻게 지각할 수 있는지, 그리고 각자가 어떻게 다르게 척도 점수를 조정할 수 있
는지에 기초할 수 있다(Reiter & Shilts, 1998).

척도 질문에 대한 내담자의 첫 번째 답변은 기준선을 제공한다. 예를 들어, 치료자
는 프랭크와 스텔라에게 "10점은 당신들이 원하는 관계이고 1점은 최악의 관계인데,
둘은 지금 어디에 있다고 말할 수 있나요?"라고 물어볼 수 있다. 프랭크는 5점이라고
말하고, 스텔라는 6점이라고 말할지 모른다. 내담자가 척도상 어디에 있는지를 연속
적으로 구성함으로써 치료자와 내담자는 진전이 있었는지를 탐색하는 데 도움을 받
는다. 척도 질문은 또한 사람들이 목표를 개발하도록 돕는 데 사용할 수 있다. 치료자
는 "프랭크, 당신의 점수는 처음에 5점이었어요. 그 점수가 6점이 되면, 둘의 관계는
무엇이 달라질까요?"라고 할 수 있고, 이 질문은 수치상의 점수 변화와 함께 스텔라

에게도 적용될 수 있다. 그렇게 되면 그들의 대답은 새로운 의미 구성과 그들 목표의 가능한 조각이 된다.

숫자 사이의 거리는 중요하지 않다. 중요한 것은 변화가 항상 일어나고 있다는 치료자의 믿음인데, 이것은 내담자에게 변화가 일어날 것이라는 치료자의 기대를 전달함으로써, 내담자로부터의 더 큰 희망을 구축하는 데 도움이 된다(Reiter, 2010). 치료자는 스텔라에게 "당신의 점수는 지금 6점이에요. 당신이 6.1점에 있게 되면 무엇이 다르다고 알게 될까요?"라고 물을 수 있다. 이러한 대화를 주고받으면서, 내담자의 목표를 향한 움직임이 있는 미래에 대한 비전이 구축된다.

💡 지식 적용하기

프랭크와 스텔라에게 물어볼 수 있는 다섯 가지 척도 질문을 개발하라.

1.
2.
3.
4.
5.

❤ 성찰을 위한 질문

1. 문제결정체계의 관념으로부터 작업하는 것은 치료에 어떤 영향을 미치는가? 무엇에 초점을 맞추고 있는가? 누가 치료 회기에 오는가?
2. 알지 못함의 자세로부터 작업하는 것에 대한 찬성과 반대 입장은 무엇인가?
3. 치료자는 어떤 방식으로 호기심을 가져야 하는가? 치료자는 어떤 방식으로 호기심을 갖지 말아야 하는가?
4. 일상적 실연은 내담자의 의미와 이해를 바꾸는 데 어떻게 도움이 될 수 있는가?
5. 척도 질문이 치료과정 전반에 걸쳐 치료자와 내담자에게 어떻게 도움이 되는가?

제10장

사회구성주의 치료 이론

🫰 사례 설명

　시앙은 34세의 아시안 여성이다. 그녀는 태국에서 출생하였고, 그녀가 7세, 남동생 탬이 4세일 때 가족 모두가 미국에 이민을 왔다. 미국에서 아버지 말리안은 많은 시간을 카드놀이를 하고, 술 마시고, 아내가 아닌 여성들과 가깝게 지냈던 공사 인부였다. 어머니 챈히라는 동네 패스트 푸드 식당에서 일했다. 시앙의 성장 과정에서 가족은 경제적으로 어려웠는데, 방이 하나인 아파트에서 부모가 한 침대에서 그녀와 남동생이 또 다른 한 침대에서 잠을 잤다.

　시앙은 축구를 잘해서 18세에 4년제 대학에서 장학금을 받았다. 대학 첫 학기에 부모가 이혼하였고, 아버지 말리안은 태국으로 돌아갔다. 챈히라는 이혼 당시 경제적으로 매우 어려웠고, 월세를 어떻게 마련해야 할지 몰랐다. 시앙은 자퇴했고, 가족을 부양하기 위해 전일제 직장에 취직하였다. 밤에 그녀는 엄마와 한 침대에서 잠을 자고, 남동생은 다른 침대에서 혼자 잤다.

---

* Michael D. Reiter

그녀는 22세 때 에드워드와 결혼하였다. 그녀는 그를 직장에서 만났고, 진정한 사랑을 발견했다고 느꼈다. 에드워드는 자동차 영업점에서 일했고, 시앙을 만나기 전까지 그의 여자 친구가 그에게 접근 금지 명령을 내리게 했던 폭력적인 관계에 있었다. 시앙은 결혼 전까지 접근 금지 명령에 관해 몰랐다. 결혼 후 몇 년 동안 시앙은 에드워드를 즐겁게 해 주기 위해 그녀에게 기쁨을 주는 많은 것을 포기하였다. 식사 장소, 놀러 가는 장소, 함께 시간을 보내는 장소 등 소소한 것들을 포기하였다. 에드워드는 다음과 같은 표현을 썼는데, "당신은 내가 인디언 음식이나 태국 음식을 안 좋아하는 것 알지? 그러니까 이탈리아 음식점 가자." 혹은 "왜 오늘 축구를 해야만 해? 나는 당신이 그립고 당신과 시간을 보내고 싶어." 결혼 5년 후에 시앙은 자신을 많이 포기했음을 알게 되었고, 단호한 태도를 보이기 시작하였다. 이 과정에서 에드워드는 시앙을 손바닥으로 때렸다. 시앙은 너무 화가 나서 집을 나와 일주일 동안 친정어머니 집에 있었다. 그녀가 돌아왔을 때, 에드워드는 후회하였다. 몇 주 후에 에드워드는 그녀를 움켜잡는 폭력을 행사했다. 시앙은 다음 날 이혼 절차를 시작했다.

6년 동안 그녀는 세 명과 격동의 이성 교제를 하였다. 34세에 시앙은 벤을 만났다. 사귀는 동안 그녀는 벤을 기쁘게 하려고 자신의 취미, 즐거움, 바람 등을 또다시 포기하였다. 에드워드와의 관계와 비슷한 과정을 겪으면서 시앙은 자신이 많은 관계에서 파괴적인 패턴을 반복하고 있다는 것을 알게 되었다. 그녀의 친구는 그녀를 '공동의 존자'라고 하였다. 이 단어를 찾은 후 그녀는 동의했고, 건강하고 생산적인 관계를 할 수 있도록 상담받기로 하였다.

이 장에서 우리는 사회구성주의의 포스트모던 관념과 어떻게 이 사상이 치료자에게 인간 이해를 위한 기초를 제공하는지 탐색할 것이다. 우리는 시앙의 사례를 활용하여 많은 사회구성주의의 핵심적인 철학적 토대를 제시할 것이다.

♥ 모더니즘과 포스트모더니즘

모더니즘modernism은 인간은 타당한 지식을 이해함으로써 진보하고 성장한다고 믿는 사상이다. 모더니즘은 절대적 진실이 있다는 것을 따르고, 절대적 진실에는 객관성, 이성, 지식, 경험주의 과학적 진실, 통제 등이 포함된다. 모더니즘은 관찰자/앎의 주

체 밖에 독립적으로 존재하는 실재가 있다는 원칙에 기초한다(Held, 1995b). 모더니즘
은 인간의 행위가 종교적 통제에 기초해야 한다는 중세 암흑기의 지배적인 사상에서
벗어나, 인간은 이성이 있는 존재라는 인간에 대한 서구적인 이해가 등장하는 19세기
후반과 20세기 초반에 발전하였다(Gergen, 2009a).

　　모더니즘 관점에서 인간은 자신과 환경에 대해 알 수 있고, 과학적이고 경험적 지
식을 통해 이를 변화시킬 수 있다. 이 관점은 인간은 무언가를 '입증'하기 위해서 계
량적인 실험에 관여할 수 있다는 이론과 관련된다. 포스트모더니즘postmodernism은 간략
히 설명하면 절대적 진실에서 벗어나는 운동이다([그림 10-1] 참조). 포스트모더니즘
은 대인관계와 문화적 맥락에 기반한 자아의 핵심에 에고ego가 있다고 하는 근원적으
로 인식할 수 있는 자아에 대한 모더니즘 사상에서 벗어나는 것이다. 포스트모더니
즘 관점은 사람들 사이에 일어난 것과 사람들 간의 상호작용이 어떻게 이해를 생성하
는지가 실재보다 가치 있다고 여긴다. 포스트모더니즘을 믿는 사람들은 목표보다는
과정에 초점을 두고, 자아를 구체화된 독립체가 아닌 내러티브로 바라보며, 메시지를
진화하는 과정으로 인식하고, 심리 내면 영역을 통해서가 아닌 사회적 의미 속에서
인간을 바라본다(Lax, 1992).

　　포스트모더니즘 관점에서 개인은 안정적 자아가 아니다. 개인은 자신을 이해하고
묘사하기 위해서 사용되는 담론에 기초하여 더 유동적이고 계속해서 변화하는 존재
로 이해된다(Pilgrim, 2000). 이러한 관점은 현재 주류사회의 성격 및 성격 발달에 대
한 관점과 대비된다. 주류사회에서 아동기는 인간의 성격이 형성되고 확고하게 되는
형성단계로 여겨진다. 그러므로 '오래된 생각은 바꾸게 하기 어렵다'라는 표현이 있
다. 하지만 아동기 이후에 사람들은 변화할 수 없거나 변해도 변화가 어렵다는 관점
은 심리치료자가 동의해야만 하는 관점이 아니다. 사람들이 변화하지 않는다면 치료
의 목적은 과연 무엇인가?

　　모더니스트는 인간을 정적인 독립체로 접근하고, "그는 자기도취증에 빠졌어.",
"그녀는 조종자야.", "그는 내향적이야.", "시앙은 공동의존자야."와 같은 표현을 사용
한다. 이 접근은 인간을 변화의 가능성이 없는 제한된 방식으로 바라본다. 반면, 포스
트모더니스트는 어떤 사람이 내향적이라고 바라보지 않고, 그 사람이나 타인들이 그
녀를 그렇다고 여긴다고 바라본다. 또한 다른 맥락에서 그 사람은 타인들이 외향적
(혹은 최소한 내향적이 아닌)이라고 묘사하는 방식으로 행동할 것이다. 사람들이 다른

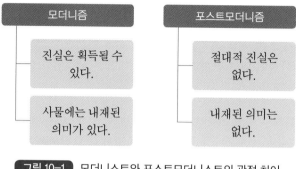

그림 10-1 | 모더니스트와 포스트모더니스트의 관점 차이

정체성을 형성하는 방식으로 대화하면 할수록 그 사람이 대안적 정체성으로 살아갈 가능성이 더 크다. 시앙은 친구와 의학적 관점의 탐색을 통해서 자신이 공동의존자라는 정체성을 발달시켰다. 이는 그녀의 삶에서 중요한 경험을 통해 강화되었다. 시앙은 자신이 공동의존자라고 믿는 모더니스트 관점을 활용하고 있다. 포스트모더니스트는 그녀가 어떻게 자신을 바라보고 그녀의 생각으로 취해야 하는 행동이 무엇인지를 제한하는 사회적 담론을 내면화했다고 바라볼 것이다. 본질적으로 시앙은 자신이 어떤 사람인가를 구체화하였다.

포스트모더니스트는 어떤 행동도 그 자체로는 의미가 없다고 믿는다. 그보다 우리는 일어난 것에 대해서 의미를 창조한다. 이것이 갈등 시 양측이 자신들은 '좋고', 다른 쪽은 '나쁘다'라고 생각할 수 있는 이유이다. 인간사의 모든 전쟁을 생각해 보라. 그들이 나쁘고 악하다고 생각했던 쪽이 있었는가? 스타워즈를 예로 들 수 있다. 스타워즈를 본 대부분의 사람이 제다이가 좋고 엠파이어가 나쁘다고 바라보지만, 갤럭틱 엠파이어의 구성원은 자신들을 긍정적으로, 제다이를 부정적으로 본다. 갤럭틱 엠파이어는 실제로 은하계가 평화(평화가 있게 하는 요소를 만듦으로써)로울 수 있도록 노력한다.

사회구성주의

우리는 제8장과 제9장에서 언어체계에 대한 구성주의적 관점을 제시하였다. 제10장과 제11장에서 우리는 사회구성주의에 대해 논의할 것이다. 구성주의와 사회구성주의는 다르지만, 두 가지는 밀접히 연결된다. 일반적으로 구성주의는 '진실'은 인간에 의해 창출된다고 바라보고, 사회구성주의는 '진실'은 사회적 영역에서 창출된다고 바라본다(Gergen, 1994). 사회구성주의자는 어떻게 사람들이 지식을 구성하는지보다 사람들 사이의 상호작용적인 관계를 핵심으로 여긴다(Rosen, 1996). 그러므로 사람들이 사용하는 단어/묘사 등은 특히 대규모 집단에 대해 이야기할 때, 그 문화적 집단에 대해 '진실을 말하는 것'이 된다(Gergen, 2009a). 하지만 시간이 지남에 따라 이 '진실'은 새로운 '진실'로 인해 변화한다.

사람들이 형성하는 다양한 구성은 그것들이 어떻게 사회적으로 활용되는지에 따라 유용하게 된다(Gergen, 2009a). 사람들이 구별 짓는 것은 그들의 생태계(예: 그들의 사회적, 관계적 세계)에서 길을 찾아가는 데 도움을 준다. 우리가 '무엇인지'를 설명할 때, 논의된 구성은 그 아이디어에 관한 대화에서 누가 있는지에 기반해서 사회적으로 구성되고 계속 변화된다는 점을 기억해야만 한다(Gergen, 1985). 시앙은 자기 삶을 이해하려고 하였고, 그녀가 공동의존자라는 '진실'을 '발견'하였다. 그녀가 그녀의 삶에 부여한 의미는 항상 똑같지 않고, 그녀가 삶을 살아가면서 변화할 것이다. 그녀가 벤과 접촉할 때 자신을 공동의존자로 본 것처럼, 또 다른 친구 혹은 치료자와 대화할 때 그녀는 자신을 다르게 바라볼 것이다.

사회구성주의 치료자는 내담자를 진단하거나 문제가 그 사람 안에 있다고 생각하지 않을 것이다. 사회구성주의 치료자는 진단하지 않는 경향이 있고, 진단과정을 쇠약함에 관한 문화적 담론을 촉진하는 것으로 바라본다(Gergen, 1994). 인간 안에 문제가 있지 않다고 했을 때 치료자는 내담자를 치료할 필요가 없다. 이는 의학 모델에서 벗어나 문화 언어학을 통해 의미가 창출된다는 관점으로의 대이동이다. 증상은 심리적 장애로 인한 것이 아니라 현재의 삶의 양식에 놓여 있다(Efran & Clarfield, 1992, [그

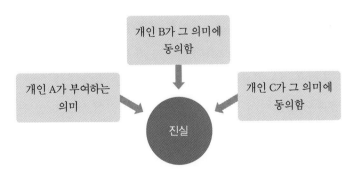

그림 10-2 사람들은 사회적 합의를 통해 '진실'을 구성한다.

림 10-2) 참조). 이러한 관점은 치료자인 우리가 사양을 공동의존자로 보지 않고 대신 문화, 젠더, 나이, 성 및 관계에 대한 기대와 같은 삶의 거대 담론 내에서 자신을 이해할 수 있도록 한다.

제8장과 제9장에서 우리는 치료자들이 내담자에게 일어난 것들을 바라보는 방식과 그들이 치료실에서 하는 것에 어떻게 구성주의적 사고가 영향을 미치는지를 제시하였다. 구성주의와 비슷하지만, 사회구성주의는 앎의 개념과 사람들이 어떻게 지식을 구성하는지를 바라보는 데 있어 고유한 방식이 있다. 거건(Gergen, 1994, pp. 49-53)은 몇 가지 사회구성주의 가정을 제시하였다.

- 우리가 세계와 우리 자신을 설명하기 위해 사용하는 용어는 규정된 설명의 대상에 의해 지시받지 않는다.
- 우리가 세상과 우리 자신을 이해하기 위해 사용하는 용어와 형식은 사회적 가공물로, 역사적, 문화적으로 형성된 사람들 간의 교환의 산물이다.
- 자기와 세계에 관한 설명이 시간에 걸쳐 지속되는 정도는 그 설명의 객관적 타당성이 아닌 사회적 과정의 변동에 달려 있다.
- 언어는 인간사에서 언어가 관계의 패턴 내에서 기능하는 방식에서부터 그 중요성을 만들어 간다.
- 존재하는 담론의 형태를 평가하는 것은 문화적 삶의 양식을 평가하는 것이다. 이러한 평가는 다른 소수 문화 집단이 목소리를 내게 한다.

이러한 가정은 우리가 어떻게 무언가를 알게 되는가는 그것 자체가 아니라는 것에 기반한다. 관계 패턴에서 사람들 간의 공동의 행동이 아이디어가 된다. 본질적으로 사람과 대상—기표signifier와 기의signified 사이에 임의성이 있다. 우리는 '미국을 다시 위대한 국가로'라고 말할 수 있다. 그런데 이 표현이 진정 의미하는 바는 무엇인가? 우리는 누가 이 표현을 하는지를 고려하지 않고 이 질문에 답할 수 없다. 일반적인 관점에서 민주당과 공화당은 이 표현이 의미하는 바에 있어 서로 다른 견해를 가질 것이다. 민주당과 공화당 내부에서도 같은 관점을 공유하는 하위 집단이 있을 것이다. 다른 국가들(이들이 거주하는 나라 사람들의 관점에 기초해서)도 '미국을 다시 위대한 국가로'에 대해 서로 다른 견해가 있을 것이다. 사회구성주의자들은 어떤 집단의 의미도 '옳다'고 여기지 않고, 각각의 관점은 그것을 믿는 사람들에게 중요성이 있다고 믿는다.

사회구성주의에 대한 비판점 중 하나는 사회구성주의가 사람 너머에 세계가 있다는 관념을 거부한다는 것이다(Gergen, 1994). 사회구성주의자는 '세상에' 혹은 '사람들 안에' 무엇이 있는지를 설명하지 않는다. 그보다 사회구성주의자는 우리가 무언가를 설명하기 시작할 때, 우리는 담론의 세계에 존재한다고 믿는다. 담론 구성은 역사와 문화 속에 놓여 있는 사회적 관계의 망에서 형성된다. 그러므로 세계에 관해 설명할 때 우리는 개인 그 이상의 구체적인 관점에서 설명하는 것이다. 예를 들어, 좋은 결혼이 어떤 것인지 생각해 볼 수 있다. 이에 대한 개인의 답변은 그 개인의 관계 맥락과 분리되지 않는다. 이러한 맥락은 서구철학과 동양철학, 젠더, 인종, 문화, 나이 및 경제 등을 포함할 것이다. 전통적인 중매 결혼과 관련된 사람들은 사랑을 중요시하는 문화의 사람들과 다르게 정의할 것이다. '좋은 결혼'의 정의는 사회가 변화하고 가족 내 배우자의 역할이 변화하면서 시간에 따라 바뀔 것이다.

사회구성주의자는 진실, 지식, 이성 및 객관성과 관련된 사상에 도전하는 경향이 있다(Gergen, 2009a). 이는 이해가 우리에게 주어지는 것이 아니라 만들어 가는 것임을 보여 준다. 내담자 시앙으로 돌아가 보자. 그녀는 누구인가? 답은 질문하고 답하는 사람이 누구인가에 달려 있다. 종교적인 사람에게 그녀는 불교 신자이다. 그녀의 상사에게 그녀는 열심히 일하는 직원이다. 에드워드에게 그녀는 배은망덕한 나쁜 여자이다. 그리고 심리치료자에게 그녀는 심각한 관계 문제가 있는 사람일 것이다. 이러한 모든 관점은 부분적이고, 시앙에 관해서보다 그렇게 이야기하는 사람에 관해 더 많은 것을 말해 준다.

우리는 이제 포스트모더니즘과 언어의 관계에 관해 탐색할 것이다. 전술한 것처럼 포스트모더니스트는 절대적 진실을 믿지 않고, 진실은 언어를 통해서 만들어지는 주관적인 합의임을 믿는다. 사회구성주의가 사실주의를 비판하고 이에 저항한다는 면에서 이것은 말이 된다(Gergen, 2001). 그러므로 우리는 무엇의 영역에서 우리가 생각하는 것을 어떻게 이야기하는지의 영역으로 이동한다. 거건(Gergen, 1982)은 이러한 운동을 "사회적 삶에 대한 지식은 거기에 무엇이 존재하는 것에 관한 성찰"이 아닌 "경험을 언어적 존재론으로 변형하는 것"이라고 하였다(p. 202).

시앙의 삶은 지금과 같을 필요가 없다. 이는 그녀가 성격과 행동에 있어 고정된 어떤 유형의 사람이 아니기 때문이다. 그녀는 공동의존자도 아니고, 걱정이 많고, 신경질적이고, 강박적이거나 그녀가 어떤 사람인지 꼬리표가 붙은 사람도 아니다. 그녀는 이러한 꼬리표를 붙일 수 있는 행동을 보이는 것 같지만, 그녀의 행동은 변화할 수 있다. 또한 그녀는 자신을 이러저러한 성격유형이 있는 사람으로 바라보지만은 않는다. 그녀의 세계에 관한 사고는 그녀를 둘러싼 사람들과 거대 담론이 섞인 더 큰 사회적 과정을 통해 만들어진다. 사람들은 모여서 대화할 때 무엇이어야만 하는가에 관한 아이디어를 창조한다. 성역할, 가족 구성, 나이에 기반한 기대와 같은 아이디어는 거대 담론이 변화할 때 변한다.

🔑 주요 인물

케네스 거건 Kenneth Gergen

케네스 거건은 1935년 12월 9일에 출생하였다. 그의 아버지 존 제이 거건은 듀크 대학교 수학과 학과장이었다. 노스캐롤라이나의 더햄에서 성장한 후 거건은 예일 대학교에서 학사 학위를 받았다. 그 후 그는 미국 해군에 입대하여 장교가 되었다. 그 후 그는 듀크 대학교에 들어가 멘토인 사회심리학자 에드워드 존스의 지도하에 1962년에 박사 학위를 받았다. 거건은 여성심리학의 중진 메리 거건과 결혼하였다.

1967년에 거건은 스와스모어 대학교의 심리학과 학과장이 되었다. 그는 또한 하버드 대학교의 사회관계학과에서 조교수를 하였다. 미국 심리학회에서 그는 이론과 철학 심리학 분과 및 심리학과 예술 분과의 회장이었다. 1993년에 거건은 동료들과 사회구성주의와 사회적 실천을 연결하는 것에 초점을 둔 비영리 Taos Institute를 설립하였다.

거건은 사회구성주의 이론을 발전시킨 지도자 중 한 명이다. 사회구성주의는 실체가 하나로 존재하지 않고 여러 개로 존재한다는 관점의 대이동을 시켰다. 그는 지식은 개인이 아닌 공동체에 기초한다는 과학에 대한 더 확장된 이해를 촉진하였다. 그는 사회구성주의를 메타이론(객관적 지식이 있다는 주장에 대해 도전), 사회적 이론 및 사회적 실천이라고 하였다.

케네스 거건의 가장 영향력 있는 저서로 『사회적 지식의 변형을 향해 Toward Transformation in Social Knowledge』(1982), 『포화된 자기 The Saturated Self』(1993), 『실재들과 관계: 사회구성주의의 소리 Realities and Relationships: Soundings in Social Construction』(1994), 『사회구성주의로의 초대 2판 An Invitation to Social Construction』(2009), 『관계적 존재: 자아와 공동체를 넘어 Relational Being: Beyond Self and Community』(2006)가 있다.

💟 담론

　사회구성주의 관점에서 언어는 결코 말해지는 것에 관한 것이 아니라 그 사람이 현재 말하는 것이 중요하다는 것을 보여 주는 하나의 방식이다. 그러므로 우리가 어떻게 언어를 사용하고, 그 언어 사용이 어떻게 구성되는 의미에 영향을 미치는지, 어떻게 사람들이 언어에 반응하는지는 어떤 집단이 담론에 참여하고 어떻게 그들이 언어를 사용하는가에 기초하여 변화한다. 언어의 서로 다른 사용은 여러 방식으로 세계에 대한 경험을 만드는데, 이는 사람들이 자신과 타인 및 상황을 이해하는 방식에 있어 중요한 시사점을 남긴다(Neimeyer, 1998).

　우리가 사용하는 언어는 고정된 실체에 기초하지 않기 때문에, 우리가 사용하는 단어들의 의미는 시간에 따라 변화할 수 있다. 치료자인 우리는 내담자가 변화하고 싶은 방향으로 내담자의 경험을 구성하게 하는 언어 게임으로 들어갈 수 있으므로 이러한 관점은 우리에게 유익하다. 시앙의 사회구성주의 치료자는 그녀가 어떻게 존재해야만 하는지를 강요하지 않는다. 대신, 치료자는 시앙이 사고하는 것과 부여하는 의미를 가져올 수 있는 치료적 대화에 참여하고 이러한 대화를 통해 어떻게 그것들이 변화하는지 볼 수 있다.

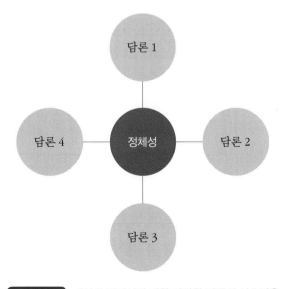

그림 10-3 개인의 정체성에 대한 다양한 담론의 상호작용

사회구성주의자는 **담론**discourses―사람들 간의 대화―을 가치 있게 여긴다. 담론은 언어적, 비언어적, 문서적 의사소통으로 구성된다. 우리가 접하는 다양한 담론은 우리가 내면화하고 자체 검열을 통해 우리가 누구인지를 형성하게 한다. 이러한 담론은 우리의 정체성을 형성하면서 서로 중첩된다([그림 10-3] 참조).

시앙은 그녀의 자아개념에 영향을 미치는 다양한 담론과 연결되어 있다. 이에는 아시아인, 여성, 불교 신자, 이혼한, 미국인 딸 등으로 살아가는 것이 어떤 것인지가 포함된다. 시앙이 이러한 문화와 시대에 따라 다른(예: 여성으로 살아간다는 것과 관련된 담론은 1918년과 2018년에 다르다) 담론을 내면화하면 할수록, 어떻게 그녀가 자신과 타인 및 가능한 행위를 바라보는지에 있어 더 많이 제한될 것이다. 예를 들어, 만약 그녀가 그녀를 가족을 위해 희생하고 가족에게 헌신적이어야 하는 딸로 바라본다면 그녀는 이러한 개념화에 적합한 행동을 할 것이다. 이는 그녀가 대학에 처음 입학했을 때 나타났다. 그녀는 어머니와 아버지가 이혼했을 때 어머니와 남동생을 돕기 위해서 대학을 자퇴하였다. 이러한 행동은 가족을 위한 헌신에 대한 문화 이해에 기초했을 때 그녀와 가족에게 말이 되었다. 하지만 시앙이 더욱더 미국화될수록, 그녀는 가족주의를 넘어 개인주의를 존중하는 행동을 선택할 것이다.

다른 사회구성주의 과정과 개념처럼 담론은 이미 설정되었거나 고정적이지 않다. 하지만 담론은 결과를 낳는다. 권력 개념에서 개인, 집단, 기관은 내재적으로 권력을 가지지 않는다. 그보다는 타인에 대한 사회적 통제나 권력을 가질 수 있게 하는 특정 담론을 타당화하는 사회적 과정이 존재한다(Neimeyer, 1998). 예를 들어, 시앙의 직장은 근무 시간, 휴가 시간, 복장 등을 규정함으로써 고용인에 대해 권력을 행사하려 한다. 이러한 규칙과 기대는 비즈니스 자체에 내재적이지 않다. 이들은 그 조직에 의해 발전된다. 모든 이가 규칙을 따를 때, 이것들은 타당하게 된다. 하지만 많은 조직에서 사람들은 규칙에 도전하고 규칙은 변화한다. 이는 미국에서 주당 근무 시간, 은퇴 나이, 개인 혹은 회사가 보험료를 내야 하는지 등과 관련된 아이디어와 함께 등장하였다.

🎗 권력

지배적 담론dominant discourse으로 불리는 사회적 담론은 어떻게 사람들이 자신과 타인을 바라보고 결과적으로 어떻게 행동해야 하는가에 큰 영향력을 행사한다([그림 10-4] 참조). 프랑스의 포스트모던 철학자이자 역사가인 미셸 푸코(Michel Foucault, 1980)는 앎이 권력이라는 말로 유명하다. 한 무리가 사람들이 정신장애를 갖는다는 심리치료자의 관념과 같은 어떤 지식에 동의할 때, 이러한 지식은 '진실'이 되고, 사람들이 어떻게 자신이나 타인에 대해 생각하는지에 영향을 미치는 권력을 갖는다. 시앙은 사람들은 공동의존자가 될 수 있고 공동의존자는 나쁜 것이라는 지배적 담론을 내면화해 왔다. 공동의존자에 대한 그녀의 지식에 기초하여 시앙은 그녀에게 무슨 문제가 있다고 믿었다. 이러한 신념은 그녀가 적합하지 않고, 그녀의 삶은 원하는 것처럼 좋지 않을 수 있다는 자신에 대한 부정적 느낌을 낳는다.

무엇이어야만 하는가에 대한 지식―진실―은 어떻게 사람들이 자신을 이해하고 그들이 삶을 살아야 하는가를 형성하는 데 권력을 갖는다. 즉, 정체성에 관한 더 큰 '진실들'은 사람들이 어떻게 사고하고, 느끼고, 행동해야만 하는가에 대한 기대를 형성하면서 '정상화'된다(White & Epston, 1990). 시앙의 예에서 우리는 어떻게 34세에 그녀가 자신에 대해 기분이 좋지 않은가에 관해 생각할 수 있다. 그녀는 여성으로서 어떻게 생각하고 느끼고 행동해야 하는지에 대한 많은 지배적인 담론을 접해 왔다. 아시아 여성으로 어떻게 존재해야만 하고, 가족의 일부가 되는 것은 어떤 것이고, 그녀가 이혼했다는 것은 그녀에게 무엇을 말하는 것이고, 여러 다른 '진실' 중 그녀가 어

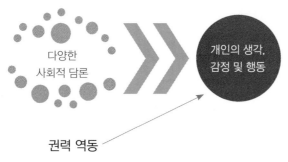

그림 10-4   사회적 담론은 사람들이 담론을 내재화하는 권력 역동과 연결되는데, 이는 사람들이 어떻게 생각하고 느끼고 행동하는지에 영향을 미친다.

떻게 사랑하는 관계에 존재해야 하는지 등이 그것이다.

이러한 사회적 담론은 권력관계와 매우 복잡하게 얽혀 있다. 드루웨리와 윈슬레이드(Drewery & Winslade, 1997)는 "인간 사회에서 무엇이 말해질 수 있고, 누가 말하는지는 권력 이슈이다"라고 하였다(p. 35). 이러한 맥락에서 사용되는 권력은 타인을 육체적으로 통제할 수 있는 능력을 의미하지 않는다. 그보다 권력은 그들이 누구이고, 무엇을 하는가를 구성하는 데 있어 미치는 영향에 관한 것이다.

미국에서 30대 여성으로 살아가는 것에 관한 담론을 생각해 보자. 현재 이러한 담론은 여성은 직업과 가족이 있어야 한다는 것을 포함한다. 어떤 이에게 가족을 돌보는 것은 여성의 직업으로 여겨진다. 이러한 담론은 사람들에게 나이 서른이 되면 결혼과 같은 관계에서 아이를 두어야 한다(언제쯤 누구와 아이를 가져야 하는지에 관한 담론과 연결된)는 기대를 갖게 하는 권력이 있다. 시앙은 인식하지 못했지만, 그녀 삶의 다양한 측면에서 이러한 권력의 역동을 경험해 왔다. 아마도 그녀의 어머니 챈히라는 시앙에게 그녀가 언제 손주를 볼 수 있는지를 물었을 것이다. 그녀의 남편 에드워드는 그녀에게 아이를 가질지와 언제 가질지에 관해 말했을 것이다. 시앙은 결혼하고 아이가 있는 30대 여성을 묘사한 잡지, TV 프로그램, 광고, 영화 등과 같은 많은 미디어를 접했을 것이다. 이에 그녀는 같은 연령대의 다른 '정상적인' 여성들과 자신을 비교하면서 자신에 대해 생각했을 것이다. 이는 그녀가 마치 자신이 적합하지 않다고 느끼게 하거나 혹은 타인들이 그녀가 존재해야만 하는 방식으로 존재하지 않는다고 생각하게 할 것이다.

💗 개인적 주체성

사람들이 접하는 사회적 담론은 기대되는 문화적 규범을 기반으로 자신을 제한하고 자체 검열하게 하는 권력 역동으로 이어진다. 사람들은 자신이 기대하는 방식으로 살아가지 않게 되기도 한다. 사람들이 그렇게 했을 때, 원하는 삶을 살아가기 위해 능동적인 자세를 취하는 과정인 개인적 주체성personal agency을 발휘하지 못한다. 지배적인 이야기가 개인의 삶을 누를수록 그 사람은 삶에서 선택할 수 없다고 느낀다. 대안적 이야기가 발달하고 사람들이 그들을 누르는 지배적인 담론에서 멀어질수록, 그

그림 10-5 자기 검열을 통해 지배적 담론이 내면화되고, 개인적 주체성 감각이 감소하는 과정

들은 더 높은 개인적 주체성을 경험한다(White & Epston, 1990). 화이트(White, 2007)는 개인적 주체성을 다음과 같이 설명하였다.

개인적 주체성은 개인이 자신의 삶을 만들어 가는 데 영향을 미칠 수 있다는 인식과 관련된 자아 개념의 발달의 결과이다. 즉, ① 개인은 가치 부여의 주체로서 또한 의도의 주체로서 자기 삶에 개입할 수 있고, ② 세계는 개인의 존재에 최소한으로만 반응한다.

(pp. 78-79)

치료에 오는 사람들은 일반적으로 주체성 감각이 낮은데, 이는 삶을 지배하는 이야기가 사람들이 생활하는 문화에 고질적인 경향이 있기 때문이다([그림 10-5] 참조).

시앙은 주체성을 통해 자신의 삶을 경험하지 못했다. 그보다 그녀는 그녀가 환경과 성격의 희생물이라고 믿고 있다. 그녀는 공동의존자이고, 그녀 가족의 복지를 위해 그녀의 꿈을 희생해야만 하는 헌신적인 가족 구성원이기 때문에, 그러한 행동을 택할 수밖에 없었다. 하지만 그녀의 삶에 관한 대안적 이야기를 통해 그녀가 그녀에게 중요한 가치를 수용하고 붙들 수 있게 되면서 좀 더 용감무쌍한 방식으로 자신을 볼 것 같다.

💗 진정성

제8장에서 설명한 것처럼 구성주의는 객관적 진실이 존재하지 않고, 어떻게 개인이 세계와 접촉하고 의미를 창조하는지를 통해 진실이 구성된다는 관점을 가지고 있다. 포스트모더니즘은 객관적 진실이 존재하지 않고 '진실'은 사회적으로 구성된다고 바라본다. 여기서 우리는 객관성—적합한 진실을 알 수 있는 능력—에 초점을 두는

것에서 벗어나 진정성의 태도를 택하고자 한다.

진정성authenticity은 자신의 내러티브와 일관되는 삶을 살아갈 때 나타나는데, 이는 자신과 타인에 의해 목격된다(White, 1993). 여기서 중요한 것은 그 사람이 과거에 누구였고, 현재 누구이고, 미래에 누구일 것인가와 같은 진정한 자아는 없다는 점이다. 우리의 정수, 즉 '우리가 어떤 사람이다'라는 것은 없다. 하지만 우리는 살아가면서 어떻게 이야기를 구성하는가에 따라 다양한 진실성이 존재한다. 거건(Gergen, 1991)은 항상 변화하는 자아 개념에 대해 묘사하였다.

> 내 주장의 핵심은 사회적 포화가 진짜 자기와 인식할 수 있는 자기가 있다는 가정 속에서 상실된다는 점이다. 우리가 다양한 목소리를 받아들일수록, 각각의 '진실'은 동시에 인식되는 강력한 대안에 의해 상대적으로 여겨진다. 우리는 우리 자신에 대한 각각의 진실은 순간에 구성된 것으로, 특정 관계와 그 시간에만 진실임을 인식하게 된다.
>
> (p. 16)

그러므로 진정한 자아는 사람들이 스스로와 자신의 삶의 경험에 부여하는 의미에 맞춰 변화하는 일시적인 것이다.

잠시 시간을 갖고 진정성에 대해 좀 더 명확히 해 보자. 일반적으로 우리는 마치 구체적인 개인적 특성이 존재하는 것처럼 바라보고 말한다. "그녀는 어쩔 수 없어. 그게 그녀야." 사회구성주의자는 인간은 자신의 핵심적 존재에 진실되게 존재한다(사회구성주의자는 이 개념에 동의하지 않는다)는 관점에서 벗어나 어떻게 자아가 관계를 통해 형성되는지에 초점을 둔다. 거건(Gergen, 2006, 2009a)이 주장한 것처럼, 관계적 자기relational self가 존재한다. 자기는 다양한 관계 및 문화적 담론과 얽혀 있다. 이러한 측면에서 인격은 진짜 자기에 대한 것이 아니라 연결성에 관한 것이다(Gergen, 1991).

개인에게 모든 상황에서 똑같이 존재하는 '진짜' 자기가 있다기보다 제한된 측면의 자기가 사람들이 맺는 관계의 중심에 있다. 이는 거건(Gergen, 1991)이 묘사한 단편적인 관계fractional relationship이다. 시앙은 직장 동료와는 전문적인 자기로, 벤과는 로맨틱한 자기로, 친정어머니와는 헌신적인 자기로, 친구와는 철없는 자기로 관련한다. 하지만 조심해야 할 것은 사람들은 이렇게 구분하지는 않는다는 것이다. 시앙은 그녀가 상호작용하는 각 사람에 따라 다양한 혼합된 자기를 드러낼 것이다.

💡 **지식 적용하기**

당신의 성격을 묘사하기 위해 사용할 수 있는 10개의 용어는 무엇인가? 용어를 적은 후에 각각과 관련된 서로 다른 대인관계와 맥락을 생각해 보시오. 10개의 성격 '특성' 중에서 서로 다른 관계와 맥락에서 가장 많이 나타나는 것은 무엇인가? 한 맥락에서 당신을 '아는' 누군가가 다른 맥락에서 당신이 어떻게 행동하는지를 알면 충격받을 것 같은가?

내담자 시앙이 어떤 사람인지 좀 더 살펴보자. 시앙은 핵심 자기를 가지고 있지 않다. 우리는 그녀의 맥락 밖에서 그녀를 알 수 없다. 우리는 그녀가 여러 사람으로 존재할 수 있는 다중 존재multi-being로 바라볼 것이다. 이는 분열된 성격에 대한 것이 아닌, 우리는 서로 다른 맥락에서 서로 다른 사람들에 대해서 그 순간에 우리가 누구인지를 창조한다. 이는 누군가와 접촉할 때 우리는 단지 그 사람과 상호작용하지 않고, 다양한 관계의 교차점으로서 그 사람과 상호작용한다. 그러므로 두 개의 다중 존재가 함께 존재하고, 현실을 협상한다([그림 10-6] 참조).

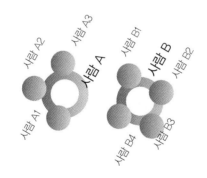

그림 10-6 두 개의 다중 자기를 가진 개인의 상호작용

💙 다중 세계로서의 실재

우리가 기술한 것처럼 사회구성주의자는 절대적 진실이 존재하지 않는다는 포스트모더니즘 인식론 내에 기반한다. '진실'은 관계적 상호교환을 통해 발생한다. 이러한 교환은 다중 자기를 가진 개인을 통해 일어나는데, 현존하는 자기는 누가, 무엇을,

어디서, 언제, 어떻게라는 맥락에 근거한 순간에 창조된다. 시앙은 어머니가 그녀에게 그녀의 삶을 어떻게 이끌어 가야만 하는지를 말할 때 수동적인 인간이 된다. 하지만 시앙은 직장에서 그녀의 동료가 프로젝트에 관해 안내받기 위해 그녀에게 도움을 청할 때는 능력 있는 사람이 된다. 하지만 그녀는 자기에 대한 새로운 의미와 연결되는 교환이 있을 때 각각의 같은 맥락에서도 다르게 존재한다.

모더니즘 관점에서 발견될 수 있는 진실은 하나이다. 우리는 이를 하나의 이야기로 바라볼 수 있다('uni-' 하나+'-verse' 세계=하나의 이야기). 이는 모든 사람이 그 사물에 있는 내재된 의미를 수용하는 실재이다. 하지만 사회구성주의자는 다중 이야기라는 개념을 통해 의미 구성 과정을 이해한다('multi-' 다중+'-verse' 세계=다중 이야기). 사람들은 서로에게 동의할 필요가 없고, 병치될 때 더 복합적인 이해를 제공하는 다른 묘사와 관점을 가질 수 있다(Kassi, 1984).

진실이 하나가 아니라는 생각은 유명한 숙어 '그의 편이 있고, 그녀의 편이 있고, 진실이 있다'에 반한다. 구성주의자와 사회구성주의자는 하나의 이야기—고유의 의미가 있는 사건—만 있다고 믿지 않는다. 그보다는 그 사건에 주어진 의미가 없으므로 사건의 의미는 사람들이 그것에 부여하는 모든 의미—다중 세계—내에 있게 된다. 다중 세계에서 모든 구성원은 다른 관점을 가질 수 있고, 그들의 관점에 있어 모두 옳다(Maturana & Poerksen, 2004).

드 세이저(de Shazer, 1982, 1991)는 이 개념을 변화에 대한 양안 이론binocular theory of change 면에서 논의하였다([그림 10-7] 참조). 내담자는 무슨 일이 일어났는지를 하나의 방식으로 보고 치료에 온다. 치료자는 나름의 바라보는 관점이 있다. 대화에서 이 두 가지의 관점은 새로운 이해를 만들어 낸다. 2인 이상이 이러한 대화에 참여하게 될 때(예: 치료자가 팀으로 작업하거나, 여러 가족 구성원이 있을 때), 다안화polyocularity 과정이 일어난다.

시앙이 타인과의 상호작용과 논의를 통해 자신과 그 타인이 무엇이 진실인지를 새롭게 구성했던 때가 무수히 있을 것 같다. 시앙이 친구와 말하면서 그녀가 "사랑에서 운이 없다."라고 할 때, 그 친구는 시앙이 공동의존자라는 다른 관점을 가졌다. 이러한 대화는 시앙이 공동의존자뿐만 아니라 그녀의 공동의존성이 발휘되게 하는 관계로 들어간다는 새로운 이해를 낳는다. 시앙이 치료에 왔을 때, 치료자의 관점과 그녀의 관점은 어떻게 그녀가 그녀의 삶을 이해하고 의미를 부여하고 이야기하는지에 대한 새로운 방식을 통해 삶을 새롭게 이해할 수 있게 할 것이다.

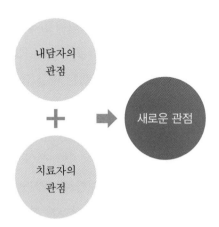

그림 10-7 변화에 대한 양안 이론은 두 사람이 대화할 때, 그들은 새롭게 결합된 이해를 구성한다는 관점을 갖는다.

💟 체계 이야기

구성주의자와 사회구성주의자를 포함하는 대부분의 포스트모더니스트는 사람들의 삶을 이야기 은유를 통해서 바라보는 경향이 있다. 이 이야기가 말해지는 수단은 언어이다. 사회구성주의 치료자에게 마법이 일어나는 영역은 언어 영역이다(de Shazer, 1994). 사람들의 이야기는—지식knowledges이라 불리는—거대 담론 내에 거한다. 사람들은 일반적으로 자신의 가치나 자아 개념과 일치하지 않는 지배적인 담론에 눌린 자아에 관한 이야기를 가지고 상담에 온다. 사회구성주의자는 지배적인 지식dominant knowledges—사회가 고취하는 사람들의 정체성에 대한 거대 관점—을 해체하고 대신 현지인의 지식local knowledges—그의 정체성에 대한 개인의 관점(Neimeyer, 1998)—을 생산하는 것을 강조한다. 이 과정은 언어를 통해 일어난다.

💟 언어 게임

치료실에서 일어나는 대화는 언어 게임language game이라고 볼 수 있다(de Shazer, 1991; de Shazer & Berg, 1992). 드 세이저가 기술한 것처럼, "치료체계는 일련의 '언어 게임', 즉 치료자와 내담자 간의 협상을 통해서 의미를 창조하는 언어체계라고 하였다"(p. 68). 언어 게임 개념은 위트겐스타인(Wittgenstein, 1958)의 저서에서 나왔다. 본질적으로 언어 게임은 사람들이 단어가 의미하는 바를 공동으로 결정할 때 나타난다. 시앙은 그녀가 관계에서 그녀의 행동에 대해 가장 친한 친구에게 말할 때 언어 게임에 참여하였고, 그들은 이러한 행동을 '공동의존'이라고 불렀다. 치료에서 시앙과 치료자는 '공동의존'이라는 단어를 사용할 것이지만, 무언가 다른, 아마도 시앙이 그녀의 행동이 그녀의 가치와 바람과 일치하는지를 평가하는 기회로 활용할 것이다.

치료에서 일어나는 언어 게임은 치료자와 내담자가 의미를 함께 구성하는 언어체계를 발달시키는 과정이다. 오머(Omer, 1996)는 언어 게임 과정을 "참여자들이 진실로 정의하는 것이 실재가 되는 세계에 관한 대화 행동 안에 있는 것이다"라고 묘사했다(p. 319). 언어 게임을 이해하는 하나의 방식은 **후기구조주의**post-structuralism 사상—언어가 실재라고 믿는—을 통해서이다(de Shazer, 1991, 1994; de Shazer & Berg, 1992). 실재(어떤 것이 의미하는 바)는 언어를 통해 창출된다. 그러므로 우리가 언어를 통해 무언가를 존재하게 하면 우리는 언어를 통해 존재하지 않게 할 수 있다. 치료의 맥락에서 이는 문제에 관해 이야기하는 것에서 문제/해결책을 갖지 않는 것에 관해 이야기하는 운동일 것이다. 시앙과 작업하는 사회구성주의 치료자는 치료 회기를 실재가 구성될 수 있는 장소, 즉 그녀가 타인과 구성한 문제가 언어를 통해 해체되고, 언어를 통해 재구성되는 장소로 바라볼 것이다.

♥ 대화에 대한 오해

우리가 논의한 것처럼, 우리는 결코 타인의 단어나 언어의 의미를 완전하게 알 수 없다. 우리가 할 수 있는 것은 타인의 의미를 그것에 가깝게 이해하는 것이다. 자신이 의미하는 바를 타인에게 완벽하게 전달하는 것은 불가능하고, 타인이 의미하는 바를 완전하게 전달받고 이해할 수 없다. 우리가 할 수 있는 것은 대화에 내재한 오해를 창조적으로 사용하는 것이다(de Shazer & Berg, 1993).

이 내용이 치료자가 내담자의 의미를 파악하려고 시도할 때 모순적인 것 같지만, 치료자는 내담자가 대안적인 의미를 발달시킬 수 있는 대화에 참여하는 데 초점을 두

어야 한다. 이는 좀 다르게 이해하는 것—혹은 이해했다고 오해—을 통해서 가능할
수 있다. 드 세이저(de Shazer, 1991)는 이러한 역동을 "치료적 면담은 다양한 오해(오
독)를 조합하는 것이고, 의미하는 바는 어떻게 치료자와 내담자가 말해진 것을 오해
하기(오독하기)로 동의했는가에 관한 결과라고 했다"(pp. 68-69). 이는 치료적 대화에
서 새로운 의미를 발달시키는 것과 연결된다.

♥ 내러티브의 구조

포스트모더니스트는 사고의 두 가지 방식을 전형적 및 내러티브로 구분한다
(Bruner, 1986). **사고에 대한 전형적 방식**paradigmatic mode of thinking은 논리, 수학, 과학 및 경
험주의를 통해 작동하는 모더니즘 관점에 기초한다. 이러한 사고방식은 우리가 아는
것은 과학에 따른다는 것에 기초한다—우리는 세계에서 일어나는 사건들을 연결할
수 있고, 이러한 연결은 증명될 수 있다. **사고에 대한 내러티브 방식**narrative mode of thinking
은 우리가 행동에 의미를 부여한다는 포스트모던 관점에 기초한다. 이 책의 구성주
의와 사회구성주의 장들은 대부분 어떻게 치료자가 내러티브 방식을 활용해서 내담
자와 함께 새로운 삶의 이야기를 구성하는지에 초점을 둔다.

우리는 우리에 대해 작성하는 이야기로 우리 자신을 이해할 뿐만 아니라 타인의 이
야기에 쓸려 들어가기도 한다(Rosen, 1996). 이는 로젠한(Rosenhan, 1984)이 감독한 실
험에서 명확하게 나타난다. 8명의 사람이 각각 서로 다른 병원에서 명확하지는 않지
만 '공허한', '텅 빈', '쿵'과 같은 것을 말하는 목소리를 듣는다고 불평했다. 가명을 쓰
고 직업을 바꾼 것 말고(이들 중 몇몇은 심리학자, 정신과 의사였다) 그들이 병원 직원에
게 말했던 것은 모두 사실이었다. 8명은 정신과 병동에 입원했고, 이들은 증상이 있
다고 시뮬레이션하는 것을 멈추었다. 그들은 조현병을 진단받았고, 그에 대한 치료
도 받았다. 이들은 7일에서 최장 52일 동안 입원했고, 퇴원할 때 차도가 있는 조현병
이라는 꼬리표가 붙었다. 이들은 조현병을 경험한 적이 한 번도 없었지만, 제정신으
로 보이지 않았다.

한 사람이 말하는 이야기는 이야기 이상이다. 거건(Gergen, 2009b)에 따르면 "이야
기는 상황에서의 행동으로, 공동의 적극적 과정을 통해 중요성을 얻게 되는 행위이

다"(p. 304). 그러므로 이야기는 또한 관계를 드러낸다. 이야기는 사람들이 시간에 걸쳐 발달시키는 공동으로 구성하는 정체성을 확고히 하는 과정에서 사람들을 연결하고 단절시킨다. 또한 현재의 이야기는 창조될 수 있었던 많은 가능한 이야기 중 하나에 불과하다. 거건이 표현했던 것처럼, 우리는 '가능한 많은 내러티브'를 가질 수 있다. 시앙의 공동의존자로서 존재하는 이야기는 대인관계에 영향을 미친다. 즉, 그녀가 타인에게 그것에 대해 크게 말하지 않더라도, 그녀의 이야기는 그녀가 하는 상호작용에 영향을 미친다. 벤과의 관계에서, 시앙은 그가 그녀에게 요청하는 것과 그녀 자신의 바람을 구별하기 위해 더 바짝 경계할 것 같다. 이는 그녀가 그와의 상호작용에 더 주저하게 한다.

사람들의 내러티브—그들의 이야기—에는 행동 영역과 의식 영역이라는 두 가지 구성요소가 있다(Bruner, 1986). 행동 영역landscape of action은 시간에 따라 일련의 순서로 발생하는 사건과 관련된다([그림 10-8] 참조). 행동 영역에서 "구성요소는 행동의 논거로 주체, 의도나 목표, 상황, 도구, '이야기 문법'에 상응하는 어떤 것"(p. 14)을 의미한다. 의식 영역landscape of consciousness은 어떻게 화자와 독자가 사건에 관한 이야기를 해석하는가이다. 브루너는 이를 '행동에 관여하는 사람들이 알거나 생각하거나 느끼는 혹은 알지 못하거나 생각하지 못하거나 느끼지 못하는 것'이라고 하였다(p. 14). 화이트(White, 2007)는 의식 영역을 정체성 영역이라고 불렀다. 이 영역은 사람들이 어떤 것에 가치를 두고 어떻게 의미를 만들고 그것들을 알게 되는지에 초점을 둔다.

모든 이야기에는 행동 영역과 정체성 영역에서 여러 공백이 있다. 이야기의 독자는 이 공백을 메꾼다. 이야기 공백의 유용한 기능 중 하나는 공백이 독자의 흥미를 유

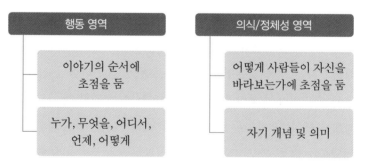

그림 10-8 행동 영역은 이야기의 '사실' 측면에 관해 묘사하고, 정체성 영역은 어떻게 사람들이 그 사실과 관련해서 정체성을 바라보는가를 묘사한다.

발한다는 점이다. 여기서 우리는 유명한 **사인펠드** 에피소드에서 주인공들이 "우리는 만나서 잠깐 이야기했어! 등등, 그는 아침에 떠났어."라 하면서 '등등'을 소개했던 것을 생각할 수 있다. 행동 영역에서 큰 공백이 있다. 사람들은 자신들이 체험한 경험을 통해서 이 공백을 메꾸면서 풍부한 이야기를 발전시킨다(White, 2007).

의식 영역에서는 관련되는 사람들이 있다(White, 2007). 다양한 이야기의 주인공, 저자, 독자 등이 포함된다. 각각은 의미를 갖고 메시지를 읽는다. 치료에서 메시지의 독자 수를 높이면 의식 영역과 정체성 영역을 향상시킬 수 있다. 즉, 내담자가 자신의 이야기를 탐색하는 것은 물론 치료자나 다른 사람도 그 사람/내담자가 이야기에 어떤 의미와 가치를 가지고 오는가를 더 잘 이해하기 위해서 이야기를 탐색할 수 있다. 어떻게 사람들이 자신을 다르게 보게 되는가에 관한 탐색은 정체성 영역을 해체하는 과정과 정체성의 새로운 의미를 재구성하는 과정을 통해 일어난다.

💟 해제와 재구성

해체 개념은 치료자와 내담자가 자기에 대한 관점을 제한하는 거대한 문화적, 언어적 담론으로부터 자신들을 분리하도록 돕는다. 이는 내담자가 사실로서 오랫동안 내면화한 이야기의 의미를 다시 볼 수 있게 한다. 시앙에게 이러한 이야기는 미국에서 이성애자 아시안 여성으로 살아가는 것이 어떤 것인지에 관한 것이다. 그녀가 자신의 생각과 행동에 대한 안내자로 사용했던 전혀 인식하지 못했던 내면화한 특정 관점과 기대—그녀의 이해 방식이 된—가 있다. 이러한 내면화는 견고해져 왔는데, 만약 시앙이 이러한 관점에 관해 시간을 두고 생각해 봤다면 동의하지 않았을 것이다. 몽크 등(Monk, Winslade, Crocket, & Epston, 1997)은 해체를 다음과 같이 정의하였다.

> 진실이나 실재로 가장한 사회적 실천의 기저를 이루는 당연시되어 온 가정과 사고를 풀어내는 과정. 이는 지배적인 이야기, 담론, 메시지에 있는 비일관성이나 공백을 드러냄으로써 획득되고, 이야기의 메시지나 논리에 대한 수용이 더는 필연적이지 않다.
>
> (p. 302)

하지만 하나의 의미가 해체되면 하나 혹은 이상의 대안적 의미가 발달할 필요가 있다. 이 과정을 재구성reconstruction이라고 부른다. 재구성은 사람들이 가용하지 않았거나 이전에 특별하지 않았던 자아의 영역과 연결되도록 돕는다(White, 2011).

해체는 일반적으로 내담자를 제한하고 그들의 삶에 고통과 어려움을 가져다준 이야기에 초점을 둔다. 불행하게도 이러한 이야기는 생명력이 있어서 내담자가 대안적인 이야기를 보지 못하도록 내담자의 삶을 잠식한다. 재구성은 그 사람의 이야기화되지 않은 경험—일반적으로 내담자에게 선호되는—을 발견하도록 돕는데, 왜냐하면 재구성은 문제를 극복하게 하는 데 있어 개인의 주체성을 강조하게 하고 좀 더 선호하는 삶을 살아갈 수 있게 하기 때문이다.

어떤 치료자들은 치료에서 어떻게 내담자가 자신의 이야기를 써 가는가를 논하지만, 이는 과정에서 치료자의 역할을 고려하지 않는 것이다. 내담자는 이야기의 상급 저자로 보일 것이다. 하지만 치료자는 이차적 저자이다(Madigan, 1993). 시앙과 작업할 때 치료자는 과거에 그녀가 어떻게 자신의 가치와 신념에 부합되는 방식으로 살았는지를 탐색할 것이다. 숨겨진 이러한 이야기는 재구성을 통해 수면에 올라올 기회를 얻고, 시앙의 자아와 경험을 형성하게 한 우세한 이야기가 된다.

💡 지식 적용하기

당신이 최근에 의미 있다고 경험했던 상황에 대해 생각해 보시오. 행동 영역에서 무슨 일이 일어났는지 적어 보시오. 누가 있었는가? 무슨 일이 일어났는가? 어디서 일어났는가? 언제 얼마나 오랫동안 일어났는가? 행동의 과정은 어떠했나? 이제는 정체성 영역으로 이동해 보시오. 이런 일들이 일어났을 때 당신은 자신을 어떻게 바라보았고 당신은 그것에 대해 어떻게 느꼈는가? 당신이 했던 방식으로 행동한다는 것은 당신에게 무엇을 말하는가? 행동 영역을 생각해 봤을 때, 당신이 가치 있게 여겼던 것이 무엇인지 알게 되었는가?

❤ 관계적 책임

대부분의 서구 사상에서 우리는 개인에게 책임을 부과한다. '당신은 혼자의 힘으로 이성을 찾아야 한다.' 그리고 다른 유사한 표현들은 어떻게 자신이 자력으로 존재해야 하고 자조해야 하는지를 강조한다. 책임을 바라보는 다른 방식은 그것을 관계에 놓는 것으로, 맥나미와 거건(McNamee & Gergen, 1998)은 **관계적 책임**relational responsibility 이라고 하였다. 이들은 관계적 책임을 다음과 같이 정의하였다.

> 우리는 의미 있는 행동을 가능하게 하는 상호교환의 형태를 유지하고 향상하기 위해 관계적으로 책임 있는 행동을 해야 한다. 만약 인간의 의미가 관계를 통해 생성된다면, 관계 과정에 책임을 지는 것은 자아와 가치 및 가치감의 소유에 대한 가능성을 지지하는 것이다. 고립은 사람됨의 부정이다.
>
> (pp. 18-19)

여기서 우리가 사용하는 단어는 타인과의 상호작용 맥락 내에 놓일 때 단어의 의미가 많아진다는 것을 볼 수 있다.

이는 행동 자체는 아무 의미가 없다는 것을 뜻한다. 타인의 행동과의 연결성 속에서만 무언가는 의미가 있다(Gergen, 2009b). 예를 들어, 길에서 당신을 지나치는 사람이 "오늘은 좋은 날입니다."라고 한다면, 이는 무슨 의미인가? 인사인가? 아니면 침범인가? 정신장애가 있는 사람이 주절거리는 것인가? 이러한 단어들은 타인의 행동과 연결될 때 의미를 갖게 된다. 당신은 "맞아요."라고 할 것이다. 당신의 단어는 의미 있는 교환을 만들기 위한 타인의 단어들과 조정된다. 다르게 말해서 상호작용의 맥락은 그 관계의 의미를 이해하는 데 중요하다.

모더니스트에서 포스트모더니스트 관점으로의 이행은 우리가 어떻게 사람들이 타인과 함께 특정 맥락에서 일어난 일에 대해 의미를 만드는가를 이해하게 한다. 드 세이저(de Shazer, 1994)는 "사건이 일어난 상황은 어떻게 사람들이 그 사건에 관해 자신과 타인에게 기술하는지에 영향을 미친다"고 설명했다(p. 245). 즉, 맥락은 사람들이 사건에 대한 의미가 무엇인지를 설정하게 한다. 한 사람이 다른 사람에게 주먹을 날렸다고 생각해 보자. 이것이 확실히 어떤 의미인지는 우리가 맥락에 대해 더 잘 알기 전까지 알 수 없다. 만약 두 배우자가 있다면 그것은 결혼의 종말을 의미할 것이다. 만약 두 아이가 운동장에서 놀고 있다면, 그들은 친구가 아님을 의미할 것이다. 만약 태권도를 하는 두 사람이 있다면 그들은 새로운 기술을 배우고 있음을 의미할 것이다.

우리는 단어의 중요성 및 어떻게 단어가 의미를 만드는 구체적 맥락에서 타인과의 조정 속에서 활용되는가에 대해 말해 왔다. 하지만 제5장에서 논의한 것처럼, 의사소통은 언어적, 비언어적 수준에서 일어난다. 우리의 보디랭귀지는 의미가 만들어지는 상호교환과정에서 일어나는 의사소통의 한 유형이다. 거건(Gergen, 2009b)은 이 과정을 공동행동이라고 하였다. 공동행동co-action은 우리가 상호작용할 때 우리의 전신을 사용하는 것으로, 우리가 사용하는 단어, 우리가 어떻게 단어를 말하는지, 우리가 타인과 관계할 때 어디를 보는지 등을 포함한다.

공동행동 개념을 설명하기 위해 집 예를 사용해 보자. 당신의 가족에 대해 생각해 보라. 당신의 가족은 어떻게 기능하는가? 당신의 가족은 가족을 어떻게 정의하는가? 당신은 혼자 정의할 수 없다. 당신이 "우리는 정말 정서적으로 가까운 가족입니다."라고 말해도 가족 중 누구도 당신에게 전화하지 않고, 문자를 하지 않거나, 당신을 찾아오지 않거나, 페이스북 친구를 맺지 않으면 당신이 하는 행동은 적절하지 않을 것 같다. 다른 가족 구성원이 공동으로 구성된 의미를 지지할 때에만 행동이 적절하게 된다. 그들이 당신을 만나서 얼굴을 찌푸리기보다 웃고, 침 뱉기보다 안아 줄 때, 얼마나 가족이 중요한가에 관해 말하면서 당신과 유사한 행동을 할 때, 우리는 어떻게 공동행동이 일어나는지를 볼 수 있다.

관계적 책임의 일부는 각 사람이 상호비난을 하지 않는 것인데, 상호비난은 상대가 문제가 많다고 바라보는 것이다(Gergen, 2009a). 이는 다른 사람을 공격하지 않음으로써 가능한데, 공격은 방어하게 만든다. 공격하지 않게 하는 수단 중 하나는 내면의 타인internal others에 관해 이야기하는 것이다. 사람들이 모든 관계의 병합이라고 했을 때, 우리는 어떻게 상대의 현재 행동이 타인을 연상시키는가에 관해 이야기할 수 있다. 예를 들어, 시앙이 벤에게 "지금, 당신은 당신 아버지처럼 말하고 있어요."라고 하면, 벤은 어떻게 그가 아버지와 다르고 아버지에게 영향을 받았는가에 관해 생각할 수 있다. 그는 그때 시앙과 다른 방식으로 관계를 맺을 수 있다.

관계적 책임의 두 번째 수단은 합동 관계conjoint relations에 초점을 두는 것이다(Gergen, 2009a). 잘못한 일에 대해 타인을 비난하기보다 의사소통을 하는 사람은 그 상황을 상호적이 되게 하여 그것이 관계에 미치는 영향을 탐색할 수 있다. 이는 의사소통을 개인적인 비난에 관한 것에서 상호의존적인 관계로 이동시키는 것이다. 시앙이 벤에게 "우리는 이렇게 격하게 만들면서 자신에게 도대체 무엇을 하고 있나요? 우리는 무엇을 다르게 할 수 있을까요?"라고 질문하면 두 사람에게 개방성을 갖게 할 것이다.

관계적 책임의 세 번째 수단은 집단 실재group realities에 초점을 두는 것이다(Gergen, 2009a). 이는 두 사람이 겪는 어려움에 대해 서로를 비난하지 않고, 어떻게 각 사람이 속한 집단과 집단 차이가 현재의 어려움과 연결되는지를 탐색하는 것이다. 시앙은 벤에게 다음과 같이 말할 수 있다.

> 우리 관계에 일어난 일은 흥미롭고, 나는 이 중에서 어느 정도가 성역할 차이에 의한
> 것인지 궁금해요. 여성으로서 나는 주변화되는 것에 대해 걱정하는데, 나는 최근 이러한
> 감정을 느껴 왔어요. 남성으로서 당신에게 무슨 일이 일어났나요?

관계적 책임의 네 번째 수단은 체계적 수영systemic swim을 사용하는 것이다. 존재하는 많은 사회적 체계가 사람들에게 고통을 주지만, 우리가 좋아하지 않고 동의하지 않을 때도 이러한 사회적 체계를 따르지 않는 것은 어렵다. 시앙과 벤은 미국의 성역할 모순과 어떻게 그들이 그들에게 주어진 기대와 요구로 인해 한계를 느끼는가에 대해 대화할 수 있다.

사람들이 관계적 책임을 더 많이 갖게 된다면, 그들은 자신의 가치와 일관된 삶을 살아내고 자아감을 가질 수 있게 될 것이다([그림 10-9] 참조). 본질적으로 그들은 자신의 이야기를 통제할 수 있고, 지배적인 담론과 사회체계의 힘의 역동에 눌려서 살지 않게 된다.

관계적 책임

- 내면의 타인
- 합동 관계
- 집단 실재
- 체계적 수영

그림 10-9 관계적으로 책임감 있게 존재하는 것의 구성요소

💗 결핍보다 강점

우리는 사회구성주의 심리치료에서 포스트모던 운동의 가장 큰 추진―결핍보다 강점에 초점을 두는 것―에 대해서 논의하며 이 장을 마치고자 한다. 정신건강 영역은 주로 증상, 문제, 사람들에게 있는 문제에 집중하는 **결핍 담론**discourse of deficit을 사용해 왔다(Gergen, 1994, 2001). 이는 DSM과 ICD와 같은 자료에 포함된 진단평가나 분류를 사용하는 것에서 나타난다. 관리의료 회사는 환자에게 진단이 내려졌을 때 배상하는 경향이 있다. 모더니즘 관점을 가지고 일하는 전통적인 심리치료자에게 시앙은 공동의존자인 내담자이자 DSM에 기초하였을 때 의존적 성격장애로 진단받을 것이다. 생물사회심리 모델과 같은 사정에서 내담자의 강점과 자원에 대한 영역이 있지만 이는 이차적이다. 생물심리사회 사정에서 일차적인 것은 무엇이 잘못되었고, 왜 그녀가 경험하고 있는 문제와 증상이 나타났는지를 사정하는 것이다.

아마도 지난 20년 동안 심리치료 영역에서 일어난 가장 큰 변화는 결핍에서 강점으로 초점이 변화한 것이다. 대표적인 예는 긍정심리학의 도래이다. 긍정심리학이라는 용어를 사용하기 오래전에도 심리학자들은 사람들의 긍정적 측면과 성향에 초점을 두었지만, 미국 심리학회 회장을 역임한 마틴 셀리그먼이 회장 시절에 긍정심리라는 단어를 사용하면서 많은 심리학자와 심리치료자들이 사람들 혹은 내담자와 작업할 때 그들의 역할에 대한 관점에서 변화를 보였다.

아마도 내담자의 강점과 자원에 초점을 둔 첫 번째 치료자는 저명한 최면치료자인 밀튼 에릭슨이었다. 에릭슨은 내담자가 치료에 가지고 온 것을 활용하여 이들이 원하는 삶을 살아갈 수 있도록 하는 데 초점을 두었다. 많은 사회구성주의 치료자는 내담자가 치료에 가지고 온 모든 것을 **활용**utilization한다는 개념을 사용해 왔다(DeJong & Berg, 2012; O'Hanlon & Weiner-Davis, 1989). 이때 치료는 내담자가 결핍을 대처하도록 돕고 결핍을 진단하는 것이 아니라 내담자가 자신의 강점과 자원에 접근하게 하는 언어 게임이 된다. 이 접근은 내담자가 살아야만 한다고 믿는 삶의 형태를 살아가도록 돕기 위해서 내담자가 생각하고, 느끼고, 행동하는 것에서 긍정적 측면을 사용하는 것에 집중한다.

우리의 내담자 시앙은 자신과 삶을 결핍 기반 접근을 통해 바라보고 있다. 그녀는 자신과 타인에 관한 그녀의 생각과 관계에 대해서 비공식적인 사정을 해 왔다. 그녀의 비공식적인 사정에 기초해서 자신을 공동의존자라고 진단했다. 그녀에게 이 장애는 교정이 요구되는데, 그녀는 이 문제로부터 치료되기 위해 치료자를 필요로 할 것이다. 그녀는 이 부분의 자아를 훈련하고 내면에 새로운 무엇—좀 더 능력이 있는 사람—을 넣어야 한다고 믿는다. 강점 기반 치료자는 그녀가 자신의 진가를 알아본 방식으로 행동했던 삶의 영역을 시앙과 탐색하여 그렇게 존재할 수 있도록 하고, 다른

그림 10-10 결핍 기반 접근과 강점 기반 접근의 차이

삶의 영역에서도 그렇게 존재할 수 있도록 할 것이다.

💗 성찰을 위한 질문

1. 치료자들이 전문가로서 자신이 누구인지를 보게 하는 주요 담론은 무엇인가? 이러한 담론과 관련된 권력 역동은 무엇인가?
2. 자기를 관계적으로 바라보는 것은 어떻게 당신이 문제 형성 이론과 문제 해결 이론을 바라보는 것을 변화시키는가?
3. 치료를 언어 게임으로 바라보는 것의 장단점은 무엇인가?
4. 행동 영역과 의식/정체성 영역의 관계는 무엇인가? 이는 어떻게 당신이 내담자를 이해하고 당신이 그들과 하는 상호작용에 도움이 되는가?
5. 내담자와 치료자가 결핍이 아닌 강점에 초점을 두는 것은 어떤 유익이 있는가?

제11장

사회구성주의 치료 실제

🧡 사례 설명

첫 회기에서 치료자는 시앙에게 무엇 때문에 심리치료를 받으려 했는지 물었다. 그녀는 다음과 같이 말했다.

저는 제 인생의 대부분을 타인을 위해서 살았다는 것을 깨달았습니다. 성장할 때 부모님 두 분은 모두 일하셨고, 저는 장녀였습니다. 그리고 저는 아시안 가족의 여성입니다. 집안일을 하고, 집을 깨끗이 하고, 가족들이 집에 오기 전에 저녁을 해 놓는 것이 저의 일이었습니다. 남동생과 저는 나이 차이가 별로 나지 않았지만, 남동생도 돌봐야 했습니다. 저는 아침에 등교 전에 많은 것을 해야 했고, 방과 후에는 서둘러 와서 집을 정리해 놓고, 남동생이 집에 왔을 때 깨끗한 상태로 숙제를 할 수 있게 해야만 했습니다. 저는 제 숙제를 할 수 없었습니다. 친구들과 시간을 거의 보내지 못하다 보니 사춘기를 포기하는 것만 같았습니다. 그 후 저는 대학 등록금이 없어서 축구 장학금으로 대학에 들어

* Michael D. Reiter

갔는데, 아버지가 집을 떠나시면서 어머니가 제 도움이 필요해져 저는 자퇴를 해야만 했습니다. 저는 경영학 학사를 포기해만 했습니다. 저는 입사해서 초보 수준의 일을 했습니다. 저는 에드워드라는 남성과 사랑에 빠졌다고 생각했습니다. 우린 결혼했고, 긴 이야기를 짧게 요약하면 저는 그를 위해서 저의 많은 것을 포기했습니다. 그는 저를 정서적, 신체적으로 학대했습니다. 두말할 나위도 없이 저는 이혼을 했는데, 이혼은 저의 자존심을 무척 상하게 했습니다. 과거의 삶을 돌아보면, 저는 관계에서 공동의존자로 살아온 것 같습니다. 제 삶에서 제가 일 순위가 되는 때가 있어야만 합니다.

이 장에서 우리는 사회구성주의 치료자가 시앙과 어떻게 작업할 것 같은지를 보여 줄 것이다. 그녀는 자신을 고통스럽게 하고 제한하는 자신에 관한 이야기를 치료에 가지고 왔다. 그녀가 현재의 정체성 이야기를 풀어내고, 자신의 강점을 활용해서 자아 개념과 가치에 따라 삶을 살아갈 수 있게 하는 대안적 이야기를 구성하는 것에 초점을 두고 치료가 진행될 것이다.

♥ 사회구성주의/포스트모더니즘 치료

구성주의 치료자들은 개인이 창출하는 의미에 초점을 두지만, 사회구성주의 치료자들은 내담자와 치료자의 담론에 초점을 둔다(Gergen, 1994). 특정 모델과 상관없이 사회구성주의자들은 치료를 공동으로 구성되는 대화로 바라본다(Efran & Clarfield, 1992). 포스트모더니스트들에게 심리치료는 공동 구성 행위인 경향이 있고, 치료의 초점은 내담자가 선호하는 자기가 견고해질 수 있도록 도움을 주는 것이다.

포스트모던 치료자는 치료에서 권력의 불균형을 낮추기 위해 내담자와 평등한 관계를 형성하려고 한다(Frosh, 1995). 치료는 '의미의 공동 창조'가 된다(Hoffman, 2000). 이를 행하기 위한 하나의 수단은 치료자가 타인을 사정하고 평가하는 것 같은 전문가 입장을 택하지 않는 것이다. 치료자는 사람들을 '조현병적인', '정신병 환자 같은', '걱정이 많은'으로 바라보기보다 이러한 꼬리표를 붙이는 것을 사회적 관례에 기초한 것으로 이해한다(Gergen, 2009b). 시앙은 자신을 공동의존자라는 꼬리표를 붙이고 치료실에 왔다. 약물 남용 영역에서 훈련받은 치료자들에게 이 용어는 친숙하다.

또 다른 치료자들은 그녀가 공동의존적 성격장애가 있다고 할 것이다. 하지만 포스트모던 치료자에게 시앙은 공동의존적이지 않은데, 그녀가 공동의존적이라는 것은 그녀에게 역기능적인 핵심적 자기가 있음을 의미한다. 포스트모던 치료자는 시앙과 그녀가 어떤 사람이 되기를 원하는지에 대한 대안적 관점을 풀어내기 위한 대화를 할 것이다. 이는 문제가 그 사람 내부에 있다는 관점에서 벗어나 공동의 과정 및 이해관계자들(예: 가족 구성원, 친구, 법적 체계 등)과 함께 발달한다는 관점으로 전환시킨다.

치료적 대화의 목적은 부분적으로는 대안적 이야기의 발달이지만, 이러한 새롭고도 정체성을 확인시켜 주는 이야기가 치료실 밖에서 실행될 때 대안적 이야기는 내담자에게 유용하게 된다. 의미가 사회적으로 구성되는 것을 고려할 때, 많은 이가 새로운 정체성과 이야기를 분명히 해 주는 것은 매우 중요하다. 우리는 시앙의 대인관계 영역에서 누가 그녀의 선호하는 정체성을 확인시켜 주기 위한 대화에 기꺼이 참여할지를 추측할 수 있다. 그녀가 생각하기에 이 과정에서 중요할 것 같은 어머니, 남동생, 벤, 혹은 가족 등이 참여할 것 같다. 이 장의 후반부에서 논의하겠지만, 어떤 사회구성주의 치료자들은 새로운 정체성 확장 이야기를 논의하기 위해 가능한 많은 사람을 치료실 안팎으로 데려오려고 할 것이다.

많은 모더니스트 치료자가 전문가 입장을 택하지만, 사회구성주의 치료자는 **무엇을 아는가**knowing what**보다 어떻게 아는가**knowing how를 이해하기 위해 기술을 사용한다. 사회구성주의 치료자들은 치료자의 개입이 차이를 만드는 것이 아니라, 어떻게 내담자가 의미의 속성을 만드는지가 차이를 만든다고 믿는다(Fruggeri, 1992). 이러한 관점에서 치료자의 역할은 산파로서 새로운 의미가 대화에서 탄생할 수 있게 하는 것인데, 이는 내담자가 자신이 선호하는 방향으로 삶을 살아낼 수 있게 한다(Cantwell & Holmes, 1994). 그러므로 시앙에 대한 치료는 치료자가 생각하기에 그녀가 해야만 하는 것이 아닌 그녀가 자신을 위해 원하는 것에 초점을 두고 진행될 것이다.

어떤 사회구성주의 치료자들은 내담자에게 자신의 생각을 강요하지 말아야 한다는 관점을 가지고 있지만, 사실 이는 사회구성주의자가 의미하는 바와 거리가 있다. 치료자는 무엇을 하건, 자신의 관점이 객관적 진실도 타당한 지식도 아님을 깨닫는다(Efran & Clarfield, 1992). 이는 치료자가 중립적일 수 없다고 이해하게 한다. 치료자가 어떤 사람이라는 것은 특정 시점에서의 정체성을 의미하고, 이는 치료실에서 벌어지는 일에 영향을 미친다. 또한 치료자가 어떤 사람이라는 것은 그들이 어떻게 내담자와 하는 대화에 영향을 받는지에 영향을 미친다. 의미가 지역의 치료실에서뿐만 아니라 지역사회에서도 공동으로 창조된다는 점을 고려하는 사회구성주의 치료자는 권력, 정치적 행동 및 사회적 책임의 영역을 탐색하는 경향이 있다(Moules, 2000). 예를 들어, 시앙과 작업하는 치료자는 시앙이 여성, 아시아인, 이민자, 딸 등으로 살아가는 것이 의미하는 바를 어디서 배웠는가에 관해 대화할 것이다. 즉, 이러한 대화에서 지역 담론(시앙의 관점 및 그녀의 관점과 가족들의 관점 사이 관련성)과 지배적 담론(태국의 가치, 미국의 가치 및 개인의 특질과 관련된 정치적, 사회적 담론)이 탐색될 것이다.

프루게리(Fruggeri, 1992)는 사회구성주의 심리치료의 네 가지 지침을 제시하였다. 즉, "① 차이 도입, ② 사건에 대한 다른 묘사 제시, ③ 행동과 사건을 연결하는 새로운 방식, ④ 반영성 소개"이다(p. 49). 첫 번째 지침은 내담자가 지배적 담론에 기초한 사회적 기대와 연결해서 상황에서 일어난 바를 어떻게 이해하는지를 탐색하는 데 사용될 수 있다. 시앙에게 대입해 보면, 대인관계를 어떻게 해야만 하는지에 대한 사회적 담론과 관련해서 그녀가 어떻게 자신을 바라보는지를 탐색하는 것이다. 두 번째 지침을 탐색하는 데 있어, 우리는 다양한 목소리polyvocality라는 용어를 사용할 수 있다(Gergen, 2009a). 이 용어는 어떤 아이디어나 사건에 대해 그것을 해석하는 다양한 방식이 있음을 의미하는데, 이는 이전과 다른 더 많은 가능성과 연결된다. 세 번째 지침은 치료적 대화는 구성된다는 것을 제시한다. 치료가 시작되기 전에는 어디서 종결될지 알 수 없다. 하지만 치료자와 내담자 간 아이디어의 상호교환을 통해 자신, 행동, 사건 사이의 연결에 대한 새로운 이해가 생긴다. 마지막으로 네 번째 반영성 지침은 치료자가 시각, 영향, 권력 및 책임이 있는 능동적 존재라는 것을 제시한다.

미시적 수준에서 사회구성주의 치료는 공동 성찰co-reflecting을 포함한다. 이는 대화하는 각 사람이 어느 정도 서로를 반영하는 조정의 일 형태이다(Gergen, 2009a). 공동 성찰은 말한 정확한 단어를 반영하는 것이 아니다.

> 시앙: 저는 벤 때문에 너무 화가 납니다.
> 치료자: 당신은 벤 때문에 너무 화가 나는군요.

공동 성찰은 두 사람 간의 관계를 설명하기 위해서 대화 상대의 핵심 단어와 행동을 사용하는 것이다. 상대방과 같은 톤이나 소리로 말하거나, 상대방과 같은 자세로 앉거나, 상대방과 같은 아이디어에 대해 말하는 것일 수 있다. 때로는 내담자가 말한 핵심 단어가 사용되지만, 대안적인 의미를 기술하기 위해서 대안적인 단어를 사용할 필요는 없다. 거건(Gergen, 2009a)은 이를 언어 가리기linguistic shading라고 하였다. "다른 사람이 말한 언어를 가리는 것은 그 사람이 말한 것과 아주 유사한 단어를 찾는 것이지만, 언어의 의미를 약간 변화시키는 것이다. 이러한 작은 변화를 통해 적대자들은 함께 변화를 시작하게 된다."(p. 125)

> 시앙: 저는 벤 때문에 너무 화가 나요.
> 치료자: 가끔은 당신이 실망했다는 것을 깨닫는군요.

이때 시앙은 그녀가 의미하는 바를 고려해 볼 기회를 얻게 되고, 그 의미가 자신이 선호하는 정체성에 가까워지게 도와주는 것인지를 결정하게 된다.

사회구성주의 치료자는 치료를 대화 과정에서 언어가 사용되는 공동 구성으로 바라본다. 워터스(Waters, 1994)는 대화적 치료의 기본적 원리를 다음과 같이 제시하였다.

- 치료자가 전문가라는 관점에서 치료는 상호적 과정이라는 관점으로 이동하기
- 내담자가 무엇을 말하고, 이것이 어떻게 그들의 세계관과 의미를 반영하는지에 주목하기
- 사람들이 문제에 대해 어떻게 말하는지를 변화시키는 것은 그들과 문제 사이의 관계를 변화시키는 것이라는 신념 갖기
- 왜 문제가 발달하였는가와 같은 더 깊은 구조를 찾는 것에서 벗어나기
- 과거에 관한 대화를 넘어 미래를 탐색하기
- 문제를 사람과 분리해서 이해하기

이 장의 나머지 부분에서 포스트모더니즘 및 사회구성주의 인식론과 맞는 기술, 과정과 사고방식을 제시할 것이다.

💟 전문가로서 내담자

심리치료 역사의 대부분에서 치료자는 전문가였다. 이는 내담자는 문제를 가지고 치료자에게 오고, 치료자는 그 문제를 진단하고 치료하는 전문가라는 의학 모델에서의 심리치료 개념화에 기인한다. 일반인 대다수는 치료자와 의사가 비슷하다고 여기는데, 치료자는 진단/평가를 할 수 있고, 병리가 무엇이고 치료를 제공할 수 있다고 여긴다. 이는 닥터 필이 '미국의 치료자'로 여겨지는 이유 중의 하나이다. 그는 사람들에게 그들이 무엇을 잘못하고 있고, 더 나아지기 위해서 무엇을 해야 하는지를 말하는 전문가 위치에서 사람들을 대한다.

포스트모던 치료자들은 내담자에게 무언가를 하는 치료자에서 내담자와 대화하는 치료자로 치료자에 관한 관점을 변화시켰다. 드 세이저(de Shazer, 1993)는 "사실 나는 내담자가 전문가라고 생각한다—그들은 내가 알지 못하는 많은 것을 안다—고 말했다. 그래서 치료적 대화는 언어로 아이디어와 정보를 교환하고 공유하는 전문가들이 함께 대화하는 것이다"(p. 88)라고 했다. 치료자는 내담자가 어떻게 그들의 삶에서 의미를 형성하는지, 특히 잠재적인 해결책이라고 인식하는 것에 대해 탐색하는 전문가이다(DeJong & Berg, 2012).

포스트모던 치료자는 객관적 지식을 알 수 없다고 여기기 때문에 문제의 뿌리를 발견하려고 노력하기보다 어떻게 사람들이 문제와 해결책을 언어화하는지를 알고자 한다. 치료자는 진실과 객관성의 조달업자, 즉 특권적인 지식을 가진 사람이 아닌 다른 목소리들과 구별되지만 동등한 가치가 있는 관점을 가진 사람으로 여겨진다. 치료자는 권위의 족쇄를 내던지고 고유한 관점과 지역적 지식이 있는 사람들과의 대화로 들어간다. 치료자는 내담자에게 **경험에 가까이 묘사**experience–near description할 것을 요청하는데, 치료자는 전문가적 위치를 취하지 않고, 내담자의 개인적 지식을 가져온다.

내담자를 전문가로 볼 수 있게 하는 한 방식은 치료자가 **부지의 자세**not-knowing position를 취하는 것이다(Anderson & Goolishian, 1992). 치료자는 내담자가 답을 아는 질문을 하지 않고 내담자가 의미하는 바를 보게 하는 질문을 한다. 그러므로 치료자는 객관적이고 진단할 수 있는 전문가로서가 아니라 내담자가 의미하는 바를 제시할 수 있도록 호기심의 자세에서 행한다.

치료자는 본인의 세계관을 내담자에게 강요하지 않으려 함으로써가 아니라 내담자의 세계관 내에서 내담자를 만나려 함으로써 치료적 관계의 변형 가능성을 높일 수 있다(Short, 2010). 드종과 버그(DeJong & Berg, 2012)는 치료자가 부지의 자세를 유지하기 위해 사용할 수 있는 몇 가지 기본적인 면담 질문을 제시하였다.

- 내담자의 준거 틀(치료자의 준거 틀이 아니라)을 통해 내담자를 경청하기
- 치료자가 경청하고 있다는 것을 보여 주는 비언어적 행동 제시하기
- 핵심 단어 상기하기
- 폐쇄형 질문보다 개방형 질문 사용하기
- 내담자의 생각, 행동 및 감정 요약하기
- 다른 말로 바꾸어 표현하기
- 침묵 사용하기
- 내담자의 과거 성공에 대해 칭찬하기
- 내담자가 인식하는 것을 더 확실하게 해 주기
- 공감적으로 존재하기
- (내담자가 타인에 대해 말한다면) 초점이 내담자에 맞춰지도록 돌아오기
- 해결 대화를 극대화하기—내담자가 원하는 것과 그것에 도달하게 하는 잠재적인 방식에 관해 대화하기

이러한 행동은 내담자의 세계관을 우선시하는 것이고, 새로운 이해와 의미를 낳을 수 있는 쌍방의 대화로 내담자와 치료자를 연결한다.

♥ 공동 구성

사회구성주의는 의미는 관계적으로 생성된다는 가정에 근거한다. 우리는 이 과정을 공동 구성이라고 한다. 드종 등(DeJong, Bavelas, & Korman, 2013)은 "심리치료에서 공동 구성은 치료자와 내담자가 대화를 통해 협력적으로 회기에서 부상하는 것을 창출하는 것"(p. 17)이라고 하였다. 이러한 관점에서 우리는 문제와 해결책을 공동 구성

할 수 있다. 포스트모던 치료자는 내담자의 결핍과 문제보다 강점과 자원에 초점을 두는 경향이 있다.

공동 구성 관점에서는 내담자도 치료자도 아직은 현실을 개념화하지 않았다고 바라본다. 거건(Gergen, 2009a)은 공동 구성을 가상적 순간imaginary moments이라고 하였고, 공동 구성은 내담자에게 '나'와 '당신'이 아닌 '우리' 의식을 형성하게 해 준다. 내담자가 가상적 순간에 중요한 일부가 되는 것은 그들이 자신과 치료자의 차이에 초점을 두지 않고, 그들의 상위 목표에 초점을 두고 공통의 목적을 발달시킬 수 있게 한다. 시앙과 치료자는 시앙의 삶이 어떻게 될 것 같은가에 대한 비전을 공동으로 구성하는 다양한 가상적 순간을 가졌을 것이다. 하지만 시앙이 대인관계 영역에서 어머니나 연인과 함께 다양한 가상적 순간을 가진다면 그녀에게 더 유용할 것이다. 치료자는 시앙과 대화하거나 시앙에게 챈히라가 함께 참여하여 어떻게 두 사람이 같은 이슈—두 사람 모두가 임파워되도록 서로가 연결될 수 있는지—를 다루는가에 관한 대화를 하는 것이 타당한지를 물을 수 있다. 공동 구성은 치료자가 내담자에게 하는 것을 통해서가 아니라 내담자와 치료자 사이의 대화에서 언어를 통해 일어난다.

♥ 재저작 대화

우리는 각 사람이 자기 이야기의 저자라는 점에 대해 논의하였다. 사람들이 자기에 대해 말하는 어떤 이야기는 그 사람이 원하는 삶을 살 수 있게 하는 공간을 열어준다. 하지만 다른 이야기는 제한하는데 사람들은 이런 이야기 때문에 치료에 오는 것 같다. 시앙은 자신이 공동의존자라는 이야기를 발달시켜 왔는데, 이런 이야기는 시앙이 중요한 타자와의 관계에서 선택과 옵션에 제한이 있다고 느끼게 한다. 또한 그녀는 공동의존 상태에 있는 것은 나쁘고 독립적인 것은 좋다는 지배적 담론을 내면화하였다. 이는 시앙으로 하여금 본인과 관계에 대해 나쁜 기분을 들게 하였다. 어떤 이야기의 줄거리가 삶을 제한할 때 치료자는 내담자가 자신의 이야기를 재저작할 수 있도록 돕는다. 이는 다시 말하기와 다시 말하기에 대한 다시 말하기를 통해 일어나는데, 각각은 과거에 말했던 이야기와 다르다(Epston, White, & Murray, 1992).

재저작 대화re-authoring conversations는 내담자가 삶의 이야기에서 주목받지 못했던 영역에 초점을 두게 한다. 화이트(White, 2007)는 다음과 같이 설명하였다.

> 재저작 대화는 사람들이 삶에서 이야기를 계속 발달시키며 말하도록 하고, 이들이 간
> 과하였으나 지배적인 이야기 밖의 잠재적으로 중요한 사건과 경험을 이야기에 포함할
> 수 있게 한다.
>
> (p. 61)

시앙과 작업을 하면서 치료자는 언제, 어떻게 그녀가 그녀의 삶에 독립적이었고, 타인들이 보기에 그녀가 의존적이지 않고 자신을 위해 어떻게 주체성을 발휘했는지 대화할 것 같다.

사람들은 자기의 삶에 관한 이야기를 발달시키고, 그것에 관해 상세하게 묘사하기 때문에, 재저작 대화는 내담자의 주목되지 않은 삶에 생명을 불어넣을 수 있다. 이를 독특한 결과라고 부른다(White, 2007). 독특한 결과unique outcomes는 사람들의 지배적인 이야기 밖에 존재하는 사건들이다(White & Epston, 1990). 시앙은 삶에서 중요시하지 않았던 많은 독특한 결과를 경험하였을 것 같다. 독특한 결과는 그녀가 존중받지 못했다고 생각해서 직장을 그만두거나 그녀가 어머니 챈히라에게 어머니가 원해도 다른 해야 할 일이 있어서 하지 못한다고 말하는 것일 수 있다.

사람들은 독특한 결과를 강조할 수 있고, 지배적인 문제로 가득한 이야기에 대항하는 대안적인 이야기로 재저작을 할 때 자신에 대해 만든 많은 부정적인 정체성 결론을 해체할 수 있다(White, 2011). 그랬을 때 사람들은 상황의 희생자라는 존재에서 자기의 고유의 정체성을 구성하는 주체성을 갖는 존재로 전환된다. 이는 다양하며 새롭고 다른 행동적, 정서적 경험을 갖게 한다.

♥ 외재화

제10장에서 우리는 해체 개념과 어떻게 이 개념이 포스트모던 관점에 잘 맞는지를 논의하였다. 치료에서 해체를 수행하는 하나의 방법은 문제의 외재화를 통해서이다. 하지만 우리는 치료자가 사용하는 외재화의 서로 다른 두 가지 방식에 차이를 두어야

한다. 첫 번째 외재화의 사용은 어떻게 사람들이 증상을 보이는가와 관련된다. 이는 사람들이 증상을 내재화 혹은 외재화한다는 모더니즘 관점에서 온 것이다. 전통적인 치료 관점에서 **내현적 문제행동**internalizing behaviors은 사람이 증상을 내적으로 보일 때 나타난다. **외현적 문제행동**externalizing behaviors은 사람이 증상을 외적으로 보일 때 나타난다. 사람이 싸우거나, 재산을 파괴하는 데 관여하는 등의 행동화라고 일컬어지는 형태를 취할 때를 의미한다.

두 번째 유형의 외재화는 증상은 사람 안에 있지 않고 문제와의 관계에 있다는 가족치료에서 왔다(Minuchin et al., 2014; White, 2007, 2011; White & Epson, 1990 참조). 이 관점에서 문제는 사람 내면의 결핍이나 일탈행위의 결과가 아니라는 것이다. **외재화**externalizing는 치료자가 내담자를 문제의 영향에서 분리하는 것을 도울 때이다. 다음의 슬로건을 통해 외재화가 이해될 수 있다. 사람이 문제가 아니라 문제가 문제이다.

외재화 대화는 사람들이 믿고 살아온 내면화된 문제로 가득한 내러티브를 해체하도록 돕는다. 치료자는 내담자가 문제에 대한 그들의 반응과 문제의 영향에 관해 다음의 견해를 밝히도록 돕는다. 그들이 삶을 점령하는 문제로부터 멀어지기 위해 무엇을 할 수 있는지, 내담자에게 있는 어떠한 소중한 가치, 신념, 소망이 그들이 문제와 다른 관계를 발전시킬 수 있는 능력을 더 키울 수 있게 하는지 등이다. 시앙에게 많은 것이 외재화될 것이지만 아마도 외재화 목록 중 가장 중요한 것은 그녀가 공동의존자라는 관점이다. 사회구성주의 치료자는 시앙이 공동의존자라는 것을 문제로 보지 않고 공동의존이 문제이고 그것이 시앙의 삶에 갈등을 가져온다고 본다.

객관적 진실은 존재하지 않고, 사람이 문제를 가지고 있지 않으며, 문제와의 관계가 문제라는 이해에 기초해서 치료자는 그 사람과 별개의 실재로서 문제에 관해 이야기할 수 있다([그림 11-1] 참조). 이는 사람들에게 일어난 일을 이야기할 때 어떻게 언어화할 것인지에 있어 전환을 가져다준다. 그녀가 우울하지 않고, 우리는 그녀가 우울증과 관계가 있다고 바라본다. 어떤 이는 불안한 것이 아니라, 불안감에 눌린 것이다. 부부가 갈등적인 것이 아니라, 갈등이 관계에 들어가서 관계를 갈등으로 흠뻑 적신다.

문제는 언어 안에 있거나 언어에 의해 창조되기 때문에, 문제의 의미는 치료자가 가지고 있는 객관적 사고에 의해서가 아닌 내담자의 문제에 대한 독특한 이해에 의해 결정된다. 이는 치료의 목적을 부정적인 성격 특성이나 의학적 장애를 내쫓는 것에서 내담자가 문제와 어떤 유형의 관계를 원하는가에 대해 대화하는 것으로 변화시킨다.

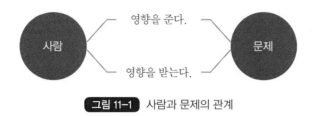

그림 11-1 사람과 문제의 관계

외재화 대화는 네 가지 부분 혹은 화이트(White, 2007)가 **탐구영역**categories of inquiry이라고 명명한 것으로 구성된다. 첫째, 치료자는 내담자가 **경험에 가깝게 문제를 정의**experience-near definition of the problem하도록 돕는다. 화이트는 다음과 같이 설명하였다.

> 문제를 '경험에 가깝게' 묘사하는 것은 치료받으려는 사람의 용어를 사용하고, 삶에 대한 그들의 이해(가족이나 지역사회 문화에서 발달하거나 그들의 근접 역사에 영향을 받는)에 근거한 묘사이다.
>
> (p. 40)

시앙의 예에서 치료자는 그녀의 공동의존 경험에 대해 상세하게 알려고 할 것이다. 이에는 어떻게 그녀가 공동의존자로 살아왔다는 것을 알게 되었는지에 관해 묻는 것이 포함될 것이다.

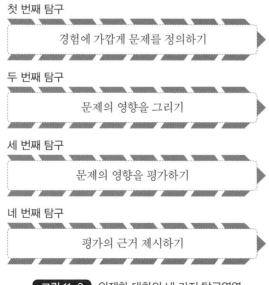

그림 11-2 외재화 대화의 네 가지 탐구영역

외재화에서 두 번째 영역은 내담자가 문제의 영향을 그리기map the influence of the problem
를 하는 것이다. 이를 입장 말하기 지도statement of position map라고 한다. 내담자는 문제에
이름을 붙이라고 질문받는다. '우울증', '슬픔' 혹은 내담자는 좀 더 시적일 수 있고,
'매우 큰 나쁜 비애의 우울감' 혹은 '절망감이라는 담요'라고 할 수 있다. 내담자가 문
제를 묘사하기 위해 사용하는 실제적 이름은 중요하지 않다. 중요한 것은 치료자가
아닌 내담자가 문제에 대한 이름을 붙이는 것이다. 치료자의 질문은 어떻게 문제가
내담자의 행동, 감정, 태도, 관계에 영향을 미치는지에 초점이 맞춰진다. 시앙과의 대
화에서 이러한 탐색은 다음과 같을 것이다.

치료자: 시앙, 당신이 이 이슈를 다루는 것이 어떤 것인지에 대해 이야기했어요.
　　　당신이 이 이슈에 대해 이름을 붙인다면 무엇이라고 부를 수 있을까요?
시앙: 잘 모르겠어요. 아마도 절망.
치료자: 절망이 가장 최선의 이름일까요?
시앙: 아마도 아닌 것 같아요. 확실하게 절망이 진짜 많아요. 그냥 공동의존. 공
　　　동의존자로 존재하는 것이 절망적이에요.
치료자: 알겠습니다. 당신은 이것을 공동의존이라고 부릅니다. 공동의존이 당신
　　　의 삶에 언제 왔어요?

세 번째 탐구영역은 문제의 영향을 평가하기evaluating the effects of the problem's activities이다.
치료자는 어떻게 그녀가 문제를 생각하는지가 그녀에게 영향을 미치는지, 그녀가 그
것이 괜찮은지를 성찰할 수 있도록 돕는다. 이는 중요한 단계인데 문제의 영향을 평
가한 사람들이 내담자 자신이 아니라 타인이기 때문이다(White, 2007). 내담자가 이
평가를 할 수 있도록 도우면서 치료자는 부지의 자세를 가지고 내담자의 입장을 추측
하지 않는다.

치료자: 시앙, 당신은 지금 공동의존이 오랫동안 당신의 삶에 어떻게 존재했는지
　　　를 이야기했어요. 어떤 것 같으세요?
시앙: 안 좋아요.
치료자: 안 좋아하는군요. 그에 대해 좀 더 말해 줄 수 있으세요?

시앙: 저는 다른 사람을 위해서 행하기보다 저를 위해서 행하고 싶어요.

치료자: 그러니까 지금 당신은 공동의존이 당신을 위해서보다 다른 사람을 위해

서 무언가를 하게 했다는 것이 괜찮지 않다고 말하는 거죠?

시앙: 네, 맞아요.

외재화 영역에서 네 번째 탐구영역은 평가의 근거 제시하기justifying the evaluation이다. 내
담자는 그녀가 문제와의 관계를 왜 그렇게 느끼는가에 관한 질문을 받는다. 이 왜라
는 질문은 사람들이 자신의 관점에 대해 목소리를 내게 한다. 그들이 왜 현재의 입장
을 갖게 되었는지, 삶에서 이와 관련된 과거 경험이 있는지 등을 질문받는다.

치료자: 무엇이 당신이 공동의존에 대해 이런 입장을 갖게 하였나요?

시앙: 제 삶에서 정말 더는 원하지 않는다는 것?

치료자: 네, 왜 그런 입장이신가요?

시앙: 왜냐하면 공동의존이 너무 오랫동안 저를 통제하고 위축시켰기 때문이에요.

치료자: 당신은 자유로워지고 싶고, 삶에 통제력을 갖기를 원하시나요?

시앙: 네. 사람들이 말하는 것처럼 '제가 원하는 것을 하고 싶어요.'

외재화 대화는 주목받지 못한 개인적 주체성에 관한 이야기가 나올 수 있게 한다.
이러한 이야기는 그 사람이 문제에 영향력을 행사했던 때에 관한 이야기를 이끈 소중
한 신념, 가치 및 소망과 연결될 수도 있다. 이때는 내담자가 문제가 영향 미치는 것
을 허용하지 않았던 때이다. 내담자의 원래 내러티브에서 이때는 강조되지 않았을
것이다. 사람들이 문제에서 자신을 분리하게 되면 문제로 가득한 내러티브로부터 자
신을 분리하게 된다. 이러한 방식으로 분리될 때 선호하는 내러티브를 포함하는 이
전에는 탐색하지 않았던 이야기가 인정되고 가치가 부여된다(White, 1993).

외재화 대화는 어떻게 문제가 그 사람에게 영향을 미치고 어떻게 그 사람이 문제에
영향을 미쳤는지에 초점이 맞춰진다. 그 사람이 문제에 미친 영향이 발견되면서 과
거의 문제로 가득한 이야기가 아닌 새로운 줄거리가 나오게 된다. 이러한 새로운 이
야기는 개인적 주체성에 대한 느낌과 지배적 이야기의 독특한 결과를 포함한다.

전술하였듯이 독특한 결과unique outcomes는 지배적 이야기 밖에 있는 생생한 경험이다

(White & Epston, 1990). 이때는 내담자가 문제를 경험하지만, 과거와 같은 강도와 수준으로 경험하지 않았던 때이다. 또한 독특한 결과는 행동으로 나타나지 않은 때도 포함하는데, 예를 들어 내담자가 중요한 신념을 놓치지 않고 붙잡고 있을 때, 내담자가 부당함에 대해 반대 견해를 취할 때, 내담자가 자신에 관해 생각하는 방식과 일치하지 않는 삶의 영역에 대해 분명한 견해를 밝힐 때이다. 이런 유형의 대화는 다음과 같을 수 있다.

치료자: 시앙, 당신은 삶에 통제력을 갖고 싶어 하고 '당신이 원하는 것을 하고 싶어 합니다.' 당신은 방금 고등학교 때 남자 친구가 당신이 축구팀에 들어가는 것을 그다지 좋아하지 않았지만, 축구팀에 들어가려 했다고 했어요. 더 이야기해 주시겠습니까?

시앙: 저는 축구를 아주 좋아해요. 저는 축구로 대학에 들어갈 수 있다는 것을 알았어요. 저는 운동선수 장학금이 필요했어요.

치료자: 자신을 위해 이런 선택을 했는데, 이런 선택은 당신에 대해 무엇을 말하나요?

시앙: 다른 사람들이 원하는 것을 따라가기보다 저에게도 선택이 있고 저를 위해 선택할 수 있다는 것을 말해 줍니다.

치료자: 당신은 이러한 당신에 대한 지식을 가치 있게 여깁니까? 그렇지 않습니까?

시앙: 두말할 나위 없이 가치 있게 여겨요.

💡 지식 적용하기

다음 치료자의 표현을 외재화 지향으로 바꿔 보시오.

예: 언제 당신은 화가 납니까?

외재화: 어떤 상황에서 분노가 당신의 삶에 들어옵니까?

1. 얼마나 오랫동안 우울했습니까?

　　외재화:

2. 어떤 상황에서 당신은 걱정이 많아집니까?

　외재화:

3. 당신이 섭식장애가 있을 때 어떤 의례를 합니까?

　외재화:

4. 무엇이 당신이 성적인 것에 관심을 두지 않게 합니까?

　외재화:

5. 어떻게 해서 당신은 싸우게 됩니까?

　외재화:

💙 치료적 문서

　우리는 사회구성주의 치료자가 어떻게 내담자가 대안적이고 희망하는 이야기를 발달시킬 수 있는지를 논의하였다. 내담자가 새로운 정체성을 구성할 수 있도록 돕는 도구 중의 하나는 치료적 문서이다(White & Epston, 1990). 치료에 오는 사람들은 생애 과정에서 그들이 문제가 있다는 것을 보여 주는 다양한 문서를 받아 왔다. 법원 명령, 심리 평가서, 경찰 보고서 혹은 학교 제재 등일 수 있다. 이러한 다양한 문서는 그 사람이 문제가 있다는 것을 제시하면서 그 사람의 삶에 영향을 미친다.

　치료적 문서counter documents는 그 사람의 선호하는 정체성을 비추는 대안적 줄거리를 제시한다. 사춘기 학생에게 투쟁하도록 권고하는 '투쟁 수료증'과 같은 치료적 문서가 사용될 수 있다. 또 다른 예로 아이가 짜증을 극복하기 위해서 아이에게 '성질부리는 것에서 도망가기' 수료증을 부여할 수 있다. 아동, 청소년 자녀를 위해 부모가 유일하게 이런 문서를 보는 사람일 것이다. 하지만 더 많은 이가 참여해서 새로운 정체성을 확인하면 새로운 정체성은 더욱더 확고해진다. 화이트와 엡스톤(White & Epston, 1990)은 "청중을 초대해서 새로운 정체성을 인정받게 하는 것은 단지 새로운 의미를 굳건히 하는 것만이 아닌 이미 존재하는 의미를 수정하는 것이다"(p. 191)라고 했다.

치료에 도입될 수 있는 다양한 치료적 문서가 있다. 수료증, 졸업장, 편지 및 선언문 등이 있다. 수료증certificates은 그 사람이 새로운 정체성 혹은 문제와 다른 관계를 갖게 된 새로운 성취를 하게 된 것을 보여 준다. 졸업장diplomas은 그 사람이 자기에 대해 문제로 가득한 담론과 아주 다른 새로운 담론을 발달시켰음을 강조한다. 편지letters는 치료자, 내담자 혹은 치료자와 내담자가 다양한 독자를 위해 작성할 수 있다. 치료자는 내담자, 상담기관 혹은 내담자가 편지를 주고 싶어 하는 사람에게 편지를 쓸 수 있다. 내담자는 치료자, 치료에 참여하기를 소망하는 사람(초대 편지) 혹은 대안적 이야기 발달에 포함되기를 원하는 사람들에게 편지를 쓸 수 있다.

선언문declarations은 내담자가 문제와의 관계에서 벗어나 개인적 주체성을 발휘한다는 것을 표현하는 내담자의 사인이 적힌 문서이다. [그림 11-3]은 시앙에게 사용될 수 있는 수료증의 예시이다.

공동의존에서 탈출 수료증

공동의존에 대한 승리를 인정하여 시앙에게 본 수료증을 수여합니다.

시앙의 삶의 대부분에서 공동의존은 그녀의 삶을 짓눌렀고, 자신을 존중하기보다 타인을 기쁘게 하는 데 초점을 두게 하였습니다. 하지만 시앙은 공동의존이 마음대로 하지 못하게 하기로 하였고, 상호의존적 관계를 형성하기로 했습니다.

본 수료증은 시앙이 그녀의 관점과 원하는 바를 보지 못하게 했던 공동의존에 보내는 통지로 시앙과 사람들에게 진술서 역할을 합니다. 그녀는 타인의 고유성을 존중하면서 자신도 고유한 인간으로 존중하고자 합니다.

2019년 7월 13일에 수여됨

서명:

그림 11-3 지배적인 문제 이야기에 대한 치료적 문서로서 수료증의 예시

💟 외부 증인 실천

　새로운 이야기에 대한 읽기 능력을 높이는 또 다른 방식은 새로운 이야기에 관해 말하고 지지할 수 있는 사람들을 치료적 대화로 데려오고, 공동으로 창조된 의미를 추가하는 것이다. 이를 가능하게 하는 방식 중 하나는 정의 예식이다. 화이트(White, 2007)는 내담자가 치료자와 외부 증인outsider witnesses에게 자신의 이야기를 말할 수 있는 정의 예식definitional ceremonies—문제와 어느 정도 관련이 있지만, 내담자를 모르는 사람들—을 갖게 하였다. 즉, 외부 증인은 내담자와 유사한 문제나 이슈를 다뤘던 사람들일 수 있다.

　정의 예식은 세 가지 구성요소를 포함한다. 첫째, 내담자는 자신의 이야기를 치료자에게 말한다. 외부 증인은 치료실 혹은 일방경 뒤에 있을 것이다. 어떤 시점에서 외부 증인은 내담자가 있는 자리에서 내담자의 이야기(정확히 말하자면 치료적 대화)를 다시 말하도록 초대받을 것이다. 이러한 다시 말하기는 정의 의식의 두 번째 구성요소로, 외부 증인이 그들에게 가장 공명하는 이야기를 다시 말하는 것을 포함한다. 외부 증인은 내담자를 치료하거나 내담자에게 무엇을 해야 한다고 말하기 위해서 치료실에 오지 않는다. 다시 말하기는 외부 증인이 내담자가 어떤 가치를 붙들고 있는지를 듣는 것에 초점이 있다. 정의 예식의 세 번째 요소는 내담자가 외부 증인이 말한 이야기를 다시 말하는 것을 포함한다.

　시앙과 작업하는 사회구성주의 치료자는 공동의존과 관련 있는 외부 증인을 포함하는 정의 예식 사용을 고려할 수 있다. 치료자와 시앙은 시앙의 공동의존 경험, 공동의존이 어떻게 그녀의 삶에 영향을 미쳤는지, 그녀가 공동의존이 삶에 영향 미치지 않게 했던 때 등에 관해 대화할 것 같다. 그 후에 상담의 한 시점에서 시앙을 옆(혹은 일방경 뒤)에 있게 하고, 치료자(혹은 공동 치료자)는 외부 증인에게 시앙의 이야기와 시앙의 공동의존과의 관계에서 가장 두드러졌던 것이 무엇인지 묻고 이들과 이에 관해 대화할 것이다. 이 대화가 끝나면 치료자는 시앙에게 외부 증인이 말하는 것을 들을 때 두드러졌던 것이 무엇인지를 묻고 이에 관한 대화를 할 것이다. 이 정의 예식은 시앙이 공동의존에 대해 개인적 주체성을 갖게 하고, 그녀가 공동의존자가 아니라는 이야기를 구체화하는 데 도움을 줄 것이다.

♥ 반영팀

반영팀 과정은 외부 증인 실천과 유사한데, 반영팀은 다각도 시각에서 이뤄진다 (Gergen, 2009a). 톰 앤더슨(Andersen, 1991, 1992, 1993)은 **반영팀**reflecting teams을 개발하였다. 즉, 치료자와 내담자 간의 담론을 경청하고 내담자 앞에서 그들이 경청한 것에 관해 대화하는 전문가 집단이다([그림 11-4] 참조). 이러한 개방된 대화는 치료자가 내담자 위에 있다는 위계적 관점에서 내담자와 치료자를 파트너로 바라보는 새로운 관점으로 이동하게 한다.

반영팀은 '둘 중 하나/혹은' 원칙이 아닌 '둘 다/그리고'의 원칙에서 기능한다. 치료자가 내담자의 관점에 반하는 관점을 가졌다고 보지 않고(둘 중 하나/혹은 원칙), 내담자의 관점뿐만 아니라 자신의 관점도 존중한다(둘 다/그리고 원칙)고 바라본다. 이는 **대신**instead of에서 **더해서**in addition to 관점으로 이동하게 한다(Andersen, 1993). 이는 전문가 입장에서가 아닌 불확실성을 가지고 생각을 제시하는 것에서 유래한다. 어떤 치료자들은 '아마도 이를 바라보는 다른 관점은……', '그것에 더해서, 어떻게 될 것 같습니까……', '아마도 이것은 또한……'이라고 진술한다. 내담자는 자기의 아이디어와 아

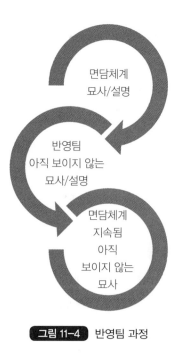

그림 11-4 반영팀 과정

주 반대되는 아이디어에 관해 대화하는 것을 원하지 않기 때문에, 치료자는 색다르지만(내담자의 관점과 다른) 아주 색다르지 않은 시각을 제시해야 한다(Andersen, 1991)는 점에서 이러한 관점은 중요하다. 누군가와의 대화에 머무른다는 것은 치료자가 내담자의 관점에 가까이 머물러서 내담자가 진정성 있게 존재하는 것을 포함한다.

반영팀에는 치료자가 내담자와 대화하는 것을 관찰하고, 경청하는 자율적인 치료자 집단이 있는데, 이 집단을 면담체계interviewing system라고 한다(Andersen, 1991). 이 집단의 수는 다양할 수 있는데 두 명 이상일 수 있고, 일반적으로 네 명에서 여섯 명 사이이다. 반영팀과 작업하는 치료자들은 그들끼리 혹은 공동 치료로 작업할 수 있다. 내담자는 개인, 부부, 가족, 집단일 수 있다. 반영팀은 면담체계에서 무엇이 이야기되어야 하는지를 정하지 않는다. 대화를 들으면서 반영팀원은 내적 대화를 하나, 아직 밖으로 소리 내어 말하지 않는다. 내적 대화는 두 가지 질문에 초점을 둔다. "제시된 묘사에 더해서, 면담체계가 제시한 상황이나 이슈는 어떻게 묘사될 수 있는가? 제시된 설명에 더해서, 상황이나 이슈는 어떻게 설명될 수 있는가?"(Andersen, 1991, p. 40). 대화의 한 시점에서 면담체계는 대화를 멈추고, 반영팀은 면담체계를 경청하는 동안 떠오른 질문이나 생각에 관해 대화할 것이다. 시간이 좀 지나서 면담체계는 반영팀의 대화에 대한 그들의 반영에 관해 말할 것이다.

반영팀 구성원이 면담체계 앞에서 질문을 하고 아이디어를 낼 때, 호기심과 추측의 자세에서 한다. 반영팀에 관한 규칙은 거의 없지만, 하지 말아야 하는 규칙이 몇 가지 있다(Andersen, 1991). 첫째, 반영팀원은 면담체계에서 논의되지 않은 것에 대해 반영하지 않는다. 둘째, 반영팀원은 부정적인 의미가 내포된 표현을 하지 않는다. 즉, 반영팀은 내담자 앞에서 내담자를 진단하는 객관적인 전문가 집단이 아니다. 반영팀은 내담자를 지지하고 그 사람이 선호하는 정체성을 긍정한다. 하지만 반영팀은 어떤 차이를 대화에 더해야만 한다. 차이는 아직 보이지 않는 묘사와 사고되지 않은 설명에 대해 호기심의 자세를 갖는 것이다(Andersen, 1991).

반영팀의 목적 중 하나는 차이를 장려하는 것이다. 앤더슨(Andersen, 1992)에 따르면 "우리는 생각을 공유하는 것이 새로운 대화 혹은 새로운 묘사와 이해를 위한 시발점이 될 것이라고 기대한다"(p. 61). 반영팀의 각 사람은 다른 사람과 다르게 자신이 무엇을 들었는지를 이해할 것이고, 그들이 이해한 것을 묘사할 것이다. 이러한 과정은 둘 중의 하나/혹은 관점이 아닌 둘 다/그리고 관점을 장려할 것이다. 이럴 때 내담자는 그들의 삶을 다르게 해석하는 추가적인 방식과 대안적인 의미 만들기를 발달시킬 것이다. 이러한 과정이 내담자의 이후 삶의 과정에 유용하게 되기를 바란다.

대화에 차이를 도입하는 하나의 방식은 이중으로 묘사하도록 하는 질문을 하는 것이다(Andersen, 1991). 이중 묘사double descriptions는 관점을 제시하고 차이를 탐색하게 한다. 이러한 질문은 다음과 같은 형태를 띨 수 있다. 비교해 볼 때, 관련해서 혹은 다르게 등이다. '비교해 볼 때' 질문은 어떻게 내담자가 상황에서 다르게 생각하고 행동했는지 혹은 어떻게 말하는 것이 시간에 따라 달라졌는지를 탐색한다.

- 다른 어떤 것을 시도했던 첫 번째 사람은 누구입니까?
- 이것이 처음으로 쟁점이 된 후 당신의 반응은 어떻게 변화하였습니까?

'관련해서' 질문은 사람들 간의 상호관련성에 대해 질문한다.

- 이 상황에서 누가 주요 참여자입니까?
- 누가 관여하지 않을 수 있습니까?

'다르게' 질문은 어떻게 상황이 시간에 따라 변화했는지를 탐색한다.

- 그 상황을 언제 처음 알았습니까?
- 어떻게 상황이 더 나빠졌습니까?
- 어떻게 상황이 더 나아졌습니까?

💡 지식 적용하기

내담자가 했던 다음 진술에 관해서, 대화에서 이중 묘사를 할 수 있게 하는 '① 비교해 볼 때, ② 관련해서, ③ 다르게' 질문을 제시하시오.

예) 내담자: 저는 공동의존자로 존재하고 타인의 감정을 내 감정보다 더 중시하는 것에 진절머리가 납니다.

① 비교해 볼 때: 누가 이것이 당신과 다르다고 보나요?

② 관련해서: 누가 당신이 당신의 감정보다 그들의 감정을 고려하기를 원한다고 하나요?

③ 다르게: 당신 자신의 감정보다 타인의 감정을 고려하려는 욕구는 시간이 지나면서 어떻게 변화
 했나요?

1. 내담자: 저는 지금 공부를 잘 못해요. 저는 아마 낙제점을 받을 것 같아요. 지금까지는 꽤 성적
 이 괜찮은 학생이었어요.

 ① 비교해 볼 때:

 ② 관련해서:

 ③ 다르게:

2. 내담자: 제가 무슨 말을 할 수 있을까요? 저는 제 충동을 통제할 수 있다고 생각했지만, 저는 내
 연인이 아닌 사람과 잠자리를 했어요. 저는 진짜 쓸모없는 사람이에요.

 ① 비교해 볼 때:

 ② 관련해서:

 ③ 다르게:

3. 내담자: 어머니가 막 암 진단을 받았고 저는 엄청난 충격을 받았어요.

 ① 비교해 볼 때:

 ② 관련해서:

 ③ 다르게:

💟 문제 대화 대 해결 대화

우리가 설명한 대로, 사회구성주의 치료자는 치료적 대화의 흐름에 주목하고, 어떻게 대화가 오가면서 초점의 변화가 생기는지에 주목한다. 치료자가 내담자 말의 구체적인 측면을 강조할 때 치료가 촉진된다.

일반적으로 사람들은 치료에 왔을 때, 그들의 삶에서 무엇이 잘못되었는지, 즉 문제에 대해 말하는 것을 기대한다. 치료자는 내담자가 원하지 않는 것(문제) 혹은 그들

이 원하는 것(목표)을 경청할 수 있다. 내담자의 목표에 이르는 길은 해결책이다. 해결책에 도달하기 위해 치료자와 내담자는 문제 대화에서 해결 대화로 이동하게 하는 대화를 할 필요가 있다(de Shazer, 1994).

문제 대화problem talk는 내담자의 삶에서 잘못되어 가고 있는 것은 무엇인지—그들이 더 이상 원하지 않는 것이나 덜 원하는 것—에 초점을 두는 것이다. 대부분 내담자는 왜 그들이 치료를 원하는지 말할 준비가 된 상태로 치료에 온다. 왜냐하면 그들을 화나게 하는 것들이 있기 때문이다. 드 세이저(de Shazer, 1994)는 문제 대화는 일반적으로 사람들이 '진실' 측면에서 하는 사고에 기반한다. 사람들은 "이렇게 되어야 한다."라고 말한다. 치료에 오는 사람들은 문제의 여러 사실에 사로잡혀 있어 어떻게 이러한 사실이 대안과 가능성을 보는 것을 제한하는지 보지 못하기도 한다. 또한 치료자가 내담자와 문제의 사실들에 관해 대화할 때, 두 사람은 함께 더 큰 문제를 구성하게 된다(de Shazer & Berg, 1993).

이 장의 서두로 돌아가면, 우리는 시앙이 치료자에게 했던 첫 반응을 볼 수 있다. 특히 첫 회기 초반부에서 그녀의 표현은 다른 내담자들과 유사하다. 일반적으로 내담자는 그들이 치료에 왜 왔는지에 대해 치료자에게 말하고자 하는 것을 생각해 왔다. 그들의 초점은 삶에서 무엇이 잘못되었는지—그들이 분리하기를 원하는 것—이다. 사람들이 원하지 않는 것을 표현하는 것은 그들의 삶이 어떻게 되기를 원하는지에 관한 대화를 못 하게 하고, 선호하는 관점과 연결된 과거나 현재의 경험을 못 보게 한다. 시앙은 자신과 삶을 문제가 많은 것으로 경험해 왔다. 그녀는 문제라고 생각하는 삶의 측면과 공동의존자 정체성으로 이끈 사실에 대해 말하는 데 많은 시간을 쓸수 있다. 치료자가 이러한 대화에 참여하면 할수록, 이러한 사실은 시앙이 계속해서 자신을 제한하는 관점을 내면화하게 할 것이다. 치료자는 문제 대화에서 해결 대화로 이동함으로써 자신에 대한 그녀의 관점을 해체하도록 도울 수 있다.

해결 대화solution talk는 문제의 한계를 넘어서는 내담자와 치료자 간의 대화이다(de Shazer & Berg, 1993). 이는 내담자가 삶에서 원하거나 더 원하는 것에 관한 대화이다. 이러한 유형의 대화는 과거의 제한하는 사실들에서 환상, 바람, 소망, 꿈, 현재와 미래의 계획에 관한 것으로 초점을 이동시킨다(de Shazer, 1994). 이러한 것은 내담자의 해결책으로, 내담자와 치료자가 해결에 관해 대화하면 할수록 그들은 이러한 대화가 실제가 될 것이라고 더욱더 믿게 된다.

우리는 **해결**solutions이 어디서 오는지 우리 자신에게 질문할 수 있다. 드 세이저(de Shazer, 1994)에 따르면 "그러므로 해결은 문제/불평이 아닌 것에 대해 치료자와 내담자가 함께 대화함으로써 얻는 공동의 산물이다"(p. 56). 해결 대화의 일부는 어떻게 환상과 소망이 내담자의 과거에 다양한 방식으로 나타났는지를 탐색하는 것이다.

문제 대화에서 해결 대화로 이동할 수 있는 것은 치료의 전문기술이다. 어떻게 치료자와 내담자가 치료의 초점을 협상하는지가 중요하다(Reiter & Chenail, 2016). 치료자는 내담자의 초기 관심인 문제를 따라가고, 이후에 내담자가 해결을 향해서 이동하는 가능성을 열어 둔다. 이 과정이 [그림 11-5]에 제시되었다.

해결 대화로 이동하게 하는 하나의 수단은 **기적 질문**miracle questions이다(Berg, 1994). 기적 질문은 내담자가 과거와 현재에 효과적이지 않았던 것으로부터 미래가 어떻게 되기를 원하는지로 전환할 수 있도록 개발되었다. 다음과 같이 진행된다.

> 오늘 당신이 잠잘 때, 기적이 일어났다고 생각해 보십시오. 그리고 그 기적은 오늘 이야기했던 모든 것(내담자가 치료에 가지고 온 다양한 문제)이 사라진 것입니다. 하지만 당신이 일어났을 때 당신은 자고 있어서 기적이 일어났는지 모릅니다. 당신이 무엇을 보면 기적이 일어났다는 것을 알 수 있습니까? 무엇이 다른가요?

새로운 미래에 대해 언어화하면서 치료자와 내담자는 현재에서 미래를 창조한다.

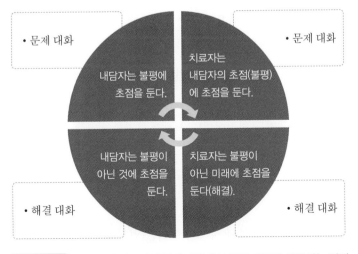

그림 11-5 내담자와 치료자가 문제 대화에서 해결 대화로 이동하는 과정

문제가 아닌 해결에 관한 대화는 생성적 담론generative discourse이 되는데(Gergen, 2009a), 이는 전통적인 관점(문제 대화 안에 존재하는)에 도전하고 새로운 가능성(해결 대화 안에 존재하는)을 가져온다.

기적의 다양한 조각이 상세히 말해지기 시작하면, 치료자는 내담자에게 삶에서 이미 이러한 다양한 조각이 일어났던 때에 대해서 질문할 수 있다. 이때는 문제는 있었지만, 현재의 문제 수준으로 문제가 일어나지 않았던 때로 예외exceptions라고 불린다 (Berg, 1994). 예외에 초점을 두는 것은 내담자에게 소망을 주는 것으로, 내담자가 이미 유익한 방식으로 하고 있다는 것을 볼 수 있게 한다. 기적 질문과 짝을 지어서 예외를 확장하는 것은 이미 삶에서 어느 정도 기적이 일어났음을 보여 준다. 이는 치료자와 내담자 둘 다가 내담자가 과거에 했던 예외가 반복될 수 있다는 기대를 하게 한다. 치료적 대화에서 다양한 예외는 해결책이 된다. 기적에 관한 대화를 할수록 기적은 더욱 더 '실재'가 된다(de Shazer, 1994). 시앙과 작업을 할 때, 과정은 다음과 같을 수 있다.

치료자: [기적 질문을 함]

시앙: 저는 역량이 강화된 것 같은 느낌이 들어요.

치료자: 좋네요. 그 감정이 있다고 생각해 보세요. 당신은 오늘 하지 않은 것을 어떻게 다르게 할 것 같은가요?

시앙: 저는 다른 사람을 위해서 해야 하는 것보다 제가 원하는 것을 생각할 것 같아요.

치료자: 그렇게 하면 당신이 다음에 하는 것에 어떻게 영향을 미칠 것 같나요?

시앙: 저는 아마도 운동이나 쇼핑하러 갈 것입니다.

치료자: 당신이 잠에서 깨서 누군가를 위해서 무엇을 하기 전에 마지막으로 체육관에 가거나 쇼핑하러 갔던 때는 언제인가요?

시앙: 3주 전쯤이요. 저는 친정어머니가 제가 하기를 원하는 심부름을 하지 않고 운동하러 갔어요.

치료자: 대단하십니다. 어떻게 그렇게 결정했어요?

이 대화는 과거에 효과적이었던 시앙이 이미 했었던 행동에 기반한 것으로, 그녀가 원하는 것에 따라 행동하게 하는 개인적 주체성을 높인다.

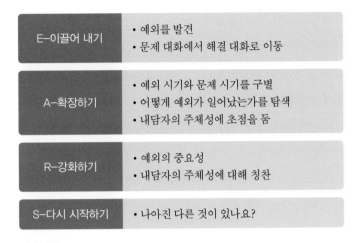

E-이끌어 내기	• 예외를 발견 • 문제 대화에서 해결 대화로 이동
A-확장하기	• 예외 시기와 문제 시기를 구별 • 어떻게 예외가 일어났는가를 탐색 • 내담자의 주체성에 초점을 둠
R-강화하기	• 예외의 중요성 • 내담자의 주체성에 대해 칭찬
S-다시 시작하기	• 나아진 다른 것이 있나요?

그림 11-6 EARS의 구성요소: 내담자의 이야기를 경청하는 강점 기반 방식

대부분의 사회구성주의 치료자는 다양한 수단을 통해 내담자의 문제 기술에 대한 대안을 탐색한다. 독특한 결과나 예외에 초점을 두는 것은 내담자가 대안적인 이해를 할 수 있게 하는 두 가지 길이다. 드종과 버그(DeJong & Berg, 2012)는 두문자어 EARS를 사용하여 치료자가 예외를 확장할 수 있도록 하였다([그림 11-6] 참조). E는 치료자가 예외를 끌어내도록 격려하는 것이다. A는 예외를 확장하는 것이다. 이는 예외 시기와 문제 시기를 분리함으로써 가능하다. 이는 또한 내담자가 예외가 일어나도록 만들거나 예외가 일어나는 것을 허락한 개인적 주체성을 확장하는 것을 포함한다. R은 치료자가 예외를 강화하는 것으로 일어난 예외를 확실히 하는 데 있어 내담자가 사용했던 강점을 강조하는 것이다. 이러한 내담자 강점에 대한 강화를 칭찬이라고 한다. S는 다시 시작하는 것을 상징하는 것으로 내담자에게 "어떤 것이 더 나은가요?"라는 질문을 하는 것이다. EARS의 마지막 구성요소는 치료적 대화에서 부상하는 성공 이야기를 확장하게 한다.

삶의 여러 면을 이야기하고 있는 시앙을 경청하고 있는 치료자는 대화의 중심에 다양한 예외를 가져올 수 있도록 EARS를 사용할 수 있다.

치료자: 시앙, 벤과의 관계에 대해서 말할 때, 당신은 관계가 상호의존성에 기초했다고 느꼈던 적이 있다고 말했습니다. 그때 무슨 일이 일어났나요?

시앙: 서로 뜻이 통하는 것 같았어요. 우리 둘의 관점이 존중되었어요.

치료자: 어떻게 그렇게 할 수 있었나요?

시앙: 잘 모르겠어요. 그냥 일어난 것 같아요.

치료자: 그때 당신은 좀 달랐어요. 당신이 상호의존성을 경험했을 때, 당신은 어떻게 달랐나요?

시앙: 음, 저는 굴하지 않았어요. 제 입장을 명확히 하였고, 우리는 서로 협상하였어요.

치료자: 우아. 모든 사람이 그렇게 할 수 있지는 않아요. 무엇이 당신이 굴하지 않을 것이라고 했나요? 그러니까 당신이 독립적이고, 벤과 협상하리라는 것을요.

시앙: 저는 오랫동안 너무 절망적이었고, 벤과 잘 풀리기를 원했어요.

치료자: 당신이 원하는 것처럼 일이 일어났던 다른 때가 있었나요?

이러한 대화는 내담자의 정체성과 그녀가 앞으로 무엇을 할 수 있는지를 새롭게 구성하게 한다.

🎓 주요 인물

인수 김 버그Insoo Kim Berg, 스티브 드 세이저Steve de Shazer

인수 김 버그와 스티브 드 세이저는 20세기 후반, 21세기 초반에 가장 인기 있었던 심리치료 접근 중의 하나인 해결중심단기치료를 공동으로 개발하였다. 해결중심단기치료는 사람들은 자신에게 유용했던 무언가를 했던 경험이 있다는 관념에 근거한다. 문제와 병리에 초점을 두는 대신 내담자의 강점과 자원을 강조하고, 내담자가 과거에 자신에게 효과적이었던 것을 더 많이 할 수 있도록 돕는다.

인수 김 버그는 한국에서 1934년 7월 25일에 출생하였다. 그녀는 원래 한국의 서울에 있는 이화여자대학교에서 약학을 전공하였다. 이후 그녀는 약학 공부를 더 하기 위해서 메디슨에 있는 위스콘신 대학교로 유학을 갔으나, 사회복지학으로 전공을 바꾸었다. 더 훈련받기 위해서, 그녀는 캘리포니아주 팰로앨토에 있는 Mental Research InstituteMRI에서 존 위클랜드John Weakland의 멘토링을 받으며 연구하였다. MRI에서 그녀는 스티브 드 세이저를 만났다.

스티브 드 세이저는 위스콘신주 밀워키에서 1940년 6월 25일에 출생하였다. 그는 위스콘신대학교-밀워키에서 순수미술을 전공하였고, 석사과정에서 사회복지를 전공하였다. 심리치료자로서 초기에 드 세이저는 밀튼 에릭슨의 최면치료 사상, 그레고리 베이트슨의 사이버네틱스 원리 및 MRI 단기치료의 치료적 실천을 활용하였다. 존 위클랜드는 친구이자 멘토였다.

버그와 드 세이저는 1978년에 위스콘신주의 밀워키에서 결혼하였고, 해결중심단기치료를 개발하였다. MRI 단기치료의 가지에서 나온 해결중심단기치료는 문제보다 해결에 초점을 둔다. 버그의 저서는 해결중심단기치료 실천에 좀 더 초점을 두었고, 드 세이저의 저서는 해결중심단기치료의 기초를 형성한 철학에 초점을 두었다.

드 세이저는 2005년 9월 11일에 사망하였다. 인수 김 버그는 2007년 1월 10일에 사망하였다.

❤ 둘 중 하나/혹은 관점과 둘 다/그리고 관점

많은 내담자는 둘 중 하나/혹은 관점either/or perspective을 가지고 치료에 온다. 그들은 파트너와 언쟁하지 않거나 관계에 문제가 있다. 그들은 우울하거나 우울하지 않다. 그들은 진보하거나 진보하지 않는다. 시앙에게 그녀는 공동의존자이거나 공동의존자가 아니다. 이러한 이분법적 사고는 상황과 그들에게 가용한 가능성을 경직되게 바라보도록 한다.

둘 중 하나/혹은 관점을 가진 사람들은 자신이 옴짝달싹 못한다는 경험을 하는 것 같다(Lipchik, 1993). 이러한 관계에 있는 배우자, 부모나 자녀와 같은 사람들은 자신은 옳고 다른 사람은 틀리다고 생각한다. 포스트모던 치료자는 내담자의 제한적인 관점을 해체하고 관점의 복잡성을 높일 가능성에 특권을 부여하는 경향이 있다.

이러한 제한적인 둘 중 하나/혹은 관점 대신 치료자는 내담자가 둘 다/그리고 관점both/and perspective을 가질 수 있도록 도울 수 있다. 그들은 파트너와 논쟁하고, 관계가 괜찮다. 그들은 어떤 때는 우울하고 어떤 때는 우울하지 않다. 시앙은 자신보다는 다른 사람을 더 챙기고, 다른 사람들보다 자신을 더 챙긴다. 이러한 둘 다/그리고 관점으로의 이동은 치료자가 내담자가 맞기도 하고 틀리기도 한다고 개념화할 수 있게 한다(de Shazer, 1985). 이는 치료자가 여러 명의 내담자와 작업할 때 특별히 중요하다 (예: 커플이나 가족).

치료자가 둘 다/그리고 관점을 사용할 때, 내담자의 잘 보이지 않는 자원이 드러나게 된다([그림 11-7] 참조). 립칙(Lipchick, 1993)은 "치료자는 내담자에게는 해결책을 발견하기 위한 강점과 자원이 내재하여 있다는 가정하에 치료하고, 이러한 해결책은 삶의 많은 것들처럼, '둘 중 하나/혹은'이기보다 '둘 다/그리고'(최악과 최고의 시나리오 사이의 어느 지점)일 것이다"(p. 26)라고 했다. 이는 치료자가 인지된 문제의 장단점에 대해 내담자와 대화하는 것을 수반한다.

둘 다/그리고 관점을 실행하는 실용적인 방식 중 하나는 어떻게 치료자가 언어를 사용하는가와 관련된다. 내담자가 말하는 것을 듣고 '대신에'라고 말하기보다 치료자는 '더해서'라고 말할 수 있다(Andersen, 1993). 우리의 내담자 시앙의 예를 들어보자.

> 시앙: 저는 벤에게 내가 나를 먼저 생각할 필요가 있다고 말하려고 했어요.
> 치료자: 어떻게 그렇게 하셨나요?
> 시앙: 저는 그에게 저에 대한 기대가 너무 많다고 맞섰습니다.
> 치료자: 효과가 있었나요?
> 시앙: 아니요.
> 치료자: 알겠습니다. 그럼 대신 이런 것을 시도해 보시면 어떨까요?

이 상호작용에서 치료자는 내담자의 입장과 행위를 무효화한다. 둘 다/그리고 관점을 포용하는 대안적 방법은 다음과 같다.

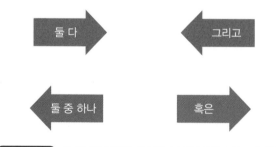

그림 11-7 둘 중 하나/혹은 사고와 둘 다/그리고 사고의 차이

시앙: 저는 벤에게 내가 나를 먼저 생각할 필요가 있다고 말하려고 했어요.

치료자: 어떻게 그렇게 하셨나요?

시앙: 저는 그에게 저에 대한 기대가 너무 많다고 맞섰습니다.

치료자: 효과가 있었나요?

시앙: 아니요.

치료자: 알겠습니다. 당신이 한 것에 더해서 다른 어떤 것이 유용할 것 같습니까?

이 상호작용에서 치료자는 내담자가 시도했던 것이 가능성이 있고, 다른 가능성도 있다는 것을 수용한다.

💟 치료 대 질문

모든 심리치료 모델이 질문을 활용하지만, 포스트모던 치료자는 내담자를 정한 곳으로 끌고 가기 위해서가 아니라 내담자가 어떻게 자신을 이해하게 되고, 자기의 어떤 측면이 아직 탐색되지 않았는지를 알아 가기 위해 질문을 활용한다. 치료자의 호기심이 기저에 있다. 호기심에서 나온 질문은 치료실에서 새로운 가능성을 열어 준다. 포스트모던과 구성주의에 기초한 질문은 의미 부여에 초점을 둔다. 스트롱(Strong, 2002)은 '그래서 그들의[포스트모던 치료자의] 질문 목표는 내담자가 선호하는 효과적인 의미를 구성할 수 있도록 내담자를 초청하는 것이다. 초청이 결정되면, 치료자의 질문은 내담자가 치료자와 함께 의미를 **수행**(예: 의미의 시사점을 경험하고 행동하기)할 수 있게 한다(p. 78, 원문에서 강조). 이러한 질문은 내담자의 문제나 결핍보다 강점과 자원에 초점을 둔다([그림 11-8] 참조).

포스트모던 치료자는 대안과 가능성을 염두에 두고 질문을 한다. 이는 사용된 단어와 단어 시제를 통해서 나타난다. 치료자는 과거 시제를 변화시키는 질문을 함으로써 내담자가 과거와 현재를 구별하도록 돕는다(O'Hanlon & Weiner-Davis, 1989).

시앙: 저는 항상 공동의존자였습니다.

치료자: 당신은 과거에 공동의존자로 살았다고 했는데, 지금은 삶이 달라지기를 소망하시죠?

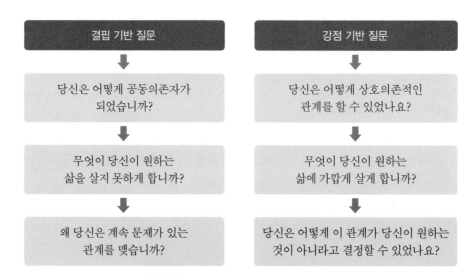

결핍 기반 질문	강점 기반 질문
당신은 어떻게 공동의존자가 되었습니까?	당신은 어떻게 상호의존적인 관계를 할 수 있었나요?
무엇이 당신이 원하는 삶을 살지 못하게 합니까?	무엇이 당신이 원하는 삶에 가깝게 살게 합니까?
왜 당신은 계속 문제가 있는 관계를 맺습니까?	당신은 어떻게 이 관계가 당신이 원하는 것이 아니라고 결정할 수 있었나요?

그림 11-8 결핍 기반 질문과 강점 기반 질문

라이터(Reiter, 2018)는 이를 과거, 현재, 미래의 시간성temporality으로 논의하였다. 이는 '지금 바로', '현재', 혹은 '과거에'와 같은 표현을 사용하는 것을 포함한다. 내담자 경험을 시간성 맥락에 위치시킴으로써 둘 중의 하나/혹은(예: "나는 그래 왔고 항상 그럴 것입니다.")에서 둘 다/그리고(예: "나는 화났고 미래에는 그렇지 않을 것입니다.")로 이동하게 된다.

강점 기반 질문은 대개 확정적이라는 느낌을 준다(O'Hanlon & Weiner-Davis, 1989). 이는 'would' 대신 'will'을, 'if' 대신 'when'을 사용함을 통해서이다. 당신이 사람들과 대화할 때 'if'라는 단어를 사용하면, 그것은 어떤 것이 일어날 가능성과 일어나지 않을 가능성을 제시한다. 예를 들어, '당신이 더 이상 우울하지 않다면'은 그 사람이 우울하지 않을 것이라는 희망을 주지만 우울할 수 있다는 것도 제시한다. 대신 우리가 만약 '당신이 더 이상 우울하지 않을 때'라고 질문한다면, 우리는 그녀가 더 이상 우울하지 않다는 기대를 할 기회를 준다. 시앙에게 치료자는 다음과 같은 질문을 할 것이다.

- 당신이 원하는 유형의 관계를 맺게 될 때, 당신은 어떻게 다를까요?
- 당신이 관계에서 당신을 우선순위에 두면 어떤 일이 일어날까요?
- 당신이 당신을 더 신뢰할 때 자아개념은 어떻게 될까요?

　　이러한 강점 기반 질문은 추정에 근거하기 때문에, 오한론과 웨이너-데이비스(O'Hanlon & Weniner-Davis, 1989)는 이 질문들을 **추정적 질문**presuppositional questions이라고 불렀다. 이러한 질문은 내담자가 자신의 강점과 자원으로 향할 수 있게 한다. 치료자는 접근되어야 하는 강점과 자원이 항상 있다는 일반적인 추정을 하지만, 그 내담자에게 있는 것들에 대해서는 구체적으로 알지 못한다. 이는 추정적 질문이 왜 폐쇄형이 아니라 개방형인지를 보여 준다. 예를 들어, "두 분이 논쟁하지 않았던 대화가 있었습니까?"라고 질문하는 대신 치료자는 "두 분이 대화를 할 수 있었던 때는 어땠습니까?"라고 한다. 추정적 질문은 예외를 중심으로 질문하는 경향이 있다. "당신이 _____을 할(불평하지 않는 행동) 때, 무엇이 다릅니까?"

　　전통적인 심리치료는 왜 그 사람이 현재와 같은 사람이 되었는지를 이해하기 전에 그에게 무엇이 일어났는지를 발견하기 위해서 과거에 관해 많은 질문을 하는 경향이 있다. 사회구성주의 질문은 새로운 의미가 쉽게 발전될 수 있는 현재와 미래에 좀 더 초점을 두는 경향이 있다. "그러므로 우리가 미래에 관한 대화에 타인(이 상황에서 우리의 내담자)과 관계한다는 것은 우리의 세계가 관계적으로 구성된다는 것을 강조하는 것이다. 우리는 살아갈 미래를 함께 직조한다"(McNamee, 2004, p. 266). 미래 지향 질문의 한 유형은 **시간의 흐름을 빨리 당기는 질문**fast-forward question이다(O'Hanlon & Weiner-Davis, 1989). 우리는 시간의 흐름을 빨리 당기는 질문의 예인 기적 질문을 다뤘다. 어떤 이들은 기적을 좋아하지 않기 때문에 이 질문은 문제를 치워 버리는 마법 지팡이가 있다거나 그들은 원했던 삶을 살아갈 수 있다는 것으로 바뀔 수 있다. 치료자는 좀 더 직설적으로 시간의 흐름을 빨리 당기는 질문을 할 수 있다. "이 문제가 더는 당신의 삶에 없을 때, 당신의 삶은 어떨까요?"

♥ 자원

　　치료자의 초점이 결핍에서 강점으로 변화될 때, 내담자(와 모든 사람)는 결함이 아닌 역량을 가진 존재로 보일 수 있다. 레이와 키니(Ray & Keeney, 1993)는 이러한 역량을 **자원**resources이라고 하였다. 그들은 "자원은 존재론적으로 그 사람의 존재를 긍정적으로 인식하고 맥락화하는 데 기여하는 **어떤** 경험, 신념, 이해, 태도, 사건, 행위 혹은 대인 간 습관 등을 의미한다"(p. 1, 원문에서 강조)고 했다. 내담자는 내담자의 맥락을 전환할 수 있는 이용되거나 이용되지 않은 많은 가용한 자원을 가지고 있다. 체친(Cecchin, 1992)은 치료자가 가지고 있는 유일한 것은 그들의 자원이라고 하였다. 즉, 치료는 자원이 많은 두(혹은 그 이상의) 사람이 모여 상대방의 자원이 나올 수 있게 하는 도구이다.

자원이 풍부한 치료적 경험을 공동으로 구성하는 하나의 방식은 치료자가 치료의 특정 모델에 묶이지 않고, 창의적으로 존재하는 것이다. 대신 치료자는 내담자가 자신의 자원을 표현할 수 있도록 자신의 자원을 활용할 수 있다(Keeney, 1990). 이는 불손한 언행의 행태와 치료실에서 즉흥적으로 내담자와 관여할 수 있는 능력에서 나온다.

내담자의 구체적인 강점과 자원에 초점을 둘 수 있게 하는 다른 방식으로 칭찬하기complimenting가 있다. 칭찬은 치료자가 내담자가 하는 것이 그녀에게 유용하다는 것을 강조할 때 하는데, 이는 내담자의 개인적 주체성을 증진하게 한다. 내담자의 강점을 강조할 수 있는 주요한 질문 중의 하나는 '어떻게 그렇게 할 수 있었습니까?'이다(Berg, 1994). 시앙에게 있어 자원이 풍부한 질문은 다음과 같다.

> 치료자: 시앙, 저는 당신이 말한 것에 감동했습니다.
> 시앙: 무엇에 감동했다는 말씀인가요?
> 치료자: 당신은 벤이 원하는 것을 그저 하고 싶다고 했지만, 당신 내면의 무언가가 '아니야.'라고 말했고, 당신은 하지 않았다고 했어요. 어떻게 그렇게 하실 수 있었습니까?

이 장에서는 사회구성주의 사상을 적용하는 것에 대해 다루었다. 모든 것을 망라하는 것은 아니지만, 제시된 각각의 내용은 좀 더 깊이 있게 다뤄질 수 있다. 나는 이 장에 기술된 아이디어가 여러분이 하는 치료에 어떻게 적합하는지 볼 수 있게 계속 탐구하기를 바란다.

💝 성찰을 위한 질문

1. 전문가 입장에서 '전문가로서 내담자' 입장으로 이동하는 것은 어떻게 치료자가 내담자와 작업하는 것을 변화시키는가? 치료자는 둘 다/그리고 위치는 물론 전문가와 비전문가 입장을 채택할 수 있는가?

2. 치료에서 치료적 문서를 사용하는 것의 중요성은 무엇인가?

3. 문제가 아닌 해결에 초점을 두는 것은 어떻게 내담자를 조력하는가? 치료가 문제의 뿌리에 다가가지 않고 단지 임시방편만 한다는 비판에 대해 당신은 어떻게 반응하겠는가?

4. 내담자와 함께 반영팀을 활용하는 것은 어떤 장단점이 있는가?

5. 외재화 대화는 어떻게 내담자의 역량을 강화하는가?

참고문헌

Andersen, T. (1991). *The reflecting team: Dialogues and dialogues about the dialogues*. New York: W. W. Norton & Company.

Andersen, T. (1992). Reflections on reflecting with families. In S. McNamee & K. J. Gergen (Eds.), *Therapy as social construction* (pp. 54-68). London: Sage.

Andersen, T. (1993). See and hear, and be seen and heard. In S. Friedman (Ed.), *The new language of change* (pp. 303-322). New York: Guilford.

Anderson, H. (1990). Then and now: A journey from "knowing" to "not knowing." *Contemporary Family Therapy, 12*(3), 193-197.

Anderson, H. (1993). On a roller coaster: A collaborative language systems approach to therapy. In S. Friedman (Ed.), *The new language of change* (pp. 323-344). New York: The Guilford Press.

Anderson, H. (1997). *Conversation, language, and possibilities*. New York: Basic Books.

Anderson, H. (2005). Myths about "not-knowing." *Family Process, 44*(4), 497-504.

Anderson, H. (2007a). Dialogue: People creating meaning with each other and finding ways to go on. In H. Anderson & D. Gehart (Eds.), *Collaborative therapy: Relationships and conversations that make a difference* (pp. 33-41). New York: Routledge.

Anderson, H. (2007b). The heart and spirit of collaborative therapy. In H. Anderson & D. Gehart (Eds.), *Collaborative therapy: Relationships and conversations that make a difference* (pp. 43-59). New York: Routledge.

Anderson, H. (2012). Possibilities of the collaborative approach. In T. Malinen, S. J. Cooper, & F. N. Thomas (Eds.), *Masters of narrative and collaborative therapies* (pp. 61-120). New York: Routledge.

Anderson, H., & Goolishian, H. A. (1988). Human systems as linguistic systems: Preliminary and evolving ideas about the implications for clinical theory. *Family Process, 27*(4), 371-393.

Anderson, H., & Goolishian, H. A. (1992). The client is the expert: A not-knowing approach to therapy. In S. McNamee & K. J. Gergen (Eds.), *Therapy as social construction* (pp. 25-39). London: Sage.

Bateson, G. (1936/1958). *Naven* (2nd ed.). Palo Alto, CA: Stanford University Press.

Bateson, G. (1972/2000). *Steps to an ecology of mind*. Chicago, IL: The University of Chicago Press.

Bateson, G. (1979). *Mind and nature: A necessary unity*. New York: Dutton.

Bateson, G. (1987). Information and codification: A philosophical approach. In J. Reusch & G. Bateson (Eds.), *Communication: The social matrix of psychiatry* (pp. 168-211). New York: W. W. Norton & Company.

Bateson, G. (1991). *A sacred unity: Further steps to an ecology of mind*. New York: HarperCollins.

Bateson, G., Jackson, D. D., Haley, J., & Weakland, J. (1956). Toward a theory of schizophrenia. *Behavioral Science, 1*, 251-264.

Berg, I. K. (1994). *Family based services*. New York: W. W. Norton & Company.

Berg, I. K., & de Shazer, S. (1993). Making numbers talk: Language in therapy. In S. Friedman (Ed.), *The new language of change* (pp. 5-24). New York: Guilford.

Berman, P. S. (2010). *Case conceptualization and treatment planning*. Thousand Oaks, CA: Sage.

Bertalanffy, L. V. (1968). *General system theory*. New York: George Grazille.

Boscolo, L., Cecchin, G., Hoffman, L., & Penn, P. (1987). *Milan systemic family therapy*. New York: Basic Books.

Bowen, M. (1994). *Family therapy in clinical practice*. Northvale, NJ: Jason Aronson.

Bridges, S. K., & Raskin, J. D. (2008). Constructivist psychotherapy in the real world. In J. D. Raskin & S. K. Bridges (Eds.), *Studies in meaning 3: Constructivist psychotherapy in the real world* (pp. 1-30). New York: Pace University Press.

Bronfenbrenner, U., & Morris, P. A. (2006). The bioecological model of human development. In W. Damon & R. M. Lerner (Eds.), *Handbook of child psychology* (pp. 993-1023). New York: John Wiley & Sons.

Bruner, J. (1986). *Actual minds, possible worlds*. Cambridge, MA: Harvard University Press.

Cantwell, P., & Holmes, S. (1994). Social construction: A paradigm shift for systemic therapy and training. *Australian and New Zealand Journal of Family Therapy, 15*(1), 17-26.

Carter, B., & McGoldrick, M. (1999). Overview: The expanded family life cycle. In B. Carter & M. McGoldrick (Eds.), *The expanded family life cycle: Individual, family, and social perspectives* (3rd ed., pp. 1-26). Boston, MA: Allyn & Bacon.

Cecchin, G. (1987). Hypothesizing, circularity, and neutrality revisited: An invitation to curiosity. *Family Process, 26*(4), 405-413.

Cecchin, G. (1992). Constructing therapeutic possibilities. In S. McNamee & K. J. Gergen (Eds.), *Therapy as social construction* (pp. 86-95). London: Sage.

Cecchin, G., Lane, G., & Ray, W. A. (1994). Influence, effect, and emerging systems. *Journal of Systemic Therapies, 13*(4), 13-21.

DeJong, P., Bavelas, J. B., & Korman, H. (2013). An introduction to using microanalysis to observe co-construction in psychotherapy. *Journal of Systemic Therapies, 32*(3), 17-30.

DeJong, P., & Berg, I. K. (2012). *Interviewing for solutions* (4th ed.). Pacific Grove, CA: Brooks/Cole.

de Shazer, S. (1982). *Patterns of brief family therapy*. New York: Guilford.

de Shazer, S. (1985). *Keys to solution in brief therapy*. New York: W. W. Norton & Company.

de Shazer, S. (1991). *Putting difference to work*. New York: W. W. Norton & Company.

de Shazer, S. (1993). Creative misunderstanding: There is no escape from language. In S. Gilligan & R. Price (Eds.), *Therapeutic conversations* (pp. 81-94). New York: W. W. Norton & Company.

de Shazer, S. (1994). *Words were originally magic*. New York: W. W. Norton & Company.

de Shazer, S., & Berg, I. K. (1992). Doing therapy: A post-structural revision. *Journal of Marital and Family Therapy, 18*, 71-81.

de Shazer, S., & Berg, I. K. (1993). Making numbers talk: Language in therapy. In S. Friedman (Ed.), *The new language of change* (pp. 5-24). New York: The Guilford Press.

de Shazer, S., & Molnar, A. (1984). Four useful interventions in brief family therapy. *Journal of Marital and Family Therapy, 10*(3), 297-304.

Drewery, W., & Winslade, J. (1997). The theoretical story of narrative therapy. In G. Monk, J. Winslade, K. Crocket, & D. Epston (Eds.), *Narrative therapy in practice* (pp. 32-52). San Francisco, CA: Jossey-Bass.

Ducommon-Nagy, K., & Reiter, M. D. (2014). Contextual family therapy. In M. D. Reiter (Ed.). *Case conceptualization in family therapy* (pp. 55-81). Upper Saddle River, NJ: Pearson.

Duncan, B. L., Solovey, A. D., & Rusk, G. S. (1992). *Changing the rules: A client-directed approach to therapy.* New York: Guilford.

Efran, J. S., & Clarfield, L. E. (1992). Constructionist therapy: Sense and nonsense. In S. McNamee & K. J. Gergen (Eds.), *Therapy as social construction* (pp. 200-217). London: Sage.

Efran, J. S., & Fauber, R. L. (1995). Radical constructivism: Questions and answers. In R. A. Neimeyer & M. J. Mahoney (Eds.), *Constructivism in psychotherapy* (pp. 275-304). Washington, DC: American Psychological Association.

Efran, J. S., & Greene, M. A. (1996). Psychotherapeutic theory and practice: Contributions from Maturana's structure determinism. In H. Rosen & K. T. Kuehlwein (Eds.), *Constructing realities: Meaning-making perspectives for psychotherapists* (pp. 71-113). San Francisco, CA: Jossey-Bass.

Efran, J. S., Lukens, M. D., & Lukens, R. J. (1990). *Language, structure, and change: Frameworks of meaning in psychotherapy.* New York: W. W. Norton & Company.

Epston, D., White, M., & Murray, K. (1992). A proposal for a re-authoring therapy: Rose's revisioning of her life and a commentary. In S. McNamee & K. J. Gergen (Eds.), *Therapy as social construction* (pp. 96-115). London: Sage.

Ferreira, A. J. (1977). Family myths. In P. Watzlawick & J. H. Weakland (Eds.), *The interactional view* (pp. 49-55). New York: W. W. Norton & Company.

Fisch, R., Weakland, J. H., & Segal, L. (1982). *The tactics of change.* San Francisco, CA: Jossey-Bass.

Flemons, D. G. (1991). *Completing distinctions.* Boston: Shambhala.

Foucault, M. (1980). *Power/knowledge.* New York: Pantheon Books.

Freedman, J., & Combs, G. (1996). *Narrative therapy.* New York: W. W. Norton & Company.

Frosh, S. (1995). Postmodernism versus psychotherapy. *Journal of Family Therapy, 17,* 175-190.

Fruggeri, L. (1992). Therapeutic process as the social construction of change. In S. McNamee & K. J. Gergen (Eds.), *Therapy as social construction* (pp. 40-53). London: Sage.

Gelcer, E., McCabe, A. E., & Smith-Resnick, C. (1990). *Milan family therapy: Variant and invariant methods.* Northvale, NJ: Jason Aronson.

Gergen, K. J. (1982). *Toward transformation in social knowledge.* New York: Springer-Verlag.

Gergen, K. J. (1985). The social constructionist movement in modern psychology. *American Psychologist, 40*(3), 266-275.

Gergen, K. J. (1991). *The saturated self.* New York: Basic Books.

Gergen, K. J. (1994). *Realities and relationships: Soundings in social construction.* Cambridge, MA: Harvard University Press.

Gergen, K. J. (2001). *Social construction in context.* London: Sage.

Gergen, K. J. (2006). *Therapeutic realities: Collaboration, oppression and relational flow.* Chagrin Falls, OH: Taos Institute.

Gergen, K. J. (2009a). *An invitation to social construction* (2nd ed.). Los Angeles: Sage.

Gergen, K. J. (2009b). *Relational being: Beyond self and community.* New York: Oxford University Press.

Gergen, K. J., & Warhus, L. (2001). Therapy as social construction. In K. J. Gergen (Ed.), *Social construction in context* (pp. 96-114). London: Sage.

Goncalves, O. F. (1995). Hermeneutics, constructivism, and cognitive-behavioral therapies: From the object to the project. In R. A. Neimeyer & M. J. Mahony (Eds.), *Constructivism in psychotherapy* (pp. 195-230). Washington, DC: American Psychological Association.

Goolishian, H. A., & Anderson, H. (1987). Language systems and therapy: An evolving idea. *Psychotherapy: Theory, Research, Practice, Training, 24,* 529-538.

Goolishian, H. A., & Winderman, L. (1988). Constructivism, autopoiesis and problem determined systems. *The Irish Journal of Psychology, 9*(1), 130-143.

Guidano, V. F. (1995). Constructivist psychotherapy: A theoretical framework. In R. A. Neimeyer & M. J. Mahony (Eds.), *Constructivism in psychotherapy* (pp. 93-108). Washington, DC: American Psychological Association.

Haley, J. (1984). *Ordeal therapy.* San Francisco, CA: Jossey-Bass.

Haley, J. (1987). *Problem-solving therapy* (2nd ed.). San Francisco, CA: Jossey-Bass.

Hall, C. (1991). *The Bowen family theory and its uses.* Northvale, NJ: Jason Aronson.

Held, B. S. (1995a). The real meaning of constructivism. *Journal of Constructivist Psychology, 8,* 305-315.

Held, B. S. (1995b). *Back to reality: A critique of postmodern theory in psychotherapy.* New York: W. W. Norton & Company.

Herz, F. M., & Rosen, E. J. (1982). Jewish families. In M. McGoldrick, J. K. Pearce, & J. Giordano (Eds.), *Ethnicity and family therapy* (pp. 364-392). New York: Guilford.

Hines, P. M., Preto, N. G., McGoldrick, M., Almeida, R., & Weltman, S. (1999). Culture and the family life cycle. In B. Carter & M. McGoldrick (Eds.), *The expanded family life cycle: Individual, family, and social perspectives* (3rd ed., pp. 69–87). Boston, MA: Allyn & Bacon.

Hoffman, L. (1981). *Foundations of family therapy.* New York: Basic Books.

Hoffman, L. (2000). A communal perspective for relational therapies. *Journal of Feminist Family Therapy, 11*(4), 5–17.

Jackson, D. D. (1957). The question of family homeostasis. *The Psychiatric Quarterly Supplement, 31,* 79–90.

Jackson, D. D. (1965). Family rules: Marital quid pro quo. *Archives of General Psychiatry, 12,* 589–594.

Jackson, D. D. (1977a). The myth of normality. In P. Watzlawick & J. H. Weakland (Eds.), *The interactional view* (pp. 157–163). New York: W. W. Norton & Company.

Jackson, D. D. (1977b). The study of the family. In P. Watzlawick & J. H. Weakland (Eds.), *The interactional view* (pp. 2–20). New York: W. W. Norton & Company.

Kassis, J. P. (1984). A team's development from "Universe to Multiverse." *Journal of Strategic and Systemic Therapies, 3*(4), 63–72.

Kazdin, A. E. (1986). Comparative outcome studies of psychotherapy: Methodological issues and strategies. *Journal of Consulting and Clinical Psychology, 54*(1), 95–105.

Keeney, B. P. (1983). *Aesthetics of change.* New York: Guilford.

Keeney, B. P. (1990). *Improvisational therapy.* New York: Guilford.

Keeney, B. P., & Ross, J. M. (1983). Learning to learn systemic therapies. *Journal of Strategic and Systemic Therapies, 2*(2), 22–30.

Keeney, B. P., & Ross, J. M. (1985). *Mind in therapy.* New York: Basic Books.

Keeney, H., Keeney, B., & Chenail, R. (2015). *Recursive frame analysis.* Fort Lauderdale, FL: TQR Books.

Kenny, V. (1989). Life, the multiverse and everything: An introduction to the ideas of Humberto Maturana. In A. L. Goudsmit (Ed.), *Self-Organization in psychotherapy* (pp. 17–47). Berlin: Springer-Verlag.

Kerr, M., & Bowen, M. (1988). *Family evaluation.* New York: Norton.

Korzybski, A. (1933). *Science and sanity.* New York: Institute of General Samamics.

Lax, W. D. (1992). Postmodern thinking in a clinical practice. In S. McNamee & K. J. Gergen (Eds.), *Therapy as social construction* (pp. 69–85). London: Sage.

Lee, J. A., Neimeyer, G. J., & Rice, K. G. (2013). The relationship between therapist epistemology, therapy style, working alliance, and interventions use. *American*

Journal of Psychotherapy, 67(4), 323-345.

Lee, S. H., Chun, Y. J., Chung, H., Shin, S. I., Lee, I., Lee, D. S., & Choi, Y. S. (2013). The profession of family therapy in South Korea: Current status and future directions. *Contemporary Family Therapy, 35*, 388-399.

Leyland, L. M. (1988). An introduction to some of the ideas of Humberto Maturana. *Journal of Family Therapy, 10*(4), 357-374.

Lipchik, E. (1993). "Both/And" solutions. In S. Friedman (Ed.), *The new language of change* (pp. 25-49). New York: The Guilford Press.

Luquet, W. (2007). *Short-term couples therapy* (2nd ed.). New York: Routledge.

Madanes, C. (1981). *Strategic family therapy.* San Francisco, CA: Jossey-Bass.

Madigan, S. P. (1993). Questions about questions: Situating the therapist's curiosity in front of the family. In S. Gilligan & R. Price (Eds.), *Therapeutic conversations* (pp. 219-236). New York: W. W. Norton & Company.

Mahoney, M. J. (1988). Constructive metatheory: II. Implications for psychotherapy. *International Journal of Personal Construct Psychology, 1*, 299-315.

Mahoney, M. J. (1995). Continuing evolution of the cognitive sciences and psychotherapies. In R. A. Neimeyer & M. J. Mahoney (Eds.), *Constructivism in psychotherapy* (pp. 39-67). Washington, DC: American Psychological Association.

Mahoney, M. J. (2003). *Constructive psychotherapy.* New York: Guilford.

Maturana, H. R. (1980). Biology of cognition. In H. R. Maturana & F. J. Varela (Eds.), *Autopoiesis and cognition* (pp. 5-58). Boston, MA: D. Reidel Publishing.

Maturana, H. R. (1988). Reality: The search for objectivity or the quest for a compelling argument. *The Irish Journal of Psychology, 9*(1), 25-82.

Maturana, H. R. (1991). Response to Jim Birch. *Journal of Family Therapy, 13*, 375-393.

Maturana, H. R., & Poerksen, B. (2004). The view of the systemicist: A conversation. *Journal of Constructivist Psychology, 17*, 269-279.

Maturana, H. R., & Varela, F. J. (1980). *Autopoiesis and cognition: The realization of the living.* Boston, MA: D. Reidel Publishing.

Maturana, H. R., & Varela, F. J. (1992). *The tree of knowledge: The biological roots of human understanding* (Revised ed.). Boston, MA: Shambhala.

McGoldrick, M. (1982). Ethnicity and family therapy: An overview. In M. McGoldrick, J. K. Pearce, & J. Giordano (Eds.), *Ethnicity & family therapy* (pp. 3-30). New York: Guilford.

McGoldrick, M., Pearce, J. K., & Giordano, J. (Eds.). (1982). *Ethnicity & family therapy.*

New York: Guilford.

McNamee, S. (2004). Therapy as social construction: Back to basics and forward toward challenging issues. In T. Strong & D. Pare (Eds.), *Furthering talk: Advances in the discursive therapies* (pp. 253-270). New York: Kluwer Academic/Plenum Publishers.

McNamee, S., & Gergen, K. J. (1998). *Relational responsibility: Resources for sustainable dialogue.* Thousand Oaks, CA: Sage.

Minuchin, S. (2012). *Families and family therapy.* New York: Routledge. (Original work published 1974).

Minuchin, S., & Fishman, H. C. (1981). *Family therapy techniques.* Cambridge, MA: Harvard University Press.

Minuchin, S., Reiter, M. D., & Borda, C. (2014). *The craft of family therapy.* New York: Routledge.

Monk, G., Winslade, J., Crocket, K., & Epston, D. (1997). *Narrative therapy in practice.* San Francisco, CA: Jossey-Bass.

Moules, N. J. (2000). Postmodernism and the sacred: Reclaiming connection in our greater-than-human worlds. *Journal of Marital and Family Therapy, 26*(2), 229-240.

Neimeyer, G. J. (1995). The challenge of change. In R. A. Neimeyer & M. J. Mahony (Eds.), *Constructivism in psychotherapy* (pp. 111-126). Washington, DC: American Psychological Association.

Neimeyer, G. J., Lee, J., Aksoy-Toska, G., & Phillip, D. (2008). Epistemological commitments among seasoned psychotherapists: Some practical implications of being a constructivist. In J. D. Raskin & S. K. Bridges (Eds.), *Studies in meaning 3: Constructivist psychotherapy in the real world* (pp. 31-54). New York: Pace University Press.

Neimeyer, R. A. (1993). An appraisal of constructivist psychotherapies. *Journal of Consulting and Clinical Psychology, 61*(2), 221-234.

Neimeyer, R. A. (1995a). An invitation to constructivist psychotherapies. In R. A. Neimeyer & M. J. Mahony (Eds.), *Constructivism in psychotherapy* (pp. 1-8). Washington, DC: American Psychological Association.

Neimeyer, R. A. (1995b). Constructivist psychotherapies: Features, foundations, and future directions. In R. A. Neimeyer & M. J. Mahony (Eds.), *Constructivism in psychotherapy* (pp. 11-38). Washington, DC: American Psychological Association.

Neimeyer, R. A. (1998). Social constructionism in the counseling context. *Counselling Psychology Quarterly, 11*(2), 135-149.

Neimeyer, R. A. (2009). *Constructivist psychotherapy.* New York: Routledge.

Nichols, M. P., & Fellenberg, S. (2000). The effective use of enactments in family therapy: A discovery-oriented process study. *Journal of Marital and Family Therapy, 26*(2), 143-152.

O'Hanlon, B. (1999). *Do one thing different.* New York: William Morrow & Company.

O'Hanlon, W. H., & Weiner-Davis, M. (1989). *In search of solutions.* New York: W. W. Norton & Company.

Omer, H. (1996). Three styles of constructive therapy. In M. F. Hoyt (Ed.), *Constructive therapies: Volume 2* (pp. 319-333). New York: Guilford.

Palazzoli, M. S., Boscolo, L., Cecchin, G., & Prata, G. (1978). A ritualized prescription in family therapy: Odd days and even days. *Journal of Marriage and Family Counseling, 4*, 3-8.

Palazzoli, M. S., Boscolo, L., Cecchin, G., & Prata, G. (1980). Hypothesizing-circularity-neutrality: Three guidelines for the conductor of the session. *Family Process, 19*, 3-12.

Palazzoli, M. S., Boscolo, L., Cecchin, G., & Prata, G. (1981). *Paradox and counterparadox.* New York: Jason Aronson.

Panichelli, C. (2013). Humor, joining, and reframing in psychotherapy: Resolving the auto-double-bind. *The American Journal of Family Therapy, 41*, 437-451.

Papero, D. (1990). *Bowen family systems theory.* Boston, MA: Allyn and Bacon.

Penn, P. (1982). Circular questioning. *Family Process, 21*(3), 267-280.

Penn, P. (1985). Feed forward: Future questions, future maps. *Family Process, 24*, 299-311.

Pilgrim, D. (2000). The real problem for postmodernism. *Journal of Family Therapy, 22*, 6-23.

Piotrkowski, C. S., & Hughes, D. (1993). Dual-earner families in context: Managing family and work systems. In F. Walsh (Ed.), *Normal family processes* (2nd ed., pp. 185-207). New York: Guilford.

Raskin, J. D. (2002). Constructivism in psychology: Personal construct psychology, radical constructivism, and social constructionism. In J. D. Raskin & S. K. Bridges (Eds.), *Studies in meaning: Exploring constructivist psychology* (pp. 1-25). New York: Pace University Press.

Raskin, J. D., & Neimeyer, R. A. (2003). Coherent constructivism: A response to Mackay. *Theory & Psychology, 13*(3), 397-409.

Ray, W. A., & Keeney, B. P. (1993). *Resource focused therapy.* London: Karnac Books.

Ray, W. A., & Simms, M. (2016). Embracing cybernetics: Living legacy of the Bateson research team. *Cybernetics and Human Knowing, 23*(3), 29-57.

Reiter, M. D. (2010). The use of hope and expectancy in solution-focused therapy. *Journal of Family Psychotherapy, 21,* 132-148.

Reiter, M. D. (2014). *Case conceptualization and family therapy.* New York: Pearson.

Reiter, M. D. (2016a). A quick guide to case conceptualization in Structural family therapy. *Journal of Systemic Therapies, 35*(2), 25-37.

Reiter, M. D. (2016b). Solution-focused sculpting. *Journal of Systemic Therapies, 35*(3), 30-41.

Reiter, M. D. (2018). *Family therapy: An introduction to process, practice, and theory.* New York: Routledge.

Reiter, M. D., & Chenail, R. J. (2016). Defining the focus in solution-focused brief therapy. *International Journal of Solution-Focused Practices, 4*(1), 1-9.

Reiter, M. D., & Shilts, L. (1998). Using circular scaling questions to deconstruct depression: A case study. *Crisis Intervention and Time Limited Treatment, 4,* 227-237.

Rogers, C. R. (1961). *On becoming a person.* Boston: Houghton Mifflin.

Rogers, C. R., & Truax, C. B. (1967). The therapeutic conditions antecedent to change: A theoretical view. In C. R. Rogers (Ed.), *The therapeutic relationship and its impact* (pp. 97-108). Westport, CT: Greenwood Press.

Rosen, H. (1996). Meaning-making narratives: Foundations for constructivist and social constructionist psychotherapies. In H. Rosen & K. T. Kuehlwein (Eds.), *Constructing realities: Meaning-making perspectives for psychotherapists* (pp. 1-51). San Francisco, CA: Jossey-Bass.

Rosen, H., & Kuehlwein, K. T. (Eds.). (1996). *Constructing realities: Meaning-making perspectives for psychotherapists.* San Francisco, CA: Jossey-Bass.

Rosenhan, D. L. (1984). On being sane in insane places. In P. Watzlawick (Ed.), *The invented reality* (pp. 117-144). New York: W. W. Norton & Company.

Satir, V., & Baldwin, M. (1984). *Satir step by step: A guide to creating change in families.* Mountain View, CA: Science and Behavior Books.

Satir, V., Banmen, J., Gerber, J., & Gomori, M. (1991). *The Satir model.* Mountain View, CA: Science and Behavior Books.

Short, D. (2010). *Transformational relationships.* Phoenix, AZ: Zeig, Tucker & Thiesen.

Simon, R. (1985). Structure is destiny: An interview with Humberto Maturana. *Family Therapy Networker, 9*(3), 32-37, 41-43.

Sperry, L., & Sperry, J. (2012). *Case conceptualization: Mastering this competency with ease and confidence.* New York: Routledge.

Strong, T. (2002). Constructive curiosities. *Journal of Systemic Therapies, 21*(1), 77-90.

Thorndike, E. L. (1920). A constant error in psychological ratings. *Journal of Applied Psychology, 4*(1), 25-29.

Titleman, P. (1998). *Clinical applications of Bowen family systems theory.* New York: Haworth.

Titleman, P. (2008). *Triangles: Bowen family systems theory perspectives.* New York: Haworth.

Toman, W. (1961). *The family constellation: Its effects on personality and social behavior.* New York: Springer.

Tseng, C-F., Wittenborn, A. K., Blow, A. J., Chao, W., & Liu, T. (2020). The development of marriage and family therapy in East Asia (China, Taiwan, Japan, South Korea and Hong Kong): Past, present and future. *Journal of Family Therapy, 42,* 477-498.

von Foerster, H. (2002). *Understanding: Essays on cybernetics and cognition.* New York: Springer-Verlag.

von Foerster, H. (1984). *Observing systems.* Seaside, CA: Intersystems Publications.

von Glasersfeld, E. (1984). An introduction to radical constructivism. In P. Watzlawick (Ed.), *The invented reality* (pp. 17-40). New York: W. W. Norton & Company.

von Glasersfeld, E. (1995). *Radical constructivism: A way of knowing and learning.* New York: Routledge.

Waters, D. (1994). Prisoners of our metaphors: Do dialogic therapies make other methods obsolete? *Family Therapy Networker, Nov/Dec,* 73-75.

Watzlawick, P. (1976). *How real is real?* New York: Vintage Books.

Watzlawick, P. (1978). *The language of change.* New York: Basic Books.

Watzlawick, P. (1984). Self-fulfilling prophecies. In P. Watzlawick (Ed.), *The invented reality* (pp. 95-116). New York: W. W. Norton & Company.

Watzlawick, P. (1990). *Munchhausen's pigtail.* New York: W. W. Norton & Company.

Watzlawick, P., Bavelas, J. B., & Jackson, D. D. (1967). *Pragmatics of human communication.* New York: W. W. Norton & Company.

Watzlawick, P., Weakland, J., & Fisch, R. (1974). *Change: Principles of problem formation and problem resolution.* New York: W. W. Norton & Company.

Weakland, H. H., Watzlawick, P., & Riskin, J. (1995). Introduction: MRI-A little background music. In J. H. Weakland & W. A. Ray (Eds.), *Propagations: Thirty years of influence from the Mental Research Institute* (pp. 1-15). New York: The Haworth Press.

Weakland, J. H., Fisch, R., Watzlawick, P., & Bodin, A. M. (1974). Brief therapy: Focused problem resolution. *Family Process, 13,* 141-168.

Whitaker, C. A., & Bumberry, W. M. (1988). *Dancing with the family: A symbolic-experiential approach.* New York: Brunner/Mazel.

White, M. (1986). Negative explanation, restraint and double description: A template for family therapy. *Family Process, 25*(2), 169-184.

White, M. (1993). Deconstruction and therapy. In S. Gilligan & R. Price (Eds.), *Therapeutic conversations* (pp. 22-61). New York: W. W. Norton & Company.

White, M. (2007). *Maps of narrative practice.* New York: W. W. Norton & Company.

White, M. (2011). *Narrative practice: Continuing the conversation.* New York: W. W. Norton & Company.

White, M., & Epston, D. (1990). *Narrative means to therapeutic ends.* New York: W. W. Norton & Company.

Whitehead, A. N., & Russell, B. (1910). *Principia mathematica.* Cambridge, MA: Cambridge University Press.

Wiener, N. (1948). *Cybernetics: Or control and communication in the animal and the machine.* Cambridge, MA: MIT Press.

Wiener, N. (1954). *The human use of human beings.* New York: Da Capo.

Wittgenstein, L. (1958). *Philosophical investigations.* New York: Macmillan Publishing.

Worsley, R. (2012). Narratives and lively metaphors: Hermeneutics as a way of listing. *Person-Centered & Experiential Psychotherapies, 11*(4), 304-320.

찾아보기

내용

편저자 소개

Michael D. Reiter는 일곱 개 저서의 저자이자, 미국 부부가족치료학회의 공인된 수퍼바이저이고, 면허를 소지한 결혼가족치료사이다. 그는 Nova Southeastern University의 Family Therapy 학과의 교수이다.

역자 소개

김성은(Kim, Seongeun)

University of Delaware 가족학박사

전 Pennsylvania State University, Brandywine 부교수

현 상명대학교 가족상담치료학과 초빙교수

[주요 저 · 역서]

가족치료의 최신 임상연구방법(공역, 학지사, 2023)

Transition and change in collectivist family life: Strategies for clinical practice with Asian Americans(공저, Springer, 2017)

민주홍(Min, Joohong)

University of Southern California 노년학박사

전 University of Alberta 조교수

현 제주대학교 생활환경복지학부 부교수

[주요 저 · 역서]

결혼과 가족(공저, 신정, 2023)

가족치료의 최신 임상연구방법(공역, 학지사, 2023)

이규호(Lee, Kyuho)
Iowa State University 가족학박사
현 대구대학교 글로컬융합학부 조교수
　　위플러스 가족연구소 소장

[주요 저 · 역서]
결혼과 가족(공저, 신정, 2023)
위두(역, 신정, 2023)

천연미(Cheon, Yuen Mi)
서울대학교 아동가족학 박사
전 명지대학교 조교수
현 전남대학교 생활복지학과 조교수

[주요 저 · 역서]
가족치료의 최신 임상연구방법(공역, 학지사, 2023)
전생애 놀이치료(공저, 학지사, 2021)

최연실(Choi, Younshil)
서울대학교 문학박사
현 상명대학교 가족복지학과 교수
　　상명대학교 인문사회과학대학 학장, 통합심리치료대학원 원장

[주요 역서]
통합적 접근으로 바라보는 커플 · 가족치료(공역, 학지사, 2023)
커플가족치료에서의 공통요인: 효과적 개입의 토대(역, 신정, 2021)

부부 · 가족치료를 위한 체계이론
Systems Theories for Psychotherapists
From Theory to Practice

2024년 2월 25일 1판 1쇄 인쇄
2024년 2월 29일 1판 1쇄 발행

편저자 • Michael D. Reiter
옮긴이 • 김성은 · 민주홍 · 이규호 · 천연미 · 최연실
펴낸이 • 김진환
펴낸곳 • ㈜ **학지사**

04031 서울특별시 마포구 양화로 15길 20 마인드월드빌딩
대표전화 • 02-330-5114   팩스 • 02-324-2345
등록번호 • 제313-2006-000265호

홈페이지 • http://www.hakjisa.co.kr
인스타그램 • https://www.instagram.com/hakjisabook

ISBN 978-89-997-3083-2 93180

정가 27,000원

출판미디어기업 학지사

간호보건의학출판 **학지사메디컬** www.hakjisamd.co.kr
심리검사연구소 **인싸이트** www.inpsyt.co.kr
학술논문서비스 **뉴논문** www.newnonmun.com
교육연수원 **카운피아** www.counpia.com
대학교재전자책플랫폼 **캠퍼스북** www.campusbook.co.kr